国家战略视角下江苏旅游产业发展研究

冯年华 等　著

科 学 出 版 社

北 京

内 容 简 介

本书以习近平新时代中国特色社会主义思想科学理论体系为指导，梳理了十八大以来我国在经济社会发展领域的重大战略和重大部署，从聚焦国家战略部署、落实国家战略意图的角度，对江苏旅游产业发展中的若干理论和实践问题进行研究。本书讨论了“创新、协调、绿色、开放、共享”发展理念、“一带一路”倡议、“互联网+”、新型城镇化、“大众创业、万众创新”、供给侧结构性改革等国家战略和部署对江苏旅游产业发展的理论启示和实践要求，并对江苏丝绸之路遗产旅游发展、智慧旅游发展、旅游城镇化发展、生态与低碳旅游发展、旅游产业国际化、共享经济时代的产业转型发展、旅游创新创业、旅游供给侧改革、旅游扶贫和全域旅游等问题进行专题研究。

本书适合旅游学、管理学、地理学和经济学等专业的科研和教学人员阅读，可作为高等院校和科研院所相关专业的教学参考书和辅助阅读书，也可为相关行政管理部门提供决策依据和智力支持。

图书在版编目（CIP）数据

国家战略视角下江苏旅游产业发展研究/冯年华等著. —北京：科学出版社，2019.12

ISBN 978-7-03-063636-2

Ⅰ. ①国…　Ⅱ. ①冯…　Ⅲ. ①地方旅游业-旅游业发展-研究-江苏　Ⅳ. ①F592.753

中国版本图书馆 CIP 数据核字（2019）第 272924 号

责任编辑：周　丹　沈　旭/责任校对：杨聪敏
责任印制：张　伟/封面设计：许　瑞

科 学 出 版 社 出版
北京东黄城根北街16号
邮政编码：100717
http://www.sciencep.com

北京凌奇印刷有限责任公司 印刷
科学出版社发行　各地新华书店经销
*
2019 年 12 月第　一　版　开本：720×1000　1/16
2021 年　4　月第三次印刷　印张：16 1/2
字数：331 000

定价：99.00 元

（如有印装质量问题，我社负责调换）

前　言

党的十九大明确提出，“中国特色社会主义进入新时代，我国社会主要矛盾已经转化为人民日益增长的美好生活需要和不平衡不充分的发展之间的矛盾”。在当前我国人均GDP超过10000美元的大背景下，旅游已经成为人民群众对美好生活的向往和生活必需，标志着大众旅游时代已经到来，旅游业在国民经济中的定位更加清晰、责任更加重大。

从发展基础来看，江苏省经济发展已经达到中等发达国家水平，2018年全省人均GDP突破11.5万元，社会发展和谐稳定，人民群众安居乐业，人均每年出游接近3次，旅游需求十分旺盛。江苏历史文化底蕴深厚，自然生态资源得天独厚，旅游交通网络发达，拥有全国密度最高的高速公路网，250多所大专院校和职业学校开设旅游专业，文化、农业、体育、交通等行业主动“＋旅游”，这些都为旅游强省建设提供了强有力的支撑。2016年，江苏省成为全国第二个旅游业产业规模迈上万亿元台阶的省份，产业规模和服务质量继续保持在全国第一方阵。同时，一批超百亿的旅游大项目开工建设，旅游业成为各类资本竞相投入的重要领域。这些都表明，江苏已经到了从旅游大省向旅游强省迈进、从高速发展向高质量发展转型的关键时期。

“十三五”期间，江苏省委、省政府紧跟国家战略导引，实施“1+3”功能区战略，有序推进长江经济带建设、大运河文化带建设等重大战略部署，积极推进沿海旅游带和长三角旅游一体化建设，构筑江苏旅游协调发展新格局。随着“一带一路”、“长江经济带”、新型城镇化等新时代国家战略陆续在江苏交汇叠加，如何抓住国家战略构成的叠加机遇，对接国家规划，全面深化旅游产业改革，深度进行创新驱动发展，促进区域旅游全面发展、对接发展、融合发展和一体化发展，已经成为江苏旅游业面临的重大战略问题，更是旅游经济、旅游地理、旅游文化、区域可持续发展等领域亟须共同研究的重大现实课题。

在此背景下，金陵科技学院省级重点建设学科“城乡规划学”学科团队将研究目光聚焦于江苏旅游产业与国家战略的对接问题，自2015年开始，对相关理论和实践问题进行了系统的梳理和研究，旨在以城乡规划学、区域经济学、产业经济学、旅游地理学等相关理论为指导，构建国家战略视角下江苏旅游产业的发展体系，丰富区域城乡规划和产业经济学等交叉领域的研究内容，在理论上提供一种国家战略视角下区域旅游产业发展研究的基本范式，完善和促进对“国家战略-区域经济-旅游产业”这一复杂系统的理论研究。

经过近三年的工作，本研究的目标已基本实现。本书开篇分析国家战略与旅游产业发展的关系，阐明旅游产业因应国家战略发展的重大现实意义，从理论层面分析江苏区域旅游因应国家战略发展而构建的产业体系格局。通过对接协调、开放发展理念及“一带一路”倡议等，优化江苏旅游产业发展格局；对接绿色发展理念及新型城镇化等战略，创新江苏旅游产业发展动力；对接供给侧结构性改革战略，创新江苏旅游产品体系；对接共享理念及精准扶贫等战略，提升江苏旅游产业发展价值；对接全域旅游发展战略，构建江苏全域旅游发展新模式。

在书稿撰写过程中，学科团队通过收集近年来的国家战略、产业政策以及分析文献资料，明确国家战略类型、内涵，选取对区域旅游产业系统性创新发展具有导引作用的国家战略作为研究的理论基石；再以江苏省为研究对象，采用定性定量研究手段，对江苏省旅游产业发展进行实证研究，实现理论与实证相结合。与此同时，采用专家访谈、实地调查、调研等定性研究方法把握江苏旅游城镇化、创新创业、旅游产品供给、全域旅游等方面的发展现状；利用数理模型等定量方法揭示江苏旅游绿色化、国际化、智慧性等发展现状，有效掌握国家战略对这些产业发展要素的作用机理。期待本书的出版能对新时代背景下的江苏旅游产业创新发展进程和实现区域旅游产业可持续发展目标等提供理论和实践帮助，为江苏建设旅游强省提供智力支持。

本研究成果由金陵科技学院“城乡规划学”省级重点建设学科团队成员共同努力完成，由学科带头人冯年华教授主持前期研究和论证工作，并提出课题的研究提纲。本书的研究和撰写分工如下：绪论，严伟、冯年华；第 1 章，戴欣佚；第 2 章，张维亚、冯年华；第 3 章，汤澍、冯年华；第 4 章，陈玲玲、冯年华；第 5 章，李娜；第 6 章，李建令、严伟；第 7 章，王琴、严伟；第 8 章，顾婷婷、沈凌；第 9 章，潘鸿雷；第 10 章，徐子琳、冯年华。最后，由冯年华对本书各章进行修改和统定稿。

在课题研究和书稿撰写过程中，团队学习、参考、引用了一些学者的论著和观点，得到了许多启发，在此向这些学者表示诚挚的谢意。

书稿的编辑和出版得到了科学出版社的悉心帮助，审稿专家提出了宝贵建议，编辑们付出了辛勤劳动，在此向他们表示衷心感谢。

本书力图科学系统地从国家战略的视角来讨论江苏旅游产业发展的若干理论和实践问题，但由于思考和研究的时间不长，加之作者的理论和实践水平有限，书中难免有疏漏之处，敬请各位专家、学者和广大读者不吝赐教。

冯年华

2019 年 10 月于金陵方山

目　　录

绪　论

党的十九大报告描绘了中华民族伟大复兴的宏伟蓝图，提出了一系列新思想、新论断、新目标和新部署，中国特色社会主义进入新时代，我国旅游业也步入新的发展时期，承担着新的发展使命，面临着新的发展要求。

习近平新时代中国特色社会主义思想是推动旅游业高质量发展的指导思想、根本遵循和行动纲领。在习近平新时代中国特色社会主义思想的指引下，旅游业要善于发挥自身的产业优势和特色，在“深化供给侧结构性改革”“实施乡村振兴战略”“坚决打赢脱贫攻坚战”“推动形成全面开放新格局”“实施健康中国战略”“建设美丽中国”等方面发挥独特作用。

国家战略（national strategy）是国家根据国际国内情况，综合运用政治、经济、军事、科技、文化等国家力量，筹划指导国家建设与发展，维护国家安全，最终达成国家目标的总体性战略。我国的国家战略是通过一系列代表党和国家意志的路线、方针、政策体现出来的。

旅游业要在新时代中国特色社会主义现代化国家建设中发挥更大的作用、有更大的担当，必须进一步明确旅游业的新功能、新定位与新任务：在全面建设中国特色社会主义国家的征程中，旅游业是物质文明、政治文明、精神文明、社会文明、生态文明全面提升的重要标志，是全体人民共同富裕和享有更加幸福安康生活的重要标志，是国家治理体系和治理能力现代化的重要标志。我国旅游业已经发展成为经济产业、文化产业、民生产业、幸福产业、健康产业、美丽产业融汇的综合性产业，发挥着经济发展的推进剂、社会和谐的润滑剂、生态文明的保护剂、民族团结的融合剂等多重产业功能，是实现国家战略的重要载体。

江苏是旅游大省，江苏旅游业庞大的规模体量、丰富的产业功能、良好的区位优势、丰富的历史文化内涵及建设“强富美高”新江苏的发展氛围使得江苏旅游业具有全面对接国家战略的产业能力和产业基础。在新的历史时期，江苏旅游产业至少可以在以下十个方面与国家战略积极对接，走全面融合创新的转型发展道路。

1）对接长江经济带战略和“一带一路”倡议，走区域旅游合作之路

长江经济带东起上海，西至云南，包括三大城市群，即处于龙头地位的以上海、南京为代表的长三角城市群，处于龙腰地位的以武汉为代表的长江中游城市群，处于龙尾地位的以成都、重庆为代表的长江上游城市群。长江经济带是我国具有全球影响力的内河经济带，该地带人口众多，经济发达，交通便利，旅游资

源丰富多样，且多年来上中下游城市群有互为旅游目的地和旅游客源地的传统，具有进一步强化引导，极化为区域旅游合作优势的基础。

尽管联合国教科文组织认为海上丝绸之路的起点在福建泉州，但有专家认为，南京才是海上丝绸之路的真正起点，因为南京是郑和七下西洋的决策地、航海宝船的建造地、航海始发地，正是郑和七下西洋的航海壮举才将与中国有关的“海上丝绸之路”之繁盛推向了高峰。在建设打造21世纪海上丝绸之路的过程中，旅游业能够有效地汇集人流、物流、信息流、资金流，增进沿线各国人民的交往，消除隔阂误解，提升各国融入其中的积极性和主动性，形成人类命运共同体。

目前，长江经济带旅游一体化尚处于早期，市场尚未发育成熟，为降低制度的风险和交易成本，政府必须发挥主导作用；但是区域旅游一体化不是由政府单一行为所确定的，它还需借助旅游企业和旅游行业协会等协调机制的共同作用。

在市场经济条件下，企业是投资主体、运营主体、利益主体和风险主体，在区域旅游一体化的进程中，必须发挥以酒店、旅行社、景区为代表的旅游企业一体化构建热情。江苏应进一步鼓励和支持旅游企业通过横向联合或纵向兼并，进行跨区域的系列化、集团化扩张，从而在更大空间范围内形成有机的产业链，获取一体化收益。具体来说，可以选择并培养一批具有国际竞争能力的跨区域的大型旅游企业集团，将现有的旅游开发实体改制为股份制公司，通过多种形式积极吸引本地和外地的资本（包括民间资本）流向旅游开发领域；整合旅行社，按照股份制和连锁经营的方式组建大型旅游服务公司，进一步提升地方旅游企业的产业竞争能力，以获得更加广阔的区域联合基础和更加有利的区域合作条件，使得江苏在长江经济带旅游合作区域内扮演重要节点城市的角色，强调旅游产业的极化功能。

2）对接“互联网+”战略，走智慧旅游之路

智慧旅游是“互联网+旅游业”的产物，智慧旅游使传统旅游企业在组织架构、商业模式、供应链、多元化发展等方面产生深刻变革，从而促进整个行业的升级换代。旅游业是传统的劳动密集型产业，只有加入“智慧”、“技术”这些元素才能转型为知识技术密集型的现代服务业，可以说“没有信息化就没有现代的旅游服务业”，“没有信息化旅游业就不可能让人民群众更加满意”。

2014年是国家号召大力建设智慧旅游的开局之年，时至今日，经过多年的快速发展，已呈现出一定的市场规模效应。据中国互联网络信息中心（CNNIC）2015年7月份发布的《2014年中国在线旅行预订市场研究报告》显示，截至2014年12月，在网上预订过机票、酒店、火车票或旅行度假产品的网民规模达到2.22亿，较2013年底增长4096万人，增长率为22.7%，网民使用率由29.3%提升至34.2%。与此同时，手机预订机票、酒店、火车票或旅行度假产品的用户规模达

到1.34亿，较2013年增长8865万人，增长率为194.6%，网民使用率由9.1%提升至24.1%。2016年2月，中国领先的旅游市场研究咨询机构劲旅咨询发布《2015—2016年中国在线旅行社市场研究报告》，报告显示，2015年，中国旅行社市场总交易规模约为3652.9亿元，较2014年3285.1亿元同比增长11.2%。其中在线市场规模达735.5亿元，较2014年429亿元同比增长71.4%。在线渗透率为20.1%，较2014年13.1%增长约7个百分点，在线渗透率持续扩大。随着智慧旅游发展的不断深化，2017年中国在线旅游市场交易总规模为7384.1亿元，较2016年增长了25.1%，已成为旅游经济发展的新常态。

2015年5月，国家旅游局在《关于促进旅游业与信息化融合发展的若干意见（征求意见稿）》中提出“让旅游业融入互联网时代、用信息技术武装中国旅游全行业”的战略构想，提出“到2050年（未来35年），通过旅游和信息化融合发展，实现中国旅游业的现代化、信息化、国际化”。

江苏的南京等城市是全国首批“国家智慧旅游试点城市”，在智慧旅游建设方面成效显著，但是要实现全行业的信息化和智慧化还任重道远。如果说“文化”是旅游的灵魂，那么“科技”就是旅游的支撑。在技术革新的背景下，旅游业开始由信息化向智能化转型，智慧旅游已成为旅游业发展的必然选择。江苏的智慧旅游建设必须以旅游者为中心，紧贴其需求变化，并不断进行改进创新，在智慧旅游项目设计和建设发展过程中，要以旅游行程和消费过程为线索，建设智慧旅游终端系统、无线上网条件、专业网站、手机程序、平板电脑程序、支付平台、导航定位服务系统、虚拟旅游服务系统等设施，将旅行社、旅游交通、旅游景区、旅游住宿、旅游购物、旅游表演、旅游休闲娱乐及旅游目的地其他与旅游活动密切相关的企业和部门纳入建设范围，同时注重与电信、广电、交通、金融、文化、安全、医疗等部门的配合，建立以旅游者需求为核心的信息库与资源共享平台，为游客提供定制、多元、人性、时尚、低碳的旅游服务项目，最终实现游客的完美体验。

3）对接“旅游+”战略，走产业融合发展之路

“互联网+”是2015年中国科技十大热词之一，在旅游行业也流行一个近似的热词“旅游+”。“旅游+”作为一种旅游业发展战略，由原国家旅游局局长李金早在《迎接中国“旅游+”新时代》一文中首先提出，其主要含义是考虑到旅游业综合性、关联性的特点，要走产业融合但又不止于产业融合的发展之路，如旅游+国家战略、旅游+五位一体、旅游+五化等。

单就“旅游+产业”而言，旅游产业融合就是要把旅游业当作综合性产业来抓，不能就事论事，要树立大旅游、大产业、大市场观念，推动旅游业与一二三产业的融合发展。与第一产业的融合，重点是发展乡村旅游；与第二产业的融合，重点是发展旅游装备制造业，包括大型旅游装备业和旅游用品、旅游纪念品；与

第三产业的融合，重点是与信息、金融、文化、商贸、交通等现代服务业的融合。在中国社会经济发展的背景下，还要注重推动旅游业与新型工业化、新型城镇化、信息化、农业现代化同步发展。

在产业结构加速调整的大背景下，江苏应该加快推动工业、农业、商业、教育、科技等与旅游业的深度融合，在原产业价值的基础上创造出新的复合价值，进一步创新旅游业态，扩大旅游产业的内涵与外延，要以“全域旅游”的发展理念统领城市旅游要素整合，实现江苏从“旅游城市”向“城市旅游”的跨越。以省会南京为例，建议进一步提升南京中山陵、总统府、夫子庙、玄武湖等龙头旅游产品的品质，与南京城市历史主线相融合，推出文旅融合的精品旅游线路；抓住国家鼓励研学旅游发展的机遇，充分利用南京的教育资源和历史文化资源，大力推进南京研学旅游品牌的形成，使南京尽快成为具有国内和国际双重影响力的知名研学旅游目的地。

4）对接“绿色发展”理念，走生态低碳旅游之路

旅游产业在国外曾被称作“无烟工业（non-smoke industry）”，因为在旅游业发展初期表现出了投资少、见效快、无污染、利润大的产业特征。但是随着旅游业的发展，一些旅游开发者盲目追求经济效益，对旅游资源进行无序、过度开发，导致对生态环境的破坏，使目的地生态环境失衡；同时，大量游客的涌入使得旅游目的地流动人口过多、交通拥挤、环境污染、自然和人文旅游资源遭到破坏，甚至带来游客与目的地居民风俗习惯、价值取向等方面的文化冲突等。

在党的十八届五中全会上，习近平总书记就提出了“创新、协调、绿色、开放、共享”发展理念。对旅游业而言，承接绿色发展理念就是要走生态旅游、低碳旅游之路，要在旅游发展过程中贯彻“绿色思维”。对旅游产业、企业而言，绿色是“科技含量高、资源消耗低、环境污染少”的产业结构和生产方式；对旅游者而言，绿色是一种“生活方式和消费模式向勤俭节约、绿色低碳、文明健康的方向转变，力戒奢侈浪费和不合理消费”的生活方式；对政府而言，绿色是“把生态文明纳入社会主义核心价值体系，形成人人、事事、时时崇尚生态文明的社会新风”。只有这样，才能实现“绿水青山就是金山银山”和“让居民望得见山、看得见水、记得住乡愁”。

以南京为例，2015 年江苏南京实施生态红线保护区“扩容”，将城市重要山体、湖泊、湿地等全部纳入红线保护范围，这就为南京旅游业的绿色发展奠定了稳固的基础。今后，要对南京城市绿色空间进行整体规划，把保护好山水城林自然生态与传承好历史人文结合起来，建议加快推进城市旅游休闲功能整体升级。比如，依托自然资源（湖泊、河流、山体等）、现有道路，串联主要旅游景点和特色旅游片区，打造山水相宜、别致有趣的休闲绿道系统，做到人在景中游。与此同时，还要加大南京重要生态功能区域、重要生态系统及主要物种的保护，为市

民提供更加绿色宜居的生态空间。同时，落实最严格的耕地保护制度和节约用地制度，结合农村土地整理，加强农田林网保护和建设，加强生态绿地、水体和城市清洁空气廊道建设，打造“天蓝、地绿、山青、水净”的生态环境和旅游环境，充分彰显南京“山、水、城、林”的城市旅游形象。

5）对接新型城镇化战略，走旅游城镇化之路

新型城镇化的核心在于不以牺牲农业和粮食、生态和环境为代价，着眼农民，涵盖农村，实现城乡基础设施一体化和公共服务均等化，促进经济社会发展，实现共同富裕。2014 年 12 月，国家发改委等 11 个部委联合下发了《关于印发国家新型城镇化综合试点方案的通知》，将江苏、安徽两省和宁波等 62 个城市（镇）列为国家新型城镇化综合试点地区。

新型城镇化过程的核心任务之一在于产业选择，即选择何种产业作为带动城镇化的动力。产业选择路径具有多样性，如工业化带动、高科技带动、服务产业带动、农业现代化带动等。旅游业因其具有综合性、关联性的产业属性，并且考虑到我国 70%的旅游资源集中于乡村，旅游业在实现新型城镇化进程中发挥着重要作用。

旅游城镇化，就是以旅游业作为推动城镇化的产业选择，通过人流带来的消费聚集，形成生产聚集、服务聚集和人口聚集，从而实现农村由乡到城的转变。旅游城镇化具有环境污染较小、就地城镇化、城乡统筹的特点，包括城市旅游化、旅游小城镇建设、旅游新农村社区、旅游综合体等模式。江苏的各大城市周边分布着各具特色的乡村旅游景点，具有旅游城镇化的良好基础，政府部门应有意识地加以引导、提升和适时转型。应依托区位条件、资源特色和市场需求，挖掘文化内涵，发挥生态优势，突出乡村特点，开发一批形式多样、特色鲜明的乡村旅游产品。推动乡村旅游与新型城镇化有机结合，合理利用古村古镇，发展有历史记忆、地域特色、民族特点的旅游小镇，建设一批特色景观旅游名镇名村。坚持融合发展，推动旅游业发展与城镇化和农业现代化相结合，实现经济效益、社会效益和生态效益相统一的旅游产品转型升级，向观光、休闲、度假并重转变，满足多样化、多层次的旅游消费需求；推动旅游开发向集约型转变，更加注重资源能源节约和生态环境保护，更加注重文化传承创新，实现可持续发展。

我们应当正确理解新型城镇化的核心内涵，即“质量型”城镇化、“生态型”城镇化、“可持续型”城镇化和“现代人型”城镇化，加强对旅游与城镇化协同机理的研究。旅游产业的发展本质是泛旅游产业的空间集聚，可以带来人口、消费的产业集聚，为城镇化发展提供直接的动力，并帮助实现就地城镇化；而城镇化可以为旅游发展创造更大的需求空间，并从社会、自然和文化等多个角度对旅游业发展带来影响。江苏旅游产业与城镇化的协同不仅体现在旅游产业对城镇化的促进作用方面，城镇化对旅游产业发展的支撑作用也不应忽视。在实践中，必须强调旅游与城镇化的相互嵌入，才能实现旅游与新型城镇化的协同发展。

6）对接供给侧改革战略，走旅游产业协调发展之路

党的十九大报告指出："我国经济已由高速增长阶段转向高质量发展阶段，正处在转变发展方式、优化经济结构、转换增长动力的攻关期"。供给侧结构性改革是关乎我国经济长期稳定发展的主题。旅游市场的某些乱象实际上是旅游供给侧结构不合理的体现，例如，零负团费导致的导游强制性购物，其本质是旅游供应商入行门槛较低带来的恶性竞争的结果；相较于出国游50%左右的购物消费，国内游约20%左右的购物比例说明旅游业在旅游购物消费环节上还存在短板。

旅游供给侧具有要素成链的特点，即"吃住行游购娱"这些要素构成了旅游供给侧链条，长期以来，江苏的旅游供给侧偏重于酒店、景点和交通供给，而购物、娱乐等旅游要素未能跟上，需要补齐短板；在旅行社行业内，也存在着大量僵尸企业，而这部分企业是造成市场混乱的主要来源，需要去产能；旅游供给侧多点成链的特点，要求我们在供给侧改革时要多进行产业联动，最终创造出"令人心动的有效供给"和"让人心安的产品质量"。未来，江苏要着力提升旅游的薄弱环节，推进旅游购物体系、旅游文化演艺等项目的建设与完善，为来江苏的游客提供与国内一流文化休闲旅游胜地相适应的高端旅游体验。

7）对接开放发展理念，走旅游大国外交之路

公共外交是一国政府借助于情报、国际信息、文化交流项目、媒体等手段对其他国家民众施加影响的外交形式，旨在通过影响其他国家的民众和制造舆论，树立一国良好的国际形象，进而增进国家利益，是信息时代各国实现国家战略利益的重要工具。例如，美国的公共外交就是其外交政策的重要组成部分，担负着向世界各国散播美国价值观和思想的任务。前国务卿奥尔布赖特在谈到这一问题时认为："文化项目在增强其他国家对美国的认同方面具有不可替代的价值，受感化的国外人民会对美国更具亲和力。"同时，旅游也可以作为对敌对国家的惩戒措施加以使用，如2015年11月24日，俄罗斯战机在土叙边境被土方击落，随后俄总统普京签署总统令宣布对土耳其旅游业进行制裁，要求旅游公司不得办理前往土耳其的旅游手续。

我国拥有世界第一大出境游市场和第四大入境游市场。2015年出境旅游者达1.2亿人次，旅游消费1045亿美元；2015年接待入境游客1.33亿人次，实现国际旅游收入1136.5亿美元。如此庞大的出入境旅游市场是我们开展公共外交的优势平台，成为我们发出中国声音、讲好中国故事、加强与世界联系的重要途径，成为我国实现公共外交的重要抓手。"国之交在于民相亲，民相亲在于心相通"。旅游作为增进民间交往，促进民众感情交流的重要载体，在国家公共外交中将会扮演越来越重要的角色。

8）对接扶贫惠民战略，走旅游民生产业之路

旅游业要在"乡村振兴战略"指导下，在全面建成小康社会的最后攻坚和决

胜阶段打好扶贫攻坚战。习近平总书记曾经指出，“小康不小康，关键看老乡。”脱贫攻坚最后面临的都是些“贫中之贫”“困中之困”群体中的贫困村、贫困户和贫困人口的脱贫问题。2015年，习近平总书记多次对美丽乡村、乡村旅游和扶贫开发做出重要指示。他指出，美丽中国要靠美丽乡村打基础，发展生态旅游经济、建设美丽乡村印证了绿水青山就是金山银山的道理；要把扶贫开发与富在农家、学在农家、乐在农家、美在农家的美丽乡村建设结合起来。

“十二五”期间（不含2015年），全国通过发展旅游带动了10%以上贫困人口脱贫，旅游脱贫人数达1000万人以上；“十三五”时期，中国计划通过发展旅游带动17%的贫困人口实现脱贫，预计带动约1200万贫困人口脱贫。

联合国世界旅游组织秘书长塔勒布·瑞法依（Taleb Rifai）高度评价中国的旅游扶贫。他说，“旅游能很好地促进农村发展，因为它是一个劳动密集型的行业，很多时候，在其他经济活动受到制约或面临衰退的地区，旅游业却能够提供各种工作机会和创业机会。此外旅游为当地提供这些机会，有助于遏制农村移民。”当前，旅游已被全球一半最不发达国家作为优先减贫工具。

在以往的旅游扶贫过程中或多或少地存在着粗放扶贫的现象，旅游扶贫的效果也往往用人均旅游收入来衡量，因此，农民往往有被代表、被平均的感觉。旅游的确促进了乡村社会经济的发展，但是农村许多真正需要扶贫的老弱病残等扶贫对象并没有从旅游发展中得到多大实惠，因此，实施精准扶贫对于提高旅游扶贫质量确是一剂良方。习总书记提出的“看真贫、扶真贫、真扶贫”，就是对“精准扶贫”的深刻诠释。首先要识别真假贫穷，扶贫对象选准了，扶贫资金与项目的针对性就增强了，才会收到应有的扶贫效果；“真扶贫”是对过往“假扶贫”的纠偏，如“大呼隆”“大跃进”式的扶贫，将扶贫资金用在搞“政绩工程”“形象工程”上，用在给地方政府和领导脸上“贴金”上，导致“年年扶贫年年贫”。

旅游扶贫要实现“精准扶贫，精准脱贫”可以借鉴PPT（pro-poor tourism）思想，即有利于贫困人口发展的旅游战略。该战略最先由英国国际发展部提出，意为“有利于贫困人口发展的旅游，通过开发旅游资源丰富的贫困地区，使旅游业成为区域支柱产业”。政府要在旅游发展政策导向、制度设计、资金支持、旅游小产品开发、营销等方面实施有利于贫困人口的措施。

江苏的旅游经济发展具有区域不平衡性，苏南、苏中、苏北三大区域的协调发展是推进江苏旅游产业整体升级的必由之路。苏南等地应当树立整体的旅游发展意识，主动与苏北等旅游产业发展薄弱的地区开展旅游合作，为旅游发展非优区培育更加广阔的客源市场，承担起旅游业协调区域经济发展平衡的责任。

2015年颁布的《国务院办公厅关于进一步促进旅游投资和消费的若干意见》中明确指出，“旅游业是我国经济社会发展的综合性产业，是国民经济和现代服务业的重要组成部分。通过改革创新促进旅游投资和消费，对于推动现代服务业发展，增加就业和居民收入，提升人民生活品质，具有重要意义。”把旅游业培育成为国民经济战略性支柱产业和人民群众更加满意的现代服务业，已成为旅游业发展的战略目标。截至2014年3月，全国已有28个省区市提出要把旅游业打造成支柱产业，其中17个省区市提出要建设成战略性支柱产业。世界旅游及旅行理事会（WTTC）测算，2015年中国旅游产业对GDP的综合贡献达到了10.1%，超过了教育、银行、汽车产业。应该说在全国大多数地区，旅游业已经具有战略性支柱产业的雏形，但是旅游业是否成为“人民群众更加满意的现代服务业”恐怕还是个问题。

习总书记讲，“旅游是人民生活水平提高的一个重要指标”。旅游业必须走民生产业发展之路。传统上，教育、医疗、就业、住房、社会保障等行业被称为民生行业，但从某种程度说，旅游业也是个民生行业：2015年，国内旅游人次达41亿人次，平均出游率达到3次，涉及人员规模如此之大；按照需求层次论的说法，旅游是人们在物质生活满足后对精神和文化生活的追求，2015年5月19日中国旅游日的宣传口号就是“爱旅游、爱生活”；旅游牵扯到千家万户的生计问题，据国家旅游数据中心测算，2015年中国旅游直接和间接就业人数占总就业人数的10.2%。

江苏应当把旅游当作民生产业发展来抓，需要发挥城市旅游在普惠式大众旅游、提高游客旅游体验质量、保障旅游从业人员权利、扩大旅游就业和旅游扶贫、旅游市场监管等方面的作用，全面提升旅游业在江苏经济发展中的地位和作用。

9）对接创新型国家战略，走旅游“大众创业、万众创新”之路

“十三五”期间，世界经济仍然处于复苏期，中国经济处于“叠加期”、转型期，有很多发展难题需要破解。面对发展难题，需要大无畏的革命精神，勇于实践，敢于创新，大胆担当。习近平指出：“创新是一个民族进步的灵魂，是一个国家兴旺发达的不竭动力，也是中华民族最深沉的民族禀赋。”

“十三五”期间，我们要激发创新创业活力，推动大众创业、万众创新，释放新需求，创造新供给，推动新技术、新产业、新业态蓬勃发展。习近平指出：“充分尊重群众的首创精神，着眼于解放和发展生产力，放手支持群众大胆实践，大胆探索，大胆创新，及时发现、总结和推广群众创造的成功经验，把群众的积极性和创业精神引导好、保护好，充分发挥了人民群众在改革开放和现代化建设中的主体作用，为改革发展创造了一个宽松的环境。”

2015年2月10日，李克强邀请60余名外国专家举行座谈会。关注中国“大众创业、万众创新”的诺贝尔经济学奖得主埃德蒙德·菲尔普斯提到，中国经济新引擎将带来“非物质性好处”。他说：“如果大多数中国人，因为从事挑战性工作和创新事业获得成就感，而不是通过消费得到满足的话，结果一定会非常美好。”李克强总理提出“大众创业、万众创新”，以简政放权的改革为市场主体

释放更大空间，让国人在创造物质财富的过程中同时实现精神追求，这是本届政府一直努力的方向。

2015 年，旅游业对全国 GDP 的直接贡献为 3.32 万亿元，占 GDP 总量比重的 4.88%；综合贡献为 7.34 万亿元，占 GDP 总量的 10.8%。旅游直接就业 2798 万人，旅游直接和间接就业 7911 万人，占全国就业总人口的 10.2%。旅游业直接投资超万亿元，达 10072 亿元，同比增长 42%，增幅比上年扩大 10 个百分点，高于全国固定资产投资和第三产业投资增速 30 个百分点……政策红利持续释放、社会关注度迅速提升、全民参与热情高涨，种种有利因素综合发酵，让整个产业进入创业创新的高峰期。

原国家旅游局局长李金早在 2016 年初全国旅游工作会议上指出，我国旅游发展正在实现六大转变，其中之一是“旅游发展正从传统模式向创新推动方式转变”，实施创新驱动发展战略，深入开展“大众创业、万众创新”，旅游业正是“双创”的广阔舞台。李金早用 3 个“前所未有”概括当下新局面：“各地发展旅游的热情前所未有，企业投资旅游的热情前所未有，人民群众参与旅游的热情前所未有。”中国旅游研究院产业所原所长李仲广认为，旅游是“大众创业、万众创新”最活跃的领域之一。“而创业创新对经济总量提升、产业提质增效、目的地转型升级而言都是革命性的力量。”

旅游创业创新在“十三五”的工作目标是，贯彻落实国家“大众创业、万众创新”战略部署，将旅游创新创业与转型升级、提质增效紧密结合起来，大力提升创业创新在促进旅游业发展中的贡献比例。到 2020 年，形成一批不同类型的旅游创业创新示范园区，孵化培育一大批旅游“双创”企业，造就一批全国旅游“双创”明星，让创业创新成为中国旅游业发展的重要驱动力。

2015 年江苏省全年接待境内外游客 62238.7 万人次，实现旅游总收入 9050.1 亿元，比上年增长 11.1%。截至 2015 年，江苏省 A 级景区总数达到 626 家，其中 5A 级景区达到 20 家，位居全国第一。旅游业作为第三产业中最具活力和发展潜力的产业，成为拉动消费的最大增长点，在江苏省社会经济发展中的地位日益重要。江苏省不仅是旅游大省也是科技大省，旅游业主动积极应用最新的科技成果，提高服务质量和管理效率，努力实现向旅游强省转变的目标。

2015 年，江苏省区域创新能力连续 7 年位于中国首位。与此同时，为了实现由旅游大省向旅游强省的转变，将旅游业发展成为国民经济战略性支柱产业，江苏省大力推进旅游业科技创新，不断提高旅游业的科技含量。以移动互联网、云计算、物联网等新经济资本为特征的智慧旅游是旅游产业与科技创新协同发展的典范（马勇和刘军林，2011）。

2017 年出台的《江苏省“十三五”旅游业发展规划》中明确提出要“深化旅游改革创新”，要从培育旅游创新基地、创新旅游体制机制、加快现代旅游统计体系建设、促进旅游投融资创新等方面入手，全面推进江苏旅游走“大众创业、万众创新”的发展之路。《规划》中提出，要推进省级旅游改革先行区试点，积极推广旅游创新发展的成果。推进相关市在旅游业产业定位、旅游综合管理体制、旅游业发展引导机制、旅游公共服务体制、旅游市场监管机制、旅游要素保障等方面大胆创新。鼓励各市、县（市、区）结合自身资源特色和产业优势，打造专项旅游创新发展试验区，建设旅游产业创新创意孵化园和网络服务平台。以旅游商品创意设计和展示交易为先导，加快引进原创企业和团队入驻园区，建成一批“旅游创客基地”示范项目。同时，加强政府和金融机构联动，大力推动旅游资源整合，引导金融机构加大项目贷款、银团贷款、并购贷款等中长期资金投入。鼓励金融机构发展适应旅游业发展的信贷产品，推广景区经营权、门票收入权质押业务，盘活企业资产。支持旅游资源富集地区，由政府组织或参股形式设立旅游专业担保公司。支持引导小微企业、经营户互助设立担保基金，创新中小微旅游企业股权交易、托管模式。积极引导旅游企业在境内外资本市场股权融资。加大债券市场对旅游企业的支持力度，支持符合条件的旅游项目和企业发行债务融资工具，拓宽融资渠道。推广政府和社会资本合作模式。鼓励以特许经营的方式开展旅游公共服务领域 PPP 试点。

10）对接共享发展理念，走全域旅游发展之路

习近平总书记强调，“旅游是综合性产业，是拉动经济发展的重要动力”。笔者理解所谓综合性产业有三层含义：第一，产业构成的综合性；第二，产业功能的综合性；第三，旅游是三位一体促进经济发展的综合性工具。

旅游产业构成的综合性不言自明，产业功能的综合性是指旅游业不是单纯的经济产业而是承载了社会、文化、环境、人文、政治等多项社会功能。例如，在经济建设中，旅游业是战略性支柱产业，是稳增长、调结构、转方式的重要力量；在政治建设中，红色旅游是推进社会主义核心价值观教育的重要载体；在文化建设中，旅游是文化传承保护、文化创意产业发展的市场载体和需求动力；在社会建设中，旅游是促就业、惠民生的重要领域；在生态文明建设中，旅游是转化生态价值、传播和分享生态文明的美丽产业，是资源节约、环境友好、生态共享的绿色产业；在外交领域中，旅游业是开展公共外交的重要领域和载体。

消费、出口和投资被称为促进经济发展的三驾马车，旅游业同时承载着三驾马车的作用。2015 年，国内外旅游消费达 3.9 万亿元，成为拉动内需的重要力量；入境旅游（出口）1.33 亿人次，国际旅游收入 1136.5 亿美元；中国公民出境旅游人数达到 1.2 亿人次，旅游花费 1045 亿美元；2015 年旅游业直接投资达 10072 亿元人民币，同比增长 42%，增幅高于全国固定资产投资和第三产业投资增速。

2016 今年 7 月，习近平总书记在宁夏考察时对发展全域旅游给予充分肯定，“发展全域旅游路子是对的，要坚持走下去。”全域旅游是指，各行业积极融入旅

游，各部门齐抓共管，全体居民共同参与，充分发挥旅游业的综合性产业功能，使旅游业在社会经济发展的各个层面发挥作用。在一定区域内，以旅游业为优势产业，通过对区域内经济社会资源尤其是旅游资源、相关产业、生态环境、公共服务、体制机制、政策法规、文明素质等进行全方位、系统化的优化提升，实现区域资源有机整合、产业融合发展、社会共建共享，以旅游业带动和促进经济社会协调发展的一种新的区域协调发展理念和模式。

2016 年，《江苏省全域旅游示范区创建工作指南》发布，结合江苏省旅游发展实际情况，有针对性地提出江苏全域旅游“六大转变”方式，打造“全域旅游，江苏特色”：一是旅游开发、建设从单一景区建设和管理到综合性旅游目的地统筹发展转变；二是旅游产业内涵从旅游企业单打独享向社会共建共享的发展平台转变；三是旅游业发展从单一的产业发展向开放的“旅游+”产业融合发展方式转变；四是旅游体验方式从以观光旅游为主的传统体验方式向观光、休闲、度假并重的复合型旅游方式转变；五是旅游管理工作从少数部门管理向多部门协调统筹推进转变；六是旅游执法方式从以旅游职能部门为主的执法管理向多部门协作综合执法管理转变。

《指南》指出，实施全域旅游战略，切实推进江苏全域旅游示范区创建工作，是贯彻落实“创新、协调、绿色、开放、共享”五大发展理念的重大实践，是缩小苏南、苏中、苏北发展差距和全面建设小康社会的重要载体，是建设经济强、百姓富、环境美、社会文明程度高的新江苏的重点支撑。发展全域旅游是推动江苏供给侧改革的有效抓手，有利于江苏社会资源的整合和发展力量进行高效配置，适应了市场需求变化；有利于丰富旅游产品和完善旅游要素，培育新的经济增长点。发展全域旅游是加快转变经济发展方式，推动产业结构调整和优化，全面提升旅游发展质量，创新旅游发展模式，推进江苏旅游业转型升级和可持续发展的必然选择。发展全域旅游是加快推进江苏新型城镇化，加强生态文明建设，统筹城乡一体化协调发展的重要途径。发展全域旅游是保障和改善民生，扩大社会就业、增加百姓收入，提高人民群众生活质量和幸福感的重要举措。发展全域旅游是提升文明法治素养，营造良好社会风尚，培育和践行社会主义核心价值观的有效载体。

结合江苏省实际情况，考虑到苏南、苏中、苏北地区旅游发展存在一定差距，“十三五”期间，江苏发展全域旅游应着重强调以县（区）域为重点分区域推进，在旅游发展基础条件较好的苏南地区推行全域旅游发展方式，在旅游发展相对滞后的苏北地区推行全域旅游发展理念，苏中地区则作为由全域旅游发展理念向全域旅游发展方式转变的过渡地带。各地区应根据自身旅游业发展情况，有选择地将全域旅游作为一种发展理念或者发展方式进行推进。

1 “一带一路”视角下江苏丝绸之路遗产旅游发展研究

1.1 “一带一路”与丝绸之路遗产旅游

1.1.1 “一带一路”倡议

“一带一路”是指“丝绸之路经济带”和“21世纪海上丝绸之路”，“一带一路”概念由习近平主席在数次公开讲话中正式提出并逐步阐明，通过相关党的决议逐步确立为当前中国的重大国际合作倡议，如表1-1所示。“一带一路”脱胎于古丝绸之路，其本质是中国为世界提供的一种公共产品，反映了新时期中国区域发展与对外合作的新思路，获得了沿线国家的积极响应并受到全球关注。这一跨越时空的宏伟构思承接古今、联通中外，赋予了古老丝路崭新的时代内涵，是一个高瞻远瞩的重大决策。

表1-1 “一带一路”倡议的提出

2013年9月7日	习近平在哈萨克斯坦纳扎尔巴耶夫大学发表演讲时表示： 为了使各国经济联系更加紧密、相互合作更加深入、发展空间更加广阔，我们可以用创新的合作模式，共同建设“丝绸之路经济带”，以点带面，从线到片，逐步形成区域大合作。
2013年10月3日	习近平在印度尼西亚国会发表演讲时表示： 中国愿同东盟国家加强海上合作，使用好中国政府设立的中国-东盟海上合作基金，发展好海洋合作伙伴关系，共同建设21世纪海上丝绸之路。
2013年11月12日	中国共产党十八届三中全会的《决议》提出： 推进丝绸之路经济带、海上丝绸之路建设，形成全方位开放新格局。
2013年12月	习近平总书记在中央经济工作会议上指出： 推进“丝绸之路经济带”建设，抓紧制定战略规划，加强基础设施互联互通建设。建设“21世纪海上丝绸之路”，加强海上通道互联互通建设，拉紧相互利益纽带。
2014年5月21日	习近平在亚信峰会上做主旨发言时指出： 中国将同各国一道，加快推进“丝绸之路经济带”和“21世纪海上丝绸之路”建设，尽早启动亚洲基础设施投资银行，更加深入参与区域合作进程，推动亚洲发展和安全相互促进、相得益彰。

续表

2014年6月5日	习近平出席中阿合作论坛第六届部长级会议表示： 希望双方弘扬丝绸之路精神，以共建“丝绸之路经济带”和“21世纪海上丝绸之路”为新机遇新起点，不断深化全面合作、共同发展的中阿战略合作关系。
2014年11月8日	习近平在北京“加强互联互通伙伴关系”东道主伙伴对话会表示： 要通过亚洲互联互通建设，拉近人民思想交流、文明互鉴的距离，让各国人民相逢相知、互信互敬，创造和享受和谐安宁的生活，共同编织和平、富强、进步的亚洲梦。
2015年3月28日	国家发展改革委、外交部、商务部联合发布： 《推动共建丝绸之路经济带和21世纪海上丝绸之路的愿景和行动》。

“一带一路”脱胎于古丝绸之路，“青出于蓝而胜于蓝”，“一带一路”不但比古丝绸之路拥有更丰富的具有时代特色的内涵，而且比古丝绸之路连接了更多国家。

“一带一路”是世界上跨度最长的经济带，东牵活跃的亚太经济圈，西揽发达的欧洲经济圈；“一带一路”是世界上最具潜力的经济带，中间广大腹地多是新兴经济体和发展中国家，普遍处于上升期，“一带一路”倡议契合沿线国家的共同需求。“一带一路”陆上依托国际大通道，以沿线中心城市为依托，以重点经贸产业园区为合作平台，共同打造新亚欧大陆桥、中-蒙-俄、中国-中亚-西亚、中国-中南半岛等国际合作走廊；海上以重点港口为节点，共同建设通畅、安全、高效的海上合作大通道（孟宇宸，2017）。“一带一路”是开放的，欢迎所有域内外国家共同参与。

习近平总书记指出，“古丝绸之路绵亘万里，延续千年，积淀了以和平合作、开放包容、互学互鉴、互利共赢为核心的丝路精神。”“和平合作”是前提，“开放包容”是根本，“互学互鉴”是途径，“互利共赢”是目的。“一带一路”建设应以政策沟通为保障，以基础设施互联互通为优先，以投资贸易合作为重点，以资金融通为支撑，以民心相通为根基。“一带一路”是开放包容、合作共赢的倡议设计，是维护全球自由贸易体系和开放型世界经济系统的工程；是全方位、多层次、复合型的互联互通网络。“一带一路”并非一个实体和机制，而是区域合作发展的理念和倡议。依靠中国与有关国家既有的双、多边机制和区域合作平台，构建贯通亚欧大陆的经济交通动脉，架设东西方文化交汇的桥梁。“一带一路”合作以经济和人文交流为主线，当前正从东部与西部、海洋与陆地、国内与国际协同推进。

1.1.2 丝绸之路世界遗产

“丝绸之路”最初由德国地理学家李希霍芬（F. von Richthofen）在1877年出版的《中国》一书中提出，是指中国古代经中亚通往南亚、西亚及欧洲、北非的陆上贸易通道。因产自中国的丝绸是贸易中最具代表性的商品，对世界各国影响巨大，故称此贸易通道为“丝绸之路”（贺云翱和苏宇红，2017），其内涵后扩展为泛指亚、欧、非之间的古代陆上和海上贸易通道。

自19世纪开始，“丝绸之路热”经久不衰。至21世纪，开辟新“亚欧大陆桥”，振兴丝路，成为丝路沿线各国的共同愿望。正是在这一背景下，丝绸之路沿线各国积极行动起来，展开丝绸之路世界文化遗产申报工程，丝绸之路更加深入人心。

2014年6月22日，“丝绸之路：长安—天山廊道的路网”申报世界文化遗产成功，路网从中国古代长安起始，经河西走廊进入天山山脉地区，跨距近5000km，总长达8700km。联合国教科文组织世界遗产委员会认为，丝绸之路是东西方之间融合、交流和对话之路，近两千年以来为人类的共同繁荣做出了重要的贡献。这成为丝绸之路研究的一个里程碑，引起国际、国内社会丝绸之路热的新高潮，使古老的丝绸之路再次焕发新的生机。作为世界最长的文化遗产线路，丝绸之路联合申遗是整个亚太地区第一个作为“文化线路”申报的世界遗产项目，也是世界上第一个以跨国联合申报的形式成功列入《世界遗产名录》的项目。而“丝绸之路：长安－天山廊道的路网”的成功申遗也只是一个开始，丝绸之路中的海上、草原线路的申遗工作也都在持续推进中。尤其是海上丝绸之路申遗工作，更是贯彻习近平总书记“一带一路”倡议的重要举措。

作为文化线路类遗产，“海上丝绸之路”是丝绸之路的一部分，指公元前2世纪至公元17世纪古代中国与亚洲、非洲、欧洲各国通过海上交通的线路，在政治、经济、文化、社会、族群等方面进行的跨文化交流之路[①]。

“海上丝绸之路”始于公元前2世纪的西汉年间，兴于公元8世纪的唐代中叶，盛于公元10～14世纪的宋、元时期，至17世纪的明代后期逐渐衰落。“海上丝绸之路”的交通网络分布于从中国跨海向东至东北亚地区，向西南绵延至印度洋、阿拉伯海、地中海的沿线各国。自公元前2世纪至公元17世纪的近两千年中，亚、非、欧洲沿海国家和地区通过“海上丝绸之路”进行的政治交往、贸易

① 法国汉学家沙畹（Edouard Chavannes，1865～1918）在其所著《西突厥史料》中提出“丝路有海陆两道”。

往来[①]、文化交流[②]、宗教传播[③]、技术交流[④]、族群迁徙、物产交流[⑤]等全方位的人类活动对世界文明发展进程产生了巨大影响。

作为“海上丝绸之路”的起点，中国的东南沿海拥有 1.8 万多 km 长的海岸线，历史上分布有一系列重要港口，主要包括合浦（今北海）、广州、漳州、泉州、福州、明州（今宁波）、扬州、登州（今蓬莱）等。在汉至明代的不同历史时期中，这些港口因政府设立市舶司等主管对外贸易的官方机构成为使节和外商云集、贸易往来和文化交流繁荣的商业贸易和文化交流中心。上述各港口城市留存至今的丰富的文化遗产见证了“海上丝绸之路”对人类文明和文化交流做出的巨大贡献。鉴于江苏作为沿海省份、地区经济中心与阶段性政治中心在中外贸易史上主要与“海上丝绸之路”直接相关，作为海上丝路的重要港口、腹地和策源地遗留了大量相关物质与非物质文化遗产，本章讨论的江苏丝绸之路遗产旅游主要围绕“海上丝绸之路”遗产展开。表 1-2 为“海上丝绸之路”申遗历程。

表 1-2 “海上丝绸之路”申遗历程

时间	地点/事件	主要成果	申遗城市
2001 年起	泉州	开始筹备“海上丝绸之路——泉州”申报世界遗产，并上报国家文物局	
2001 年起	宁波“海上丝绸之路”文化周	开始“海上丝绸之路——宁波”申遗。“海上丝绸之路”文化周（节）成为宁波宣传“海上丝绸之路”、实现“海上丝绸之路”遗产保护社会化、全民化的重要方式，极大地推动了“海上丝绸之路”的申遗进程	
2001 年	宁波“海上丝绸之路”文化国际学术研讨会	与会专家建议中国古代三大“海上丝绸之路”始发港宁波、泉州、广州联合申遗；发表 21 世纪“海上丝绸之路”申遗重要文献——《宁波共识》，这也是联合申遗理念的最早共识	
2006 年 12 月	广州、宁波、泉州	进入中国“海上丝绸之路”申报世界文化遗产预备名录	
2009 年	国家文物局无锡座谈会	扬州、蓬莱加盟“海上丝绸之路”申遗计划，形成中国五市捆绑联合申遗阵势	泉州、宁波、广州、扬州、蓬莱

① 中国主要输出丝绸、瓷器、漆器、茶叶等，输入珊瑚、珍珠、琉璃、玛瑙等珠宝，以及香料、药材、象牙、犀角等。唐、宋、元时期，外贸税收成为国家收入的重要组成部分。

② 传播交流的有儒家文化、礼制传统、妈祖信仰、山水审美、文学、艺术、民族文化等。

③ 经由海上丝绸之路在中国传播的宗教主要有佛教、伊斯兰教、摩尼教、基督教等。

④ 航海技术、农业种植技术、制瓷、纺织等手工业生产技术的交流或传播。

⑤ 引入棉花、玉米、红薯等作物。

续表

时间	地点/事件	主要成果	申遗城市
2011年4月	宁波	建立“海丝申遗”联合运作机制，有效整合相关城市资源，实现优势互补，共同搭建开放、融合、共享、发展的新平台。不久，北海加入到这个联合平台中	泉州、宁波、广州、扬州、蓬莱
2011年12月	宁波海上丝绸之路与世界文明进程国际论坛	签署《新机遇、新挑战、新跨越——中国“海上丝绸之路”七城市联合申报世界文化遗产行动纲领》，《行动纲领》是对《宁波共识》的延续和深化，将“海上丝绸之路”联合申遗的呼吁转化为实际行动，对联合申遗以及与之相关的联席会议制度、统一“海上丝绸之路”和“海丝城市”品牌、举办“海上丝绸之路”联展、共同开展学术研究等多个方面提出了具体可行的要求，推动了“海上丝绸之路”申遗进程，扩大了“海上丝绸之路”的影响。稍后，福州也签署了《行动纲领》，加入到联合申遗中来	泉州、宁波、广州、扬州、蓬莱、北海、漳州
2012年12月	宁波联席会议	根据国家文物局建议共同做好预备名单表格备案、遗产点价值评估等工作，接受国家文物局的指导和监测管理。学习“陆上丝绸之路”申遗的经验和工作历程；根据申遗要求，在保护、研究、调查、传承等方面做好基础性工作，并以联席会议机制为平台加强交流合作与信息共享。积极开展对外文化交流和海外寻珍；加强宣传，增强中国“海上丝绸之路”的社会关注度和文化影响力，彰显“海丝城市”的文化自觉与文化自信，推动全社会对中国“海上丝绸之路”的文化认知	蓬莱、扬州、宁波、福州、漳州、泉州、广州、北海、南京
2016年3月24日	国家文物局	正式确定泉州、广州、宁波、南京共同推进海丝申遗工作	
2016年9月9日	国家文物局海丝申报世界文化遗产工作会	明确泉州、广州、宁波、南京、漳州、莆田、丽水、江门8个城市共31个遗产点列入首批海丝申遗点，阳江市“南海1号沉船及沉船点”作为关联点	

1.1.3 丝绸之路遗产旅游

作为人文交流的重要途径，旅游有助于促进各国民间往来，增进彼此的了解，发挥旅游外交的重要作用；作为经济合作的重要渠道，旅游业是沿线各国都非常重视的经济产业，发展旅游业有助于促进沿线各国的经济发展。旅游是夯实“一带一路”倡议的重要基础，是互联互通的重要引擎。2014年11月8日，习近平在“加强互联互通伙伴关系”东道主伙伴对话会上说，“应该发展丝绸之路特色旅游，让旅游合作和互联互通建设相互促进。”（孙壮志，2018）因此，在“一带一路”倡议中，旅游要发挥自身独特的作用，努力成为“一带一路”互联互通的先行者。《推动共建丝绸之路经济带和21世纪海上丝绸之路的愿景与行动》在合作重点中强调了旅游在助推“一带一路”的愿景与行动中的作用，指出了“加强旅游合作，扩大旅游规模，互办旅游推广周、宣传月等活动，联合打造具有丝绸之路特色的国际精品旅游线路和旅游产品，提高沿线各国游客签证便利化水平。推动21世纪海上丝绸之路邮轮旅游合作。积极开展体育交流活动，支持沿线国家申办重大国际体育赛事”的行动方向。“一带一路”倡议的实施给旅游业带来了前所未有的发展机遇，为实现“一带一路”的旅游愿景，国家和地方层面都已经行动起来（张宁宁，2015）。

由于世界遗产所具有的“突出的普遍价值”，其与旅游有着天然的紧密联系。通过旅游，遗产得以更好地展示其“突出的普遍价值”，使旅游者在愉悦的氛围中感悟到历史的价值、生命的意义及不同文化间的和平相处与沟通之道，旅游是传承世界遗产价值的最佳载体。

我国遗产事业和旅游发展紧密关联，在“一带一路”建设中，中国应努力承担起作为一个遗产大国和旅游大国的国际责任。申遗一方面是对丝绸之路文化遗产的科学保护和有效管理；另一方面也是深入认识城市价值，全方位宣传、展示城市文化和发展成就，提高城市知名度，扩大对外开放、招商引资的重要契机。相关地区应通过申遗大力改善地区环境，为当地居民和外地游客营造丰富多彩的文化生活和赏心悦目的游览空间，更好地促进遗产地旅游业的升级发展，促进社会可持续协调发展，使文化遗产保护更好地惠及于民、反哺社会。

“丝绸之路：长安一天山廊道的路网”申遗成功是继万里长城、长江三峡之后我国具有国际影响力的旅游线路的又一次全面扩军，是国家旅游品牌和旅游竞争力的又一次全面提升。跨国联合申报成功形成的思路和工作机制，无疑为跨国旅游产品的开发和运营合作打下了良好的基础。

丝绸之路作为一条古老的中西方文化交流桥梁和商贸通道，沿线旅游资源丰富、文化遗存多样，国际上品牌影响力极强，具有发展成为世界最具魅力旅游经济带的潜力。大力发展丝绸之路旅游业，加快形成大产业、大市场、大旅游发展格局，一要加快政策对接，由政府主导进行协调规划，打破行政区域界线，加快落地签证政策实施，畅通旅游渠道，推动形成丝绸之路旅游经济共同体；二要加强交通对接，做好节点城市交通衔接，提高沿线国家和地区的交通通达性；三要加强市场营销，沿线城市以申遗为契机，携手共办旅游节庆宣传活动，强化旅游市场产业联盟；四要创新旅游产品，瞄准国际市场重点建设一批精品旅游线路和核心景区，把“丝绸之路”打造成国际著名旅游品牌和世界性旅游目的地。

1.2 江苏丝绸之路遗产旅游

1.2.1 江苏丝绸之路遗产旅游资源

1.2.1.1 丝绸之路遗产旅游资源系统及分类

人们对遗产（heritage）的认知经历了一个由有形实体范畴逐渐扩大到无形文化范畴的过程。目前，国际上对遗产的内容和类型较普遍的认知是根据 1982 年的《世界遗产宪章》将遗产划分为自然遗产、文化遗产和非物质遗产三部分。我国较普遍的认知则是进一步将世界遗产划分为文化遗产（物质文化遗产、非物质文化遗产）、自然遗产、双重遗产和文化景观四大类。无论是三分法还是四分法，都在分类的揭示性原则、规范性原则、系统性原则、明确性原则和扩展性原则上存在诸多矛盾。例如，如果将文化遗产和非物质遗产并列，那么应如何解释文化的无形性？能够将文化遗产严格区分为物质的和非物质的两类吗？有意义吗？合理吗？相对于双重遗产来说，文化遗产和自然遗产是绝对单一的吗？文化遗产和文化景观是基于什么分类标准而同级的？等等。

基于对各种遗产的长期观察和思考，笔者认为，在当前学术界对遗产的定义和分类尚无科学定论的情况下，我们不应拘泥于尚不科学的分类体系，将遗产搞得支离破碎，无法解读。而应以整体论和系统论为理论基础，树立发展的、联系的“大遗产”观，将形成遗产的所有要素（实物、环境、人及其行为、信息等）视为一个不可割裂的整体，并注意解读各要素之间的关系及发展变化。本节对江苏丝绸之路遗产的研究将基于以上观点。

长期沉淀形成的有独特价值、稀缺、不可模仿、难以替代的遗产旅游资源是旅游业可持续发展的战略基础，但“并不是所有的遗产都可以成为遗产旅游的资源，只有人们希望保存的历史部分才能构成”（戴伦·J·蒂莫西和斯蒂芬·W·博伊德，2007）。遗产旅游是遗产商品化的过程，只有能够满足旅游者需求的遗产才能够被赋予经济功能，开发为遗产旅游产品。

“海上丝绸之路”为人类文明和文化发展及共同繁荣做出了重要的贡献，“海上丝绸之路”沿线留下了一系列具有独特价值、稀缺、不可模仿、难以替代的历史文化遗存，这些遗产能够满足旅游者获取知识、放松身心、怀旧等需求，形成了“海上丝绸之路”遗产旅游资源系统：保障“海上丝绸之路”交流的海港基础设施及港口城镇遗存，包括海湾、码头、航标建筑、造船场、仓库、祭祀建筑、贸易管理机构、驿站、桥梁、道路、海防设施、商业街等；外贸商品的生产基地与设施遗存，包括瓷窑、丝绸织造工场等；文明及文化交流产物，包括宗教建筑、外国人聚居区及墓葬区、贸易市场、园林、景观、作物、设施、艺术作品、工艺品等遗存；珠宝、香料、药材等贸易物品遗存；沉船等航线物证、重要地标等航线遗存；地理环境要素遗存；以及在民俗生活、宗教、信仰、生产技术、科学知识等方面遗留下的丰富而珍贵的非物质遗产等。

1.2.1.2 江苏丝绸之路遗产旅游代表性资源及分布

在江苏参与丝绸之路开拓、发展的两千多年里，形成了异常丰富的相关遗产。这些遗产主要围绕徐福东渡、法显求法、伊斯兰教贤人传教于扬州、鉴真东渡日本、意大利人马可·波罗来华并撰游记、郑和七下西洋等重大事件展开，反映了江苏在丝绸之路发展史上的历史地位和贡献，也勾勒出一部江苏对外交往史。基于前述“大遗产”观及旅游资源区域整合开发的需要，笔者以重大事件为主题对上述各类遗产进行了梳理，代表性资源列表展示见表 1-3。

表 1-3 江苏“丝绸之路”遗产旅游代表性资源概况

资源主题	资源类型	资源点	“一带一路”国家关联资源
徐福东渡	文明及文化交流产物	连云港：徐福祠、各种遗址和出土文物	日本：徐福庙祠 37 座、徐福墓 5 座、各种遗址和出土文物
	地理环境要素遗存	连云港：徐福故里	日本：因徐福登临而得名的蓬莱山 13 座
	沉船等航线物证、重要地标等航线遗存	连云港：徐福启航地点	日本：登陆点
	非物质遗产	连云港：徐福纪念组织和研究机构、徐福活动遗迹等传说	日本：徐福祭祀节典和仪式，徐福的登陆地点、活动遗迹、祠庙和墓葬等传说，徐福纪念组织和研究机构，弥生文化，秦、徐姓氏
伊斯兰教东传	文明及文化交流产物	扬州：仙鹤寺；普哈丁墓园；菱塘回族乡乡清真寺；菱塘回族乡古清真寺；高邮菱塘回族乡；各种遗址和出土文物 南京：净觉寺、太平路清真寺、丰富路清真寺、浡泥国王墓、郑和墓、刘智墓 常州：双桂坊清真寺 苏州：砂皮巷、铁局弄、天库前清真寺遗址 盐城：盐城清真寺 镇江：西大寺、剪子巷清真寺 江苏现有清真寺 45 座（其中新建 7 座） 江苏各地遗址和出土文物	阿拉伯地区：扬州普哈丁墓是中国唯一安葬穆罕默德后裔的墓园
	非物质遗产	扬州：菱塘回民俗，“别宝回子”“波斯献宝”等语言民俗	世界伊斯兰教信仰

续表

资源主题	资源类型	资源点	“一带一路”国家关联资源
鉴真东渡	文明及文化交流产物	扬州：大明寺、鉴真纪念堂 苏州：尊胜禅院、东渡寺、黄泗浦石刻经幢、鉴真东渡纪念馆	日本：东大寺、唐招提寺等
	海港基础设施及港口城镇　遗存	扬州：宝塔湾 苏州：黄泗浦遗址	日本：登陆点秋妻屋浦
	非物质遗产		日本：鉴真将佛教（律宗初祖）、饮食、中医药（医药始祖）、漆器等先进文化带到日本
马可·波罗来华	文明及文化交流产物	扬州：马可·波罗纪念馆	意大利：《马可·波罗游记》
郑和下西洋	海港基础设施及港口城镇　遗存	南京：石头城遗址、明代都城及皇宫遗址、下关遗址、宝船厂遗址、大报恩寺遗址、静海寺遗址、郑和墓、郑和府邸、洪保墓、郑和航海图 苏州：刘家港遗址 各种遗址和出土文物	马来西亚：郑和庙 印度尼西亚：郑和遗迹
	非物质遗产	天妃信仰	沿线各国流传的郑和故事
佛教初传	文明及文化交流产物	连云港：法起寺、孔望山佛教造像群、宿城村石刻、《入唐求法巡礼行记》、《佛国记》、各种遗址和出土文物 南京：瓦官寺、道场寺	印度：《法显传》与印度古代史研究
	地理环境要素遗存	连云港：鹰游山	
	非物质遗产	南京、扬州、镇江：法显活动遗迹 等传说、《法显传》	
蚕桑丝织	外贸商品的生产基地与设施遗存	南京：江宁织造府、吴家账房 苏州：盛泽镇、丝绸博物馆 无锡：永泰厂	
	贸易物品遗存	丝及丝织品	世界博物馆丝织展品
	非物质遗产	苏州：吴服、蚕桑丝织技艺 南京：云锦织造技艺	世界丝织技艺及实践
国际港城	海港基础设施及港口城镇　遗存	扬州：扬州城遗址、唐子城风景区、东关古渡、东关街	马六甲、亚历山大等历史国际港城
	文明及文化交流产物	扬州：崔致远纪念馆 淮安：新罗坊、崔家禅院、《职贡图》	世界中国外销品遗存
西游传奇	城镇遗存	淮安：海州十字街、吴承恩故居、文通塔、都土地祠遗址等 连云港：五龙口二郎神文化遗迹公园等	
	地理环境要素遗存	连云港：花果山等	

通过以上对江苏“丝绸之路”遗产旅游资源的梳理发现，江苏“丝绸之路”遗产旅游资源呈现出以下特点。

首先，遗产旅游资源系统完整，类型齐全。江苏作为参与“丝绸之路”发展的重要历史地区，发育出完整的“丝绸之路”交通设施、贸易体系及政府管理机构。同时，在交往中必然产生的主动和被动的文化交互及其结果，也发育成为支撑“丝绸之路”物质遗产的重要精神内核。因此，江苏“丝绸之路”遗产旅游资源是由明确的主题思想引领的门类齐全的文化遗产资源。

其次，遗产旅游资源围绕几个重要节点城市集中，并在周边散布。通过以上梳理发现，江苏“丝绸之路”遗产旅游资源主要集中在南京、扬州、连云港、苏州等重要节点城市，并在淮安、盐城、镇江、常州等城市少量散布。这种分布特点使遗产旅游资源开发工作能够重点明确，有序推进。在区域旅游开发中，“点—轴”理论及其相关方法的应用将是较为恰当的。

再次，作为一项国际性的文化线路遗产旅游资源，国际关联性是其重要特点。通过以上梳理发现，江苏“丝绸之路”遗产旅游资源在国际上的主要关联遗产除了丝绸和瓷器等遍及世界的贸易商品相关遗产外，主要集中在向东的东北亚地区和向西的阿拉伯地区。这一关联特征为江苏“丝绸之路”旅游的国际合作与国际旅游产品的开发指明了方向。

最后，江苏丝绸之路遗产旅游资源的分布由北至南呈现出明显的时序特征。如表 1-3 所示，汉代以前江苏丝绸之路遗产旅游资源如徐福东渡、佛教初传、西游传奇等，主要集中在以连云港为中心的江苏北部沿海地区。此后江苏丝绸之路的中心南移至以扬州、南京为中心的江苏中、南部运河及长江出海口附近，形成了东晋法显求法、唐代伊斯兰教东传、鉴真东渡、马可·波罗来华、明代郑和下西洋等江苏丝绸之路遗产旅游核心资源，并随着丝路贸易的繁荣在以苏州为中心的江苏南部近海地区留下丰富的相关贸易商品产业遗产旅游资源。这一特征奠定了江苏建设贯通南北的丝绸之路遗产旅游带的总体格局。

随着“海上丝绸之路”申报世界文化遗产工作的进一步深入，江苏“丝绸之路”遗产旅游资源的研究也将更加深入，这将为江苏“丝绸之路”遗产旅游开发奠定更加坚实的基础。

1.2.1.3 基于申遗的丝绸之路遗产旅游资源挖掘和建设

申遗主要指申报世界文化遗产名录，申报世界自然遗产名录和申报国家及省、市、县非物质文化遗产名录活动，这成为一种行之有效的遗产保护管理模式。“海上丝绸之路（中国段）”申遗工作自 2001 年正式启动，2009 年扬州成为江苏首个加盟“海上丝绸之路（中国段）”申遗计划的城市，2012 年南京继扬州之后成为江苏第二个加盟“海上丝绸之路（中国段）”申遗计划的城市，并在 2016

年成为四个牵头城市之一。围绕“海上丝绸之路（中国段）”申遗工作的展开，相关各地展开了严谨细致的遗产调研工作，客观上起到了“丝绸之路”遗产旅游资源的挖掘和建设作用，奠定了江苏开展“丝绸之路”遗产旅游的坚实基础。

一方面，“丝绸之路”遗产旅游资源挖掘成果丰硕。通过遴选和扩展符合突出普遍价值的、可对“丝绸之路”整体价值做出支撑的缺失线路遗产品类，使“丝绸之路”遗产旅游资源不断丰富。作为“海上丝绸之路”的始发地，江苏所有据江、河、海之便的城市都与“海上丝绸之路”关系密切，在为申遗所做的一系列基础性工作中，江苏各地在地方“丝绸之路”发展史研究的基础上展开了遗产普查工作，对相关遗产的地理坐标、真实性和完整性、保护现状、类型、突出普遍价值等做了详细描述。古城扬州地处长江出海口及长江、运河交汇处，具有明显的地理位置优势，生产力水平高，手工业繁荣。相关工作进一步确认了其作为古“丝绸之路”上的国际著名港城的重要地位，并梳理出作为交流产物的伊斯兰教史迹和佛教史迹，以及作为海港设施的城址等重要遗产点。南京作为“十朝都会”以及内陆靠海的大工商城市，是名副其实的政治、经济、文化中心。相关工作进一步确认了南京作为“海上丝绸之路”从东海走向东北亚国家、从南海走向西方的贸易中枢地位，以及郑和大航海事业策源地和大本营的重要地位，并梳理出作为海港设施的造船场，作为文明及文化交流产物的墓葬区，以及与郑和大航海相关的主要地上、地下建筑遗存等重要遗产点。其他重要沿海或工商业城市如连云港、苏州、淮安等，虽未最终入选申报名单，但申报工作都促使它们再次全面审视本区域内的相关遗产。

另一方面，申遗使“丝绸之路”遗产旅游资源建设迈上了一个新台阶。政府为每个遗产点做了遗产现状保护区划，划定了每个遗产点的保护范围（遗产区）四至和建设控制地带（缓冲区）四至；建成系统的、有效的综合保护管理体系；因地制宜地制定和实施本体保护维修、生态环境保护、环境整治、灾害防治、风险防范等安全防护措施；遏制或缓解各项开发压力对遗产的负面作用，保护遗产独特的环境特征；限定遗产开放的游客容量，统筹协调相关利益方的需求，建立遗产保护与旅游开发、城市建设之间的可持续发展关系。这些措施客观上起到了遗产的旅游资源建设作用，为“丝绸之路”遗产旅游的开展奠定了坚实的基础。

1.2.2　江苏丝绸之路遗产旅游现状

1.2.2.1　江苏对丝绸之路遗产旅游的推动

根据对江苏旅游政务网自 2011 年至 2015 年所发布的所有相关信息的研读可以发现，江苏官方对于“丝绸之路”遗产旅游的推动明显地集中于两类地区的发力，一类是江苏沿海经济区，包括连云港、南通、盐城等；另一类是内陆近海工商城市，包括南京、扬州、苏州等。

连云港是江苏沿海经济区最主要的“丝绸之路”遗产旅游推动力量。由于占据“新亚欧大陆桥”的特殊地理优势以及古代“海上丝绸之路”发源地和东方起点的历史地位和丰富遗产，连云港是江苏最早、最明确、最积极地以“丝绸之路”为主题开发旅游产品、开展旅游合作与推广的城市，凭借国际西游记文化（旅游）节、连云港之夏、东海水晶节等知名节庆品牌推广“丝绸之路”旅游产品，与新疆霍尔果斯口岸合作打造面向中亚的“丝绸之路”主题旅游线路，一直是其打造“神奇浪漫之都”旅游城市形象和区域性旅游中心建设工作的重点。其他城市，如南通，也于2011年以“海上丝绸之路”为主题打造文化产业园，引进投资总额达30亿等。

南京、扬州、苏州等内陆近海大工商城市，在历史上即是“海上丝绸之路”的重要节点城市或腹地，相关遗产丰富，经济、文化发达繁荣，结合申遗和“丝绸之路旅游年”为推动“丝绸之路”遗产旅游也做了大量工作。南京的相关遗产主要集中在其作为都城的历史时期，尤其是明代郑和的大航海活动在南京留下大量重要遗产。为普及海洋知识，提高人们的海洋意识，强调保护海洋资源与海洋环境的重要性，2005年4月25日，经国务院批准，将每年的7月11日——郑和下西洋的首航日确立为“中国航海日”，这是由政府主导、全民参与的全国性的法定海洋活动日，担当着“传承海洋文明，弘扬海洋文化，更新海洋观念，建设海洋强国的重任”，已先后成功举办了15届航海日庆祝活动，其中江苏的太仓、南京和南通都曾作为主办地。2012年南京加入“海上丝绸之路”联合申遗团。扬州作为“海上丝绸之路”联合申遗城市、瘦西湖及扬州历史城区申遗城市和大运河世界遗产地，可以说是一个世界级的文化遗产旅游目的地，一直以来致力于世界遗产地的整体环境建设与提升，并以各种方式不懈推广遗产旅游，如举办各类展览、会议、节庆活动，利用相关文艺作品进行宣传，赴主要客源地（国）进行旅游推介等。此外，“南海1号”还推动了广东省阳江市与江苏省扬州市缔结为“海上丝绸之路”文化友好城市。苏州作为蚕桑丝绸的发源地之一，传承了多项相关物质与非物质文化遗产，是“丝绸之路”贸易物资的重要生产基地，围绕丝绸文化，苏州以“国际旅游节”、“同里之春”国际旅游文化节、刺绣文化艺术节为平台，以非物质文化遗产展示为核心，展开了一系列“丝绸之路”遗产旅游推广活动，如表1-4所示。

江苏省旅游局在统筹整合全省“丝绸之路”遗产资源的基础上推出了5条“丝绸之路”精品旅游线路，可以说是对江苏相关遗产旅游资源的最精华的呈现和最权威的推荐。此外，江苏省旅游局还依托东起中国连云港、西至荷兰鹿特丹的亚欧大陆桥，研发推广亚欧洲际自驾旅游线路和产品。在海上旅游方面，江苏也将借助上海国际邮轮母港优势，加快省内沿海和沿江邮轮港口建设，积极开辟海上邮轮旅游专线，重现郑和宝船自南京和苏州太仓港下西洋的海上丝路之旅。

表 1-4 江苏内陆近海城市对“丝绸之路”旅游的推动

时间	活动主体	主要内容
2011 年 9 月	南京	“中国航海日”组委会考察组来南京指导“2012 中国航海日”活动，认为南京举办“中国航海日”活动有助于彰显南京源起的“海上丝绸之路”之于世界文明的巨大贡献
2011 年 11 月	扬州	扬州集大运河联合申遗、瘦西湖及扬州历史城区申遗、“海上丝绸之路”申遗于一体，2012 年建成市区 15min、镇村 30min 文化圈
2012 年 5 月	南京	加入“海上丝绸之路”联合申遗团
2013 年 9 月	扬州	扬州文物精品亮相“海丝”联展
2013 年 11 月	苏州	镇湖苏绣走上央视大舞台，第六届中国刺绣文化艺术节开幕
2014 年 3 月	南京	首张《南京文化遗产分布图》出炉
2014 年 4 月	扬州	作为陆上丝绸之路和海上丝绸之路交汇点的中国历来对外交往重要节点城市举行“东北亚名人会”第九次会议
2014 年 7 月	扬州	四项目列“海丝”遗产点
2014 年 9 月	江苏省政府	《江苏省政府关于全面构建“畅游江苏”体系促进旅游业改革发展的实施意见》支持徐州、连云港、宿迁等市依托陇海线，主动融入“丝绸之路”旅游带发展
2015 年 1 月	扬州	在日本东京举办旅游推介会，响应国家旅游局重点推介“丝绸之路”和“中国大运河”两大世界文化遗产
2015 年 3 月	苏州	第 18 届中国苏州国际旅游节彩船展示，设计南园桥至觅渡桥为“丝绸之路”区
2015 年 4 月	苏州	中国苏州国际旅游节开幕，南京和扬州已经正式参加中国古代“海上丝绸之路”世界文化遗产的申报工作，以中国大运河成功申遗和 2015“丝绸之路旅游年”为契机，充分挖掘苏州作为蚕桑丝绸发源地之一的历史文化渊源。江苏省“丝绸之路”旅游线路发布会暨苏州春季和丝绸旅游推介会在苏州举行，权威发布江苏五条“丝绸之路”旅游精品线路。第 19 届“同里之春”国际旅游文化节线上线下同时开幕，紧扣丝绸旅游主题
	江苏省旅游局	组团赴港、澳参加美丽中国——2015“丝绸之路”旅游年宣传推广活动
	江苏	积极参与长江旅游推广联盟筹备工作，以“长江旅游+”的模式对接“丝绸之路”之旅等
2015 年 6 月	江苏省旅游局	召开旅游对口援建工作座谈会，共同培育“丝绸之路”旅游品牌，重点推出“丝绸之路”世界遗产之旅和江苏“丝绸之路”精品旅游线路，以江苏连云港到新疆乌鲁木齐开通的“畅游江苏·连云港号”旅客列车为纽带，密切联系沿线旅游部门和旅游企业交流与合作。参加“丝绸之路”旅游国际大会
2015 年 6～12 月	扬州	普哈丁墓园伊斯兰文化展示馆主体建成。扬州普哈丁墓园等伊斯兰教文化遗产是新“丝绸之路”建设的宝贵文化资源，是“一带一路”海上“丝绸之路”的重要遗迹
2015 年 7 月	扬州	《海丝纪行》连续 3 天播出扬州故事
2015 年 8 月	扬州	马来西亚电视台《海丝文化之旅》来扬拍摄
2015 年 9 月	扬州	举行“丝路美食周”
2016 年 10 月	江苏省旅游局	组团赴北美参加 2016“美丽中国——海上丝绸之路”旅游推广促销活动

1.2.2.2 江苏丝绸之路遗产旅游的市场认知

关于市场对江苏“丝绸之路”遗产旅游的认可度，戴欣佚（2016）以互联网上传播的有关“丝绸之路”的江苏旅游游记和官方发布的相关信息为样本，运用ROST Content Mining系统对政府管理部门所做的相关工作和游客对相关旅游产品的实际感知进行研究，发现江苏“丝绸之路”旅游呈现明显的“上热下冷”局面。

究其原因：一方面，文化旅游作为一种高层次的精神享受，对旅游者的文化修养有一定要求，文化旅游的开发首先必须经过一个旅游者“教育”、培养的过程（戴欣佚，2015a）；另一方面，宣传推广不接“地气”是造成这种局面的直接原因。官方信息样本可见，江苏各地、各级管理部门为推广江苏“丝绸之路”旅游做了大量工作，包括举办旅游节和各类赛事、召开论坛和推介会等。但是这些活动都存在宣传场域局限、活动内容和参与对象专业性强、受众群体狭窄等问题，因此在民间并没有引起回响。对于与游客直接相关的旅游产品，江苏省旅游局于2015年4月11日在苏州发布了5条江苏“丝绸之路”精品旅游线路，然而直至2016年11月30日，在国旅、中旅、青旅、康辉等旅行社官方网站以及途牛旅游网、携程等旅游电子商务网站，甚至江苏省旅游局发布旅游产品信息的官方网站——江苏旅游资讯网上均未检索到任何江苏“丝绸之路”遗产旅游产品信息，而这些平台才是游客了解旅游信息、进行旅游行为决策的主要窗口。

1.2.2.3 江苏丝绸之路遗产旅游推广对策

研究表明，当前的江苏丝绸之路遗产旅游还处于市场培养阶段，如何扩大市场对江苏丝绸之路遗产的认知，培养高品位的文化遗产旅游者，还需从以下两方面入手（戴欣佚，2016）。

一方面，建立国家公园。国家公园是实现对国家自然和文化遗产科学保护和利用的有效体系，其遗产管理的特点主要体现在：首先，国家公园所辖资源为国有，因此其管理事权由较高级别政府承担，使遗产管理工作拥有更多的行政资源优势；其次，国家公园属公共服务范畴，是向公众开放的公共空间，公益性是国家公园体制的核心。“丝绸之路”作为一项线状遗产，所涉地域广泛，区域合作要求高，由较高级别政府掌握管理权有利于统筹调度，保证区域合作顺利开展。“丝绸之路”作为一项古老而内涵丰富的文化遗产，对鉴赏者的文化修养有较高要求，通过博物馆、国家公园等公益性机构“教育”、培养旅游者是江苏“丝绸之路”旅游发展的必由之路。游记样本中“博物馆”的高频出现与“丝绸之路”的低频出现说明江苏“丝绸之路”旅游正处于游客培养阶段，将扬州城遗址（隋—宋）、大报恩寺遗址等规模较大、价值较高的遗产建成国家公园将从根本上推动江苏“丝绸之路”旅游的发展。

另一方面，宣传推广要亲民。应完善江苏“丝绸之路”旅游推广体系，逐步实现旅游推广专业化、市场化。在旅游推广中应注重媒介和内容选择，使“丝绸之路”更亲民。可以建立多语种江苏“丝绸之路”旅游推广网站，可以选择知名度高、覆盖面广的新闻媒体或人流密集处的公共显示屏投放江苏“丝绸之路”旅游宣传片和公益广告，可以定期编印江苏“丝绸之路”旅游图文宣传资料在咖啡馆、餐厅等场所免费发放，可以通过影视、娱乐节目传播江苏“丝绸之路”文化，更应充分利用移动互联网技术实现江苏“丝绸之路”旅游随时随地的推广。

1.3 江苏丝绸之路遗产旅游发展思路

1.3.1 发展背景

当前，多重国家战略的叠加为江苏旅游业的发展带来广阔空间，产业结构转型升级也为旅游综合性战略产业发展迎来黄金发展期。江苏在“一带一路”整体布局中，区位优势十分独特，既是“丝绸之路经济带”出海门户，又是“21 世纪海上丝绸之路”重要支撑。在新的历史条件下，江苏应深刻认识到旅游业对推动经济结构调整和发展方式转变的重要作用，按照“强富美高”的发展要求，抓住“一带一路”战略机遇，充分利用江苏省人力资源和财政实力，发挥开放型经济优势，全面融入、支持和服务“一带一路”。

1.3.2 发展指导

1.3.2.1 发展目标

1）总体目标

融入“一带一路”，把江苏建设成为国际著名的“丝绸之路”遗产旅游目的地。

2）目标体系

（1）经济目标。《江苏商务发展 2015》显示，“按照省外管局统计口径，2015 年全省旅行服务贸易逆差最大，达 51.34 亿美元”。发展江苏丝绸之路遗产旅游有助于扩大接待量，实现旅游收入、利润双增长。尤其是通过“丝绸之路”遗产旅游的国际链接属性，改善旅行服务贸易逆差。

（2）文化目标。通过对古“丝绸之路”遗产的挖掘和利用弘扬民族文化、传承民族精神，提升文化软实力；通过与新“丝绸之路”沿线国家和地区的旅游互联互通加深各方社会对多元文化的认同，实现不同文化间的交流和依存，创造新文化。

（3）国际化目标。依托“丝绸之路”这一具有广泛国际影响力的历史文化遗产，建成具有国际影响力的江苏文化旅游品牌，把江苏建设成为国际著名旅游目的地；在“一带一路”这一新型全球化倡议指导下，把“引进来”和“走出去”紧密结合起来，提升江苏旅游业国际化水平，提升江苏的国际化程度。

3）进度计划

近期利用江苏丰富的丝绸之路旅游资源进行丝路主题旅游产品创新开发，建立丝路旅游品牌，健全丝路旅游产品体系。利用南京、扬州、连云港在古丝绸之路和“一带一路”中的特殊地位，使其成为苏南、苏中和苏北地区丝路旅游的发展引擎，确立江苏著名丝路旅游目的地形象。

中期继续巩固江苏丝路旅游品牌，同时加强与其他古今丝绸之路沿线省市的旅游合作。结合国家《“十三五”旅游业发展规划》要求，借鉴陕西、新疆、甘肃、河南丝路旅游发展经验，联合福建、广东、广西、浙江、山东打造“海上丝绸之路国家精品旅游带”。

远期跻身国际海丝名城之列，成为东北亚和新亚欧大陆桥东部重要的旅游目的地。

1.3.2.2 发展定位

总体定位为以“一带一路”倡议为指导，以独具特色的郑和文化、古代东方国际大港、西游记文化等旅游资源为依托，以文化休闲体验、海洋旅游等为主要功能，带动都市休闲旅游、山水生态旅游等发展，使江苏发展成为传承悠久航海文化的国际著名旅游目的地。

江苏丝路旅游品牌形象定位为：东方丝路名城，文化休闲胜地。

1.3.3 江苏丝绸之路遗产旅游带

2016 年 12 月 7 日，国务院印发《国务院关于印发“十三五”旅游业发展规划的通知》，首次提出“旅游功能区”概念，并提出遵循景观延续性、文化完整性、市场品牌性和产业集聚性原则，依托线性的江、河、山等自然文化廊道和交通通道，串联重点旅游城市和特色旅游功能区，打造国家精品旅游带，其中丝绸之路旅游带和海上丝绸之路旅游带均属重点打造项目。结合旅游市场需求与资源分布特点合理规划区域空间结构和旅游线路是区域旅游合作的重要基础。“丝绸之路”遗产既是地方的，也是世界的，交流性特征在这一跨国贸易廊道型文化遗产中表现得尤为突出，因此，江苏“丝绸之路”遗产旅游带必然包括省内、省际和国际三个层次。《“十三五”旅游业发展规划》中“丝绸之路”遗产旅游带正是一个“跨区域特色旅游功能区”。本节着重构建省内“丝绸之路”遗产旅游带（戴欣佚，2015b）。

江苏旅游经济发展空间结构整体呈现由南至北渐弱的格局，城市旅游经济发展水平悬殊且集中度高，可分为发达区、发展区和后进区三个等级。可以看到，在发达区集中了较多的“丝绸之路”遗产旅游资源，发展区“丝绸之路”遗产旅游资源主要集中在扬州及其周边，连云港及其周边是后进区主要的“丝绸之路”遗产旅游资源储存地。江苏城市旅游经济发展相关性研究显示，“苏、锡、常”作为江苏旅游经济Ⅰ级核心圈辐射南通，“宁、镇、扬”作为江苏旅游经济Ⅱ级核心圈辐射泰州。

“旅游带”属于旅游地理学范畴，旅游带的发展必须以交通线为发展轴。“文化遗产旅游带”是一个全新的概念，必须以发展轴上的主要文化遗产点为核心，发挥旅游资源的吸引力，形成旅游流，并且发挥核心旅游点的集聚和辐射功能，带动周边不同等级旅游点的发展，形成点状密集、面状辐射、线状延伸的带状旅游区域。

基于对当前江苏旅游经济发展空间结构的研究，结合对江苏“丝绸之路”遗产旅游资源的研究，本节就江苏省内“丝绸之路”旅游带的建设和发展建言如下。

首先，南京和扬州作为江苏最重要的“丝绸之路”节点城市，凭借自身丰富的“丝绸之路”文化遗产、衔接江苏南北的良好区位优势、固有的区域旅游经济地位将成为当之无愧的江苏“丝绸之路”遗产旅游核心区。

其次，苏州、无锡及其周边地区凭借固有的区域旅游经济地位及价值极高的蚕桑丝织技艺非物质文化遗产，在“丝绸之路”旅游带中仍将是最突出的增长极。

最后，连云港凭借在古代“丝绸之路”和当代“一带一路”上的特殊地位，将在“丝绸之路”遗产旅游布局中迎来重要的发展机会。应进一步打通和完善省内公路通道。加快铁路特别是高铁建设，建成连盐铁路、连淮扬镇铁路，加快建成连徐客运专线。充分利用现有的连云港白塔埠机场发展宁-连省内短航线。进一步贯通发展轴，加强其与淮安、“宁、镇、扬”“丝绸之路”遗产旅游核心区的旅游经济要素流动。连云港必将成为江苏北部的重要增长极，扭转长期以来江苏经济南强北弱的格局，促成区域经济协调发展。

因此，江苏“丝绸之路”旅游可形成以南京、扬州、连云港旅游经济圈为承启的，纵贯苏中、北，横跨苏南的三轴旅游带。

1.3.4 空间结构与布局调整

1.3.4.1 空间结构

根据充分利用南部先发优势，向东北重点发展，促整体协调发展的布局原则，分阶段有序发展，江苏丝路旅游发展空间布局为“三心、三轴、六区”，如表 1-5 所示。

表 1-5 江苏省“丝绸之路”旅游空间发展布局（戴欣佚，2018）

三心	三轴	六区
西游之都旅游中心（连云港）	主轴：丝路遗产旅游发展轴（串联三个中心至苏州）	东北港城海洋旅游区（连云港） 南部丝绸文化体验区（苏州、无锡、常州、南通） 西北沿陇海文化旅游区（连云港、徐州）
丝路遗产旅游中心（扬州）	东轴：沿海休闲度假发展轴（串联连云港、盐城、南通）	中部古城遗产旅游区（扬州、淮安、镇江、泰州） 东部湿地生态旅游区（盐城）
郑和国际旅游中心（南京）	西轴：沿陇海文化旅游发展轴（串联连云港、徐州）	西南郑和文化休闲区（南京）

近期空间布局重点打造三个中心，分别是苏南地区中心城市南京的郑和国际旅游中心、苏中地区中心城市扬州的丝路遗产旅游中心和苏北地区中心城市连云港的西游之都旅游中心，通过中心城市和核心项目的驱动，打造国家级丝路旅游品牌区，提高核心吸引力。

中期发展阶段，以交通为基础和纽带，重点贯通三条发展轴，分别是纵贯江苏的丝路遗产旅游发展轴、串联江苏沿海三市的沿海休闲度假发展轴及因新亚欧大陆桥之便的沿陇海文化旅游发展轴，以核心旅游区带动沿线区域发展，形成丝路旅游项目组团，并加强各组团之间的互动和合作。

远期发展阶段，从点线旅游向板块旅游发展，最终形成西南郑和文化休闲区、中部古城遗产旅游区、东北港城海洋旅游区、南部丝绸文化体验区、东部湿地生态旅游区及西北沿陇海文化旅游区六大分区，在“三心、三轴、六区”的空间布局整合形成的基础上，建设丝路旅游产业集群，实现江苏旅游发展的进一步提升。

1.3.4.2 产业集聚区布局

旅游业在国民经济发展中占有越来越重要的地位，《2016 江苏旅游业年度报告》显示，2016 年江苏省实现旅游业总收入 10263.58 亿元，旅游业增加值 4577 亿元，占地区生产总值 6%，同时，旅游业与其他产业的融合与促进作用也越来越强。江苏省“丝绸之路”遗产旅游的发展目标要求我们必须紧扣主题对其产业布局进行结构性的提升，这一提升应分以下三阶段有序实施。

第一阶段，基础产业要素提升。持续推进旅游公共服务体系建设，不断满足日益增长的市场需求，为江苏“丝绸之路”遗产旅游发展，实现全域旅游奠定良好基础。以“丝绸之路”遗产旅游产品为核心，对食、宿、行、游、购、娱等一系列基础旅游产业要素进行配套开发提升，形成旅游综合生产力，延长消费链。整合全省旅游信息平台，构建智慧旅游体系，改善游客体验。

第二阶段，产业集聚区建设提升。旅游产业集聚是以旅游产品生产链或价值链为纽带的相关旅游要素的地域整合现象，通过集聚，地区的旅游服务水平及综合经济效益将得到提升。江苏“丝绸之路”遗产旅游应在“丝绸之路”遗产文化的基础上向纵深拓展，发挥旅游产业集聚功能，将江苏“丝绸之路”遗产旅游发展成为多业态集群的大旅游、大休闲、大品牌、大产业。结合江苏“丝绸之路”遗产旅游资源的分布特征及各地区产业基础优势差异，江苏可考虑建设以下六大产业集聚区。

1）南京郑和文化休闲旅游产业集聚区

核心景区提升：以郑和下西洋历史为核心，深挖郑和文化，打造大明文化旅游度假区，进一步提升宝船厂遗址、阅江楼景区、大报恩寺遗址公园和净觉寺宗教景观。

辐射带动周边：向东北辐射华侨城文化旅游综合建设项目和栖霞山文化休闲旅游度假区及文化创意产业集聚区建设项目，向北辐射浦口老山生态旅游体验园，与城郊、村落发展结合起来。

产业集聚发展：融文化旅游、休闲、度假、科技娱乐为一体，打造城市功能聚合的旅游产业。

2）扬州古城世界文化遗产旅游产业集聚区

核心景区提升：深挖扬州作为古代海上丝绸之路重要国际港口的文化和遗产资源，结合现代商业与公共服务建设，打造集风景观赏、文博遗迹保护、文化娱乐体验、文化生活享受为一体的复合型产品——唐子城风景区和凤凰水街旅游休闲商业街区。

辐射带动周边：以唐子城风景区和凤凰水街旅游休闲商业街区为核心，带动周边扬州城及大运河遗产点旅游开发提升。

产业集聚发展：融文化旅游、遗产旅游、遗产保护、休闲度假、现代商业等为一体，促进旅游与城市建设融合发展。

3）连云港山海文化旅游产业集聚区

核心景区提升：以西游记文化为背景，海洋资源为核心，结合现代商业与公共服务建设，打造花果山南部综合服务区、欢乐海洋城、赣榆海州湾旅游度假区综合开发项目，建设大花果山文化旅游区、连岛国家旅游度假区。

辐射带动周边：以大花果山文化旅游区为核心，向西、北辐射国际邮轮港城旅游区、东海温泉国家旅游度假区和东海国际水晶城旅游区，带动产城融合。

产业集聚发展：融山海观光产业、休闲度假产业、现代商业、科技娱乐产业等为一体，促进旅游与城市建设融合发展，促进连云港旅游全域化发展。

4）吴江丝绸文化旅游产业集聚区

核心景区提升：以桑、蚕、丝、织、绣相关物质和非物质文化遗产为核心资源，结合现代商业与公共服务建设，进行吴江黄金湖岸旅游综合体开发。进一步提升盛泽、同里、震泽丝绸文化产业品质，使游客感受悠久灿烂的丝绸文化与手工技艺的博大精深，体验小桥、流水、人家的别样景致。

辐射带动周边：采取丝绸城的开发模式，实现吴江整体发展，成为江苏丝绸文化标志区。

产业集聚发展：融丝绸工业、文化旅游、古镇观光、休闲度假、商业贸易和创意产业为一体，促进旅游与城乡一体化建设融合发展，促进吴江旅游全域化发展。

5）南通海洋旅游产业集聚区

核心景区提升：以海洋文化为背景，以海洋资源为核心，展示现代科技文明，打造永嘉集团“航母世界”旅游文化城、海门蛎岈山国家海洋公园、启东圆陀角旅游度假区。

辐射带动周边：向北辐射中航集团爱飞客创意文化旅游基地和开沙岛生态旅游开发区，将高科技工业融入地区经济生活，带动周边休闲乡村建设，为新型城镇化助力。

产业集聚发展：融海洋观光产业、海上休闲度假产业、乡村旅游产业、科技娱乐产业、通用航空产业和创意产业为一体，促进旅游与城乡一体化建设融合发展，促进南通旅游全域化发展。

6）淮安西游记文化旅游产业集聚区

核心景区提升：深挖西游记文化资源，结合现代商业与公共服务建设，打造集风景区、文化区、生态区、娱乐区、体验区、享受区为一体的复合型产品——西游记文化旅游区，建成具有高度综合性的城市中央休闲区。

辐射带动周边：以西游记文化旅游区为核心，辐射邻近的里运河文化旅游区和白马湖生态旅游度假区。

产业集聚发展：融文化旅游、遗产旅游、生态旅游、休闲度假、现代商业、科技娱乐等为一体，促进旅游与城市建设融合发展。

第三阶段，“旅游+”融合发展提升。推进“旅游+”融合发展，促进农业、文化、体育、制造业、交通、医疗、信息、教育、科技、金融、保险业等相关产业与旅游业深度融合，引导社会力量积极参与旅游发展。推进旅游产业与互联网深度融合，对江苏“丝绸之路”遗产旅游进行智慧化提升，如表1-6所示。

1.3.4.3　主题旅游产品与线路

结合《江苏省“十三五”旅游业发展规划》丰富旅游产品有效供给的任务安排，江苏省“丝绸之路”旅游发展应以南京大明文化旅游度假区、吴江黄金湖岸旅游综合体开发、南通海门蛎岈山国家海洋公园、连云港花果山南部综合服务区、大洋湾生态风景区建设项目、扬州唐子城风景区等重大项目的建设为龙头，以苏

表 1-6　江苏“丝绸之路”主题“旅游+”融合发展布局

旅游+城镇化	旅游+工业化	旅游+商贸	旅游+农业	旅游+水利	旅游+科技	旅游+文化	旅游+卫生	旅游+交通	旅游+环保、国土
华侨城文化旅游综合建设项目 金坛东方盐湖文化旅游休闲区 吴江黄金湖岸旅游综合体开发 张家港双山岛旅游度假区“双山慢镇” 长山古镇 兴化得胜湖财富文化旅游	贾汪旅游装备产业园	花果山南部综合服务区 凤凰水街旅游休闲商业街区 靖江滨江休闲旅游带	千垛景区（平旺湖） 金沙洲生态农业示范园区	高淳固城湖旅游度假区综合开发项目	永嘉集团“航母世界”旅游文化城 苏州西部生态城	大明文化旅游度假区 栖霞山文化休闲旅游度假区及文化创意产业集聚区建设项目 唐子城风景区 凤城河文化旅游综合体	宜兴太华天谷国际养生度假区建设项目	世界铁路文博园 中航集团爱飞客创意文化旅游基地	浦口老山生态旅游体验园 金坛茅山生态旅游开发项目 小黄山旅游度假区 海门蛎岈山国家海洋公园 启东圆陀角旅游度假区 白马湖生态旅游度假区 大洋湾生态风景区建设项目 泗阳成子湖生态旅游度假区

州华谊影城、连云港欢乐海洋城、淮安西游记文化旅游区等重点项目为支撑，有序展开。

江苏省旅游资源丰富，品类齐全，旅游基础设施完善，各类旅游产品开发皆有良好基础。因此，应结合资源的空间布局特征和全省旅游功能分区格局等，在“丝绸之路”主题统领下，通过七大专题丝绸之路旅游产品（丝路溯源、千年锦绣、西游传奇、郑和伟业、海上佛路、古城遗韵、回教东传），引领观光、休闲度假、会展等三大常态旅游产品，构建江苏省“丝绸之路”遗产旅游产品体系。具体情况如下。

1）丝路溯源（连云港）

海路初开：秦直道遗迹、徐福村、海州古城等。

陆海起点：大陆桥遗址、东海火车站、国际邮轮港城等。

2）海上佛路（连云港、扬州、南京、苏州）

佛教西来：孔望山、法起寺、阿育王塔、镇海寺、大伊山石佛寺、栖霞山文化休闲旅游度假区及文化创意产业集聚区等。

佛教东去：大明寺、宝塔湾、尊胜禅院、东渡寺、黄泗浦遗址、鉴真东渡纪念馆等。

3）西游传奇（连云港、淮安）

西游缘起：海州十字街、灌河吴承恩祖籍地、西游记文化旅游区、文通塔、都土地祠遗址等。

传奇圣地：大花果山文化旅游区、花果山南部综合服务区、西游文化创意产业园、五龙口二郎神文化遗迹公园、秦山岛寻仙海钓等。

4）古城遗韵（扬州、南京、镇江）

十朝都会：石头城、南朝石刻、六朝博物馆、浡泥国王墓、明代都城遗址、大明文化旅游度假区等。

国际港城：扬州城遗址、大运河、唐子城风景区、东关街、瓜洲古渡、扬子津等。

5）回教东传（扬州）

仙鹤寺、普哈丁墓园、菱塘回族乡等。

6）郑和伟业（南京）

龙江宝船厂遗址、天妃宫、静海寺、郑和府邸旧址、净觉寺、大报恩寺遗址、道场寺遗址、郑和墓、洪保墓等。

7）千年锦绣（苏州、南京、无锡、南通）

刺绣博物馆、中国丝业博物馆、江宁织造府、南京云锦博物馆、盛泽镇、同里镇、震泽镇等。

1.4 江苏丝绸之路遗产旅游跨区域合作

1.4.1 开放合作格局

丝绸之路遗产旅游资源线形分布的特征和文化交流的内涵决定了其价值只能在联系的整体中体现。丝绸之路作为一项跨国遗产，其遗产旅游产业的发展必须以新型全球化理念为指导，通过跨区域遗产资源的统筹规划，引导各主体之间的协同合作，最大化地体现和提升丝绸之路遗产的整体旅游价值，推动区域丝绸之路遗产旅游产业的共同发展。存量丰富的遗产资源、毗邻的地缘优势和日益完备的交通条件及随着“一带一路”的推进所带来的政治环境优势等使丝绸之路遗产旅游产业的合作与发展具有良好的基础和广阔的前景。实行跨域丝绸之路遗产旅游产业合作能够传承丝绸之路文化交流的光荣传统，在共同研究、保护现存遗产的基础上实现区域遗产旅游资源的整合和高效利用，打造丝绸之路国际旅游品牌，为区域旅游产业的竞争力提升和集约化发展奠定良好基础。

江苏自然环境优越，人文旅游资源丰厚，是中国的旅游大省，开展旅游跨区域合作对拓展江苏旅游市场，促进江苏旅游企业“走出去”意义重大。以主动融入“一带一路”倡议，服务“强富美高”新江苏建设，提升国际著名旅游目的地形象，构建大旅游发展格局为基础定位。建设江苏“丝绸之路”旅游品牌，建设更为便捷的国际旅游通道，探索江苏与“丝绸之路”沿线国家和地区旅游合作的最佳发展模式，建立长效机制，实现旅游市场对接，加强江苏与“丝绸之路”沿线国家和地区旅游人力资源合作，把江苏建设成为国际著名“丝绸之路”遗产旅游目的地。江苏“丝绸之路”旅游跨区域合作分为两个层次。

1.4.1.1 省际合作

江苏是“一带一路”交汇点，也是陆、海丝绸之路交汇点。江苏发展“丝绸之路”遗产旅游，陆上应与河南、陕西、甘肃、新疆四省区利用高铁和航空线路串联成线，互相输送游客，以访古和探险为主题开发房车旅游等高质量长线体验旅游产品；海上应与山东、浙江、福建、广东、广西五省区展开旅游合作，畅通海、陆、空通道，互相输送游客，以访古和休闲为目标开发邮轮旅游等高质量长线旅游体验产品。

中心城市是地区旅游经济发展的聚集地和支撑点，决定了它们在丝绸之路遗产旅游开发中的战略地位和分工（梁雪松，2007）。“丝绸之路”遗产旅游带业已形成的经济空间单元包括：联系江苏、浙江、上海两省一市的东部沿海经济区；覆盖广东、福建、海南三省的南部沿海经济区；珠三角城市群；关中城市群；北部湾城市群等。江苏“丝绸之路”遗产旅游将沿着国家“一带一路”战略指引，依托现有各经济区，与其他9个“丝绸之路”遗产富集省份展开省际连接，形成省际“丝绸之路”遗产旅游带。

1.4.1.2 国际连接

江苏历史上主要通过海上“丝绸之路”与世界连接，大量贸易物资一方面向北渡过东海与东北亚的朝鲜半岛和日本诸岛进行贸易，另一方面向南经南海、印度洋与东南亚、南亚、西亚、欧洲和北非进行贸易，在物质交换过程中还形成了一定规模的人员往来，并造成世界范围内不同文化的传播。因此，可形成以下主题连接：东北亚“丝绸之路”文化之旅；东南亚、南亚“郑和文化”之旅；阿拉伯伊斯兰文化之旅；欧洲“丝绸之路”艺术之旅；北非文明古国之旅。

1.4.2 合作实施建议

“一带一路”贯穿欧亚，统筹海陆，联通东西，双向开放，是新形势下我国实施全方位对外开放战略的“先手棋”和突破口。“一带一路”战略以民心联通为切入点，而互联互通是一切战略实施的先导。目前，江苏旅游业与“一带一路”沿线国家互联互通还有很大潜力，如与亚太、欧洲联系的海陆联运网络和国际航空运输网络尚不完善，海陆空多种方式互联互通的综合交通运输体系、融合安全的通信信息网络体系等尚未建成，这些均有待进一步整合和挖掘。

1.4.2.1 建立长效合作机制

应充分调动各个国家和地区政府、企业、社会团体参与江苏丝绸之路遗产旅游国际合作，为江苏与“一带一路”沿线国家和地区旅游发展搭建全方位合作平台，加强沟通，积极协调，共同应对合作中出现的问题，促进合作的顺利开展。建立政府主导，企业与社会参与的丝绸之路遗产旅游国际合作决策平台；建立以政府、企业与社团联合为主体的丝绸之路遗产旅游宣传促销合作平台；建立以企业为主体的丝绸之路遗产旅游交通建设合作平台、旅游产品开发合作平台；建立政企联合的丝绸之路遗产旅游教育培训合作平台。

为保障合作的顺利展开，江苏应与“一带一路”沿线相关国家和地区的重要城市互设丝绸之路遗产旅游国际合作办事处，专门负责旅游合作相关事宜。推动与重点城市政府建立长期旅游交流合作机制，定期组织政府、企业、学者、社团等进行互访，为促进游客双向交流提供支持。

1.4.2.2 创新合作模式

第一，江苏丝绸之路遗产旅游国际合作拥有一个统一、明确的主题，江苏各地与“一带一路”沿线国家和地区所开展的一切产品、市场、基建合作都必须围绕丝绸之路遗产旅游展开；第二，江苏丝绸之路遗产旅游国际合作必须坚持“两头驱动”，就像“一带一路”战略一样，虽然江苏丝绸之路遗产旅游国际合作由江苏倡导，但所有合作主体都是平等的，这不是一盘多方博弈的棋局，而是一台为了完成一个动作各部件协作的机器，要将“一带一路”沿线所有国家和地区的丝绸之路遗产视为一个整体，江苏各地与“一带一路”沿线国家和地区互为丝绸之路遗产旅游客源地和目的地；第三，江苏丝绸之路遗产旅游国际合作是政、企、学三个主体缺一不可的合作，学界为政府提供决策咨询并为丝绸之路遗产旅游产业培育市场，企业将决策付诸实施并通过市场完成要素配置，政府为合作提供制度保障。由此形成“一个主题、两头驱动、三位一体”的江苏丝绸之路遗产旅游“一带一路”国际合作模式。

1.4.2.3 合作内容

1）旅游政策互通

（1）简化旅游出入境政策。江苏应积极争取有利政策，扩大江苏重点旅游口岸城市的游客免签和落地签范围，简化通关手续，提高游客旅游效率，降低出入境费用，为游客提供最便利的出入境服务。中国政府应积极同丝绸之路沿线国家和地区政府就延长签证有效期、一签多行、过境免签及免签等简化出入境手续问题展开双边或多边谈判；更应该结合本国发展的实际需要，有条件放宽对相关国家的签证政策，扩大江苏重点旅游城市的旅客落地签范围，简化丝绸之路沿线国家和地区到江苏的出入境手续，让异国游客能够更加便利通畅地到中国江苏来旅游。基于丝绸之路跨国线型遗产的特殊属性，跨国旅游线路产品将令游客得以领略该遗产的整体文化价值，因此，与丝绸之路沿线国家和地区进行过境免签合作和类“申根”合作都有非常重要的价值。

（2）共建旅游合作机制。共建政府协商机制，为促进丝绸之路沿线国家和地区旅游合作提供政治保障；共建日常合作机制，推进旅游合作常态运行；共建投资促进机制，扩大旅游投资合作，降低江苏旅游企业“走出去”风险；共建应急处置机制，为合作过程中可能遭遇的各种突发事件和旅游纠纷等问题提供紧急救援和善后处置服务。

2）江苏丝绸之路遗产旅游通道建设合作

江苏丝绸之路遗产旅游通道指围绕旅游活动的开展所涉及的所有人流、物流和信息流通道，包括江苏与“一带一路”沿线国家和地区之间的通道和各区域内通道。其中，人流、物流通道是指由水路、公路、铁路、空中航线构成的旅游交通网；广义的信息流通道包括所有从面对面到采用各种现代化媒介的交流方式，狭义的信息流通道则指由计算机系统和通信网络所构成的交流通道。

3）江苏丝绸之路遗产旅游品牌建设合作

首先，与相关国家和地区合作，选取典型主题，建立联合目的地品牌。例如，基于以扬州为代表的江苏城市在海上丝绸之路史上与伊斯兰世界的密切联系，与伊朗（马什哈德）、土耳其（伊斯坦布尔）等国家和城市共建“伊斯兰文化传播之旅”目的地品牌等。其次，在“畅游江苏”基础上与相关国家和地区合作，研发与其目的地品牌相合的“畅游海丝”产品品牌，并整合旅游资源，创新开发系列跨国旅游产品。最后，在旅游合作中逐步树立企业品牌，成为江苏丝绸之路遗产国际旅游代理的标杆。

在品牌打造上，要通过制定实施整体旅游形象宣传计划，实行统一策划形象、统一对外宣传、统一包装线路、统一制作标识、统一印刷图册的“五统一”，大力开展联合促销推介活动，形成整体合力，提升丝绸之路旅游的品牌认知度（李道莹，2007）。

4）江苏丝绸之路遗产旅游国际市场对接

实现与“一带一路”沿线国家和地区旅行社的直接对接，推进精品线路的共同开发和联合营销。鼓励双方企业联办旅游节庆活动，联手推介双方旅游产品；推动双方企业以各种方式到对方开发合作项目，建设国际化的生态型精品景区和旅游文化创意产业园等（刘增涛和赵鸣，2016）。促进江苏与国际旅游市场服务标准接轨。

1.4.2.4 支持中国旅游企业走出去

对外旅游投资一方面有助于提升东道国旅游服务设施水平，吸引更多入境游客；另一方面旅游流带动资金流、商贸流、信息流，带动新的投资机会。国家旅游局资料显示，“一带一路”沿线国家在未来五年将迎来 1.5 亿人次中国游客和超过 2000 亿美元的旅游消费。考虑到这些国家和地区旅游设施不足的实际情况，如果我国能有序推进在“一带一路”沿线国家的旅游投资，在旅游产品开发、旅游设施建设等供应链环节显示中国存在和中国力量，将有助于与中国出境旅游需求链的有效对接，通过中国旅游需求走出去带动中国旅游服务走出去，有效构建旅游领域的利润回流机制，缓解我国旅游服务贸易逆差压力。

创造良好的对外投资环境需要加强政府间、企业间、企业与政府间的各种合作。一是将旅游投资促进作为中国-东盟、中国-中东欧等国际合作机制的优先发展领域，为对外旅游投资创造良好的国际环境；二是利用中国-东盟自贸区、中澳自贸区、中韩自贸区等双边贸易机制，推动无障碍旅游，扩大双边旅游规模，壮大对外旅游投资的市场基础；三是鼓励东道国出台吸引外资、企业融资、人才使用等方面的宽松政策，减少对外旅游投资障碍，降低交易成本。

鼓励优势产业输出，提升对外旅游投资绩效。有序推进我国旅游业“走出去”战略，优先鼓励在线旅游企业和经济型酒店“走出去”，在“一带一路”沿线进行模式输出、品牌输出。鼓励携程网、去哪儿网、途牛网等在境外上市的中国在线旅游企业通过资本投资等方式积极推进对外投资，鼓励如家、华住、锦江之星等知名经济型酒店集团发挥其跨国经营方面的布局能力和扩张经验，加快品牌输出。鼓励优势旅游业态和优势旅游企业投资“一带一路”，有助于提升我国对外旅游投资绩效。

出台旅游投资政策，助推中国旅游企业“走出去”。对外旅游投资既有旅行社、旅游咨询等小型投资项目，也有旅游交通、饭店建设等大型投资项目。对于涉及资金较少的小型投资项目，政府应加快简政放权，减少对海外投资的障碍和束缚；而对于投资规模大、回收周期长的大型项目，应给予投、融资政策等相应扶持。可将旅游基础设施投资纳入亚洲基础设施开发银行、丝路基金等的优先资助项目行列，为其提供长期、低息贷款，降低企业融资成本；建立中国对外旅游投资发展基金，对符合重大国家利益、具有积极贡献和示范效应的“一带一路”旅游投资给予鼓励和支持（厉新建，2015）。

2 “互联网+”战略指导下江苏智慧旅游发展研究

2.1 “互联网+”战略与智慧旅游

2.1.1 智慧旅游概念与核心要素

智慧旅游从字面上的理解就是“智慧”与旅游的结合，“智慧”是指互联网技术，互联网与旅游相结合即为智慧旅游。加拿大的戈登·菲利普斯认为，智慧旅游强调了两种技术，一种是“智慧”技术即信息技术的发展是基础，另一种就是智慧旅游营销的技术。只有好的基础才能进一步推广自己的产品。

智慧旅游是互联网发展的高级产物，是伴随着互联网信息技术的发展应运而生的，它与人们的日常生活密切相关，使人们的生活与互联网、智慧旅游互相联系，共同发展（黄思思，2014）。

智慧旅游的核心就是信息技术：互联网技术、物流技术、4G 数据通信技术等，智慧旅游要想顺利地发展需要各方面的相互扶持。任何一方面的信息不到位，旅游将无法顺利进行，进而影响游客的旅游体验。其中，智慧旅游发展中的相关数据是研究智慧旅游发展的基础。信息技术的发展给旅游者提供了更加方便的出游形式，很大程度上改变了游客的旅游体验。不仅如此，导游人员的工作方式与接团的形式更加的信息化，游客可以根据导游人员的信息，选择适合自己的导游人员。最终实现游客选择导游人员，而不是导游人员按部就班地接团、上团，提高了导游人员工作的积极性和紧迫感，从而提供更加优质的服务，实现高质量导游服务的“可持续”输出。

2.1.2 智慧旅游的公众服务平台

智慧旅游发展关键在公众服务平台，智慧旅游服务公众平台的建设需要多方参与，这涵盖许多方面，如酒店、景区、游客、导游人员等。如今互联网发展迅速，很多方面的实践成果都需要明确的数据来反映，所以说数据是智慧旅游公共服务平台建设的基础。

公众服务平台的建设宗旨就是满足顾客在一定时期内对某类产品的需求，以方便顾客对产品的了解与选择，这是企业为自己的产品销售所进行的一种营销方式。这种多渠道的服务平台有利于产品的推销，但是要注意管理，确保数据信息以及顾客评价的真实性。而智慧旅游的公众服务平台是政府为旅游企业与旅游者之间提供的一个桥梁，帮助旅游企业向旅游者推荐企业的产品，也让旅游者知道更多的旅游信息以便做出选择。对于公众服务平台而言数据是生命线，通过这些数据可以知道智慧旅游与各方面的实际效果是如何的，根据情况找出相对的解决措施。我国正在大力发展智慧旅游，智慧旅游服务公众平台的建设也取得了一定的成果（张凌云等，2012）。通过智慧旅游公众服务平台，政府、旅游企业、旅游景区、酒店、旅游者等各个方面都有了密切联系，也全面提升了旅游企业的管理能力、营销能力与服务能力。智慧旅游服务平台的建设可以让旅游业更快地发展，让我国早日步入旅游强国之列。

2.1.3　国内外智慧旅游研究概述

西方国家在信息技术、互联网方面的应用要比我国早很多，其信息化水平也相当发达。它们对于智慧旅游的提出与实行也比我国早。1998 年，美国前副总统戈尔在演讲中就提出“智慧地球”这一概念，其主要是想说明：“21 世纪科技更加的发达，信息技术与互联网的发展使人们的生活更加方便、快捷，还可以提高人们的工作效率，调动人们的积极性，提高公司的绩效”。2000 年，加拿大的戈登·菲利普斯首次提出“智慧旅游”一词，他认为旅游是可持续发展的，是可以多渠道发展的，与各行业是互相联系的。它们互相扶持、共同发展。在《智慧旅游：一种新的旅游发展趋势——基于现有研究成果的综述》中提出，信息技术是智慧旅游发展基础，信息技术的发展可以很好地带动智慧旅游业的发展（徐波林等，2013）。

我国智慧旅游的起步比较晚，2000 年首次出现“智慧旅游”一词，但是我国“智慧旅游”发展迅速，直至今日智慧旅游在我国产业中开始占有一席之地。能有今天这样的成就，学者们的致力研究功不可没，在中国知网上可以查到大量的“智慧旅游”研究成果。

智慧旅游说到底就是智能旅游，全程的智能化，可以提前知道旅游目的地信息，使游客对自己的行程安排等都有一定了解，从而提高自己的旅游体验。智慧旅游发展的基石就是“智慧”，即信息技术，它是以线上的服务为基础，这样更能体现竞争性，旅游业的相关资料数据（景点信息）等都在平台上，能让用户提前知道旅游目的地的信息。智慧旅游系统也将很好地掌控旅游综合信息的需求，从而让智慧旅游服务于公众群体、特殊群体、旅游企业、政府机关等，以一种蓬勃发展的新姿态迎接未来。

智慧旅游系统由四个部分组成：互联网的运用、智慧旅游公共服务平台、智慧旅游相关的数据及智慧旅游企业的服务系统（谢坚，2012）。政府机关在智慧旅游公众服务平台体系和智慧旅游服务平台的建设中扮演着重要角色（余斌，2012）。

总体来说，尽管我国智慧旅游发展迅速，但是从智慧旅游研究成果的数量、智慧旅游的大数据应用程度来看还远远不够（李丁等，2013）。智慧旅游产业链还不够完善，信息数据同步不及时，智慧旅游公众服务平台建设还处于探索阶段，其发展有待突破。我国尚未推出明确的一体化智慧旅游公众服务平台的建设规划，可以借鉴一些发达国家的智慧旅游公众服务平台的建设经验，取长补短，努力建设出属于我国特色的智慧旅游公众服务平台体系。

2.2 江苏智慧旅游现状分析

2.2.1 江苏省智慧旅游发展现状

在国家积极推进智慧旅游发展的背景下，江苏省率先响应国家号召，制定政策全面建设智慧旅游发展系统。近年来江苏省智慧旅游的发展带动了全省各地的经济发展，提高了人民的生活质量，其国内旅游与入境游人次较前几年相比有明显的提高，人均GDP也得到了提升，总体呈现上升趋势（金卫东，2012）。

江苏省镇江市于 2010 年在全国率先创造性地提出“智慧旅游”概念，并于 2011 年获批建设“国家智慧旅游服务中心”，并向四周扩散，分别涉及南京、南通、扬州、苏州、无锡、常州等地。这些城市本身经济水平相对平稳，人民基本需求有保障，其信息技术与互联网也很普及，更加有利于智慧旅游的发展。国家智慧旅游服务中心以镇江为中心组成一个共同发展的智慧旅游联盟，共享服务对象、资源与市场，方便政府管理。

智慧旅游时代的发展与新型的旅游五大支柱产业密不可分、共同发展。其五大产业为智慧型酒店、智慧型景区、智慧型交通、智慧型旅行社、智慧型服务平台。它们的具体应用见表 2-1。

表 2-1 智慧旅游时代五大支柱产业应用

名称	应用
智慧型酒店	旅游者预定客房、入住登记、特殊需求、退房等都是通过互联网完成的，全程信息化，并且提供取款、停车、VIP 服务等，入住的客人可以通过酒店的服务系统办理相应的身份卡片，到酒店可刷卡进入，这样很大程度上节约了客人的时间，方便快捷，与传统酒店相比，给入住客人一种全新的入住体验
智慧型景区	包括景区各景点的分布图、游览的路线、售票、景点的讲解、景区的传播等，游客在景区游览的全过程都智能化操作
智慧型交通	这是一个专门建设的交通系统，通过点到点的路程设定，游客通过系统预订，选择自己的出发地与目的地，到达指定的地点等待就可以了。这要以城市的互联网为基础进行建立，协调各方面的畅通。其智能系统的设定解决了游客出行的交通问题

续表

名称	应用
智慧型旅行社	现代旅行社都把自己的旅游产品放在互联网上供用户了解与选择，这样大大提升了旅行社的知名程度。用户的选团报名都可以在网上进行，提升了旅行社的工作效率。至于游客的交通、入住与餐饮可以通过信息数据的相通同步进行。旅行社的产品价格与销售比之前更加能让顾客接受
智慧型服务平台	平台涵盖地区各个景区的详细信息，还包括电子地图导航、电子导游等，用户可以在服务平台选择自己感兴趣的信息进行了解。其中游客可以在旅途过程中找到自己需要的，能很好地给游客提供周到细致的服务，既方便了游客的出行也提高了自身系统的使用度，有利于服务平台的建设发展

“十二五”期间是智慧旅游建设的一个高潮，国家政策对其的支持，推动了各地区智慧旅游发展建设的风潮。南京、无锡受到的影响最大，分别推出了自己的“智慧旅游”计划，打造了一批智慧旅游发展的工业区，带动了经济的发展。

江苏省建设了两大智慧旅游网站，一个是江苏省政务服务网，另一个是江苏旅游网，两个网站涵盖了江苏省的旅游信息、旅游政策、导游员管理、相关重大事件处理结果等，这种管理的清晰化有利于其对旅游信息数据的监控、考试的报名、游客的查询、信息数据的更新等。

江苏省对官方旅游品牌“美好江苏”进行了大力的宣传，其宣传信息覆盖各大网站及手机 APP，扩大了江苏省在国内外的知名度，例如在国内只要《茉莉花》响起，都知道是江苏省的代表民谣。江苏省智慧旅游发展最好的是苏州市，因为苏州的经济发展水平最高，智慧旅游的发展建设也就得心应手，通过一系列的连锁反应，经济水平的提高，人民的出游率就会提高，间接带动了旅游的发展，21 世纪科技的发达让人们“秀才不出门，便知天下事”，科技给予人们想要的信息，促使他们产生满足自身旅游需求的强烈动机，从另一个角度促进了智慧旅游的发展。

江苏省内各地城市积极响应国家政策，加强各自城市智慧旅游的建设，以南京、镇江、苏州、扬州、常州等为例，这些城市的智慧旅游发展体系相对完备，与其他行业衔接较为成熟。具体见表 2-2。

2.2.2 江苏省智慧旅游建设存在的问题

江苏省智慧旅游建设虽然现在已经取得显著的成就，但是也有许多的不足之处，主要表现在以下这些方面。

表 2-2 江苏部分城市智慧旅游发展现状

城市	现状
南京	南京是江苏省的省会城市，智慧旅游发展水平较高。中山陵、夫子庙的南京代表性景区智慧旅游建设较为先进，领先于南京其他景区。夫子庙景区中国科举博物馆利用现代科学技术完美再现当年中国科举文化，秦淮灯会在运用智慧技术融合旅游实践上取得了市场的好评。南京现在的智慧旅游发展处于一个上升阶段，各地区正在积极建设，智慧旅游的发展带动了南京地区的城市建设
镇江	镇江作为国家智慧旅游服务中心，是江苏城市智慧旅游的“先行者”，对于推动江苏省智慧旅游的发展有着至关重要的作用。镇江在智慧旅游工作中主要是加强无线 WiFi 服务，提升客户反映度；开通 400 旅游呼叫中心，为游客提供统一的旅游咨询和建设服务窗口；开发“文旅网”和客户端，让全市导游通过手机即可分享各类旅游咨询；推广“畅游镇江”旅游宣传架，在全市重点景区、酒店布放旅游宣传架，发放旅游宣传册及宣传名片等资讯信息，便于游客及时取阅，畅游镇江；做好智慧旅游现有的各项平台和应用的维护管理，且保证平台运行的稳定。现在智慧旅游发展对镇江的经济具有很大的促进作用，带动了镇江旅游业的发展，扩大了景点的知名度
苏州	苏州是江苏省内智慧旅游发展最快的城市，其特色是全域+智慧旅游发展思路。一是构建大格局的全域+智慧旅游，能真正激发各相关单位和个人的积极性，强化区域联动和部门合作。二是构建智能化的全域+智慧旅游，能通过整合和实时分析城市数据资源，自动调配公共资源，提升社会治理水平。三是构建创意型的全域+智慧旅游，催生更大的市场需求，带动消费增长，孕育新的业态，成为新的经济增长点。四是构建融合型的全域+智慧旅游，将古城文旅融合与优化提升作为全市层面的工作、全局性质的大事，能推动管理创新、加快经济转型，由原来侧重于文化事业到围绕古城文化活态保护，切实打造旅游文化产业
扬州	因为智慧旅游旅游的发展建设，扬州的旅游业步入另一个崭新的“时代”。作为国家文化旅游示范区，瘦西湖景区近年来全面构建景区智慧旅游体系，在智慧服务、营销、管理上不断创新和探索，给游客带来别样体验。2018 年由国内互联网和 IT 界权威杂志《互联网周刊》发起的“2018 智慧景区百强排行榜”评选结果出炉，瘦西湖景区名列第五，上榜理由为：联合“小米”旗下“香蕉出行”推出导游管理系统、“互联网+购票”、全覆盖免费 WiFi、电商平台在线客服
常州	2012 年，国家旅游局确定常州在内的 18 个城市为国家智慧旅游试点城市，常州智慧旅游建设开始启动。2013 年起，常州市旅游局积极推动智慧旅游示范企业建设，分别针对景区、旅行社和酒店制定了智慧企业评定标准，评选出中华恐龙园、环球动漫嬉戏谷等一批智慧旅游示范企业。2015 年为迎合旅游+互联网发展趋势，常州市综合 7 大资讯渠道，多方位多方式提供游客与供应商最贴心的服务。2017 年常州市和支付宝·口碑进行全面深入合作，建立旅游全行业及配套吃、住、行、游、购、娱全产业链移动互联新模式，推动城市级全域旅游迈上新台阶，实现消费者、企业、政府多赢的新格局

2.2.2.1 智慧旅游服务管理制度不够完善

智慧旅游公众服务平台没有一个专门的制度规范对其进行约束。平台上涵盖的地区景点、交通、酒店、地图导航等信息不够全面。古人云：“没有规矩，不成方圆”，智慧旅游的发展也是如此的，制度是其发展的基石，地基不够牢固，其他的建设也是无用之功。政府没有有效的方法对其进行控制，不利于各种数据信息的整理。

2.2.2.2 智慧旅游设施设备较为欠缺

虽然江苏省智慧旅游发展迅速，但是毕竟是起步阶段，很多地方的设施设备不够齐全，甚至出现短缺。智慧酒店、智慧景区、智慧交通等各方面的信息由于设备的原因不能及时地统一。基础的设施设备是江苏省智慧旅游发展的“船只”，没有这个载体，智慧旅游发展将寸步难行。江苏省内的各地区的经济水平也有所区别，这就导致在互联网技术的应用方面也是不相同的，在信息的收集、上传与数据库的建设差距越拉越大，这就使其地区的智慧酒店、智慧旅行社、智慧景区的发展受到巨大的阻碍。

2.2.2.3 旅游者安全问题初步显现

信息技术的发展及 4G 移动通信技术的发达很大程度上促进了智慧旅游的发展，但是旅游业是一个敏感性非常强的产业。网络上诈骗信息、赌博信息等比比皆是，2016 年 8 月就发生女大学生因电话诈骗被骗掉所有学费而猝死的新闻。这从表面看虽然与智慧旅游的发展建设没有什么直接的联系，但是从侧面看是互联网技术的发展，所以说智慧旅游的发展是与互联网等联系在一起的，用得好前途一片光明，用得不好堕入深渊。网络上的微商旅游信息铺天盖地，不知真假，这是智慧旅游发展的一个重大的隐患，必须加强管理、随时关注其动向并及时地进行控制。

2.2.2.4 应变能力与协调能力表现不足

智慧旅游的发展就是发挥沟通上下、连接内外的作用。每到法定的节假日，就会出现旅游的黄金周，游客的数量呈现出井喷式增长，问题就因此凸显出来了，较为严重的包括交通堵塞、景区超负荷接待游客、酒店预订不上等。其实这些现象都是可以预见的，目前来看采取的方法治标不治本。没有很好的应变能力与协调能力，在旅游黄金周到来之前未做好充分准备，无法让游客产生舒适的体验，导致旅游者乘兴而来败兴而归，这些应该是政府目前放在首位要解决的问题。

2.3 基于政府视角的江苏智慧旅游管理

江苏省智慧旅游的发展比其他省区的发展速度要快，形成了以镇江为“智慧旅游发展中心”，各市组成智慧旅游发展联盟的模式。在政府有关部门领导下，旅游市场相互协调、信息资源互通、数据传送及时。但是做到这些还远远不够，要使智慧旅游发展达到预期目标还需要解决很多的问题。

2.3.1 智慧旅游目的地管理

智慧旅游时代是行业转型升级的迫切期，旅游目的地只有顺势而为，才能在智慧旅游的热土上重生。智慧旅游的核心在于“智慧”二字，以信息技术为基础，以游客体验为中心，利用移动云计算、互联网与大数据分析，借助各个便携终端获取信息，服务旅游出行前中后各个环节，缺一不可。

2.3.1.1 管理方式简洁化

自驾游客不再满足于单纯的“景观赏览”或“新奇住宿”，而是囊括“食住行游购娱”的深度体验游（葛成唯，2014）。目的地只有“住”而优则“食”，“食”而优则“娱”，不断创新运营，开发新业态才能形成经营生态闭环，在同质化市场寻求突破。“人无我有，人有我优”是最简单的判断法则。

2.3.1.2 内容运营精细化

旅游目的地业态包括“食、住、行、游、购、娱”，其中“食、住、行、游、购”五项属于基础配套类，而“娱”最能体现目的地特色，更考验目的地的内容运营能力，是旅游目的地的“软实力”体现。目的地要大力开发类似“温泉度假酒店”“滑雪别墅”“采茶农庄”等以娱乐方式命名的产品，以特色娱乐项目作为差异化核心竞争力。

2.3.1.3 渠道传播个性化

旅游目的地在营销上普遍依赖OTA（online travel agency）与旅行社的分销渠道。对于旅游目的地来说，支付给OTA高额的佣金，长久来看会让目的地陷入被动境地。直销渠道的重要性不言而喻，将客源主动性交至OTA与旅行社也不是长久之计，但单打独斗的旅游目的地该如何在不影响稳定客流的前提下自建直销渠道并能将客源合理转化呢？答案是用内容留住客户并促进其二次消费。用户点击目的地分享的活动内容，完成在线预订。目的地结合后台数据，通过客户消费记录，判断客户消费习惯，从而实现二次营销。这需要建设更多智慧旅游目的地服务网站。目前，江苏省已有两个政府官方的智慧旅游服务网站，一个是江苏省政务服务网，另一个是江苏旅游网。各地市也建立了政府官方旅游网站、微博、微信公众号。但是对于正在快速发展的智慧旅游，目前在线旅游目的地信息的供应端口量还是不足，相关信息不够详细，政府应当建设更多专门的旅游目的地信息系统，并对智慧旅游市场进行分类。实行分类可以使政府更好地控制、各行业更好地配合、用户更直观地了解。

2.3.2 智慧旅游行业监督管理

近年来，智慧经济的发展极大地促进了旅游业的发展，引起了江苏省政府部门的广泛关注，但是旅游业在管理发展的过程中存在着许多的问题，尤其是政府相关部门在旅游业中没有发挥出相应的作用，旅游行业中政府行为及行业管理体制急需做出调整，加强旅游行业管制措施，促进旅游行业的进一步发展。

2.3.2.1 加快建设省级旅游管理与服务大数据平台

开通96519旅游投诉和服务电话，强力推动各市、县（区）旅游大数据平台建设，实现省、市、县（区）三级，以及与各A级景区、省旅游度假区、各大旅行社、各星级饭店大数据平台的联网畅通和数据共享，加强与电信、移动及有关线上旅行社的合作，实现数据统计分析的即时性和准确性、各主要景区的可视化、突发事件处置的及时性、游客诉求应答和处理的快速化及游客满意度评价的大数据采集等，通过信息技术的应用和智能化手段，转变管理方式，提高管理效率，提升服务质量（吴杰，2017）。

2.3.2.2 加快“电子导游”的政策落实

企业将导游的相关信息（带团数量、游客评价、常去地区）提供给游客，让游客自己选择合适的导游。政府也提出将导游人员的信息全部上传，实行电子化。这是智慧旅游发展的一项重大的改革，从侧面突出了旅游业的升级，带动了导游制度的变化。并且政府实行了双向制度，导游也可以选团，就是游客想去某地，自己将团组织好，上传到网上供导游选择。但是这些制度还不够普及，仅仅处在萌芽阶段，政府应该尽快推出官方APP，这样可以使信息更加安全，使导游人员与旅游者更加方便，也有利于政府对其管理。

2.3.3 智慧旅游安全保障管理

安全体系涉及旅游公共安全机制建设、旅游公共安全服务设施、旅游安全监测和服务、紧急救援体系。对于旅游者来说，安全是第一位的，安全是旅游的生命线，所以一个地方抓旅游公共服务，首先要把旅游安全抓好。特别是随着旅游活动的常态化，安全问题更不能掉以轻心。

2.3.3.1 构建信息安全公共服务体系

随着旅游业的发展与壮大，提供旅游安全信息服务逐渐成为旅游行政管理部门的一项重要职责。具体来说，旅游行政管理部门一方面将有关安全预警、救援等公众被动接收类的旅游安全信息，通过电视、报纸、网络、广播、短信等覆盖面较大的方式来对外发布；另一方面通过专门的渠道，如旅游服务热线、旅游咨询服务中心和旅游公共信息服务流动点等方式，面对面为游客提供旅游安全信息；同时，旅游行政管理部门对旅游安全信息的公开，有利于督促和约束旅游企业更有效率地进行自身安全管理。在旅游安全信息服务体系中，旅游行政管理部门不仅是旅游安全信息的服务供给主体，也是旅游安全信息采集与发布主体。同时旅游行政管理部门通过旅游安全信息平台，与旅游行政管理业务职能部门相结合，依托信息控制对旅游安全管理工作进行有效地监管（赵怀琼，2017）。

2.3.3.2 建立旅游安全信息数据库，分析和预判旅游安全隐患

旅游安全信息采集的主体应包含以下几个方面：一是旅游行政管理部门。旅游行政主管部门可以以旅游安全信息中心为基础，在旅游安全职能部门的领导下，建立旅游安全信息数据库，采集、汇总来自其他政府职能部门、旅游企业及旅游者的旅游安全信息，并将信息整理好以备发布。事实上，由于政府采集信息具有权威性与较高的准确性，在整个采集主体中居于主导地位。二是旅游行业协会。各行业协会和非政府组织可以作为操作者的身份帮助政府部门采集、汇总旅游安全信息，并整理后对外发布。三是旅游企业。旅游企业需要严格执行旅游安全信息报告制度，依法通过网络、通信等各种手段真实、及时地上报旅游安全信息至旅游行政主管部门。四是旅游者与当地市民。鼓励市民积极参与旅游安全信息服务体系的建设，鼓励市民和旅游者通过各种方式汇报身边的旅游安全信息。例如，在旅游较发达地区可以试行旅游安全信息通讯员制度，在旅游从业人员和热心市民中组织一批旅游安全通讯员，按区均匀分布，根据上报信息的数量和重要性给予不同的奖励（万艳霞，2014）。

2.3.3.3 加强实时监控，提高景区安全管理水平

通过景区的各重点部位的动态情况进行实时监控，系统能够及时了解各方面的工作秩序、工作场景、人员情况，为管理者提供实时现场图像；同时保存事件发生前后的信息记录，帮助有关人员对事件实施过程进行分析。监测的内容包括游客人数、游客来源、驻留时长、游客过夜情况等。对各个景点和路段进行实时监控，游客流量数据的到达率和及时率也更为精确。根据各个景区接待游客流量数据自动生成游客流量排行榜，有助于监控平台分析比对不同景区的游客流量情况。为流量控制、交通疏导、景区安全等提供翔实的数据依据。同时，能帮助景区提升经营及接待能力、优化旅游目的地经营策略，为科学决策和准确定位旅游市场营销方向提供数据支持，从而有利于景区未来的规划和发展。

2.3.4　智慧旅游公共服务平台构建

智慧旅游公共服务平台由硬件基础层和系统支持层、数据库层、中间层、应用层、表现层、用户层六层架构和规范标准体系、系统安全保障体系、运行维护管理体系三个体系组成。各个地方政府需要结合实际需求，实行统筹规划、分步实施，搭建一个支撑多元渠道的智慧旅游综合数据中心，开发智慧旅游公共服务平台，围绕公众旅游信息咨询与服务系统、旅游行业管理系统、智慧景区信息系统和智慧旅游电子商务系统四大子系统平台进行建设，最终实现公安、工商、城管、银行、商家、旅游企业等现有系统无缝对接。

2.3.4.1　智慧旅游综合数据中心

随着旅游信息化建设的逐步开展和升级，将会有众多的信息服务系统和服务渠道，这些渠道将从各自的数据库中获取相关的数据信息，而众多系统之间难免会出现数据信息相同的情况，为了避免重复建设，更为了提高数据的利用效率，首先应建设智慧旅游综合数据中心。通过综合数据中心的建设，实现旅游信息资源整合，一次录入，多次使用；通过提供标准数据接口，实现系统信息互联互通，数据共享，减少数据库的重复建设投入，实现真正意义上的智慧旅游（刘加凤，2012）。

2.3.4.2　智慧旅游公共服务平台

智慧旅游公共服务平台包括智慧旅游综合数据中心、智慧旅游公共服务平台中间件系统和地理信息系统等。这些应用体系提供基础软件支撑，为数据资源的一致性、安全性、完整性以及共享性提供保障，为各应用系统的 GIS 展示提供基础数据和服务。基于旅游信息标准的智慧旅游公共服务平台，建设内容包括旅游信息数据中心与数据交换系统，并将之作为智慧旅游建设的信息基础，实现按照统一的规则获取采集旅游信息，按照统一的数据标准进行集中存储，按照统一的交换标准通过各种平台发布，最终实现旅游信息的智慧化。

2.3.4.3　智慧旅游公共服务子系统

1）公众旅游信息咨询与服务系统

公众旅游信息咨询与服务系统通过各种信息传播媒介和服务咨询通道，向游客提供全面、立体的旅游信息和旅游咨询服务，并在游客自行获取信息的基础上，发展以信息推动为代表的主动式服务模式。

2）旅游行业管理系统

旅游行业管理系统主要针对旅游从业单位、各景区及配套设施单位进行有效管理，为各单位办事提供便捷通道，及时获取行业信息与通知，并与省旅游平台互联互通。旅游行业管理系统主要对从业人员管理、旅游执法、旅游企业级别认定管理等模块进行建设开发。

3）智慧景区信息系统

为加强新技术在景区的应用，不断提高景区网络营销和景区电子商务水平，建设包括景区 GIS、监控、客流、交通、环境等景区基本信息数据库，开发智慧景区信息系统，实现游客在景区内的电子导览导游、互动娱乐体验、电子门票等功能，发布景点图片、旅游文化信息、景点天气预报等公共服务信息（张凌云，2012）。可选择在景区信息化和数字景区建设中取得突出成绩的景区、主题公园，加强新技术在景区的应用，不断提高景区网络营销和景区电子商务水平。

4）智慧旅游电子商务系统

江苏省拥有丰富的旅游资源和数量众多的旅游企业，对旅游电子商务的需求非常巨大。景区需要从技术能力、资金、人员素质等因素上突破限制，建立起符合自身特点的电子商务系统，探索商业模式，提供高效服务，提高营销效果。

2.4 基于供给侧视角的江苏智慧旅游建设

2.4.1 基于供给侧视角的智慧旅游建设内涵与指标

2.4.1.1 建设内涵

旅游业涉及四大环节：人（游客）、景（景区）、商（商业）、管（政府管理）。通过全方位覆盖，四大环节无缝接入智慧旅游服务云端，实现互联互通，最终形成统一的智慧旅游平台。为游客提供游、食、行、购、宿等全方位的便利的服务；提升景区景点的历史文化性和趣味性，提高旅游产业的现代管理服务水平（刘军林和范云峰，2011）。

1）游客

游客在景区进行旅游的过程中，可以通过自己随身携带的智能手机、平板电脑、笔记本电脑等智能设备使用景区提供的无线网络，通过联网的方式来获取智慧旅游的相关服务。比如在景区中，游客可以迅速获知附近的公共厕所、景区流动巴士、流动服务站等设施的所在，减少游客在传统旅游中的诸多不便；也可以为游客提供网上购买票务等服务，让游客可以免于排队买票等烦恼，同时可以通过智能手机进行网上支付（支付宝、微信、网上银行等），这样，游客既可以在景区享受购物服务，还能享受物流服务和售后服务。

2）景区

景区是供给侧中非常重要的方面，为了让游客可以身临其境地参与历史场景或未来世界，感受智慧旅游带来的前所未有的快乐，景区应加大力度投入智能设备如巨幕显示屏、3D 观影设备、虚拟现实设备等。与此同时景区应该设置相应的配套设施，比如在商店、厕所、停车场等地方安装 RFID 等设备，游客可以通过自己的智能设备找到这些景区提供的相应设施。景区也应该加设更多、覆盖更广的视频监控来维护游客的财产和人身安全，让游客游玩得更放心和无虑。

3）商业

首先需要建设好智慧旅游服务云系统，然后将参与旅游活动的主要商户接入这个系统，可以将商户的各方面信息比如位置、价格、产品等及时地提供给游客以便游客选择，让游客在食、住、行、娱、购等方面有更好的选择。同时游客也可以通过点评产生在线数据，为其他游客提供一些建议。

4）政府管理

智慧旅游在各地的发展与进步，使得旅游信息服务可以达到互联互通，可以有效地帮助政府掌握景区旅游活动的一手资料，不仅能够帮助政府更好地监管，也能帮助政府更好地引导其他产业的良好发展。政府可以通过这些资料及时颁布促进智慧旅游发展的相关政策。

2.4.1.2 建设指标

政府牵头组织相关企业建立全国一流的情报和旅游信息平台，并通过平台的发展来提升旅游业的发展水平。通过平台建设，促进旅游资源的优化整合，充分利用江苏省现有的丰富的旅游资源，加强有关部门对旅游产业的管理和监督，规范旅游市场，并为游客提供更标准化的一站式平台，让游客方便快捷地得到各种旅游服务，同时加强旅行中的安全管理，使游客出行更加安全和放心。促进信息技术的运用，提高景区的文化和历史意义，让游客享受现代科技的便利和安全；建立规范、高效、经济的管理运行体系；建立国内外旅游通用系统，实时共享国内外旅游信息；提升旅游景点的开发效率，有效降低旅游资源的管理成本；有效降低旅游者多余的旅游成本。

智慧旅游城市建设指标体系包括 5 个一级指标、12 个二级指标和 33 个三级指标（表 2-3）。其中一级指标分别为旅游经济发展竞争力、旅游科技创新竞争力、旅游发展潜力竞争力、旅游环境支撑竞争力、旅游发展保障竞争力（黄松等，2017）。二级指标分别为智慧旅游经济水平、智慧旅游营销能力、智慧旅游硬件支撑条件、智慧旅游科技创新能力、旅游资源禀赋、旅游区位条件、社会经济环境、社会文化环境、社会自然环境、智慧旅游基础设施、智慧旅游服务、智慧旅游保障体系。三级指标分别为旅游总收入、城镇居民可支配收入、旅游业占 GDP 的比重、旅游电子商务平台水平、新媒体旅游营销能力、基础网络覆盖率、旅游物联网建设水平、智慧旅游公共服务平台水平、旅游信息数据库建设水平、地方财政科技支

表 2-3 智慧旅游城市建设指标体系

一级指标	二级指标	三级指标
旅游经济发展竞争力	智慧旅游经济水平	旅游总收入
		城镇居民可支配收入
		旅游业占 GDP 的比重
	智慧旅游营销能力	旅游电子商务平台水平
		新媒体旅游营销能力
旅游科技创新竞争力	智慧旅游硬件支撑条件	基础网络覆盖率
		旅游物联网建设水平
		智慧旅游公共服务平台水平
		旅游信息数据库建设水平
		地方财政科技支出
		高新技术产业产值
	智慧旅游科技创新能力	信息交流技术（ICT）研发投入
		发明专利授权量
		研究与实验发展经费
		信息化发展指数
旅游发展潜力竞争力	旅游资源禀赋	旅游资源丰度
		旅游资源垄断性
	旅游区位条件	年客运总量
		旅游智能交通水平
旅游环境支撑竞争力	社会经济环境	人均 GDP
		全社会固定资产投资总额
	社会文化环境	居民对游客友好程度
		旅游创新能力
旅游发展保障竞争力	社会自然环境	环境质量自动化监测率
		城市绿化覆盖率
	智慧旅游基础设施	移动电话年末用户数
		国际互联网用户数
	智慧旅游服务	智慧旅游门户网站数
		智慧旅游服务应用水平
		智慧旅游政策法规完善程度
		智慧旅游投入和持续保障能力
	智慧旅游保障体系	智慧旅游应急体系水平
		智慧旅游发展规划及实施水平

出、高新技术产业产值、ICT 研发投入、发明专利授权量、研究与实验发展经费、信息化发展指数、旅游资源丰度、旅游资源垄断性、年客运总量、旅游智能交通水平、人均 GDP、全社会固定资产投资总额、居民对游客友好程度、旅游创新能力、环境质量自动化监测率、城市绿化覆盖率、移动电话年末用户数、国际互联网用户数、智慧旅游门户网站数、智慧旅游服务应用水平、智慧旅游政策法规完善程度、智慧旅游投入和持续保障能力、智慧旅游应急体系水平、智慧旅游发展规划及实施水平。

2.4.2 基于供给侧视角的江苏智慧旅游现状分析

2.4.2.1 基于供给侧视角的江苏智慧旅游发展现状

1）涵盖范围广

江苏省智慧旅游规划营销理念较为领先，不仅可以达到促进江苏旅游经济发展的作用，其带来的衍生价值远远超出一般旅游附带的价值，其中的带动作用不可小觑。服务行业、运输行业都可以覆盖其中。这些智慧旅游项目无疑将推动江苏经济的发展，并且进一步调整江苏省目前尚不完善的产业结构。

2）系统结构全

江苏省智慧旅游系统结构较为清晰，初步实现了旅游信息的连接与旅游资源的相互协调。智慧旅游发展的最终目标和受众是旅游者。旅游者不仅是旅游项目的载体，也是主导智慧旅游发展的力量。为此需要进行齐全的景区服务设施配置，严格要求景区建立完善的管理体系，提高景区服务质量，使得景区的旅游资源达到最高的观赏价值，让旅游者拥有最完美的智慧旅游体验。

3）创新发展快

高新技术相关产业积极参与江苏省智慧旅游建设，投入了大量资源，强调使用多样性的方式发展。从供给侧角度来看，这些行业企业不仅利用自身资源和财力促进了旅游业的智慧发展，同时采取多种融资的方法增加了江苏省智慧旅游发展的资本储备。

4）基础条件好

资源管理机制是供给侧管理中必不可少的内容。为了提高旅游资源的质量，江苏首先对各城市的旅游资源进行实地分析和优化整合。其次，根据这些旅游资源不同的性质，开发了一套完善的管理系统。

2.4.2.2 基于供给侧视角的江苏智慧旅游发展的优势

1）信息及时发布

在旅行中最主要的旅游主体是游客，通常在旅游前，游客就会关注路线、交通和住宿的问题。在一般的旅游信息化中，信息以部门为中心，发布该部门相关信息。旅游业的相关部门介绍景点内容。不同部门之间信息是相互孤立的，没有实现信息共享。当你搜索相关信息时，登录不同的网站寻找不同的信息是一件很麻烦的事情。为方便游客解决这个麻烦，智慧旅游系统集中地为游客提供信息，无论何时何地，只要游客使用服务技术，根据其位置就能马上获取食、住、行、游、购等各个方面的信息，不需要登录每个网站，节省时间和精力（董亚娟和田蓓，2015）。

2）产品个性设计

目前旅游服务中实现的旅游信息化，只是让游客被动地接受旅游信息，从业人员只能在分散的旅游部门中获知自己所需的信息。江苏省智慧旅游系统加入了游客身份特征、个人兴趣、所在地区资讯和其他信息，让游客获得有个体差异性的旅游信息服务。例如，智慧旅游系统可以根据游客的性别、年龄、爱好等个性化内容自动发布信息，提供针对游客的个性化旅游计划。游客可以得到景区自助导览服务，避免旅游景点的遗漏，导致在景区迷路。智慧旅游个性化体现在实际旅游操作层面。2014 年江苏盐城的荷兰花海智慧旅游项目围绕门户网站建设、微信公众号平台建设、一卡通系统建设，项目始终以人为本，游客可以用手机轻松“逛花海”，还能通过微信注册会员，根据自己的需要来订票订餐、认购树种、分享游玩心情。

2.4.2.3 基于供给侧视角的江苏智慧旅游发展存在问题及原因分析

1）存在盲目跟风的情况

江苏省文化和旅游厅高度重视智慧旅游的管理，走智慧发展之路。部分景区智慧旅游建设起步早，利用合理科学的管理方式，成为智慧旅游的示范点。但是存在一些不重视建设智慧旅游的景区，没有根据自身实际情况制定规划，没有因地制宜，盲目地购买低技术的设备，浪费有限的财力、人力和旅游资源。

2）在线电子商务功能较为缺乏

随着旅游业的日益发展和旅游信息的广泛普及，游客在旅游前自己做信息收集的现象将越来越普遍。政府和景区应该加强电子商务的发展，有效地促进旅游资源在线销售。然而，江苏省大部分的景区还没有建立健全电子商务系统，有些虽然初步建立了电子商务系统，但是功能不完善。据调查，江苏有超过 500 个 A 级景区，已经建立了不止 100 个相关网站，但是很少能够提供系统的在线服务。

3）实时维护信息相对困难

江苏省绝大部分的景区都将旅游信息化网站委托给专门的互联网公司进行管理，没有成立独立的管理部门。在后续的实施中，因为工作岗位的变化，对接人员的改变，后续资金的缺乏等，导致与对应的互联网公司失去了联系，所以网站在很长时间内都不会更新，甚至荒废。与游客进行信息交流是景区建设和发展智慧旅游的重要手段之一，然而，景区管理网站的办公室因为人员不足、投入精力不够等问题常常不得不等到第二天甚至更长时间才能回复，失去了信息的时效性。不能及时解决游客的问题已成为限制景区网站发展的瓶颈。

2.4.3 基于供给侧视角的江苏智慧旅游建设路径

2.4.3.1 增加旅游信息基础设施建设支出

发展旅游业的基础就是江苏各景点的旅游资源，只有确保旅游资源的高质量，才能促进江苏省旅游业更好的发展。所以江苏旅游业需要利用现代网络科学技术，建立一个有着高质量旅游资源数据和高能力数据分析的体系，分析和处理江苏省的旅游资源，及时反映和处理旅游信息，提高处理旅游资源的效率。在“智能城市”建设的基础上，构建一个完备的江苏省智慧旅游系统。

2.4.3.2 完善共享智慧旅游资源系统

要使江苏旅游业快速发展，最重要的是增加可以共享智慧旅游资源的系统。一是旅游应用程序系统，旅游项目资源的受众是游客，所以应该建立与旅游资源相关的应用程序供游客获取所有的旅游信息。二是景区应用程序系统，主要部分是景区内的服务系统、运输系统、环境净化系统等。三是旅行社应用程序系统，该系统主要包含与旅行社建设有关的配套系统。四是酒店应用系统，主要包括酒店内部相关信息（王辉等，2012）。

2.4.3.3 加强信息的科学管理和有效推广

江苏省智慧旅游系统是多层次、多结构的。每一层次的智慧旅游管理都有一个巨大的任务和责任，因此，每个层次的管理都不能被孤立，虽然它们是相对独立的，但它们不能与整体的智慧旅游系统相分离。只有每个部门都致力于发展智慧旅游项目，才能改善整个旅游业。

2.4.3.4 促进网络通信技术和旅游服务体系的融合

促进重点项目的发展，提高服务的效率和水平，随着互联网技术的发展和网络信号的覆盖变广，人们将越来越依赖各种通信设备。这种网络通信技术和旅游服务体系的结合无疑方便游客的游玩，同时也方便景区更好地服务游客，智慧旅游助理可以帮助游客在景区轻松解决问题。

2.5 基于需求侧视角的江苏智慧旅游营销

2.5.1 江苏省智慧旅游需求分析

2.5.1.1 智慧旅游动机

对游客在旅游过程中的心理需求分析得出，智慧旅游系统能够使游客更加身临其境地感受旅游乐趣，更详细地了解旅游信息，随时能够利用二维码进行在线预订、支付；游客在旅游过程中遇到问题能够及时地通过通信设备、电子设备、网络等手段掌握旅游最新资讯并且能够迅速地解决许多在旅游过程中容易遇到的问题及麻烦；在旅游活动进入尾声的时候，游客还可以通过论坛分享自己此次旅游的心得体会，对旅游服务、旅游线路及旅行社进行点评、批评或建议等。这对旅游企业与旅游地之间的营销活动及相关服务产生影响（罗成奎，2013）。

随着社会经济的飞速发展，游客对于较高层次的旅游服务越来越期待。从本质上看，游客能够在旅游活动过程中得到身心的愉悦就是旅游的核心。学者谢彦君（1998）提到过旅游在根本上就是以身心愉悦为目的的娱乐过程，它的本质就在于审美和愉悦；因此，旅游就是游客在旅游的整个过程当中获取精神上的愉悦，能够在旅游过程中得到身心放松并且能够体验到当地的文化环境。旅游活动能够在文化和环境的影响下不断发展，换而言之，旅游就是在这种环境下形成的经历和体验。

2.5.1.2 智慧旅游决策行为

2018 年，江苏 13 市 GDP 全部进入中国前 100 名，人均 GDP 达 115200 元人民币，高居中国各省首位 。截至 2018 年，江苏省常住人口为 8050.7 万人。截至 2016 年，江苏区域创新能力连续八年位居中国首位。江苏省可以称得上是“科技大省”，同时也拥有庞大的人口，人民群众的生活质量也达到了一定水平。在这样的现实背景下，高度创新的江苏人对于旅游的需求不会仅仅停留在传统的“走马观花”，而是会更多地选择符合时代潮流、结合自身需求的智慧旅游。

旅游者的决策行为表现在两个方面：组织行为和旅游信息的获取。旅游者在决策方面存在以下这些共性。在组织行为方式方面，游客可以选择纯自助游、自驾游、旅行社团队游、公共媒体或机构组织的旅游活动。在智慧旅游时代，人们有更多的出行选择。由于旅游信息越来越广泛，人们获取到的旅游信息越来越多样和方式越来越便捷，旅游者可以自己选择和设计行程、路线，为自己定制个性化的深度游。近几年的团队游市场规模逐步缩小，散客市场规模逐渐扩大，游客出行时间因为智慧旅游的推广更加多样，周末游、两日游、错峰出游越来越普遍。

国家实行的带薪休假政策无疑会分散人们的旅行出游时间。

王莹莹（2015）根据 15 年间旅游消费者的消费行为，结合旅游过程中获取的信息进行分析，其中 38%的游客出行依靠互联网，16.9%的旅游者根据亲朋好友的意见及推荐而选择旅游活动，还有 15%的游客从旅行社获取的旅游信息及线路来选择旅游目的地和旅游活动。由此可见，智慧旅游时代，在电子信息化和互联网的不断发展下，人们出行旅游越来越依赖网络，选择的方式也越来越多。游客更倾向于搜集网络上的各种旅游信息，随之计划出符合自己喜好的旅游线路。江苏是经济大省，也是互联网大省。《江苏省互联网发展状况报告（2018 年度）》显示，截至 2018 年 12 月底，江苏省网民规模为 4940 万人，互联网普及率为 61.4%。因此，把江苏作为旅游目的地的旅游者，其智慧旅游需求能够得到满足，江苏的旅游者能够利用自身的互联网优势，更好地定制智慧旅游行程。

2.5.2 江苏省智慧旅游营销战略

2.5.2.1 智慧旅游市场定位

智慧旅游是旅游业与信息技术结合而形成的新型业态，对旅游业市场定位的重新调整具有十分重要的意义。

智慧城市的基础首先就是智慧旅游，智慧旅游也是智慧城市密不可分的重要部分，每个城市都具有旅游的功能，没有智慧旅游的智慧城市是不完整的，因为智慧旅游的建设离不开一个良好的城市环境。什么是智慧旅游？它是在智慧城市中不断累积出来的，是智慧城市在旅游中不断累积的延伸，它也是数字旅游发展的高级阶段，是一种具有推广性的应用。

“智慧旅游”的发展离不开信息技术的发展，离不开通信技术设施，其投资巨大，需要各方面不断地协调发展，比如物联网技术、移动通信技术、人工智能技术、云计算技术。“智慧旅游”作为“智慧城市”的重要组成部分，需要不断利用“智慧城市”的建设成果，因此，“智慧旅游”与“智慧城市”是密不可分、相辅相成的。智慧旅游的重点定位消费群体为自主选择旅游出行方式的散客，其中不乏很多背包客。背包客文化是近些年来比较流行的一种旅游文化，“背包旅游”从“大旅游”（17～18 世纪）、“边打工边旅行的假期”（19 世纪）、“青年候鸟运动”（19 世纪）、“搭便车旅行”（20 世纪 30 年代）演变而来。20 世纪 90 年代，Loker-Murphy 和 Pearce（1995）在对澳大利亚青年旅游者的调查过程中，为了准确区分这一特殊群体，从社会学的角度对“背包客”进行了界定，这也是学术界首次提出“背包客”概念。

针对背包客这类以年轻人为主体的智慧旅游的重点群体，智慧旅游的市场定位应该更加明晰。从背包客的旅游行为分析出发，背包客会追求比较特别的旅游路线、旅游方式，追求价格较低的出行方式，更注重体验。智慧旅游的市场定位应该基于这些旅游消费者的需求，从消费者的角度出发，形成更“智慧”的产品设计。

2.5.2.2 智慧旅游产品设计

对于智慧旅游产品的设计，应基于旅游者决策理论，需要考虑消费者的心理需求到实际决策，因此，要考虑旅游者在旅游前期准备、中期进行、后期反馈三个方面的决策行为，从获得旅游信息方式、吃住决策、参考旅游攻略和推荐倾向、酒店预订、支付方式五个方面进行产品设计的讨论（陈彦，2015）。

1）旅游信息方式获取渠道

越来越多的人选择运用台式电脑、手机、平板电脑来收集旅游信息，选择向旅行社咨询、向他人咨询、从书报上获取信息的消费者占比已经不多。主流的方式还是互联网信息的获取。基于这一点，智慧旅游的产品应该更多地放在第三方旅游平台，例如去哪儿、携程、驴妈妈等，同时，可以考虑线上产品和线下旅行社的合作，实现旅行社的创新和变革，发挥虚拟经济低成本的优势，同时利用实体旅行社给人较高信任感的优势。值得注意的是，要注重信息的可靠性和真实性，实现智慧旅游的口碑化经营。

2）消费行为决策模式

消费者的消费行为决策受到很多外在因素的影响，吃、住是旅行者外出重点关注的两个方面。特价产品很大程度地影响了旅行决策，再加上年轻人较多选择“穷游”的方式出行，因此，智慧旅游可以将降价、特价等方式加入营销过程，迎合消费者的消费习惯。

3）注重旅游攻略和推荐倾向

注重体验感是智慧旅游消费群体的一大特征，在旅游出行之前，除跟团游外，多数消费者会选择提前参考各类社交或旅游软件上的旅游攻略，找到大众推荐的景点。旅游体验交流过程中，景区服务质量也显得十分重要。一旦出现图景不实的情况，很多参考旅游信息的消费者就不会选择前往。在信息化的时代，通信设备无处不在，游客对于旅游活动的需求也不断趋向于个性化，景区作为旅游业的重要组成部分，也是游客在旅游景区进行旅游活动体验的重要部分，其服务质量的好坏直接影响着游客对于景区的满意程度。智慧旅游在智慧城市中的应用体现在旅游资源借助信息技术和移动通信设备，为游客提供更加简便和个性化的服务。

4）关注酒店预订环节

在线预定、智能导航、自助停车等服务是目前智慧旅游带给消费者的便捷。酒店预订方面，商家要从智能旅游过程的整体出发，从消费者的需求出发，提供便捷化预订酒店的方式，及时更新信息；在消费者来到酒店之后，要从每一个阶段为消费者考虑，同时可以与旅行社合作，或是在酒店推出VR体验式旅游，以便消费者提前预知旅游景点的概况。

5）适应新的支付方式

随着第三方支付的兴起，实现“无现金”出行成为可能。在智慧旅游的前期准备、中期进行、后期反馈三大过程中，预订酒店、餐厅买单、门票购买等都可以采用线上支付的方式，这渐渐成为一种生活方式。旅游者在线上购买门票，获取电子凭证，实现了无纸化消费，更符合智慧旅游出行的低碳导向。同时，调查显示，对于电子门票等设施服务，青年群体旅游者都表示出很高的兴趣。可以从支付方式的“无现金”化入手，变革线下服务方式，更贴近选择智慧旅游的消费者的需求。

2.5.2.3 智慧旅游营销渠道

旅游销售渠道有长度和宽度之分，长度是指旅游产品从生产者向最终消费者转移过程中所经中间环节的多少，宽度通常指一个旅游企业其销售渠道及产品销售网点的数目和分布格局。从长度和宽度入手，减少旅游产品经过的中间环节，减少不必要的成本花销，保证智慧旅游产业线上企业和商家的均匀分布，形成良性竞争，最终带给消费者和生产者双重盈利。

2.5.2.4 智慧旅游促销管理

智慧旅游促销管理是指在旅游营销过程中，管理者借助互联网应用将旅游中介商、旅游景区和旅游产品联合起来进行促销，实现销售信息的持续传递。其内容包括相关的广告宣传、微信推广、人际推销和市场营业推广的手段的组合应用。树立品牌是一个很好的促销管理方式，例如，打造城市主题公园、主题乐园，结合城市的历史文化，在固定的时间设立旅游周或旅游节，吸引游客。这既避免了千城一面的城市景象，也打造了城市旅游业的品牌。同时，旅游业作为第三产业中的一部分，其服务质量也是至关重要的。为了提高智慧旅游的质量，在公共关系和人员推广方面，可以加快客服团队的建设，完善线下基础设施的搭建，完善顾客投诉和建议系统，力求以服务创造市场（翁钢民和李维锦，2014）。智慧旅游的促销，作用在于刺激旅游需求，扩大旅游产品销售；提供更多信息，沟通智慧旅游的供需关系；突出智慧旅游的特点和优势，推广智慧旅游并形成工作常态。

3 新型城镇化战略指导下江苏旅游城镇化研究

3.1 新型城镇化战略解读

3.1.1 新型城镇化的提出

城市是人类社会发展的产物和文明的结晶，是社会政治、经济和文化的中心。城市化是人类文明进步和社会经济发展的必然趋势，城市化水平从一个侧面直接反映了国家和地区社会经济的发展水平。

“城镇化”是中国学者对“城市化”的本土说法。1991 年，我国学者辜胜阻在《非农化与城镇化研究》一书中首先提出并使用了“城镇化”的概念。21 世纪初，中共第十五届五中全会通过了《中共中央关于制定国民经济和社会发展第十个五年计划的建议》，报告中正式采用了“城镇化”这一概念，而其内涵和基本要求也在随后的研究和实践中不断发展。城市化的概念非常多，但学者在这些概念方面具有共识：城市化是伴随着工业化和社会经济发展而发展的；在城市化中人类社会非农业活动的比重上升而农业活动的比重下降；乡村人口下降与城镇人口上升；居民点的建设和居民的生活方式向城市化转化；城市化是一个系统的过程，关于“城镇化”的概念一开始就带有中国烙印，是兼有中国特色的“城市化”概念。

2012 年，党的十八大强调，要坚持走中国特色新型城镇化道路，推动工业化和城镇化良性互动、城镇化和农业现代化相互协调，促进工业化、信息化、城镇化、农业现代化同步发展。党的十八大报告提出，“加快完善城乡发展一体化体制机制，着力在城乡规划、基础设施、公共服务等方面推进一体化，促进城乡要素平等交换和公共资源均衡配置，形成以工促农、以城带乡、工农互惠、城乡一体的新型工农、城乡关系。”2013 年，中国共产党第十八届中央委员会第三次全体会议通过了《中共中央关于全面深化改革若干重大问题的决定》，明确提出了“坚持走中国特色新型城镇化道路，推进以人为核心的城镇化”的发展目标，并强调了“推动大中小城市和小城镇协调发展、产业和城镇融合发展”等发展举措。2014 年，新华社发布中共中央、国务院印发的《国家新型城镇化规划（2014—2020 年）》，在印发通知中指出，《国家新型城镇化规划（2014—2020 年）》是今后一个时期指导全国城镇化健康发展的宏观性、战略性、基础性规划。城镇化是现代化的必由之路，是解决农业农村农民问题的重要途径，是推动区域协调发展的有力支撑，是扩大内需和促进产业升级的重要抓手。制定实施《国家新型城镇化规划（2014—2020 年）》，努力走出一条以人为本、四化同步、优化布局、生态文明、文化传承的中国特色新型城镇化道路，对全面建成小康社会、加快推进社会主义现代化具有重大现实意义和深远历史意义。2017 年，党的十九大报告中再次提出要“更好发挥政府作用，推动新型工业化、信息化、城镇化、农业现代化同步发展，主动参与和推动经济全球化进程，发展更高层次的开放型经济，不断壮大我国经济实力和综合国力”，对我国的城镇化发展提出了新的目标和要求。

新型城镇化是长期指导国内城乡建设及各行业领域发展的一整套完备战略系统。作为构建“和谐社会”、建设“美丽中国”、建成“小康社会”的直接抓手和中国经济社会发展全面转型升级的直接动力，“新型城镇化”提出了发展的具体目标，实际包括三个层面：第一层面是经济层面，以产业转型升级为抓手，强调经济平稳健康发展；第二层面是空间层面，以城市与城镇体系建设为抓手，强调区域综合有序发展；第三层面是社会层面，以保障和改善民生为抓手，强调“人”的全面协调发展。不难看出，“产业升级、城市建设、民生发展”是“新型城镇化”的发展核心。

3.1.2 新型城镇化的基本要求

“新型城镇化”的概念是与党的十六大提出的“新型工业化”概念相伴而生的（李程骅，2012），最核心的内涵是依托产业融合推动城乡一体化发展。“新型城镇化”是在“城镇化”概念的基础上进一步展开的，其在人口集聚、非农产业扩大、城镇空间扩张和城镇观念意识转化 4 个方面与“传统的”城镇化概念并无显著差异，但在实现这种过程的内涵、目标、内容与方式上有所区别（单卓然和黄亚平，2013）。应该明确，“新型城镇化”是“城镇化”概念的转型与延续，但不是单纯的“二次城镇化”或者“再次城镇化”，它对以“城镇化”为具体发展目标的社会经济发展过程提出了全面的要求。概括而言，“新型城镇化”是以城乡统筹、城乡一体、产城互动、节约集约、生态宜居、和谐发展为基本特征的城镇化，是大中小城市、小城镇、新型农村社区协调发展、互促共进的城镇化。

新型城镇化的要求是不断提升城镇化建设的质量内涵。与传统提法相比，新型城镇化更强调内在质量的全面提升，也就是要推动城镇化由偏重数量规模增加向注重质量内涵提升转变。长期以来，我们习惯于粗放式用地、用能，提出新型城镇化后必须从思想上明确走资源节约、环境友好之路的重要性；过去我们主要依靠中心城市带动，提出新型城镇化后更应该强调城市群、大中小城市和小城镇协调配合发展的必然性。

3.2 新型城镇化与旅游城镇化

3.2.1 旅游城镇化的内涵

旅游城镇化是指以旅游产业发展为主要动力的城镇化，以旅游地人口向城镇转移为主要标志。旅游城镇化的实质是因旅游产业集聚而引发的旅游地空间和经济结构的改变——城镇规模扩大或旅游城镇数量增加、城镇区域在旅游活动中的作用不断增强等。旅游城镇化现象产生的主要动因是社会经济发展要素因旅游产业布局或转型而集聚，这种要素的集聚带来了旅游地产业结构、空间结构、经济结构和文化结构等方面的改变。旅游城镇化意味着旅游业成为推动城镇发展的重要力量，城镇的发展主线从第一、第二产业逐步向第三产业转移，意味着城镇居民思想的转变，也标志着居民生活水平的提高及城镇旅游目的地游客消费结构的变化等。

2014 年，《国务院关于促进旅游业改革发展的若干意见》明确指出“旅游业是现代服务业的重要组成部分，带动作用大”，认为我国的旅游产业应“坚持融合发展”，要推动旅游业发展与新型城镇化相结合、“推动乡村旅游与新型城镇化有机结合”，以期“实现经济效益、社会效益和生态效益相统一”的发展目标。旅游产业因其开放度高、关联性强、投入产出效益明显等特点，成为城市发展和城镇建设的新助力。随着城镇化发展，旅游与城镇化进程不断深化融合，泛旅游产业聚合的城镇化综合开发道路初现端倪。

旅游产业是推动城镇化发展的一种重要的路径选择。旅游业具有明显的经济带动作用，旅游业的合理布局可以有效拉动周边区域商贸服务、房地产、文化消费、休闲娱乐、餐饮住宿等众多业态的繁荣，不仅为该区域的城镇化提供经济动力，也从文化、就业、服务等多个角度直接影响城镇化的进程和质量。国内学者关于旅游城镇化的研究始于 21 世纪初。当前，国内学者对我国旅游城镇化问题的研究主要集中于对其基本理论的探讨，涉及旅游城镇化的概念、内涵、动力、特点、模式及发展机制等多个方面。虽然学者们对旅游城镇化概念的认识不完全一致，但均认为旅游对城镇化的推动是旅游城镇化的基本特征。

3.2.2 旅游城镇化与新型城镇化的互动

随着研究的深入，许多学者开始关注旅游发展对城镇化过程的影响。陆林等（2005，2006）指出，城市旅游在旅游城镇化过程中扮演着重要角色，认为旅游城镇化是旅游作为推动城镇和谐发展的一种动力，在转型城市新的旅游城镇化和综合性城市的旅游城镇化过程中，旅游成为促进城市再生的重要动力。

根据国际经验，伴随着经济发展和城镇化，第三产业将成为城市主要的经济活动。旅游产业具有开放度高、关联性强、投入产出效益明显等特点，成为城市发展和城镇建设的新助力。随着城镇化发展，旅游与城镇化进程不断深化融合，泛旅游产业聚合的城镇化综合开发道路初现；新型城镇化在生态环保、以人为本、城乡统筹发展等方面的主导理念与旅游产业的发展要求不谋而合（汤澍等，2017）。旅游城镇化与新型城镇化的互动关系主要表现在下述两个方面。

3.2.2.1 旅游产业发展促进新型城镇化

1）促进产业发展

旅游产业是综合型产业，产业链条长，融合度高，在“互联网+”“旅游+”“全域旅游”等发展理念不断深入人心的背景下，旅游业与农业、商业、制造、信息、文化等产业的交叉度日益提升。在相互渗透与融合中，新业态不断产生，形成众多新的旅游经济增长点。城镇区域旅游业的发展，可以优化城镇经济结构，促进城镇商贸服务业的繁荣，刺激文化产业的快速发展，有效实现产城互动。乡村旅游的发展则可有效促进旅游产业与第一产业的融合，延长农业产业链条，优化乡村产业结构，实现城乡一体化发展。

2）提供就业岗位

在新型城镇化发展过程中，由于产业结构的调整与优化，城镇将不可避免地面临解决新增就业与转移就业的双重压力。就业问题如不能妥善解决，新型城镇化的发展目标将成为无本之木。而旅游产业是典型的劳动密集型产业，能吸纳相当数量的社会就业人口，同时，旅游产业能够拉动相关产业的繁荣，从而提供更多的就业岗位。世界旅游组织有关调查表明，旅游业直接就业人员每增加 1 人，就能够帮助 5～7 人实现间接就业。尤其在农村地区，由于旅游业及相关产业提供的就业岗位具有门槛低、包容性强的特点，能够快速解决因产业结构调整而出现的农村剩余劳动力过多的问题，使农村剩余劳动力离农不离乡，为就地城镇化做好准备。

3）提高人口素质

旅游活动的普及为人们提供了更多交往的机会，有利于文化在不同地域之间的传播，为旅游者拓宽视野提供了机会。城市旅游的发展，是将城市作为整体的旅游目的地来看待的，客观上要求统筹开发城市内部的吸引力，旅游活动也就随着城市空间范围的拓展而不断延伸。同时，城市居民对待旅游发展的态度也成为城市吸引力的重要组成部分，一定程度上推进了城市文化氛围的营造和城市人口素质的提升。而乡村旅游业的发展，有利于游客流、资金流、信息流、技术流等向乡村汇聚，有利于传统生产方式的变革、乡村居民思想观念的更新和文化素养的提高。乡村旅游已成为推动乡村城镇化发展的主要动力。

4）优化生态环境

旅游业是美丽产业、幸福产业，是关系到人民福祉的产业。旅游产业的发展必须以和谐、美丽的自然环境为前提，“宁要绿水青山，不要金山银山，绿水青山就是金山银山”，“绿水青山就是生产力”。在这一系列论述的指导下，旅游产业的发展必然会以生态环境建设为前提，将旅游目的地生态环境建设纳入旅游地发展的统一进程。在全域旅游思想的指导下，宜居、宜业和宜游相统一已成为新时代城镇发展的重要目标。在美丽乡村、田园综合体建设的过程中，乡村生态环境质量的优化将成为乡村旅游转型发展的内涵。

5）提升基础设施建设水平

旅游基础设施既包括为游客提供专门服务的旅游上层设施，也包括为当地居民服务的旅游基础设施。旅游设施的完善和服务的提升，本身也是旅游地社会经济综合服务水平提高的标志。随着旅游空间布局的调整和优化，以推动旅游发展为目的的基础设施建设，将为该区域实现新型城镇化发展目标提供坚实的基础。

3.2.2.2 新型城镇化助力旅游产业发展

1）提升居民旅游消费需求

城镇化水平的提高，将有效改变居民的消费结构，提升消费水平。居民日益增长的消费需求中，有相当一部分是精神层面的文化需求，而旅游是这种精神文化需求的最直接载体。随着新型城镇化的推进，城镇居民的数量将不断增加，而由于生活环境和生产方式的不同，其出游比例明显比乡村居民要高。因此，新型城镇化将大量释放我国城镇人口红利，为国内旅游产业发展提供巨大的市场。研究表明，我国城市化水平的提高能够有效促进居民出游率的增长，我国城市化率每提高 1 个百分点，居民出游率将增长 2.39 个百分点（冯庆和孙根年，2016）。

2）促进旅游产业转型升级

传统的城镇化建设过度追求经济增长和人口转移，在建设中对自然环境和历史文化遗产的保护力度不足，城镇的自然和文化个性难以彰显。在新型城镇化建设进程中，由于发展要求的转变，使得人们能够审视过去发展的弊端，转而走上传承文化、彰显特色的建设道路。而新型城乡关系的构建，不仅有利于城市和乡村文化脉络的梳理和发掘，还有利于富有地域和民族文化气息的特色城镇建设，有利于自然环境的保护，有利于对城市风貌和田园风光价值的合理追求。这些发展理念的转变和发展道路的转型，将从资源和氛围等方面为新时代旅游产业的转型发展提供助力。与此同时，新型城镇化对产业协调发展、产城互动、生态文明等目标的追求，也对旅游业发展提出了新的要求，指明了新的道路。

3.2.3 旅游城镇化与新型城镇化的协同

新型城镇化是我国现代化发展的必经之路。随着我国旅游产业的日益发展，旅游资源、区位交通、城市规划、旅游发展政策等都会对城镇化发展进程产生直接的影响。以旅游产业为主要动力的城镇化（或称之为旅游城镇化）与新型城镇化作为两个独立的概念，在实践中存在明显的相互作用和协同关系。

3.2.3.1 协同基础

1）环境基础

新型城镇化和旅游城镇化的协同发展是以环境为基础的，包括经济环境、政治环境及生态环境。经济环境的良好发展、资本的良好输入都会促进城镇内部的资产重组、投融资体制与管理体制的变革，从而形成新的、有序的结构；良好的政治环境会给新型城镇化和旅游城镇化的发展带来稳定的社会环境，使旅游业与城镇化建设能更好地融合发展；良好的生态环境会使城镇更有旅游吸引力，能激发游客的兴趣，从而带动旅游业的发展，并带动社会经济的发展与进步。

2）旅游吸引力基础

一个有旅游吸引力的城镇必定会带来游客数量的增长，继而推动城镇化发展。浙江乌镇从 1998 年起开始大力发展旅游业，其古镇特色和水乡风貌吸引了无数游客，因此，旅游业已成为当地居民主要的经济来源，人民生活质量得到了质的提升，城镇化水平也得到了提高。

3）交通和基础设施建设基础

“行”是旅游的六大构成要素之一。选择何种交通方式、何种交通工具去旅游，是旅游者首先考虑的事情之一，而区位及交通条件则影响旅游目的地的可进入性，所谓“酒香也怕巷子深”就是这个道理。目前，我国节假日时间较短，缩短路途时间、增加景区游览时间是每个旅游者都会考虑的问题。研究表明，交通运输业的发展与旅游业的发展存在正相关关系，因此，发达的交通运输业有利于我国旅游业的飞速发展。例如，长白山机场的建设大大提高了长白山景区的可进入性；而新疆伊宁市虽然旅游资源丰富，但是地处西北边陲，也没有高铁、动车等快速交通工具，因此在一定程度上影响了其作为旅游目的地的吸引力。交通不便的问题解决了，会使该城镇在旅游选择性方面更具有优势，才会有更多的人选择到该地旅游，才会带动该地经济发展。

3.2.3.2 协同目标

新型城镇化和旅游城镇化协同发展的目标是提高经济发展水平和人民生活水平。新时代全面建成小康社会的宏伟目标中，实现共同富裕是重要的奋斗目标。

新型城镇化建设作为国家的一项重要发展战略，也是以人民富裕为目标来描绘的，而旅游城镇化作为新型城镇化建设的一个分支更是以此为目的。旅游城镇化的发展所带来的人口聚集和产业聚集等现象，在一定程度上实现了新型城镇化要求的非城镇人口转移到城镇生活的目标（李强，2013）。两者的协同以旅游业的形式带动新型城镇化的发展，从而达到促进城乡融合、发展新兴产业和转变经济增长方式的目的，同时能优化产业结构，改进社会治理。而协同的最终目标就是带动产业的发展、经济的进步和社会结构的转型，从而实现全社会的共同富裕和共同发展。

3.2.3.3　协同路径

我国有广袤的国土，不同区域的资源禀赋条件不尽相同，旅游城镇化的发展路径也是多元化的。因此，由于经济社会和环境基础等条件的不同，旅游城镇化与新型城镇化协同发展的具体路径也是多元的。

1）旅游卫星城

卫星城是指在经济发达地区特别建设于某座中心城市外围的邻近城镇，如都江堰地区就是作为成都的卫星城而存在的。都江堰为了彰显其旅游卫星城的内涵，设置了无人区、休闲步道、温泉、滑雪场、熊猫谷等项目，有山有水有娱乐的都江堰初步显现出“成都旅游休闲度假卫星城”的独特魅力。

2）旅游小城镇

旅游小城镇的规模较小，旅游资源较为丰富，有自己的特色，能吸引旅游者。近年来，许多省（区）大力提倡发展的旅游风情小镇就是旅游城镇建设的重要方向。旅游风情小镇强调小城镇旅游环境的营造，具有相对稳定的空间边界，其旅游服务设施齐备、服务功能完善，是泛旅游产业要素在一定空间内的聚集。从功能上看，旅游风情小镇既是小城镇建设的单元，也是旅游目的地建设的范围，两者的发展目标相统一，产业路径和空间布局相对稳定。旅游风情小镇将突破传统的镇域概念，其发展可以是以传统城镇为载体的旅游产业转型，也可以是以旅游吸引要素集聚为前提的城镇空间再造。发展旅游风情小镇，是旅游城镇化与新型城镇化协同的重要路径，通过对城镇空间布局和产业布局的顶层设计，可有效避免建设中的资源浪费和环境破坏。

3）旅游综合体

旅游综合体有时也被称为“休闲综合体”或“度假综合体”，是指集酒店群、休闲娱乐项目、休闲社区于一体且综合水平较高的旅游休闲聚集区。其按功能不同可以分为温泉旅游综合体、主题公园综合体、滨海旅游综合体等，在提升城市的品牌形象、创造更多的就业岗位、加快产业的转型等方面发挥着巨大作用。

4）新型农村社区

新型农村社区是加快缩小城乡差距的一种有效方式，这种方式使农民不离开土地就能享受到城市化的生活环境和生活方式，是就地城镇化。如通过观光农业、休闲农业等方式吸引游客，从而实现农村居民收入的增长，实现传统农业人口的就地城镇化。

5）田园综合体

2017年中央一号文件中首次提出了“田园综合体”的概念。作为休闲农业和乡村旅游发展的新方式，田园综合体将成为实现城乡一体发展、农业综合开发和农村综合改革的创新路径。田园综合体以“农业+园区”为主要发展方式，实现农业与制造业、文化产业、创意产业等行业的协同发展，推动农业与信息、科技、物流等业态的深度融合。通过发展田园综合体，不但可以转变农业生产方式、改变农村景观风貌、提高农民生活水平，而且可以进一步刺激高端乡村旅游业的发展，实现乡村旅游转型发展与新型城镇化发展目标的有机统一。

3.3 江苏旅游城镇化发展路径

3.3.1 旅游城镇化的基本类型

新型城镇化是现代化发展的必经之路，旅游资源、旅游需求、经济发展、区位交通、城市规划、旅游政策都是城镇化发展的主要影响因素，其中旅游资源和旅游需求的驱动力最大。旅游与城镇化作为两个独立的系统，双方存在一定的相关作用（贺娟，2015）。由于旅游资源、经营方式、开发方式的不同，导致出现不同的旅游发展过程和旅游城镇化结果。“模式”是指在一定地区、一定历史条件下，具有特色的经济发展过程（李柏文，2012）。城镇化是一个国家步入现代化的标志，中国的城镇化已进入快速发展时期，第三产业越来越明显，这是一个对城镇化发展的重要驱动力，旅游业是当今新型城镇化发展的动力产业之一，在这个大环境下孕育出的旅游城镇化成为城镇化发展中的一个重要模式。旅游城镇化主要包括旅游所在区域的城市景观化、人口的非农化及在发展过程中旅游与城镇化相互作用的过程。总而言之，在当代旅游经济的大环境下，旅游要素驱动城镇化发展主要有以下几种类型。

3.3.1.1 资源驱动型

旅游城镇化是随着城镇化和旅游业的不断发展而出现的一种必然现象（王冬萍和阎顺，2003）。资源驱动型建立在良好的区域条件之上，模式多样（表3-1），多为以县为中心的小城镇和当地特色旅游资源明显的小乡镇，在大城市带动小城发展能力不明显的情况下，以当地的自然或人文资源为依托，逐步形成有自己文化特色、主题明显的特色化小城区。市场前景优越的旅游资源在开发过程中，旅游产业可以很好地带动当地发展，景区的旅游服务功能，多数以旅游业作为主导产业，主要通过消费功能促进城镇的增长（董传伟，2014）。

表 3-1 资源模式的分类

分类	以自然资源为依托的旅游模式	以人文景观为依托的旅游模式	以社会生活为依托的旅游模式
资源优势	天文气象景观、地貌景观、水域景观	非物质文化遗产，当地特色产业，现代艺术、社科活动下的景观风貌，文物古迹	新环境衍生下的人文风貌
资源驱动旅游发展方向	临海、雪域、温泉、湿地、养生度假、户外探险等资源型城镇	历史城区、民族风情小镇、文创区、创意产业园区、革命根据地	多功能型综合小镇、主题鲜明的一体化特色城镇

3.3.1.2 消费驱动型

旅游是城镇化发展的重要驱动力，消费驱动模式主要表现为购物旅游，旅游形式表现为从一个地方到异地购买各种物品为主要目的的旅游活动，购物场所是购物旅游存在的主要空间载体，购物场所地理位置的选择也成为推动城镇化发展的重要力量。城镇化的过程简而言之就是购物行为的产生和消费市场的繁荣，在物物交换的过程中，从而定居下来，并逐步发展成城镇，并随着商品经济的发展，发展成为新的城镇和城市。在旅游城镇化发展中，随处可见购物旅游，从国际化的奢侈品贸易区、各种品牌专卖店到乡村旅游纪念品展示店，一方面表现出城镇化后期相对稳定和高度繁荣的状态；另一方面则是相对简单的雏形，存在于发展过程又介乎两者之间的特色商贸市场正是推动城镇化建设的重要力量（查爱欢，2015）。

3.3.1.3 市场开拓型

在“大旅游”思维模式的大环境下，发挥旅游业对周边的带动作用，使旅游业和周边产业很好地结合起来，拓宽旅游产业链，开拓旅游市场。加快旅游产业转型升级，国际旅游度假区建设取得新成效。从政府、市场主体和社会各界多个层面上构建城市大宣传、大营销的格局（周霄和单初，2014）。以“旅游即城市”为依托，整合对外宣传资源，构建城市旅游对外宣传新优势。同时，在传统模式中对宣传手段加以创新，利用微博、微信朋友圈等自媒体手段对旅游活动进行宣传。旅游城镇化是多因素驱动的发展过程，传统旅游资源不构成旅游业发展的前提条件，资源、创造力、市场、消费和资本是旅游城镇化的重要驱动因素。对旅游业发展的认识往往局限于传统意义上的旅游资源，更局限于特定的旅游景点，认为只有旅游资源和旅游景点才能发展旅游业。

3.3.1.4 现代创新型

旅游多元化的发展在当今社会越来越明显。旅游资源突出、城乡统筹良好、区位条件优越的地区，依托丰富的休闲旅游资源，在旅游产业的良好支撑下，对本地资源进行综合开发，是促进旅游与城镇化共同发展的有效路径。现代创新型旅游发展模式，即紧扣旅游，将周边相关产业和旅游进行资源整合，从而诞生不同主题的综合型旅游度假区。在旅游业发展的同时，这种发展模式产生了良好的聚集效应，是一种行之有效的互动模式。旅游景区资源和功能的个异性，在创新作用的推动下，可以根据自身的发展条件，分为不同模式下不同主题的综合旅游区。在推进城镇化发展的过程中，旅游业也蓬勃发展。

3.3.2 旅游城镇化的基本模式

3.3.2.1 景区依托型

景区依托型是乡村旅游的一种发展形式。与景区相邻的乡村和景区有着密切的联系,这种发展模式是在满足乡村自身发展和旅游景区发展需求的双重推动下，在景区周边探索出来的模式。风景区原生态的自然景观和历史悠久的发展层次，配合景区周边宜人的风土人情，带动了乡村和景区的共同发展，进一步实现了区域化旅游发展。

景区依托模式是旅游城镇化的基本模式。地区名称的变更可以较为直观地体现这一模式。例如，张家界为湖南大庸的前身，依托黄山自然景观屯溪市更名为黄山市。最近几年，在景区依托型发展模式下，越来越多的地方更名，例如，为了将太姥山的品牌效应最大化，促进该镇旅游开发以及经济发展，2010 年福建宁德的秦屿镇更名为太姥山镇；河南焦作修武县的岸上乡以云台山景区为依托，于 2014 年改名为云台山镇等。景区依托型的模式更适合旅游资源丰富的地区，以地区区位优势为背景，规划地域布局，对旅游从业者进行系统培训，完善配套设施，进行就业引导，使综合效益最大化发展；差异化打造特色旅游产品与依托景区组合发展，提高自身市场吸引力（丁娟，2004）。

3.3.2.2 产业组合型

产业组合型是旅游城镇化创新模式的组成部分。在旅游大环境下，通过旅游创新与融合，逐步发展与旅游业密切关联的新兴产业集群，逐步推动城镇化的发展。城镇化的快速发展，特色城区的修建，使大量的人群在短时间得到相对应生产销售的工作，并联这些城市和地区，国家和国际阶级关系发生变化（Piccolino et al.，1994）。

这一模式在发达国家应用较为广泛，法国的科玛和格拉斯等都是久负盛名的特色旅游小镇。其中，科玛位于法国东北部，葡萄种植产业发达，在原有传统产业的基础上发展成为以葡萄酒为驱动力的特色产业基地，葡萄酒是当地影响最深、规模最大的经济支柱；位于法国东南部的格拉斯，因小说《香水》得名，从昔日的香水原料供应基地发展为法国的香水之都。此外，新西兰皇后镇的婚庆产业、西班牙格塔里亚镇的美食产业也是产业组合型的典型案例。产业组合型适用于目前我国的很多拥有一定特色基础的地区，它立足于旅游多功能的开发，对基础产业进行转型升级，在经营方式、管理理念及制度创新、人才驱动的基础上，为区域发展提供新的目标。

3.3.2.3 空间合作型

城市化是全面建设小康社会的基础，为中国城市化开辟了道路（Ge et al., 2009）。旅游的整合发展需要多元化旅游的共同发展，经过统一的规划定位，规避由于交叉管理和利益冲突产生的矛盾，运营一体化有利于统一协调、统一管理、增强合作、降低成本。传统的旅游地空间合作内容包括旅游房地产开发和普通住宅房地产开发。空间合作型是一个新兴驱动方式，涵盖就业机会的增加、城市人口转移范围的扩大、配套设施的调整和内部结构的优化等方面。

对于一个区域而言，在确保产业结构合理化的同时，更应注重产业之间的互动关系，形成因地制宜的经济布局，实现城区与城区之间的和谐发展。因为旅游规模的逐步扩大，旅游业的日益成熟和旅游发展的内在要求，城镇化旅游产业发展成了相关产业聚集体，例如厦漳泉拟共同开辟“跨界合作型”特色旅游线路，利用三地的差异性和互补性，发掘旅游产品，整合包装旅游资源，联手打造区域旅游市场。对于一个地区来说，优化产业结构的同时，更应该突出产业之间的密切往来，调整城区空间布局中的排列，使其布局因地制宜，从而实现区域之间的共同促进、协调发展。

3.3.2.4 地产综合型

地产综合型是旅游城镇化发展中的一种商务模式。威廉姆斯、霍尔等提出，旅游对经济的重大贡献也在于资本的组织和空间分布，尤其是外部资本或国际资本的进入，在后现代城市旅游阶段，资本决定了消费体验的性质、形式和范围。

这一模式利用旅游资本转移的功能，将休闲旅游区与房地产投资密切结合，如万达集团将休闲项目配套与商业地产开发有机结合，很好地体现了这一点。休憩度假项目的投资、旅游房地产业开发等都展现了地产综合型在旅游开发中的重要作用，土地的经营，流程的再造，征地、配套、规划，分批次招商拍卖，短时间内完成了资金的储备，促进了城市资源增值和商业价值提升。在城市经营的背景下，整体产业结构转型和旅游开发模式密切结合，产业、产品的创新与服务质量的提升成为主旋律（贺希娟，2014）。

3.3.3 江苏旅游城镇化的基本路径

3.3.3.1 城市游憩空间发展

城市游憩系统因其公众服务性和经济产业化特征，在社会发展和国民经济建设中扮演着日趋重要的角色。而城市游憩空间则是城市游憩系统的基本载体与表现形式。

在新型城镇化发展过程中，城市游憩空间的发展举足轻重，它承担了城市建设、城镇体系优化、城市功能完善、为城市居民提供“发展条件与发展空间”等许多功能。更为重要的是，城市游憩空间的发展，可以引导城市区域顺利实现“产业升级、城市建设、民生发展”等目标，是践行新型城镇化基本目标的重要举措。比如在“促进产业升级、刺激城市经济发展”方面，游憩空间可以带动城市休闲产业的发展及休闲经济的体制化、集团化、连锁化，为国民的休闲消费提供良好的服务；同时还可以促进产业结构的调整、拉动内需、盘活经济、繁荣市场；此外，随着休闲经济的崛起，有闲阶层的非物质消费催生出许多新兴产业，既可以提供大量的就业岗位，也可以调节国民收入的再分配，从而降低贫富梯度（马惠娣，2005）。

新型城镇化背景下，城市游憩空间的发展应遵循以下基本导向。

1）适应城市规划的目标

我国城市大都具有空间拥挤的问题，许多城市都面临着游憩空间缺乏的问题。城市游憩空间的建设是城市建设的范畴，是城市建设与城镇体系建设的重要组成部分。在城市规划实践中，必须充分重视游憩空间的作用，将城市游憩空间作为城市的主要构成元素，从城市的整体性和有序性出发，综合考虑城市游憩空间的布局与功能建设。在已经具备了发展基础的城市中，城市游憩空间的发展需要主动地与城市规划相适应，以“科学填充”的方式，从城市主题形象、用地水平、绿化指标等角度切入，完成城市游憩空间的整体布局与建设。

2）适应城市产业的集聚

城市的一个最大的特点是具有聚集功能和规模效应。要在增加城市数量、适度扩大城市游憩空间规模的同时，把功能性做实做强。城市游憩空间的形成实质是多种游憩要素在城市空间中的集中布局，是城市集聚作用的一种表现形式。某些特定的城市游憩空间，如城市综合体，本身就是一种休闲游憩业态的空间集聚形式。这类城市游憩空间的发展，也需要从城市整体发展的角度出发，注重空间节点的等级与结构，使城市游憩空间结构更加科学合理。

3）适应城市个性的彰显

在城市游憩空间形象方面，目前存在的主要问题是：对地格分析不深入，未能有效地彰显城市个性，真正做到城市建设的多样性。城市和人一样，是有个性的，而城市游憩空间则是彰显城市个性的直接载体，特别是对居住于异地的游客来说，了解某一个城市的最好方式便是体验和感受城市游憩空间所透露出来的信息。

4）适应城市记忆的传承

城市的传统在现代主义的冲击下几乎荡然无存。这种现象就是所谓的“城市失忆”，其原因主要有两个：一是城市空间的异化，二是城市历史地段的消失（冯维波，2009）。城市游憩空间的建设，就是要将城市空间发展“拉”回到“城市记忆”的片段中，充分利用历史文化街区、文化体验区等游憩空间类型，作为承载城市历史、城市记忆的“容器”（container），同时也作为宣传城市记忆、展现城市文化的“窗口”（window）。

5）适应城市居民的需求

一个城市必须能够提供各种各样的游憩产品——项目和服务，即承担供给方的角色。供给方与市场的匹配情况决定了最终能否达到合理的游憩开发状态。研究发现，游憩需求特征变化非常迅速，而且这种变化超出了现有的生产方能够调整适应的能力（冯维波，2009）。在进行城市游憩空间整合时，必须对居民收入、闲暇时间、游憩行为偏好等影响因素进行整体分析，研究特定目标市场的需求，这样才能提供和配置最佳的游憩空间产品。

3.3.3.2 特色村庄建设

由于村庄的自然地理环境和历史文化发展条件不同，每个村庄都具有自己的村庄特色。不同的地理条件、历史传统、生活环境和民俗传承等，造就了各个村庄风格多样的景观形态和建筑形式，并共同决定了村庄的具体特色。

2009 年起由中华人民共和国住房和城乡建设部与国家旅游局共同发起了“全国特色景观旅游名镇（村）”评定工作，从各省（区、市）住建厅（委）、旅游局（委）、农委推荐的镇（村）中，组织专家组进行认真评选与筛选，具有广泛性和示范代表性，目前已有两批 216 个村镇入选，并确立了定期增补调整的制度。江苏省昆山市周庆镇、吴江市同里镇、江阴市徐霞客镇、常熟市沙家浜镇、宜兴市湖㳇镇、苏州市吴中区木渎镇、姜堰市溱潼镇、常熟市支塘镇蒋巷村、苏州市吴中区越溪街道旺山村等九个村（镇）成功入选第一批“全国特色景观旅游名镇（村）”名单。为了更好地发挥村镇自身的比较性优势，提高乡村建设的效益，浙江、山东、江西、河南、江苏、云南等地纷纷开展自己的“特色村庄”建设，制定了相应的特色村庄评定标准和制度。江苏省的特色村庄界定为村庄形态、地形地貌、农业产业、农民住宅、乡村文化等方面具有鲜明地方特色的村庄。

近年来，乡村旅游发展迅速，特色村庄的主导产业与发展模式也日益多样。

1）农业特色旅游村

我国大多数村庄仍以农业生产为主要经济活动，按照具体的生产对象可分为林果业、种植业、牧业、副业、渔业等经济类型。其中有些村庄依托自己的乡村景观与经济生产活动开展了相应的乡村观光休闲旅游。如湖北十堰樱桃沟村、广西龙胜龙脊村、内蒙古鄂尔多斯乌审旗无定河镇王窖湾村、浙江杭州龙坞茶村、浙江南浔渔业村等。而有些村庄由于农业的现代化发展和产业结构的调整成为现代化农业特色村和农家乐旅游特色村。

随着科技农业的发展，许多农业特色村庄都建设了不同风格的现代农园，设施农业、特色养殖、有机果蔬、花卉种植、苗木培育等可以成为科技农业发展的对象，现代化、特色化的农业村庄应运而生。这类村庄一般布局在大城市周边，在依托科技农业发展特色旅游项目的同时，也对周边区域的环境、经济和社会形态产生重要影响。如浙江宁波滕头村、南京江宁锁石村等。

近年来乡村休闲旅游需求日益旺盛，不少乡村的村民利用自己家房子和土地，开办餐饮、住宿、农耕体验等项目，招待游客吃农家饭、住农家屋、体验农家生活……这种旅游经营的收入逐渐成为农民收入构成的主要部分，也催生了“农家乐特色村”的出现。这类村庄中农家乐经营户在村庄中占有相当比例，接待游客量达到了一定规模，有些省市对不同级别的农家乐特色村制定了明确的认证标准。

2）工业特色旅游村

由于工厂的兴建，尤其是改革开放后兴建乡村企业的浪潮造就了一批工业特色村，使经济活动方式从原来以农业为主转变为以工业为主或工农业并存。此类村庄一般分布在交通便利，工业基础较好的地区，如京郊、苏南、浙江等地，居民基本上都是农业户口的工人。

最著名的工业特色旅游村是位于江苏省江阴市华士镇的华西村，它是中国目前最富有的村子。20 世纪 70 年代华西村从“小五金加工厂”乡镇企业起步，改革开放后逐渐扩展到线材厂、轧钢厂等大、中型企业。1994 年华西集团正式挂牌成立。2001 年起，华西村和周边的 16 个村一起组成了大华西村。随着产业转型，华西村逐步发展起了第三产业，其中旅游业态的发展与升级是重要的组成。华西村目前已成为“华西旅游城”“江南田园旅游中心”，正式对外收取门票。该村有名的景点有 80 多处，包括华西金塔、龙西湖风景区、农民公园、一吨金牛、智能化农业大棚、华西之路、空中华西村等，并开设了华西旅行社等配套旅游服务设施。

3）文化特色旅游村

这类村庄有自己独特的文化传承体，形成了独特的文化形象，一般在科学研究和历史文化方面具有学术价值和教育意义。

（1）历史村落。历史村落一般是指建村于民国之前，较好保留了历史发展脉络和文化传承的村庄，同时这类村庄的景观环境、建筑风貌、空间格局等还需能够较为真实地反映出历史发展的印记。历史村落不仅从物理环境上记录下了人类在此繁衍生息的场景风貌，更是从社会和心理环境上完整而忠实地保留了地方岁月变迁的痕迹。历史村落的旅游价值主要在于其较高的历史文化属性和独有的文物价值，通过对历史村落历史文化价值的开发和再加工，可以给今天的游客提供丰富的历史体验和文化感受。

（2）民俗村落。民俗村落一般都具有历史村落的基本特点，而民族民俗文化的传承和展示是这一类村落的独特属性。民俗村落强调聚落文化的原生性、民族性、地方性，往往通过一种或多种特定的途径，表现出村落的核心文化元素，如建筑风格、服饰特色、语言习惯、生产方式、节事活动等，而这些元素通过科学合理的整合和开发，可以成为独具吸引力的旅游体验产品。

在我国少数民族聚居地区，许多民俗村落往往也是特色民族村落，少数民族独有的民俗风情成为营造旅游吸引力环境的主要资源。民族民俗文化风情体验旅游产品的开发，需要在强调文化原真性的基础上，通过多种形式的载体，将民族风情和民俗文化特色以参与性、体验性的方式展现给游客，同时也需要注意防范不当的商品化等现象，做到开发与保护的统一。

3.3.3.3　旅游风情小镇建设

2016年2月，国务院公布的《国务院关于深入推进新型城镇化建设的若干意见》提出，加快特色镇发展，“发展具有特色优势的休闲旅游、商贸物流、信息产业、先进制造、民俗文化传承、科技教育等魅力小镇”。2016年7月，住房城乡建设部、国家发展改革委、财政部联合发布的《关于开展特色小城镇培育工作的通知》中明确提出，到2020年培育1000个左右各具特色、富有活力的休闲旅游、商贸物流、现代制造、教育科技、传统文化、美丽宜居等特色小镇。国家大力推广特色小镇建设是推进全域旅游发展的重要抓手。

在我国客观上将较长时间处于“城乡二元结构”的现实背景下，特色小镇的发展显得尤为重要。作为城市和乡村两大社会经济空间的连接单元和过渡单元，小城镇的建设水平将直接影响我国城镇化的发展水平。特色小镇的建设，可以较好地实现一定空间范围内的产业集聚与升级、人口转移与就业、服务集中与提升等，因此被视为推进新型城镇化建设的重要路径。

旅游风情小镇是特色小镇建设与发展的主要形式之一，从全域旅游发展的视角来看，特色小镇因其地域适中、产业灵活、人口相对集中、同时毗邻城市和乡村等特点，更容易通过适当的引导而实现产业转型、服务集聚、消费集中、主客共享和风貌提升，从而成为践行全域旅游发展理念的理想空间单元。

1）旅游风情小镇的内涵

旅游风情小镇既不同于传统的旅游景区，也不同于一般意义上的旅游特色镇，而是以旅游和休闲需求为引导的多种业态聚集的区域，既强调旅游吸引力环境的营造，也重视旅游公共服务的完善。从概念上看，旅游风情小镇是依托一定旅游资源的，空间边界相对清晰的，以休闲、旅游、度假等为主要功能的旅游相关业态集中区，其规模体量适中，公共服务完备，能够同时满足游客的需求和产业发展的需要。与传统的镇区相比，其行政区划的概念更加淡化，往往会突破现有集镇区划的边界。

从内涵上看，旅游风情小镇的核心要义是“风情”与“小镇”。所谓“风情”，即要求该区域拥有独特的自然或人文景观环境，能够提供具有较强吸引力和市场号召力的旅游度假产品，并要求具有一定的参与性、体验性、互动性和时代性。所谓“小镇”，即是强调该区域首先应是具有良好的居住和就业环境的地方，拥有一定数量的居民，还能够提供完备的公共服务，社会经济氛围良好。某种意义上说，旅游风情小镇首先是一个小镇，是一个“城市化的乡村、乡村化的城市”，即拥有城市特点的生产生活方式，又拥有乡村特色的人情风貌环境。

一般而言，旅游风情小镇应至少包括三个方面的组成要素：

（1）资源要素。从营造旅游吸引力环境的角度来看，旅游风情小镇应具有特定的自然或人文景观环境，能够激发游客的休闲旅游度假需求，如古村风貌、水乡风情、海岛渔村、特色民居、建筑聚落、宗教文化、农事生产、服务贸易等。在旅游风情小镇的建设中，吸引力环境的塑造需围绕核心资源要素来进行，通过突出核心资源价值来营造小镇的整体风貌，同时配套以必要的旅游接待设施和公共服务设施，从而形成完备的旅游吸引和接待环境。

（2）产业要素。高品质旅游产品的形成，除核心吸引物外，还需要多种业态和良好产业氛围的配合。旅游风情小镇不仅是承载游览活动的空间，也是为游客和居民提供生产生活服务的空间，休闲、娱乐、餐饮、住宿、商贸等产业类型都需要在该空间集中布局，从而形成完整又相对独立的产业链条。

（3）空间要素。旅游风情小镇需具备一定的空间规模，一般应具有行政集镇的空间体量，核心区范围不小于 1km^2，且建有功能集中的小镇客厅。旅游风情小镇应具备一般行政集镇的基本功能，满足居民的生产生活需要，同时又具备开放式旅游目的地的特点，体现主客共享的基本特征。

2）旅游风情小镇的基本类型

依据构成吸引力环境的核心要素，旅游风情小镇的主题十分丰富，既有自然山水特色，也有人文历史积淀，还有创新产业布局等。根据主题特色对旅游风情小镇的基本类型进行识别，比较有利于从总体上把握小镇的资源特质和产业发展方向。从已有的发展实践来看，旅游风情小镇的主题特色大体上包括以下四种基本类型。

（1）山水风光主导型。这一类小镇依托良好的自然山水条件，以特色鲜明的自然风光为载体，通过发掘小镇及周边区域精致的自然风光，主要开发自然观光、户外游憩、生态体验等旅游度假产品。

（2）历史文化主导型。这一类小镇以区域传统文化为底蕴，通过整理发掘历史文化元素和线索，形成以古村、古镇、古建、遗址、民俗等为载体的文化观光型旅游产品，同时通过新型业态的培育和引导，开发文化创意类的旅游产品或旅游商品等。

（3）产业创新主导型。这一类小镇的旅游吸引力环境主要以业态创新为主，以小镇及周边区域的农业、牧业、林业、工业、环境等要素为基础，通过与文化创意、现代服务业等新兴业态的融合，进行小镇主导业态的创新，从而形成独具魅力的产业吸引环境。

（4）复合产品型。这一类旅游风情小镇兼具上述各主要类型的特点，产品内涵往往包括自然风光、人文历史、文化创意、产业融合、服务贸易等诸多要素，形成一种复合型的吸引力氛围。

3）江苏旅游风情小镇的建设

目前，江苏旅游正处于转型发展的黄金机遇期，旅游业总收入已突破万亿大关，从巨大规模体量向质量快速提升的转变，已成为江苏旅游发展的重要目标。旅游产业的大众化、休闲化、度假化、全域化等特点越发鲜明，旅游产业与其他相关产业的融合发展势头也日益强劲。

在 2016 年 7 月 13 日召开的全省“全域旅游示范区”暨“旅游业改革创新先行区”创建工作推进会上，秦景安局长表示，江苏计划打造 50 个旅游风情小镇。在 2016 年下半年，住房和城乡建设部公布的第一批中国特色小镇中，江苏有 7 个小镇入选。

2017 年 3 月 17 日，江苏省政府办公厅印发《江苏省旅游风情小镇创建实施方案》，明确提出：旅游风情小镇是遵循创新、协调、绿色、开放、共享发展理念，依托独特地域文化、乡土民俗、历史遗存、传统工艺、舌尖美食等资源，打造形成的情调韵味浓郁、旅游业态鲜明、人文气息浓厚、生态环境优美、宜居宜游宜业休闲集聚区。方案指出，培育创建一批旅游风情小镇，是贯彻落实“两聚一高”战略部署的重要举措，对于深化供给侧结构性改革、促进经济转型升级、加快建设旅游强省具有重要意义。到 2020 年，江苏要培育建设 50～100 个旅游风情小镇，为全省旅游业转型升级发挥示范带动作用，加快建设国内一流的旅游强省、国际著名的旅游目的地，旅游业对全省经济社会发展的贡献更加突出。

2017 年 4 月 23 日，江苏省旅游工作暨旅游风情小镇创建推进会在常州溧阳举行。会上公布了灵山禅意小镇、荷兰花海风情小镇、溱潼会船风情小镇等首批13家旅游风情小镇创建单位。2017年5月22日至23日，江苏省旅游风情小镇创建工作会议在苏州吴江召开。会上成立了旅游风情小镇创建联盟，并组织召开了《江苏省旅游风情小镇考评办法（试行）》说明会。考评办法从旅游风情小镇的必备条件、旅游特色、综合运营、服务配套、生态宜居、体制机制等六大方面，对江苏省旅游风情小镇建设提出了基本要求及评定办法。

2018年9月，江苏省旅游局发布了《江苏省首批旅游风情小镇创建单位年度考核结果公示》和《关于认定江苏省第二批旅游风情小镇创建单位的通知》，在对首批创建单位进行阶段性考核的基础上，新确定了周庄水乡风情小镇（苏州昆山市）、千鹤湾温泉风情小镇（盐城亭湖区）、香包风情小镇（徐州贾汪区）、盆景风情小镇（南通如皋市）等20个旅游风情小镇创建单位，并同时强调建设旅游风情小镇是贯彻落实乡村振兴战略的积极探索，进一步推动了江苏旅游风情小镇的建设工作。

在未来的发展中，江苏的旅游风情小镇建设一方面应与大众旅游蓬勃发展的时代特征相适应，另一方面也要顺应休闲旅游和度假旅游等旅游活动转型发展的新趋势，不断丰富小镇的吸引力要素，创新旅游业态，有针对性地提高产品供给能力。要在满足游客“食、住、行、游、购、娱”等旅游需求的基础上，更加积极地与农业、林业、工业、渔业、教育、娱乐、健康、体育等行业进行融合，开发出更加特色化、个性化、多样化的旅游产品，完善定制旅游的产品供给，以便更好地满足游客的深层次旅游体验需要。

3.3.3.4 田园综合体建设

1）田园综合体建设的提出

2017年的中央一号文件《中共中央国务院关于深入推进农业供给侧结构性改革加快培育农业农村发展新动能的若干意见》中明确提出，“支持有条件的乡村建设以农民合作社为主要载体、让农民充分参与和受益，集循环农业、创意农业、农事体验于一体的田园综合体，通过农业综合开发、农村综合改革转移支付等渠道开展试点示范。”这不仅是中央在新形势下对农业农村发展的重大政策创新，也是赋予农业综合开发的重要任务。

随着我国农业旅游、乡村旅游发展实践的不断深入，急需通过业态创新来突破目前产业发展的瓶颈，需要一种新颖高效、融合能力强、带动作用广的业态形式来促进农业与旅游业的进一步融合发展。田园综合体发展模式是农业发展改革的重要路径之一，其主要特点是在农业发展的同时，兼顾城乡一体化和新农村建设的目标。根据文件精神，田园综合体的建设，需要以农民合作社为主要载体，通过发展，要让农民充分参与和受益，并在产业发展中贯彻循环经济和文化创意发展模式，强调相关产品的体验性。

在我国休闲农业与乡村旅游蓬勃发展的背景下，田园综合体作为一种产业升级的高端模式，更多体现了一种“农业+园区”的发展思路，更加注重农业产业链条的拓展。未来，在田园综合体的建设与发展中，产业综合体将不仅仅提供观光或一般农事体验的产品，科技、文化、健康、居住等功能将进一步得到重视与提升。从理论层面来看，田园综合体是在现代农业发展、新型城镇化等背景下发展起来的新的综合开发模式，是农业农村发展到一定阶段的产物，是区域经济社会协调发展的产物，是实现我国农业转型发展的重要载体。

2017 年 5 月，财政部下发了《关于开展田园综合体建设试点工作的通知》，确定了江苏等 18 个省份开展田园综合体建设试点工作。根据通知要求，江苏等试点单位应结合本地区情况，深入推进农业供给侧结构性改革，围绕农业增效、农民增收、农村增绿的总体目标，支持有条件的乡村加强基础设施、产业支撑、公共服务、环境风貌建设；要按照农村生产生活生态“三生同步”、一二三产业“三产融合”、农业文化旅游“三位一体”的总体要求，有序推进广大农村地区的社会经济发展，探索推进农村经济社会全面发展的新模式、新业态、新路径。与此同时，《关于开展田园综合体建设试点工作的通知》也明确提出了田园综合体建设的基本原则，具体包括坚持以农为本、坚持共同发展、坚持市场主导和坚持循序渐进等方面。

2）特色田园乡村——江苏田园综合体建设路径

在田园综合体发展理念不断深入人心之时，江苏省根据中央和国家的总体部署，结合本省的具体情况，适时提出了走特色田园乡村发展道路的田园综合体建设路径。启动特色田园乡村建设，背后承载的是江苏全面进行乡村复兴的现实祈愿。推进特色田园乡村建设，是江苏省委、省政府立足江苏实际、着眼未来发展做出的一项战略决策，是在城乡建设和“三农”工作领域谋划布局的一篇“大文章”。

2017 年 6 月 20 日，中共江苏省委办公厅正式印发了《江苏省特色田园乡村建设行动计划》。按照要求，在“十三五”期间，江苏省将着力规划建设和重点培育 100 个特色田园乡村试点，并以此带动全省各地的特色田园乡村建设。文件中提出，江苏特色田园乡村建设的具体目标是：生态优、村庄美、产业特、农民富、集体强、乡风好。

《江苏省特色田园乡村建设行动计划》指出，乡村既是传统的农业生产区域和农民的传统聚居地，同时也是经济、社会、文化、生态等多种功能聚集的地方，具有复合价值属性。经过多年的建设与发展，江苏的乡村建设取得了明显成效，主要表现在乡村风貌明显改善、公共服务体系日益完善、综合改革不断推进、社会治理取得了良好成效等。但从推进高水平全面小康社会建设的角度来看，乡村地区仍然是薄弱环节，在江苏的新型城镇化快速发展的整体进程中，乡村地区还面临着资源、产业、服务、人口等多个方面的压力和挑战。因此，在全力建设“强富美高”新江苏的过程中，还需要进一步优化城乡关系，努力建设“立足乡土社会、富有地域特色、承载田园乡愁、体现现代文明”的特色田园乡村，并以特色田园乡村建设为抓手，推进农业供给侧结构性改革，实现乡村区域的发展复兴，有效推动江苏的农业现代化和城乡一体化。

根据计划安排，江苏特色田园乡村建设的总体思路是：坚持创新、协调、绿色、开放、共享的发展理念，立足江苏乡村实际，对现有农村建设发展相关项目进行整合升级，并与国家实施的有关重点工作相衔接，进一步优化山水、田园、村落等空间要素，统筹推进乡村经济建设、政治建设、文化建设、社会建设和生态文明建设，打造特色产业、特色生态、特色文化，塑造田园风光、田园建筑、田园生活，建设美丽乡村、宜居乡村、活力乡村，展现“生态优、村庄美、产业特、农民富、集体强、乡风好”的江苏特色田园乡村现实模样。

未来，江苏特色田园乡村建设主要有六大重点任务，具体包括：

（1）科学规划设计。要科学合理的提高村庄规划编制水平，以实现乡村区域空间、生态、设施、服务和产业等要素的进一步融合；要重点做好乡村重要节点和重要空间的规划设计，通过建筑和景观配置，彰显乡村的特色田园风貌，并实现新建住房、建筑等与乡村环境的整体适应，突出地方特色和时代气息。

（2）培育发展产业。要继续推进农业供给侧结构性改革，加快农村产业结构的优化与调整，着力培育和发展乡村特色产业；要进一步完善乡村的产业体系，充分利用“生态+”“互联网+”等发展模式，挖掘农业产业的多重功能，实现农业产业的全产业链条发展。同时，要注重职业农民的培养，培育农村的新型农业经营主体，建设功能完善的农业生产服务中心，保证农业的可持续发展。

（3）保护生态环境。要全面实施乡村地区的生态保护与生态修复工程，对山、水、林、田、湖、草等生态单元进行有效保育，建设生态廊道，从而全面提升乡村地区的自然生态环境，促进乡村自然景观与人居生活的和谐共生。特别是要开展乡村环境的综合治理，对农业面源污染等问题进行严格治理，通过农业废弃物控制、河道疏浚、河岸整治、垃圾处理、污水治理等途径，构建优美和谐的乡村田园景观环境。

（4）彰显文化特色。文化是旅游的灵魂，文化产品是旅游活动精神内涵的有效载体。乡村文化元素可以通过景观、建筑、空间组合、民俗、农事活动、节庆活动等多种形式表现出来。因此，在特色田园乡村建设过程中，需要注意对乡村景观风貌的保护与保持，维系好乡村聚落与自然山水环境的有机统一，保护好乡村农业生产的开放空间，充分利用乡村空间形态和传统建筑风格，将各种乡村文化元素进行集中的展示与开发，形成能够凸显乡村文化特色的旅游产品。与此同时，还要重视乡村非物质文化遗产和传统技艺的传承与保护，科学实现非物质文化要素的时代再生产，从多个角度共同实现乡村文化事业的繁荣。

（5）改善公共服务。在特色田园乡村建设过程中，要逐步实现城乡一体化的发展目标，推动乡村地区教育、医疗、养老、就业、社会保障等基本公共服务的均等化，实现基本公共服务在城乡之间的合理布局。要强化乡村的基础设施建设，完善乡村的道路、电力、通信、供水等基本设施配套，按照全域旅游目的地的标准对乡村服务体系进行改造和完善，增加乡村地区的休闲、娱乐服务能力，探索科学发展和管理的机制。

（6）增强乡村活力。在乡村建设中探索集体经济发展和壮大的路径，让农民能够顺利分享到集体经济发展和乡村振兴的成果，通过各种形式鼓励农民和返乡人员的创新和创业实践，吸引各类人才到乡村创业发展，继续完善村民自治，促进乡村社会的和谐发展。

3.4 江苏旅游城镇化发展研究

3.4.1 江苏旅游城镇化发展的 SWOT 分析

旅游城镇化发展的前提是旅游产业的“消费搬运”和“产业集聚”等功能实现。在此实现过程中，走特色化发展道路是建设的要点，而实现泛旅游产业的空间集聚是旅游城镇化的核心。从江苏旅游城镇化的发展环境、发展实践和阶段性特点来看，整体拥有较好的外部发展环境和内部优势条件，但在发展过程中存在的急需解决的问题和面临的各种挑战也相对比较复杂。

3.4.1.1 优势

1）区位条件好，自然环境优越

江苏省位于长江中下游，京杭大运河从中穿过，在长江三角洲占有重要的一席。江苏气候、植被也具有南北特色。江苏东临黄海，周边有上海市、浙江省等省市，并与日本九州岛、韩国济州岛一衣带水。

2）持续供给能力强

2017 年，江苏全省接待境内外游客 7.47 亿人次，五年来年均增长 9.6%；旅游业总收入超过 1.16 万亿元，年均增长 12.2%；旅游业增加值 5195 亿元，年均增长 12.2%，占全省 GDP 的比重超过 6%，对国民经济的贡献逐年提高。江苏五年新增国家 5A 级景区 9 家，国家级旅游度假区 4 家，总数分别达到 23 家和 6 家，数量全国第一；四星级以上饭店已达 248 家，旅行社 2602 家，持证导游 50298 人，数量全国领先。

3）历史源远流长，文化资源丰富

江苏悠久的历史文化，留下了众多名胜古迹和人文景观，是文物资源大省。文物不仅数量众多、历史悠久并且独具特色。江苏的人造景观资源也是极为丰富而独特的。发展较好有中视股份三国水浒景区、苏州乐园和常州恐龙园等。江苏还是新四军的革命根据地，革命活动遗址和文物较多。

3.4.1.2 劣势

1）主题不鲜明，特色不突出

主体形象模糊，重点表现为：开发建设项目与旅游景区整体环境不协调。有些热门景点往往超规模接待游客，旅游资源的保护因此处于水深火热的危险之地。

2）管理与服务不够完善

第一，过度开发旅游资源，破坏了部分资源。目前，有许多国内外房地产旅游开发商加速挤占一些湖泊水面，造成景区面积萎缩，破坏了旅游资源（项宗东，2012）。第二，旅游业从业人员素质有待进一步提高。江苏省内有些旅游景点和旅行社工作人员普通话不标准，外地游客听不懂讲解内容。不能体现旅游景点的文化魅力，缺乏职业训练，员工整体素质亟待提高。

3.4.1.3 机遇

1）国家相关政策支持

2014 年，中共中央、国务院正式发布《国家新型城镇化规划（2014—2020 年）》，提出了“生态文明”和“文化传承”的观点，并作为发展新型城镇化的关键准则。国家“十三五”规划纲要中明确提出，要“因地制宜发展特色鲜明、产城融合、充满魅力的小城镇”。江苏旅游城镇化是省政府这几年来一直不断推动的重要旅游发展规划。江苏省政府颁布的《关于培育创建江苏特色小镇的指导意见》，提出要培育创建 100 个左右特色小镇，使这些小镇具有丰富的文化氛围和美丽的生态环境，在 3～5 年内使这些小镇适宜居住、工作和游览。中投顾问发布《2017—2021 年中国旅游小镇建设深度分析及发展战略研究报告》认为，这一系列政策的出台，为发展势头良好、潜力巨大的旅游小镇提供了新的机遇。

2）社会发展及配套设施支持

随着旅游产业及经济的不断发展，城镇化旅游已经在全国范围内如火如荼地展开，这不仅有旅游产业自身的发展机遇，还有国家政策的推动与支持。信息化技术的不断升级与应用，以及金融经济的支持与推动，乃至其他配套设施的建设与开展，都为当前江苏旅游城镇化发展提供了重要的发展机遇。

3）小镇化旅游发展正在火热进行中

特色小镇建设热潮遍布全国，其中，旅游小镇是众多特色小镇类型中的一种。

一般而言，从旅游小镇的发展来看，其本身必须要具备极为丰富的社会人文、历史文化及自然风景，并具备一定基础的服务设施内容，其总体城镇经济发展占据了极高的比例，且其总体发展受到集群化的旅游业发展及深入化的城镇化发展的多重影响。

3.4.1.4　挑战

1）竞争

江苏旅游城镇化发展的挑战主要来自国内其他地区旅游城镇化的开发及发展竞争的影响。近年来我国旅游小镇发展形势大好，就湖南省而言，2015～2016年就发展了16个旅游小镇（佚名，2016a）。旅游小镇能在我国迅速发展是因为国家政策优势。我国政治和文化因素使政府在旅游城镇化发展过程中起着主导作用。而且各个地区的旅游城镇化发展方兴未艾，各种发展特色下的旅游城镇化发展模式也不断翻新，这给江苏旅游城镇化发展带来了巨大的竞争压力。

2）县域经济发展水平不均衡

江苏旅游城镇化发展的挑战还来自县域经济发展水平的不均衡。一些城镇在加速经济发展的同时对自身的旅游资源重视不足。相对的，有些城镇虽然经济水平一般，但是在发展和保护旅游资源方面取得了突出成效。

以昆山和句容为例。昆山经济保持平稳增长，连续7年在福布斯中国大陆最佳县级城市排名第一，连续9年处于中国中小城市综合实力排名前100位的县市首位（佚名，2015）。昆山城镇旅游发展取得了显著成效，但也暴露出一些问题和不足：一是缺乏对城镇化旅游的了解，城镇化旅游发展气氛尚未形成。城镇化旅游投资不足，城镇化旅游进一步发展的意识不强，支持城镇化旅游发展的具体措施也需要加强。二是缺乏整体规划控制，资源整合和产品开发不够。昆山市没有城市旅游专项规划，产品依然以农业旅游为主体，个性化和差异化小，且体量小、分布不集中，没有形成旅游品牌和整体合力。三是城市旅游管理落后，基础设施不完善。城市化旅游管理和管理体系尚不健全，管理者管理方式粗放，服务意识不强，服务质量和水平一般。项目布局混乱，环保意识不到位，限制了城镇化旅游的健康发展。四是旅游营销工作不够，人才队伍建设也不够。城镇化旅游推广工作需要加强，尚未建立起统一的城镇化旅游品牌。从业人员的文化水平和素质较低，也缺乏对城镇化旅游综合的了解。

句容地处江苏西南部，东连镇江，西接南京，经济发展状况在江苏省内虽然不算很强，但在山水生态资源的保护和利用方面却做得很好，当地的旅游发展得到了重视。具体表现在以下四个方面：一是旅游景点加强自身开发。景点旅游推动了当地经济的快速发展，这就引起了各景区管理部门的重视，旅游资源从而得到完善的保护与开发。茅山投资3亿元人民币进行旅游资源的整合、促进旅游功能的完善、完成旅游设施的配套和兴建茅山土特产品一条街（毕德全，2011）。二是旅行社大力开发旅游线路。在旅游线路的开发上，句容推出了“草莓之旅”等活动，吸引邻近城镇的游客。三是农民积极供给乡村旅游产品。当地农民们踊跃投身于产品的生产与销售中，并努力提高乡村旅游产品的质量。四是当地政府高度重视旅游资源的开发。种种利用和保护措施使得句容成功入选首批国家全域旅游示范区创建单位。

通过对比可以看出，县域经济水平和旅游产业发展水平在江苏各地并不均衡，在经济发达的苏南地区也差异明显。如何将经济发展水平转化为旅游高质量发展的动力，从而带动地方城镇化发展水平，仍是现实中亟待解决的问题。

3.4.2 江苏旅游城镇化发展策略

3.4.2.1 以政策支持为主导，同步导入市场运营机制

旅游城镇化的发展并非是简单的旅游产业发展，而是要依托当前的各项发展，以全域旅游视角进行主题化的旅游城镇开发建设，所以必须要以政府政策为主导，推进各项市场经济的运营发展。首先，政府要推进旅游城镇化各项规划与支持政策的执行，并且导入合理有效的市场运营发展机制建设，从而有效推动旅游城镇化发展；其次，以旅游城镇化发展为前提，进行相关产业发展与市场运营的各项规范措施制定，从而有效推进整体运营的规划化操作；最后，强化政府主导作用，组织旅游城镇化项目运作和推广，从而不断推进当地旅游城镇化发展。

要将旅游业的发展作为重点发展对象，在政策方面给予支持，特别是针对中小旅游企业，要提供减免利息的贷款优惠政策；完善旅游行业投资规范。通过建立公开透明、公平竞争的市场准入机制和运行规则，鼓励民间资本、国外资本投入旅游市场当中；鼓励民营企业与国有旅游企业的合并与重组，形成混合所有制的大型旅游企业。最后，增加和改革旅游产业用地。在保障基础建设用地的基础上，适当增加旅游产业发展用地；进一步加强利用废弃矿区、废弃工厂、荒山荒地、边远海岛等土地，进行旅游项目开发；通过土地利用的差异管理，合理引导旅游项目的布局。

3.4.2.2 以资金支持为引导，促进旅游城镇良性发展

众多的实践经验证明，无论是旅游产业发展还是新型城镇化建设都离不开政府资金的引导。首先，政府可以每年划拨一定的财政资金，设立以政府财政为主体的旅游发展基金及乡村旅游专项基金；也可以加强重点旅游项目与农业示范基地、红色教育基地、森林公园、水利设施、文化建设等方面建设资金的融入使用。其次，在城镇化的发展中，政府部门应加大对生态建设的经济支持，使环境保护

资金有相对固定的来源。将相应的资金投入，用于建设与旅游规模相适应的垃圾、污水处理系统，用于环境污染的治理和城镇绿化建设。最后，政府可以拓展投融资渠道。充分发挥政府资金在引导社会资金流向的作用，采用多种方式吸引社会各类优质资本投入新型城镇化建设当中，逐步建立起由政府财政主导，融合各类社会资本的多元化的新型城镇化建设投融资机制；调整政府财政支出结构，加大对城镇基础设施和公共服务的财政投入，提高城镇化发展质量（吴俣，2017）。

政府要确保财政资金的支持与投入的增加，针对不同模式和主题的旅游城镇化发展目标，加快当地旅游城镇化各项资源优化和提升，从而推进当地旅游城镇化的各项设施建设，并且为金融经济、信息技术等关联产业的发展提升助力（冯丽萍，2012）。例如特色乡村旅游小镇，就要推进当地乡村设施、自然资源优化等的建设。推进各项财务资金的投入与支持，推进旅游产业经济的促进与提升，并且推进与当地旅游企业的合作发展，在财政资金上面推进各级政府对旅游城镇化发展的支持，有效促进产业经济良性发展。要推进当地各项交通运输及酒店服务设施建设，为旅游城镇化的发展提供强大的助力与支持。要推进江苏各个城镇的文化和精神建设，以及信息技术的发展和提升，从而强效推动旅游城镇化的发展与前进。

3.4.2.3 落实生态文明理念，重视城镇生态环境保护

旅游业是对环境破坏相对较小的产业，旅游业的发展有助于推动生态文明的建设，但如果缺乏科学的引导与规范，旅游业同样会对环境造成破坏。在旅游与城镇化协同发展的过程中，要增强生态意识，防止城镇在发展旅游业的过程中，出现“重经济收益，轻生态质量”的倾向。对于生态环境较脆弱的旅游城镇，有必要进行专门的生态规划，确定生态保护的相关举措；对于未制定生态规划的，要在其城镇规划或者旅游发展规划中进一步强化环境保护方面的内容。将城镇生态环境同自然景观与历史文化名胜古迹的保护结合起来，科学地进行生态环境保护与生态综合治理，努力改善城镇的生态环境，实现经济与环境的“双赢”（唐洁，2012）。

旅游城镇化的发展可以有效带动江苏旅游产业发展及当地各项经济发展，但是如果没有对当地的生态环境进行有效的保护，那么将来的治理投入更为巨大，而且也会严重影响当地旅游及各项产业经济的发展（王静，2012）。所以必须要持续推进当地生态环境的有效保护：首先，有效推进各项生态环境保护政策及措施的制定和执行，有效地在政策上引导和推进对当地生态环境的保护；其次，针对生态旅游开发建设，在前期规划阶段，就要把当地生态环境保护纳入规划里面，从而避免在开发建设的时候造成环境的破坏；最后，推进监督管理机制建设，对生态环境的保护进行切实有效的落地执行。

3.4.2.4 发掘城镇旅游特色，完善旅游公共服务体系

从江苏旅游城镇化发展的实际来看，要实现创新发展的战略目标，应依据不同的地区及条件，构建不同的旅游发展战略。在新型城镇化和旅游城镇化协同发展的同时要结合本地实际，寻找当地旅游产业发展的特色。要在把握各地产业发展阶段特征的基础上，依托所在地域的文化、资源、环境及生态优势等，积极发展不同特色的旅游产业。要具体落实“旅游+”和“+旅游”的发展战略，促进旅游与农业、林业、牧业、渔业、工业、教育、文化等众多相关行业的融合，培育具有地方特色的创新业态。

旅游城镇化的开发在促进当地经济发展、加强基础设施建设、增加就业岗位、转变就业方式等方面发挥了极大的作用。旅游城镇化的建设，将形成以泛旅游产业为依托的新型城镇化发展基础，加上旅游服务设施的需求和消费的集中化，对旅游配套基础设施及社会公共服务体系完善的建设起到推进作用，与此同时，社会公共服务体系的完善也必将带动当地的新型城镇化建设，推动旅游产业与新型城镇化的融合发展。

4 绿色发展理念指导下的江苏生态与低碳旅游研究

绿色发展理念是将生态文明建设全面融入我国政治、经济、文化及社会建设各方面和全过程的全新发展理念，也是实现我国“十三五”发展目标必须牢固树立并切实贯彻的五大发展理念之一。我国传统旅游业发展由于过于注重经济收益、忽视生态保护，造成旅游地生态资源退化与破坏，旅游业的全面绿色转型迫在眉睫、势在必行。在绿色发展全新理念引领下，旅游产业全面生态化、低碳化是旅游业绿色化发展的重要途径。

本章通过分析我国绿色发展的产生背景，阐述绿色发展的内涵，并通过分析旅游业的发展现状，提出生态旅游、低碳旅游是旅游业的绿色化途径。根据江苏省发展的实际状态，提出江苏省要走城市生态旅游之路，并进行路径分析。通过对江苏旅游业碳排放时间变化的测度，定量评价江苏省低碳旅游进展并提出江苏旅游业低碳发展对策。

4.1 我国绿色发展新理念的提出与内涵

4.1.1 我国绿色发展的产生背景

4.1.1.1 经济粗放型发展、人口爆发式增长

中华人民共和国成立至 21 世纪初，我国总体上走了一条资源密集、能源密集的工业化道路，经济粗放型增长，突出表现为资源型工业产值占 GDP 比重不断提升，以及能源、资源消耗强度不断上升（胡鞍钢，2012）。相应地，如图 4-1 所示，尽管我国单位 GDP 二氧化碳排放量总体逐步下降，但始终高于美国同期的单位 GDP 二氧化碳排放强度；而我国二氧化碳总排放量始终呈现上升趋势，并从 2006 年开始超过美国的总排放量，这反映出我国 GDP 的快速增加是以能源、资源的高消耗及低效利用为代价的。

此外，虽然实行了计划生育政策，但由于我国人口基数大，人口数量依然呈爆发式增长，至 2018 年总量已接近 14 亿。庞大的人口数量，形成了对生态环境的巨大冲击与破坏，尤其对土地、粮食、水及森林资源的巨大需求造成前所未有的资源浪费与破坏。

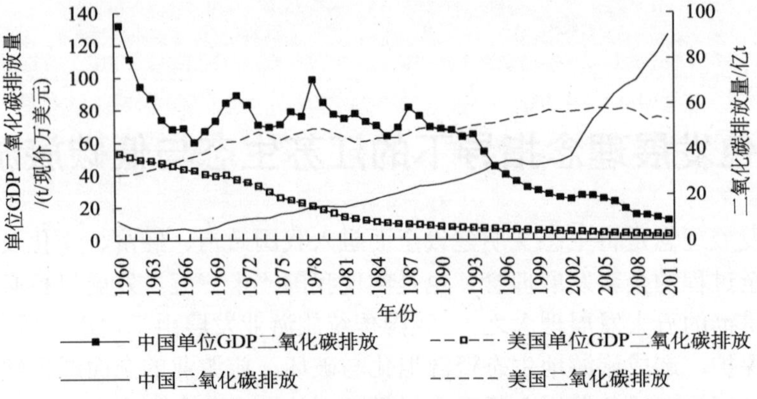

图 4-1　中国二氧化碳排放量及单位 GDP 二氧化碳排放量（1960～2011 年）

二氧化碳排放量、GDP（现价美元）数据来自世界银行

4.1.1.2　生态资源退化、生态赤字加剧

首先，土地、草原资源严重退化。由于中国 2/3 以上的土地是无法利用的山地和沙漠，因此可用于人类居住和发展的有效土地十分贫乏。20 世纪 50～70 年代平均每年沙漠化的土地面积约为 1500km^2，80 年代达到每年 2000 多 km^2，90 年代上升为 2500km^2。同时，我国主要天然草原大部分分布在年平均降雨量低于 40%的干旱和半干旱地区。如北部、西北部和东北部地区，不仅雨量不足，而且长期过度放牧。据估计中国北方草原过度放牧的总体程度超过承载能力的 30%。

其次，耕地资源大幅减少，森林结构改变。由于改革开放以来生态退耕、农业结构调整和建设占用耕地的增加，使得耕地资源面积持续快速缩减，并致使人地关系紧张，且以耕地资源为基础的粮食安全也受到严重威胁（陈玲玲等，2009）。就森林资源而言，经过连续的护林造林，我国森林面积总量虽持续增加，但结构却发生了重大改变。人工林比重不断上升，而天然林比重持续降低，导致森林生态系统本身的稳定性下降，物种多样性减少，森林的自我更新能力也会降低，意味着我们将要花费更多的成本保护森林资源。

此外，大气污染日益严重。以细颗粒物 $PM_{2.5}$ 为例，我国 $PM_{2.5}$ 年平均值始终高于世界水平，且呈不断上升趋势。至 2013 年，我国 $PM_{2.5}$ 年平均含量已高达 54$\mu g/m^3$，全球排名第一，是日本的 3.5 倍，美国的 5 倍之多（Brauer et al.，2016）。由于大气污染，大量的土地受到酸雨的影响，造成巨大的经济和生态环境损失，包括破坏农作物和森林、减少粮食产量、破坏湖泊生态系统等。基于以上分析，可见传统发展观给中国生态环境带来了长期的、累积性的严重后果，转变发展观念、应对各类生态环境挑战势在必行。

4.1.2 提出科学发展观，逐步从生态赤字走向生态盈余

鉴于中国复杂的生态环境问题，以及人类共同面临的人与自然和谐关系的挑战，中国领导人首创科学发展观，并倡导绿色发展。从21世纪开始，我国已经实现初步的生态盈余，生态环境保护与修复进展顺利，森林面积及覆盖率持续增加，自然湿地保护率得以提高，尤其自"十一五"以来，主要资源、环境指标明显好于"十五"时期。如表4-1所示，2005～2014年，耕地减少的势头得到有效遏制，农业灌溉用水利用效率不断提升，二氧化硫排放量持续下降且工业固体废物处理率持续提升。此外，万元国内生产总值能源消费量不断下降，结合图4-1中我国单位GDP二氧化碳排放量持续降低，体现了我国能源利用效率的有效提高。这些工作均表明中国正在逐渐从生态赤字向生态盈余转变。

表4-1 中国主要生态环境指标变化（2005～2014年）

指标	2005年	2010年	2014年
农业灌溉用水有效利用系数	0.45	0.50	0.53
耕地保有量/亿 hm^2	1.2208	1.212	1.201
森林面积/亿 hm^2	1.75	1.95	2.08
森林覆盖率/%	18.21	20.36	21.63
自然湿地保护率/%	45	49.6	—
二氧化硫排放量/万t	2549	2185.1	1974.42
工业固体废物综合处理率/%	56.1	66.7	72
万元国内生产总值能源消费量/（t标准煤/万元）	1.41	0.88	0.80
城镇污水处理率/%	52	82.5	98.9
城市生活垃圾无害化处理率/%	51.7	77.9	80

注：数据根据《中国统计年鉴2011》、《中国统计年鉴2015》整理，森林数据来自森林资源清查结果。

从政府规划上看，"九五"计划首次提出了两个转变，即经济体制从计划经济体制向社会主义市场经济体制转变和"经济增长方式从粗放型向集约型转变"，首次提出实施可持续发展战略。"十五"计划再次明确实施可持续发展战略，这体现出政府转变发展观念的坚定决心和信心。"十一五"规划（2006～2010年）是2003年中央提出科学发展观之后的第一个五年规划。该规划凸显了"必须加快转变经济增长方式"的基本原则，提出"要把节约资源作为基本国策，发展循环经济，保护生态环境，加快建设资源节约型、环境友好型社会"。这些指标的建立与实施充分表明我国经济和社会开始全面转向绿色发展。"十二五"规划（2011～2015年）进一步推动绿色发展，成为我国第一个绿色发展规划，并且专设"绿色发展 建设资源节约型、环境友好型社会"一篇，将绿色发展作为生态建

设原则。同时，在各类发展指标中，绿色发展指标的比重也大幅上升。

总的来看，21 世纪以来，中国进入了经济发展和生态建设的双重战略机遇期，逐渐走上科学、绿色的发展轨道。这种转变已经充分体现于“十三五”规划之中。

4.1.3 提出绿色发展新理念，走生态文明之路

4.1.3.1 绿色发展新理念的提出

2015 年 10 月，习近平总书记在中国共产党第十八届中央委员会第五次全体会议上作重要讲话，强调实现“十三五”时期的发展目标，必须牢固树立并切实贯彻创新、协调、绿色、开放、共享的发展理念。其中，绿色发展理念是将生态文明建设全面融入我国政治、经济、文化、社会建设各方面和全过程的全新发展理念。事实上，习近平总书记在 20 世纪 90 年代就已提出“绿色工程”，他说“什么时候闽东的山都绿了，什么时候闽东就富裕了”；21 世纪后提出“生态工程”，他说：“绿水青山就是金山银山”。而如今提出的“绿色发展”新理念，相比之前的绿色发展观，则有了对国家绿色发展的系统认知，并对我国“十三五”时期绿色发展目标提出了具体指导与要求（秦书生和杨硕，2015；康沛竹和段蕾，2016）。

4.1.3.2 绿色发展新理念的内涵

习近平总书记的“绿色发展”新理念内涵十分丰富。一是绿色经济理念，是指基于可持续发展思想产生的新型经济发展理念，致力于提高人类福利和社会公平。二是绿色环境发展理念，是指通过合理利用自然资源，防止自然环境与人文环境的污染和破坏，保护自然环境和地球生物，改善人类社会环境的生存状态，保持和发展生态平衡，协调人类与自然环境的关系，以保证自然环境与人类社会的共同发展。三是绿色政治生态理念，是指政治生态清明，从政环境优良。四是绿色文化发展理念，绿色文化，作为一种文化现象，是与环保意识、生态意识、生命意识等绿色理念相关的，以绿色行为为表象的，体现了人类与自然和谐相处、共进共荣共发展的生活方式、行为规范、思维方式以及价值观念等文化现象的总和。绿色文化是绿色发展的灵魂。五是绿色社会发展理念，绿色蕴涵着经济与生态的良性循环，意味着人与自然的和谐平衡，寄予着人类未来的美好愿景①。

十八大以来，习近平关于建设生态文明、维护生态安全的讲话、论述、批示超过 60 次，并且十八届五中全会公报已将绿色发展正式上升为党和国家的执政理念，足见国家战略视角下对绿色发展的重视。可以说，绿色发展是实施可持续发

①习近平与“十三五”五大发展理念·绿色. 央视网，http://news.cntv.cn/2015/11/02/ARTI1446477907475398.shtml.

展战略的具体行动，体现了我国从注重经济发展向注重生态、资源、环境、人文及社会的全面永续发展转变，以及从追求经济发展速度向追求经济-社会-生态复合系统发展质量转变的重大战略性变化。

4.2 绿色发展理念指导下的旅游业可持续发展途径

4.2.1 传统旅游业发展进入瓶颈期

4.2.1.1 旅游业自身发展对环境影响巨大

尽管旅游业号称“无烟产业”“朝阳产业”，但在我国其首要目标是通过旅游业发展拉动经济发展。因此，传统的旅游业发展理念与粗放型的经济增长理念并无实质差异，并直接导致旅游业发展既高度依赖良好的生态环境，又伴随着对生态环境的巨大破坏。

首先，旅游商业化与城市化（陈岗和黄震方，2010）。为了满足旅游者的物质享乐需求并实现经济效益，不少旅游目的地都竭力加大对景区及周边区域的基础设施的投资建设，导致大兴土木。其结果不仅助长了奢靡之风，更导致旅游的商业化和城市化趋势与特征。正是这种过度的、以满足和促进旅游消费需求为主导的开发建设，破坏了旅游景区，尤其是自然保护区、风景名胜区和世界遗产的真实性和完整性（陈玲玲等，2012）。

其次，目的地环境污染严重。随着旅游业的发展，目的地内各大饭店、宾馆、生活及配套设施随之剧增，导致大量的生活废水、垃圾、粪便和燃煤等污染，严重影响环境质量及观赏价值。尤其在高峰时段，大量旅游者和交通工具短时集中涌入，超过了环境承载能力，并加剧对生态环境的破坏和污染（陈玲玲等，2012）。

再次，旅游发展加剧自然资源与景观破坏。许多风景名胜区和旅游度假村都不同程度存在着随意砍树、采石、偷盗国家保护的野生生物、修建违章建筑、设置过多的旅馆饭店、辟地摆摊设点、任意开辟索道、随地抛弃垃圾和果皮等现象。例如，我国峨眉山风景区内开荒种植黄连木、海南省青皮林保护区内开采矿石等。这些以眼前收益或一己私利为目的的行为严重加剧了自然资源的破坏和退化，还改变了原本对区域生态功能具有重要作用的自然景观的完整性和本真性。

最后，旅游活动及设施破坏野生动植物栖息地并影响其生存。有很多旅游活动在野外进行，如自然保护区、森林公园、地质公园等，在这些区域开展旅游活动最突出的影响就是破坏野生动物的栖息地，特别是为满足游客的消费需求而提供住宿与投食服务时，这种破坏就会显得越发明显（柴文斌，2014）。旅游活动对野生植物的影响同样深远，有些是产生践踏、采集、破坏、污染、垃圾等显性的、短期的直接影响；有些是外来植物物种入侵、杂草蔓延、物种演替、病菌传播等隐性的、长期的间接影响（巩劼和陆林，2007）。

4.2.1.2 旅游需求变化对行业资源提出高要求

进入 21 世纪，随着中国人均收入的提高和物质需求的大幅满足，健康，逐渐成为中国人最重要的追求和最核心的需求。旅游需求也随之发生了巨大的变化，这种变化对旅游资源提出了更高要求[①]。

众所周知，中国的大众旅游发端于观光旅游，主要依托“老天爷”留下的自然资源和“老祖宗”留下的人文资源，这些资源逐渐发展成为我国的 5A 或 4A 旅游景区，成为旅游者最青睐的旅游地。随着旅游度假需求的增加，1992 年起，我国开始设立国家级旅游度假区，主要依托“阳光”、“沙滩”和“海洋”资源。21 世纪以来，随着我国环境污染的加剧以及人们对健康的追求，旅游者对康乐养生的需求快速增加，逐渐偏好森林、湿地，以及具有良好气候资源、洁净水资源的城市作为旅游目的地。可以发现，旅游者需求的变化对旅游行业提供的资源提出了具体要求——良好的自然生态环境资源，而这些资源恰恰是传统旅游业发展所忽视甚至摒弃的。

综上，旅游行业如何摆脱破坏生态环境的困扰，又能依靠良好的生态环境资源来应对旅游市场需求变化，同时还保证旅游经济增长及其在国民经济中发挥重要作用，是当前我国旅游产业经济结构转型升级时代背景下亟须解决的现实性问题。

4.2.2 绿色发展理念引导传统旅游业向生态、低碳旅游转变

4.2.2.1 产业经济绿色化是必然趋势

产业发展是国家经济发展的核心问题，根据绿色发展新理念的内涵，要保障国家经济可持续发展，首先要摒弃传统的产业发展理念与生产方式，走绿色产业经济发展之路。换句话说，产业经济转型的绿色化趋势是时代发展的必然要求，既能逐步改善我国产业传统发展带来的负面影响，又完全符合绿色发展的理念，其基本途径就是绿色（生态）发展、低碳发展及循环发展。

首先，加快生产方式绿色化、生态化。通过构建科技含量高、资源消耗低、环境污染少的产业结构，大力发展绿色产业，培育新的经济增长点。同时，要健全系统完整的制度体系，通过最严格的制度、最严密的法治，对各类开发、利用、保护自然资源和生态环境的行为，进行规范和约束[②]。

---

① 中国第三代旅游资源：从 3S 到 4Q. 中国旅游报，2015-09-30.

② 发展改革委主任解读《关于加快推进生态文明建设的意见》. 中国政府网，http://www. gov.cn/xinwen/2015-05/06/content_ 2857592.htm.

其次，促进产业生态方式低碳化。相对于绿色化与生态化，低碳化的生产方式是可以直接量化与操作的，其本质是为了缓解全球气候变化、应对能源危机背景下，人类所倡导的一种“低能耗、低污染、低排放和高效能、高效率、高效益”的经济可持续发展模式（蔡萌和汪宇明，2010）。低碳经济发展的核心理念是“以更少的碳排放量来获得更大的经济、环境和社会效益”，即“依靠技术创新和政策措施，实施一场能源革命，建立一种较少排放温室气体的经济发展模式”（庄贵阳，2008）。它“摒弃 20 世纪的传统增长模式，采用新世纪的创新技术和创新制度，通过低碳经济模式与低碳生活方式，实现可持续发展”（张坤民，2008）。目前，低碳经济几乎涵盖了所有的产业领域，向低碳经济转型已经成为世界经济发展的大趋势。此外，在 2009 年的哥本哈根世界气候大会上，中国政府在不附加任何条件的情况下，做出了至 2020 年相对于 2005 年基础上的单位 GDP 的 CO_2 减排 40%～45%的庄严承诺。因此，我国产业更加必须以一种全新的低碳生产方式来应对我国低碳经济的到来，而我国“十三五”时期正是至 2020 年之前的最后一个五年规划期，可以说，我国产业转型升级的首要任务就是低碳化生产，发展低碳经济。

4.2.2.2　旅游产业发展方向是生态旅游、低碳旅游

基于旅游产业自身发展的瓶颈以及产业经济绿色化发展的时代背景，旅游产业全面绿色化发展迫在眉睫，势在必行，途径是由传统旅游业向生态旅游、低碳旅游转变。

1）生态旅游是对传统高消耗产业的替代并对环保提供智力与资金支持

在很多地区，发展生态旅游，可以替代部分资源消耗大、污染重的传统产业，既能够较快增加居民收入，又能达到减轻污染排放、减少生态破坏的目的。例如，云南省的丽江市和迪庆藏族自治州正是由于实施了旅游发展战略，一度贫穷落后、边远封闭、以森林采伐为主的滇西北地区，利用短短 10 年时间一跃成为世界瞩目的“香格里拉”旅游胜地。

通过发展生态旅游，还能促使地方政府和老百姓真切地体会到“绿水青山就是金山银山”，从而为环保提供直接的智力与财力支持与帮助。同时，生态旅游发展有效弥补了国家层面对地区环境的保护，特别是保护区建设的资金缺口，以维持环保工作持续健康的发展。有了资金支持，又可以促进当地经济的发展和人民生活水平的提高，从而改善当地居民生存与生态环境保护的关系，促使居民自觉成为自然保护事业的拥护者、支持者和实施者，进而形成正向的、良好的人地关系。

2）低碳旅游是旅游业响应低碳经济的发展与消费方式

根据世界旅游组织 2008 年出版的《气候变化与旅游业：应对全球挑战》的

研究报告显示，以 2005 年为例，整个旅游发展中的 CO_2 排放量达到了 13 亿 t（主要来源于旅游交通、旅游住宿和旅游活动三个方面），占人类活动所有 CO_2 排放量的 5%，而其中人为因素引起的全球气候变暖贡献率上，整个旅游部分占到 5%～14%（UNWTO and UNEP，2008）。尽管这一比重目前仍不算太大，但如果维持旅游行业现有的发展方式和增长速度，根据预测，到 2035 年旅游部门中的排放量将增加 152%，而整个旅游部门对全球变暖的贡献率将增加 188%。显然，旅游部门这种对全球变暖贡献率有不断上升的发展趋势，与未来国际社会对气候变化的控制战略是背道而驰的，因为依据联合国政府间气候变化专门委员会（IPCC）最新的研究报告预测（IPCC，2007），全球温室气体的排放量在未来 10～15 年达到顶峰后将会逐渐减少，直至 21 世纪中叶将降低到 2000 年的一半水平。因此，旅游业必须控制旅游发展的温室气体排放量，发展低碳旅游，责无旁贷。

低碳旅游是指在旅游发展过程中，通过运用低碳技术、推行碳汇机制和倡导低碳旅游消费方式，以获得更高的旅游体验质量和更大的旅游经济、社会、环境效益的一种可持续旅游发展新方式。其核心理念是以更少的旅游发展碳排放量来获得更大的旅游经济、社会、环境效益。因此，低碳旅游是基于生态文明理念，对发展低碳经济的一种积极响应。低碳旅游着眼于对旅游发展中温室气体排放量的控制，具体体现在通过发展低碳旅游交通、低碳旅游住宿、低碳旅游餐饮及各项低碳旅游活动，来减少旅游发展中的温室气体排放量（蔡萌和汪宇明，2010）。并且，作为一种实实在在的、可分解至每一个旅游业要素的旅游发展方式，低碳旅游的实现必须基于政府、旅游企业及旅游消费者等旅游各相关利益者的共同努力。

4.2.3　生态旅游及其在我国的实践进展

中国生态旅游实践活动起步虽晚，但发展迅猛。1993 年，第一届东亚地区国家公园和保护区会议在北京召开，并首次在我国提出生态旅游的概念。2002 年，联合国确定其为“国际生态旅游年”，这一年世界旅游组织、联合国环境规划署在世界各地开展了多种多样以生态旅游为主题的活动，也举办了大量的学术论坛、专项研讨和交流会。同年 11 月，由中国社会科学院旅游研究中心发起的“中国生态旅游论坛”通过了一项《关于中国生态旅游发展的倡议书》，倡议书认为，可持续发展是旅游业发展的必由之路，生态旅游为可持续旅游发展提供了一个可供选择的范例。这次会议也是我国生态旅游研究与国际接轨的表现。2008 年底国家旅游局与环境保护部联合发布了《全国生态旅游发展纲要（2008—2015）》，还将 2009 年定为“中国生态旅游年”（陈玲玲等，2012）。

在生态旅游资源开发上，我国从 1956 年开始建立第一批自然保护区，1982 年，我国建立了第一个国家森林公园——张家界国家森林公园。自然保护区和国家森林公园的建立，为我国生态旅游资源的开发奠定了基础。在国家发展改革委和国家旅游局联合印发的《全国生态旅游发展规划（2016—2025 年）》中，同时公布了截至 2016 年 6 月，我国已经建立的各类自然保护区的数量，其中自然保护区 2740 个、风景名胜区 962 个、森林公园 3234 个、地质公园 485 个、湿地公园 979 个、水利风景区 2500 个、沙漠公园 55 个、海洋公园 33 个。除此之外，我国还建成了众多的植物园、野生动物园、沙漠旅游区、生态文明教育基地等。并且，为了进一步引导生态旅游健康发展，更好地满足人民群众日益增长的旅游休闲消费需求和生态环境需要，按照《全国生态旅游发展规划（2016—2025 年）》，将重点培育 20 个生态旅游协作区、建设 200 个重点生态旅游目的地、形成 50 条精品生态旅游线路及打造 25 条国家生态风景道。可见，我国的生态旅游资源非常多样化，生态旅游精品也将不断增加，这为我国生态旅游的纵深发展奠定了重要的资源基础。

4.2.4 低碳旅游及其在我国的实践进展

根据 IPCC 的预测，全球温室气体的排放量在达到顶峰后将会逐渐减少，直至 21 世纪中叶将降低至 2000 年的一半水平。如果旅游部门能够采取措施，改变现有的发展方式，最多可以减少旅游部门人为因素导致的约 68%的温室气体排放量（明庆忠等，2010）。可以说，低碳时代已经来临，传统旅游业应该全面走低碳旅游发展之路，才能早日实现旅游业的生态化发展。

为了践行低碳经济并向低碳旅游转型，近年来，国务院、国家旅游局及地方政府陆续出台了加快发展旅游业及旅游业低碳发展的相关意见。2008 年，国家旅游局发布《关于旅游业应对气候变化问题的若干意见》，就旅游业如何应对气候变化问题提出对策。2009 年，国务院发布《国务院关于加快发展旅游业的意见》（国发〔2009〕41 号），明确指出“推进节能环保”的旅游发展新要求，制定了“五年内将星级饭店、A 级景区用水用电量降低 20%”的旅游节能减排目标，并明确“倡导低碳旅游方式”。2010 年，国家旅游局制定了《关于进一步推进旅游行业节能减排工作的指导意见》（旅发办〔2010〕80 号）。2014 年，国务院印发《国务院关于促进旅游业改革发展的若干意见》（国发〔2014〕31 号）。并且，在《中国旅游业“十二五”发展规划纲要》《“十三五”旅游业发展规划》中都将旅游业节能减排列为重要的工作内容。

同时，旅游业各部门纷纷加入低碳发展行动。例如，2014 年，上海召开长三角酒店优化管理节能减排峰会，旨在提升长三角旅游行业的酒店管理水准，推进酒店节能减排工作。2015 年，北京市旅游委、旅游行业协会、节能环保中心联合召开北京饭店业节能减排工作动员会，推动饭店业节约能源、降低成本和能耗。总的来说，国家层面和各个城市都对旅游业节能减排高度重视，推动力度之大前所未有，充分体现出旅游业已经正式踏上了低碳转型之路。

4.3 江苏城市生态旅游发展条件与路径

4.3.1 生态旅游在我国发展的“本土化”与“大众化”

纵观已有的生态旅游的定义，多种多样。Donohoe 和 Lu（2009）梳理了生态旅游的 6 项核心准则，即以自然为基础、维持/保护、环境教育、可持续性、利益分配、道德/责任。部分学者提出生态旅游的定位必须是小规模、高层次，才符合生态旅游的真正内核，但这种限定与我国国情现实存在诸多的矛盾和冲突。例如，周口店北京猿人遗址于 1987 年就成为国内首批列入“世界遗产名录”的世界级文物保护单位，但是，为了保护遗址和科学研究的目的，按照科学家的思路没有发展大众旅游，游客人数逐年下降。陈旧落后的博物馆对游客缺乏吸引力，而不足 80 万元的年收入又不足以对设施进行更新改造，资金缺乏也使遗址保护一直处于尴尬境地。与那些担心因“人满为患”而遭受破坏的世界遗产地相反，周口店因无人问津而沉寂在北京西南一隅，任岁月侵蚀着它原本的模样，博物馆由此陷入了恶性循环。对于西方国家来说，发展生态旅游直接源于工业化时期对环境过度的破坏所产生恶果的反思和反省，是经历环境阵痛后的自觉行为，具有强大的社会基础。但是对于中国而言，人多地少、公民环境保护意识弱，且工业化、城市化进程仍在继续，我国的国情决定了必须从国情出发，科学客观地看待我国生态旅游发展的条件及道路（孙吉信，2008）。因此，我国的生态旅游必须走“本土化”道路，并呈现泛化及大众化趋势。

首先，生态旅游概念泛化，与其他产业融合度加强，如生态休闲度假游、乡村生态旅游等，越来越多地与林业、农业、渔业等结合形成产业集群。其次，生态旅游活动呈现大众化趋势。在我国，严格意义上的生态旅游由于坚持小规模，很难达到经营上的规模效益，对国民经济的增长贡献小（陈玲玲等，2012），完全可以通过发展大众化的生态旅游，实现旅游经济发展与生态环境保护的平衡。此外，较多的研究结果显示，我国的生态旅游者大多属于一般的（或软性的）生态旅游者（钟洁和杨桂华，2005；罗芬和钟永德，2011），通过大众化生态旅游活动的导引与深入发展，也可以逐步促进我国生态旅游者向严格的（或硬性的）生态旅游者转变，从而进一步细化发展小规模的、高层次的，即严格意义上的生态旅游。

4.3.2 城市生态旅游是江苏发展生态旅游的“本土化”选择

4.3.2.1 城市生态旅游

生态旅游的研究应用是在不断发展变化的，它不仅注重对自然区域生态多样性的保护，也强调对“城市”这一具体的生态环境所创造的人文生态文化的维护，并且很多城市区域也不乏良好的自然景观。当城市经济发展到一定的阶段，如何既满足城市居民的物质需求，又提供优美的自然环境来满足居民的精神需求是城市旅游业必须直面的现实问题。而城市生态旅游正是城市旅游业发展到一定阶段、城市旅游与生态旅游相结合的新型城市旅游开发模式。与传统生态旅游强调“自然区域中实践与保护兼具的旅游行为”不同，城市生态旅游的倡导者们认为，在城市旅游中注重生态旅游原则，从某种意义上来说对环境有更积极的作用，因为相对于郊野而言，城市更能吸纳旅游业的影响（吴国清等，2016）。

对我国而言，改革开放、城镇化等重大战略使很多城市的产业经济实现了长足的进步与发展，但同时也产生了众多生态环境问题。新型城镇化、绿色发展等新战略的提出均要求在发展中必须保护环境，更是在“十二五”“十三五”中将环境保护置于重要的战略高度。在此时代发展背景下，集合城市产业、城市旅游、城市生态三者性质的城市生态旅游为城市旅游业的可持续发展提供了路径。可以说，城市生态旅游将城市中的自然公园、绿地、自然保护区及文化遗产的保护与城市居民对良好自然风光与人文景观的体验需求和谐统一，是我国新型城镇化与绿色发展背景下城市区域发展生态旅游的“本土化”选择。

4.3.2.2 江苏发展城市生态旅游的条件

1）经济与旅游业概况

江苏辖江临海，扼淮控湖，是中国经济最活跃的省份之一，与上海、浙江、安徽共同构成的长江三角洲城市群已成为6大世界级城市群之一。

江苏经济发展在省内存在一定的不均衡性，苏南地区强于苏中地区，苏中地区强于苏北地区，尽管如此，下辖13个城市的GDP排名全部位于全国城市前100名（2015年排名），并且这13个城市均被评为“中国优秀旅游城市”。《2016—2020年江苏省生态旅游行业竞争格局分析和投资前景预测报告》指出，江苏省是全国旅游综合竞争力前十名，现实竞争力前十名，潜在竞争力前十名。可见，江苏省整体及其下辖的城市在城市旅游业发展上具有较强的实力和竞争力。

2）生态旅游资源分布与发展现状

（1）自然景观资源分布广泛。江苏省内地形高差相对较小，主要由湖泊、河流、平原、低山、丘陵形成高差。江苏北部的徐州市、连云港市、淮安市西南部，江苏南部的南京市、镇江市、常州市均有丘陵、低山分布，尤其以南京—镇江一带的宁镇山脉最为聚集。

江苏水网稠密，最为著名的是北部东西走向的淮河、南部东西走向的长江以及西部南北走向的大运河，其他河流呈纵横交错状分布。湖泊包括全国淡水湖面积排名第三的太湖、排名第四的洪泽湖，以及高邮湖、玄武湖、瘦西湖、金鸡湖、阳澄湖、天目湖、固城湖等。湿地类型多样，在滨海、河流、湖泊等周边均有大量湿地分布。林业资源也十分丰富，主要包括森林和各类林地，主要分布于江苏北部。

总的来说，江苏省的山岳、河流、湖泊、湿地、森林等自然景观资源种类十分丰富、体量巨大，具备良好的发展生态旅游所必需的自然资源基础。

（2）文化遗产资源丰富。文化遗产包括物质文化遗产和非物质文化遗产，是人文生态旅游资源的重要组成部分。江苏历史悠久，文化内涵丰富，文化遗产资源广泛分布在省内的各个城市。至 2016 年底，江苏共有全国重点文物保护单位 230 处，世界文化遗产 3 处，包括苏州园林、南京明孝陵及大运河，以及列入我国申报世界文化遗产预备名单的景点 5 处。国家级历史文化名城 13 座，包括高邮、南京、无锡、宜兴、徐州、苏州、常熟、南通、淮安、扬州、镇江、泰州、常州；中国历史文化名镇 27 座，包括昆山市周庄镇、吴江市同里镇、苏州吴中区甪直镇和木渎镇等。列入国家考古遗址公园 1 处，是位于无锡市的鸿山遗址，还有扬州城、阖闾城遗址被列入国家考古遗址公园立项名单。全省共有联合国教科文组织“人类非物质文化遗产代表作”10 项，包括苏州端午习俗、南京和扬州等地的剪纸、苏州昆曲、南京云锦织造技艺等，拥有非物质文化遗产项目资源达 2 万多项，国家级非物质文化遗产名录 127 项。这些丰富的物质与非物质历史文化遗存为江苏人文生态旅游活动的开展提供了多样化的资源条件。

（3）自然资源退化严重，非遗传承有难度。江苏拥有丰富的自然景观资源，但由于江苏省是我国经济发达省份，城镇化进程迅速，大量的水体、林地等重要景观资源直接被建筑用地所替代，这种情况几乎出现在省内每座城市。例如，1991～2014 年，南京快速城镇化区域的内陆滩涂景观几乎消失，苏州快速城镇化区域的内陆滩涂减少 50%以上，林地几乎全部消失（陈玲玲和曹杨，2016）。通过科学家对全国湖泊的卫星定位与调查研究，江苏湖泊总面积排全国第三，但自 1980 年以来的 30 年，江苏一共消失了 11 个湖泊。如何解决自然景观资源的保护与快速城镇化过程所需建设用地的开发之间的矛盾，早已成为江苏城市可持续发展亟须解决的重要问题。

对于江苏历史文化遗产而言，呈现出“只重有形结果，不重无形过程”的现象，导致大量非物质文化遗产的保护与继承成为难题。例如，各地都有博物馆，但是非遗展示只设在文化馆、群艺馆和艺研所等机构内，既形成不了气候，也无法正常对公众开放。那么，通过何种方式保护这些重要的历史文化遗产资源，让更多公众了解非遗，宣传并传承非遗，也是保护与传承江苏城市文化的重要课题。

3）生态旅游发展

依托各类自然与文化遗产景观资源，形成了江苏省域范围内广泛分布的森林公园、自然保护区、湿地公园、水利风景区、地质公园、遗址公园、文化遗产、植物园、野生动物园、生态文明教育基地等形式多样的生态旅游景区，是江苏省生态旅游业得以蓬勃发展的基石。如表 4-2 所示，列出了江苏地区重要的生态旅游目的地，这些目的地在其相应的类型中均为省级以上或分类中最高的级别。

表 4-2　江苏省重要的生态旅游目的地

类型	名录
国家级森林公园	虞山国家森林公园、上方山国家森林公园、徐州环城国家森林公园、宜兴国家森林公园、惠山国家森林公园、东吴国家森林公园、云台山国家森林公园、盱眙第一山国家森林公园、南山国家森林公园、宝华山国家森林公园、西山国家森林公园、铁山寺国家森林公园、南京紫金山国家森林公园、大阳山国家森林公园、栖霞山国家森林公园、游子山国家森林公园、南京老山国家森林公园、天目湖国家森林公园、南京无想山国家森林公园、黄海海滨国家森林公园
国家级风景名胜区	太湖风景名胜区、南京钟山风景名胜区、云台山风景名胜区、蜀岗瘦西湖风景名胜区、镇江三山风景名胜区
5A 级景区	镇江句容茅山景区、苏州沙家浜·虞山尚湖旅游区、常州天目湖景区、苏州吴中太湖旅游区、无锡鼋头渚风景区、镇江金山·焦山·北固山景区、南通濠河景区、苏州金鸡湖景区、常州环球恐龙城休闲旅游区、苏州同里古镇景区、扬州瘦西湖风景区、南京夫子庙-秦淮风光带景区、无锡灵山景区、苏州周庄古镇景区、苏州园林（拙政园、虎丘山、留园）、中央电视台无锡影视基地三国水浒景区、南京钟山风景名胜区—中山陵园风景区、姜堰溱湖旅游景区、淮安周恩来故里旅游景区、盐城大丰中华麋鹿园景区、徐州云龙湖景区、连云港花果山景区
国家水利风景区	南京玄武湖、宜兴竹海、常州雁荡河、扬州古运河、句容赤山湖、江阴芙蓉湖、徐州丁万河、金湖荷花荡、阜宁金沙湖、宿迁六塘河、金坛愚池湾、昆山明镜荡、镇江金山湖、无锡新区梁鸿、宿迁古黄河、溧阳南山竹海、苏州旺山、张家港环城河、扬州凤凰岛、徐州潘安湖、连云港海陵湖、徐州金龙湖、无锡长广溪湿地、连云港花果山大圣湖、宝应县宝应湖湿地、盐城大纵湖、泗阳泗水河、盱眙天泉湖、淮安清晏园、淮安古黄河、淮安樱花园、如皋龙游、溧阳天目湖、徐州云龙湖、泰州引江河、盐城通榆河、南京金牛湖、宜兴横山水库、无锡梅梁河、泰州凤凰河、南京外秦淮河、宿迁中运河、徐州故黄河、太仓金仓湖、南京珍珠泉、南京天生桥等
国家地质公园	江苏苏州太湖西山、江苏六合、江苏江宁汤山方山
国家级自然保护区	盐城沿海珍禽自然保护区、大丰麋鹿自然保护区、泗洪洪泽湖湿地自然保护区
国家湿地公园	泰州溱湖、苏州太湖、句容赤山湖、南京长江新济洲、苏州同里、昆山天福、徐州潘安湖、淮安古淮河、溧阳长荡湖、溧阳天目湖等
国家城市湿地公园	南京绿水湾、无锡长广溪、常熟尚湖、常熟沙家浜、昆山城市生态园、南京固城湖等
世界文化遗产	苏州古典园林、南京明孝陵、大运河
国家级生态旅游示范区	泰州溱湖湿地、常州天目湖、苏州镇湖生态旅游区、无锡蠡湖风景区、常熟虞山尚湖旅游区、徐州潘安湖湿地
其他	无锡鸿山考古遗址公园、泰兴国家古银杏公园、南京钟山植物园

除表 4-2 外，江苏还有众多省级、市级等级别的生态旅游景区，庞大的生态旅游景区数量为开展形式多样的生态旅游活动提供了场所，能够满足不同旅游者的需求。例如，已多次在泰州溱湖湿地举办历史悠久的民俗文化活动——溱潼会船，每次都吸引数十万的观众和游客前来。2015 年南通狼山风景名胜区举办“金秋生态旅游节”，围绕中秋、国庆、重阳等节假日，以金秋生态游园为主线，结合景区的“生态、文化休闲”特色，开展各类精彩纷呈的主题活动。2016 年，“美丽中国行 生态旅游盛典”活动走进江苏泗洪洪泽湖湿地公园，通过数十位全球生态旅游大使在园内进行参观体验、生态外景拍摄、服装秀等活动，演绎“大湖湿地 水韵泗洪”的理念，从而提升泗洪洪泽湖生态湿地的国际知名度。2016 年 6 月，江苏休闲度假产品推广月在宜兴湖父镇阳羡生态旅游度假区闪亮登场，全省各市也围绕休闲度假活动的主题，推出了 180 多场丰富多彩、形式多样的休闲度假产品，包括音乐节、美食节、童话节、戏水狂欢节、养生文化节、“大手牵小手”萤火虫之夜、果蔬采摘等各种主题活动。以森林、湿地生态旅游为例，至 2015 年，江苏省森林湿地生态旅游年接待人数已超过 5000 万人次，占省内旅游人数的五分之一。可见，在江苏旅游相关部门、地方政府、旅游经营者和开发商的共同努力下，通过对生态旅游产品持续的改革和创新，江苏的生态旅游如火如荼地展开。

除了积极创建生态旅游景区、开展生态旅游活动外，江苏省还制定了相应的条例、规划等来大力推进和保障省域、城市、景区各层次的生态旅游发展。主要包括《江苏旅游品质提升三年行动计划》（征求意见稿）》《江苏省国民休闲纲要（2013—2020）》《江苏省太湖流域环境资源区域补偿资金使用管理办法（试行）》《江苏省湿地保护规划（2015—2030 年）》《江苏省风景名胜区服务质量标准》、《江苏省湿地公园管理办法》《江苏沿海地区旅游发展规划》《江苏省古运河旅游发展规划（2010—2025）》《南京市汤山旅游资源保护条例》《白马湖旅游发展总体规划》等。

综上所述，从江苏省的整体经济、城市旅游、生态旅游资源分布和发展的情况来看，江苏整体经济发达、城市旅游发展兴旺，且全省上下高度重视生态旅游发展，体现出江苏完全具备了走城市生态旅游发展道路的基础条件。发展城市生态旅游将成为江苏省城市旅游与生态保护和谐可持续发展的最佳选择。

4.3.3 江苏城市生态旅游发展路径分析

4.3.3.1 转变观念，科学编制江苏城市生态旅游发展规划

1）传统城市旅游向城市生态旅游发展转变

江苏城市旅游起步较早，高品位的历史建筑、寺庙院观、历史遗迹等人文旅游资源基本上得到了开发利用。在新的发展时期，除了要对现有资源进行深度挖掘之外，江苏城市旅游业要在现有局面上有所突破，就必须转变发展观念，寻求

新型旅游资源，以此作为城市旅游新兴增长点的发展基础。

江苏境内 13 个城市虽然在经济社会发展水平、景观特征、文化气质上差异较大，但总体来看各个城市均分布着不同类型的自然景观资源和历史文化遗产资源。并且为了改善城市生态环境不断恶化的状况，江苏城市纷纷努力创建“生态城市”“森林城市”“生态园林城市”等。那么，城市生态旅游就成为江苏城市旅游业进入新阶段的最好的发展定位，是江苏城市旅游可持续发展和提升城市形象的重要途径。因此，应自上而下转变发展观念，充分挖掘自然和文化本底，着眼于城市居民的休闲需求，从常态环境中挖掘生态旅游价值和特色，走一条着眼长远的江苏城市生态旅游发展之路。

2）粗放管理向科学管理转变

由于我国旅游业发展速度迅猛，旅游业新型业态层出不穷，如会展、体育、康体、娱乐等，产业链连接到餐饮、运输、酒店、农业、商业等，旅游行业现象日趋复杂。江苏省虽是旅游大省，但是仍然处于旅游目的地建设阶段，旅游项目的建设和旅游产品的开发是工作重点，对旅游地的社会管理等才刚刚起步。一直以来，江苏旅游管理具有重视程度不够以及条块分割、多头、粗放管理的特点。因此，要转变管理观念，实施科学管理，只有逐步解决管理问题，削减旅游发展中的制度性障碍，才能推动旅游业健康发展。

3）制定科学、着眼长远的规划

做好城市生态旅游发展工作，科学、着眼长远的规划是前提。科学的规划首先要遵循科学发展的指导思想，按照建设生态文明的要求，立足生态资源保护与开发利用协调统一，以促进全省生态旅游产业快速、健康发展。其次，生态旅游相比于传统旅游，更加注重自然生态保护与文化传承，因此在制定省域生态旅游发展规划时要坚持保护优先、统筹发展的原则，促进生态建设与城市经济发展良性互动。同时，各个城市也要结合自身发展特点，编制好本地生态旅游发展的中长期规划，并纳入当地经济社会发展总体规划和土地利用总体规划中。

4.3.3.2 整合资源，统筹构建江苏城市生态旅游发展格局

1）整合景观资源，构建省域生态旅游空间格局

根据江苏省地形和景观资源空间分布状况，结合全省现有的森林公园、湿地公园、自然保护区、风景名胜区的区位和旅游功能等，建议江苏形成森林休憩生态游、湿地观鸟生态游、农业体验生态游、山河景观生态游等城市生态游产品，以满足城市居民日益增加的休闲、娱乐、度假、疗养、探险、考察、游憩等旅游需求。在此基础上，构建“三横三纵四圈”的江苏省域生态旅游的空间发展格局。

“三横”包括沪宁休闲观光游、长江沿岸湿地风光游、连徐淮楚汉文化游。

“三纵”包括沿海湿地风光游、古运河遗产休闲游、宁宿山水湿地风光游。

“四圈”包括宁镇扬人文山水生态旅游圈、环太湖湖光山色生态旅游圈、徐宿淮生态旅游圈、里下河湿地生态旅游圈。

2）提升产品资源质量，打造城市生态游精品和品牌

江苏省跨江滨海，地形兼具平原和丘陵，林相景观迥异，森林、湿地、河湖景观类型丰富，在资源分布基础上，除了形成江苏省域生态旅游线、生态旅游圈之外，每个城市也应尽力提升当地的生态旅游产品资源质量，注重绿色化、特色化、精品化、个性化，打造自己的城市生态游精品和品牌。

江苏苏南地区，以太湖的生态资源最为著名，形成了著名的苏州太湖、无锡太湖两大国家级旅游度假区，以及常州太湖湾省级旅游度假区，并在苏州环太湖区域打造了苏州太湖国家湿地公园、苏州太湖湖滨国家湿地公园、苏州太湖西山国家地质公园、苏州太湖西山国家森林公园等丰富的生态旅游地。目前，环太湖东线已经形成了以休闲度假、农业体验、民俗风情等为内容，以山水风情为旅游特色的品牌；环太湖西线以无锡宜兴竹海公园、常州溧阳天目湖和南山竹海等森林公园为依托，形成登山越野、竹海寻幽、自然考察等活动内容，打造山林野趣为旅游特色的品牌。

南京、镇江一带以丘陵山地地形以及毗邻长江为特点，应充分挖掘镇江南山、宝华山、茅山及南京紫金山、栖霞山、老山等城郊森林公园的“绿肺”“氧吧”特点，打造城市山林旅游特色品牌。同时，依托长江及其周边湿地，开展独具特色的长江湿地风光游，打造江水风情旅游特色品牌。

江苏苏中地区，扬州、泰州一带，以扬州高邮湖、宝应湖和泰州溱湖湿地公园为依托，开展湿地、古镇优势，形成湿地观鸟、古镇文化、水域风光、水乡美食等活动内容，打造湿地休闲旅游特色品牌。

江苏苏北地区，包括徐州、淮安、宿迁。江苏苏北地域辽阔，地形以平原为主，林地丰富，并拥有洪泽湖、白马湖、骆马湖、大运河等河湖景观资源，可以形成多种城市精品生态游。依托洪泽湖湿地公园、洪泽湖生态旅游度假区，形成湿地观光、湖鲜美食、休闲垂钓、户外运动等活动内容，打造湿地休闲旅游特色品牌。依托白马湖、骆马湖等湖泊资源，形成运动休闲、婚恋旅游、科普教育、湖泊观光等活动内容，打造湖泊游憩旅游特色品牌。依托这几个城市大规模的农田林网，形成农业体验、农家休闲、民俗风情等活动内容，打造生态农业体验旅游特色品牌。

江苏沿海地区，包括连云港、盐城和南通，海滨和湿地资源丰富。依托连云港苏马湾-连岛度假区、海州湾度假区、盐城大丰麋鹿自然保护区、沿海湿地珍禽自然保护区、南通东台中华鲟自然保护区及著名的吕泗渔场等，开展湿地观光、科普教育、休闲度假、海滨美食等活动内容，打造湿地休闲、滨海风情旅游特色品牌。

4.3.3.3 融合发展，形成推动江苏城市生态旅游发展合力

1）生态旅游产品与其他旅游产品和形式融合

生态旅游产品应突破田园观光、农事劳作体验、农家乐等传统旅游项目局限，开发生态旅游新产品、新业态，实现生态旅游资源整合、创新生态旅游产品及其融合。可以将自然生态游与文化生态游产品融合，例如将农业观光、体验活动（如瓜果蔬菜的种植采摘、磨豆腐）、民俗风情体验观赏活动、生态趣味休闲体验活动（如欣赏或捕捉萤火虫）、特色美食品尝制作活动、生态农业科普教育活动（如学习农业知识）等相融合，形成类型丰富、形式多样的生态旅游产品，以更好地满足城市居民的休闲游憩需求。同时，要注重将自然生态体验与文化传承相结合，如加入非遗的产品制作、体验和非遗旅游商品等内容，通过增强生态旅游产品的丰富性、文化性、体验性与参与性，使得江苏的非遗能够得以传承与保护。

2）生态旅游产业与第一、第二、第三产业融合

鼓励全民、全面参与共享共建，实现生态旅游业与其他产业的深度融合。首先，打破农业与旅游业之间的界限，融合生态旅游与第一产业，拓展旅游业的资源类型，迎合城市居民的农业体验需求。其次，推动生态旅游与农副产品加工业和手工业的融合，带动具有城市地域文化和地方特色的旅游商品等生态旅游加工业及装备制造业的发展，实现生态旅游与第二产业融合。最后，加强生态旅游与第三产业的多元融合。尤其是将现代科技、互联网信息技术等融入生态旅游，提升生态旅游智慧化发展水平。

3）生态旅游发展要南北融合、区域融合

江苏的经济发展、旅游发展在省域内部城市之间存在较大差异，发展水平呈现苏北、苏中、苏南区域依次增强。那么，要提升江苏省生态旅游的整体实力与竞争力，就必须缩小生态旅游发展的区域差异，走南北融合、区域融合之路。通过整合全省的城市生态旅游空间资源和产品，以目前江苏省域轨道交通（以高铁为代表）网建设与形成为契机，加强南北合作、区域合作，形成产品创新合力，共同打造具有竞争优势的江苏城市生态游精品线路，从而推动江苏城市生态旅游协调、平衡发展。

4.3.3.4 突破瓶颈，优化配置江苏城市生态旅游发展要素

与其他产业一样，土地、人力等均是旅游业发展的重要因素，但是，土地、人力问题目前均是江苏发展城市生态游的瓶颈。因此，在将来发展中，应通过各种制度、政策有效引导，突破这些瓶颈问题，不再成为制约江苏城市生态旅游发展的因素。

1）优先保障城市生态旅游用地

由于江苏经济发达，又是长三角的重要组成部分，工业化、城市化、区域一

体化等均走在全国前列，快速城市化导致各类环境问题凸显，城市人地关系日趋紧张。随着土地宏观调控深入推进，江苏城市用地供给放缓，各个行业之间的用地竞争加剧。生态旅游注重生态保护优先，对城市生态大有裨益，但相比于旅游业其他业态，如主题公园类，投资回报率较低；并且旅游业相比于其他行业，如房地产，短期内收益并不显著。因此总体来看，快速城市化过程中城市生态旅游用地可能受到限制。同时，江苏因大量的城市建设用地需要，挤占了部分河、湖、湿地、山地等自然景观用地，使得城市的自然本底遭到替代或破坏，影响城市生态旅游的发展，对城市生态的安全和可持续发展也形成潜在威胁。鉴于此，为了城市生态旅游及城市生态的共同可持续发展，政府应通过各种渠道优先保障城市生态旅游用地。例如，在目前江苏部分城市大规模拆迁重建的过程中，优先规划并增加绿地、城市湿地等。

2）培养旅游行业专业人才

旅游行业本身综合性高、产业关联性强且涉及面较广，而高素质的行业从业人才，但是管理人才匮乏始终是制约旅游业高质量发展、可持续发展的瓶颈之一。城市生态旅游发展由于对行业人才在城市发展、生态知识等方面提出了更高要求，从而更为渴求专业性的人才。可以以江苏省内设有旅游管理专业的高校为教育平台，培养本科、硕士、博士等不同学历层次的生态旅游及其相关的专业人才；也可以借助各类教育培训资源，对行业从业人员进行在职培训，以提高其从业水平。

随着城市居民对良好生存环境的渴求，崇尚自然、回归自然、拥抱自然成为时代潮流，城市生态旅游因提供丰富的自然景观资源和历史文化遗产资源而受到越来越多的旅游者的关注。城市生态旅游有机结合了城市旅游与生态环境保护，必将成为传统城市旅游的发展方向。虽然当前江苏的城市生态旅游发展仍然存在一些问题，但是目前江苏大力践行绿色发展理念，实践生态文明，并努力建设“森林城市”“生态城市”“生态园林城市”等，为江苏发展城市生态旅游提供了很好的时代契机。因此，只要坚持可持续发展战略，科学编制发展规划，创新城市生态游产品，打磨精品，塑造品牌，就一定能够逐步推动江苏城市生态旅游的健康发展，并实现江苏生态资源保护和城市旅游产业的和谐发展目标。

4.4　江苏旅游业碳排放测度及低碳发展对策

4.4.1　江苏省低碳旅游发展背景与相关研究进展

4.4.1.1　江苏低碳旅游发展背景

江苏省作为中国的经济强省，根据测算，2002 年，江苏省二氧化碳排放量在全国排名第五位，仅次于山东、河北、广东和辽宁；2010 年，江苏省二氧化碳排放量排名上升至第四位，仅次于山东、河北和广东。江苏省的碳排放总量居高不下，且年均增长超过10%（杜强等，2013）。在全球应对气候变化的时代背景下，江苏的节能减排形势十分严峻。

为贯彻落实《国务院关于加快发展旅游业的意见》(国发〔2009〕41号)，2011年，江苏省政府提出《江苏省人民政府关于进一步加快发展旅游业的意见》(苏政发〔2011〕69号)，明确指出积极推行节能环保，推进低碳旅游方式。这些文件的陆续出台和江苏省建设“低碳省”战略目标的提出，江苏旅游业面临着越来越巨大的节能减排压力，迫切需要学界加快对江苏发展低碳旅游进行系统及实证研究，而低碳旅游研究的核心基础就是摸清旅游业碳排放的变化特征及规律，厘清旅游业碳排放与经济增长的关系，从而有针对性地提出碳减排的具体对策与措施。

4.4.1.2 相关研究进展

从全球气候变化角度看，如果旅游业碳排放仍保持较快的增长态势，旅游业难以可持续发展（Weaver，2011）。低碳旅游作为可持续发展思想、生态文明思想的具体深化，是实现旅游业绿色发展的战略选择。最初的低碳旅游研究主要基于生态学和地理学视角，探讨气候变化与低碳旅游、低碳旅游的开发规划等，随着研究深入，研究视角已涉及经济学、管理学、环境学、社会学、统计学、伦理学等不同学科，形成了明显的学科交叉性研究特征，研究内容也随之更加丰富，如旅游业碳排放测度、低碳旅游交通、低碳旅游消费等（李鹏等，2010；王群和杨兴柱，2012；Katircioglu，2014）。在低碳旅游的研究视域中，旅游业碳排放问题一直受到政府和学术界的高度重视，也是21世纪旅游业人地关系研究的焦点问题之一，摸清旅游业碳排放问题，对于评价低碳旅游进展、评估旅游活动的环境负荷和可持续性、制订相应的旅游业可持续发展政策具有重要的理论与实践意义。

纵观国内外的旅游业碳排放问题研究，主要可以概括为四个方面。

首先是旅游业相关部门碳排放的专题研究，主要体现在旅游交通碳排放方面。Becken等(2003)研究发现新西兰旅游交通能耗占总能耗的65%～73%。Nielsen等（2010）对瑞士旅游部门碳排放的研究发现，航空运输占整个行业碳排放总量的80%。Paravantis和Georgakellos（2007）研究发现广泛使用公共交通对于减少碳排放至关重要。世界旅游组织报告显示，要提高旅游业节能减排力度，重要的是大幅降低交通部门的碳减排量，因为交通占旅游业碳排放总量的3/4(UNWTO，2009)。魏艳旭等（2012）依据我国交通客运周转量时间和截面数据，根据旅游者在客运量中所占比重对我国旅游交通碳排放进行初步估算，发现碳排放与游客量呈线性相关关系，且我国旅游交通碳排放具有地域差异性。孙晋坤等（2015）构建了区域旅游交通碳排放测算模型，并以南京市和黄山市为例进行分析，发现区域旅游交通碳排放主要在区外，区内比例较小，区域交通结构的优化有利于旅游交通碳排放的减少。

其次是不同空间尺度旅游业碳排放研究。Peeters 和 Dubois（2010）研究表明旅游业碳排放占全球碳排放的 4%。石培华和吴普（2011）首次系统估算了中国旅游业的能耗与碳排放，发现 2008 年中国旅游业消耗能源占中国能源总消耗量的 0.51%，排放 CO_2 占全国 CO_2 总排放量的 0.86%。王凯等（2014）估算了 1991～2010 年中国旅游业的 CO_2 排放量，并分析了中国旅游经济增长与碳排放之间的耦合关系，结果表明在研究样本区间内，除 2003 年外，其余年份中国旅游经济增长与 CO_2 排放量均处于相对脱钩状态。钟永德等（2015）构建了“自上而下”的旅游业碳排放计量方法体系，并实证计量了 2002 年我国旅游业碳排放量。谢园方和赵媛（2012）以能源消耗平衡表为依据，借鉴“旅游消费剥离系数”概念，构建出符合我国目前统计口径的旅游业碳排放测度方法，并以长三角地区为研究范围，对江苏、浙江和上海三地旅游业碳排放进行测度与对比。还有部分研究专门针对湖南、江苏、京津冀、桂林、敦煌等省域或地区的旅游业碳排放问题进行研究（赵先超和朱翔，2013；陶玉国等，2014；韩元军和吴普，2016；杨莎莎等，2014；李彩云等，2016）。

再次是旅游业碳排放测度方法研究。目前，还没有公认的能够系统、科学地进行旅游业碳排放测度的标准方法，我国也尚未建立自主的碳排放计量体系，最常用的测算方法包括借用全球气候变化和可持续发展领域常用的碳足迹法（carbon footprint approach）（张瑞英等，2015；董雪旺等，2016）、生态足迹法（ecological footprint）（Hunter, 2010；陈玲玲等，2011）、投入产出法、生命周期评价法（Kuo and Chen, 2007）、“自上而下”法（Nielsen et al., 2010）和“自下而上”法（Becken et al.，2003；石培华和吴普，2011；王凯等，2016）。每种方法的视角不同，各有优缺点。我国近年来运用“自上而下”法和“自下而上”法较为广泛。

此外，还有旅游业节能减排政策与对策研究。Becken 等（2003）研究指出采取“绿色环球 21”环境认证计划后，每年能耗大幅降低，并且改变旅行方式能够有效影响旅游者的能源需求。世界旅游组织提出降低旅游碳排放的系列措施，涉及政府、旅游产业和旅游者等多方面（UNWTO，2009）。冯凌（2012）指出旅游业节能减排工作应该瞄准三个重点领域，即旅游景区、酒店和绿色环保旅游企业。吴普（2013）通过对我国与世界发达国家和地区旅游业节能减排的对比研究，提出我国旅游业节能减排的关键问题包括旅游业能源需求与 CO_2 排放的定量测度、未来情景动态认识、确定旅游业能耗与排放的重点领域及国家政策扶持等。

总的来看，以往碳排放研究的范围主要集中在宏观或微观尺度，省域中观尺度上的研究相对较少，并且由于对省域内的旅游碳排放问题缺乏深入地地域分析，导致提出的碳减排措施并不能从根本上指导区域内旅游业实现低碳转型与发展。

因此，本节将通过测度江苏省旅游业碳排放的时间序列变化，进一步了解江苏旅游业碳排放与经济增长的关系，在此基础上提出江苏旅游低碳发展的途径。

4.4.2 江苏旅游业碳排放测度

4.4.2.1 测度方法与数据来源

1）测度方法

目前，国内外关于旅游业碳排放的测度方法并不成熟，各类方法各有千秋，同时，由于旅游业的关联效应大，旅游业碳排放几乎涵盖了所有产业，因此在现有条件下要精确测度旅游业碳排放并不可能（Chen et al.，2018）。从方法论来看，“自下而上”法的分析过程是一种“白箱”式的研究方法，结构、机制清晰，在统计资料相对完备以及实地调研的基础上，能够较好满足中等或较小空间尺度的碳排放估算需求；并且2008年世界旅游组织发布了研究报告《气候变化与旅游业：应对全球挑战》明确指出旅游业碳源主要来自于交通、住宿和旅游活动（UNWTO and UNEP, 2008）。因此，在文献法基础上，采用“自下而上”法，结合抽样调查与实地调研，对21世纪以来江苏省旅游业碳排放的时间序列进行测度与分析。

计算模式为

$$C_t = C_{\mathrm{T}t} + C_{\mathrm{A}t} + C_{\mathrm{R}t} \tag{4-1}$$

式中，C_t 表示 t 年旅游业 CO_2 排放总量；$C_{\mathrm{T}t}$、$C_{\mathrm{A}t}$、$C_{\mathrm{R}t}$ 分别是旅游交通、旅游住宿和各类旅游活动的 CO_2 排放量。

$$C_{\mathrm{T}t} = \sum_{i=1}^{n} E_{it} \times F_i \times \alpha_i \tag{4-2}$$

式中，E_{it} 表示 t 年 i 类交通方式（铁路、公路、民航、水运）的旅客周转量（单位为亿人公里，用pkm表示）；F_i 为 i 类交通方式的客流量中旅游者的比重，鉴于我国目前没有完整的旅游卫星账户体系和结果，因此借鉴石培华和吴普（2011）、魏艳旭等（2012）、杨莎莎等（2014）、胡欢等（2016）对 F_i 的研究方法和结果，确定江苏省公路、铁路、民航和水运的 F_i 分别是13.8%、31.6%、64.7%和10.6%，并用于不同年份的估算；α_i 是 i 类交通方式的碳排放系数，单位为g/pkm。参考陈飞等（2009）对上海，石培华和吴普（2011）、魏艳旭等（2012）对中国，包战雄等（2012）对不同吸引半径景区，孙晋坤等（2015）对南京和黄山的旅游交通碳排放系数，结合江苏省自身交通发展特征，确定江苏省公路、铁路、民航和水运的 α_i 分别为133g/pkm、27g/pkm、137g/pkm和106g/pkm。

$$C_{\mathrm{A}t} = \sum_{j=1}^{m} P_{jt} \times Q_j \times \beta \tag{4-3}$$

式中，P_{jt} 表示 t 年 j 星级旅游饭店床位出租量[床位出租量=床位数（张）×客房出租率（%）×365（晚）]；Q_j 为 j 星级旅游饭店的单位能耗值，单位是MJ/（床·晚），参考 Gössling（2002）、石培华和吴普（2011）对旅游星级饭店的单位能耗值的研究，取 Q_j 为 155MJ/（床·晚）；β 为旅游星级饭店每床每晚的 CO_2 排放量，采用 43.2g/MJ（Schafer and Victor，1999）。

$$C_{Rt}=\sum_{k=1}^{n}W_{kt}\times\gamma_k \tag{4-4}$$

式中，W_{kt} 表示 k 种旅游活动的游客量；γ_k 表示 k 种旅游活动的 CO_2 排放系数，单位是 g/人；k 表示旅游活动的种类数。根据旅游者的出游目的，最主要的旅游活动包括观光旅游、休闲度假、商务会议、探亲访友和其他活动。由于不同类型活动的 CO_2 排放特征差异十分明显，且存在区域和个体差异，因此只能估算旅游活动的 CO_2 排放情况，部分国外学者对区域尺度的旅游活动能耗和 CO_2 排放进行了探索（Gössling et al.，2005；Dubois and Ceron，2006）。在综合以往研究成果的基础上，参照石培华和吴普（2011）提出的我国不同类型旅游活动 CO_2 的人均排放量进行计算，再综合、修订了 Kuo 和 Chen（2007）、Becken 和 Simmons（2002）、Becken 等（2003）对台湾地区、新西兰不同类型旅游活动的能源消耗和 CO_2 排放量的测算结果，提出我国的观光旅游、休闲度假、商务会议、探亲访友和其他活动等不同类型旅游活动的 CO_2 排放情况，即 γ_k 分别为 417g/人、1670g/人、786g/人、591g/人和 172g/人。

2）数据来源

为了了解长时间以来江苏旅游业碳排放的变化特征，所有数据选取 2001～2015 年，即“十五”“十一五”“十二五”三个时期，用以分析江苏旅游业碳排放的序时性特征，从而对江苏“十三五”时期的碳减排工作提供依据。

数据来源主要包括：①已有文献资料。根据已有文献，结合江苏省的实际情况，选取国内外专家学者研究的经验数据，涉及江苏省旅游交通的 F_i、α_i 值和旅游星级饭店的单位能耗值与碳排放系数。②《江苏统计年鉴》（2002～2016 年）涉及江苏省各类旅游交通的旅客周转量；《中国旅游统计年鉴》（2002～2016 年）涉及旅游星级饭店床位数、客房出租率。③《入境游客抽样调查资料》（2002 年、2006 年）、《中国旅游业统计公报》（2002～2016 年）、《中国国内旅游抽样调查资料》（2004～2007 年、2009～2015 年）和《旅游抽样调查资料》（2010～2016 年）涉及江苏省入境/国内旅游人数、全国城镇/农村旅游人数比例、城镇/农村旅游者的观光游览、度假休闲、探亲访友、商务出差和其他等各项旅游活动的比例。在数据搜集过程中，缺失 2007 年城镇/农村各项旅游活动比例，用 2006 年代替；同时鉴于我国入境游客旅游目的的相对稳定性，缺失的 2002～2004 年入境游客各项活动比例数据用2001年代替，2006～2008年数据用2005年代替。

4.4.2.2　江苏旅游业碳排放时间序列特征

1）旅游业碳排放总量

从江苏旅游业碳排放及其构成的绝对量上看，如图4-2所示，旅游业碳排放总量自“十五”以来总体呈现持续快速上升态势，2001年排放量测度为211.86×10^4t，发展至2015年排放总量接近500.00×10^4t。2001～2015年，碳排放总量经历了两次波动，一次是2007～2009年，另一次是2012～2013年；从旅游业碳排放的主要构成上分析，2007～2009年，旅游活动碳排放均未下降，旅游交通碳排放先升后降，也就是说旅游住宿碳排放量大幅回落导致旅游业碳排放量整体下降；2012～2013年，旅游活动碳排放依旧上升，旅游交通与住宿碳排放的回落促使行业碳排放总体下降。

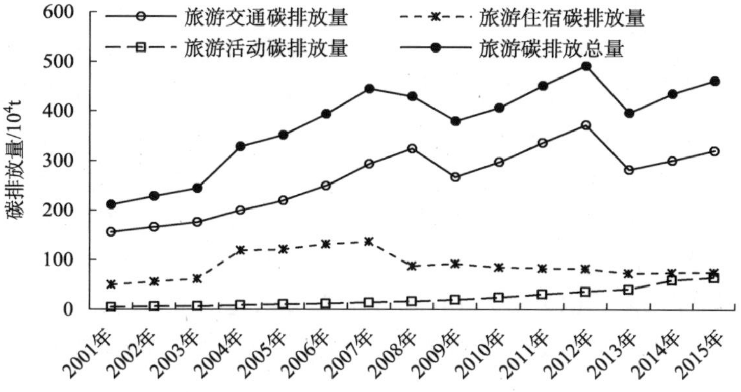

图4-2　2001～2015年江苏旅游业碳排放总量变化

图4-2同时显示了江苏旅游交通、旅游住宿、旅游活动的碳排放绝对量变化情况。图4-3为旅游业碳排放构成的相对量/占比变化。15年间，江苏省旅游交通碳排放总体上持续上升，并且是江苏旅游业碳排放的主体，其在江苏旅游业碳排放总量中的占比保持在60%～80%，尤其是“十二五”期间稳定于69%～75%的水平。江苏省旅游住宿的碳排放量经历了先增加、后下降、再基本稳定的变化过程，其占比变化与绝对量变化相似，先增加，而后持续缓慢下降，“十二五”末期江苏旅游住宿碳排放占比下降至16.3%。从旅游活动碳排放来看，绝对量与相对量均持续上升且在“十二五”期间增加迅速，“十二五”末期旅游活动碳排放量的占比已上升至14.1%。

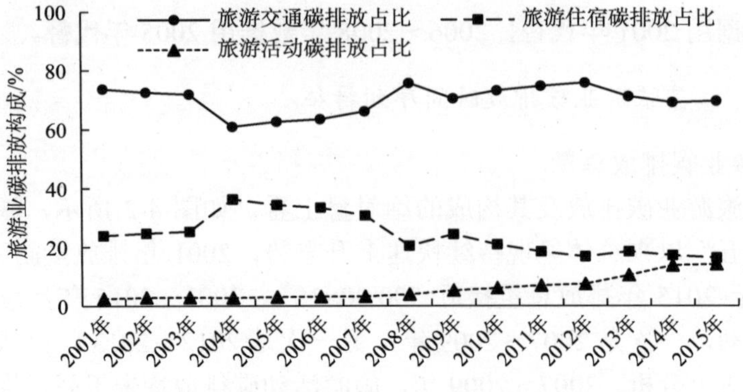

图 4-3　2001～2015 年江苏旅游业碳排放构成变化

2）旅游交通碳排放

如图 4-4 所示，15 年间，江苏省旅游交通碳排放呈波动性快速上升态势，2001 年旅游交通碳排放总量为 156.0×10^{4}t，2015 年增加至 321.4×10^{4}t，增加了 1.06 倍。2008～2009 年出现了第一次排放量下降，究其原因是 2008 年全球金融危机及甲型 H1N1 流感爆发，导致旅游市场受到巨大冲击；从旅游交通主要构成上看，主要体现在公路交通上，2008～2009 年江苏省公路客运周转量从 1400.80 亿人·km 下降到 1058.01 亿人·km，降幅达 24.5%，同期铁路客运周转量略有下降，水运、航空周转量略有上升。这体现出公路运输不仅是目前旅游交通的主要方式，而且对旅游交通的碳排放总量具有主导性影响作用。类似地，2012～2013 年由于公路客运周转量的大幅下滑，2012 年为 1418.40 亿人·km，2013 年为 847.28 亿人·km，降幅高达 40.3%，导致旅游交通碳排放总量再次出现下降，而同期的铁路、水运和

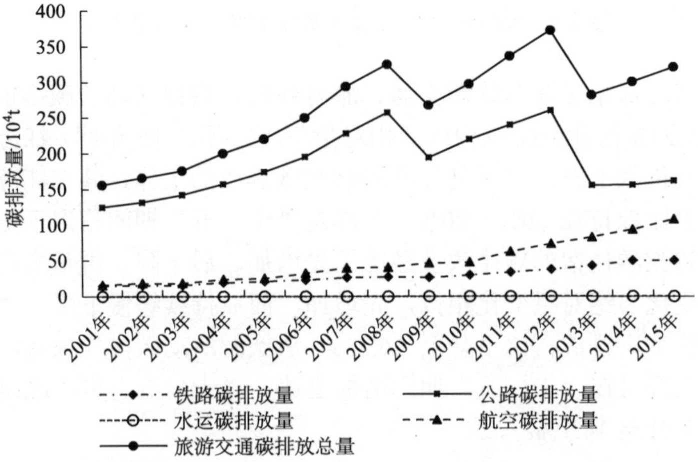

图 4-4　2001～2015 年江苏旅游交通碳排放量变化

航空的客运周转量均小幅上升。分析原因是 2008 年金融危机的后续效应及中日关系恶化，导致江苏入境游客量大幅下降，同时，我国公路客运需求变化，致使其生存空间萎缩，发展面临极大困境和生存压力，这些因素共同促使公路客运周转量及公路碳排放量减少。

图 4-4 结果还显示，不同旅游交通方式的碳排放量差异显著。2001～2008 年公路碳排放量持续快速上升，而后经历两次波动下降后，2015 年公路碳排放量仅比 2001 年上升 29.6%。铁路和航空的碳排放量在 15 年间持续增加，水运碳排放量先持续上升，于 2013 年达到峰值 0.44×10^4t，而后 2014 年、2015 年又略有下降。从相对量上来看，如图 4-5 所示，公路碳排放占比持续下降，由 2001 年的 80.2%下降至 2015 年的 50.4%，航空、铁路碳排放占比持续提升，15 年间航空碳排放占比从 10.2%上升至 33.8%，铁路碳排放占比从 9.5%上升至 15.7%，而水运碳排放占比始终在 1%左右徘徊。不同交通方式碳排放的变化充分体现出 15 年间旅游交通需求从公路主导逐步向铁路、航空转变的巨大变化，尤其以航空碳排放的增长最为突出。

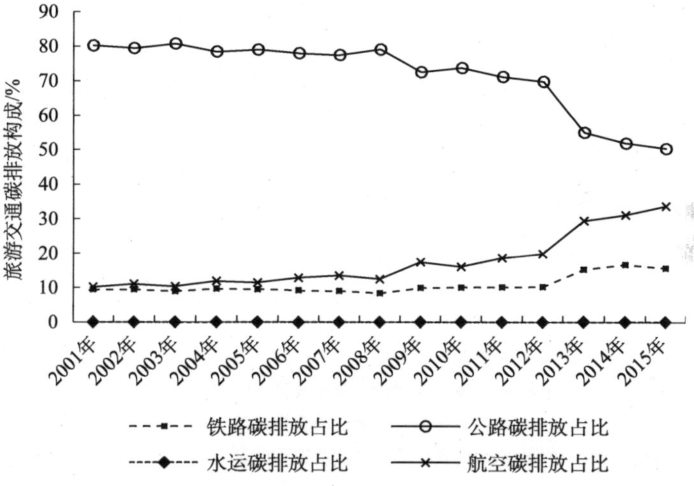

图 4-5　2001～2015 年江苏旅游交通碳排放构成变化

3）旅游住宿碳排放

图 4-6 给出了江苏旅游住宿碳排放量的序时性变化，总的来看，江苏旅游住宿碳排放量在 15 年间上升了 50%，其波动性特征可以分为三个阶段来描述。“十五”时期，江苏旅游住宿碳排放高速增长，2001 年碳排放量为 50.5×10^4t，2005 年为 120.9×10^4t，5 年时间碳排放量增加了 139.4%。“十一五”时期，江苏旅游住宿碳排放大幅下降，由 2006 年的 131.7×10^4t 降至 2010 年的 84.8×10^4t，降幅达 35.6%。“十二五”时期，江苏旅游住宿碳排放在平稳中略有下降，2011 年为

83.2×10^4t，“十二五”末期碳排放量下降了 9.2%，这一时期碳排放量的有效控制甚至下降，与 2013 年旅游星级饭店的床位出租量下降及江苏省持续的节能减排政策密切相关。

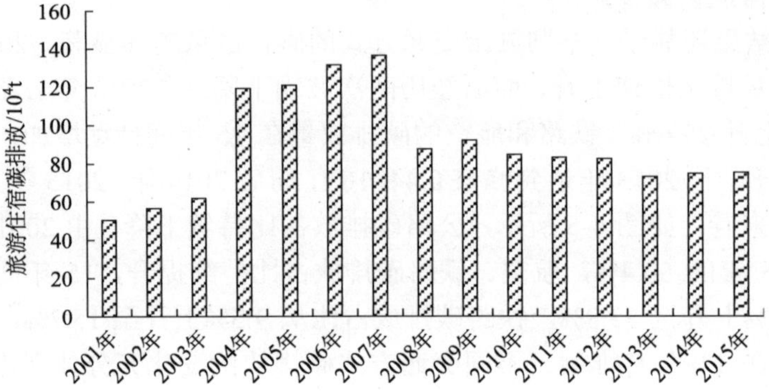

图 4-6　2001～2015 年江苏旅游星级饭店碳排放量变化

4）旅游活动碳排放

如图 4-7 所示，江苏省旅游活动碳排放总量呈现持续快速上升特征，从 2001 年碳排放量为 5.4×10^4t，发展至 2015 年排放量为 65.3×10^4t，增加了 11.09 倍。相比于旅游交通、旅游住宿，旅游活动的碳排放量增幅最大、增速最快。从旅游者来源看，入境旅游者活动的碳排放量波动微小，对旅游活动碳排放总量的贡献也很小，从 2001 年占比 2.5%下降至 2015 年占比 0.2%（图 4-7），因此可忽略。国内农村旅游者活动碳排放量在 15 年间持续缓慢上升，国内城镇旅游者活动碳排放量则是持续快速增加。尤其在“十二五”期间，随着国内大众旅游的快速发展

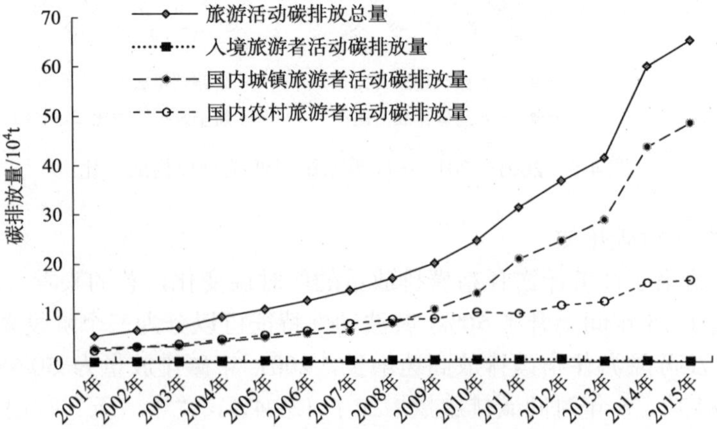

图 4-7　2001～2015 年江苏旅游活动碳排放量变化

及我国城镇化进程的深入推进，城镇旅游者人数及其碳排放量呈现出高速增长趋势。5 年时间里，城镇旅游者活动碳排放量不仅在绝对量上上升了近 3 倍，并且如图 4-8 所示，城镇旅游者活动碳排放量占比超越了农村旅游者活动碳排放量占比，成为不同来源旅游者活动碳排放的主体，至 2015 年，城镇旅游者活动碳排放量占比已高达 74.3%，农村占比则降至 25.5%。

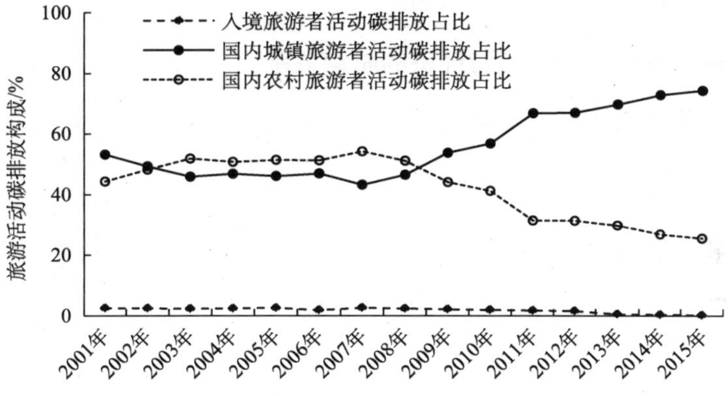

图 4-8 2001～2015 年江苏旅游活动碳排放构成变化

从不同类型旅游活动碳排放来看，如图 4-9 所示，“十五”和“十一五”期间，探亲访友的碳排放量在各类旅游活动中占比最大并持续上升，这是因为“十五”和“十一五”时期，江苏省的国内农村旅游者不仅在数量上快速增加并高于城镇旅游者数量，而且 60%～65%的农村旅游者的旅行目的都是探亲访友。“十二五”规划以来，国家及地方政府出台了多项文件鼓励休闲度假活动，国内旅游者参与休闲度假活动的比例大幅提升，同时，农业转移人口市民化进程加快，江

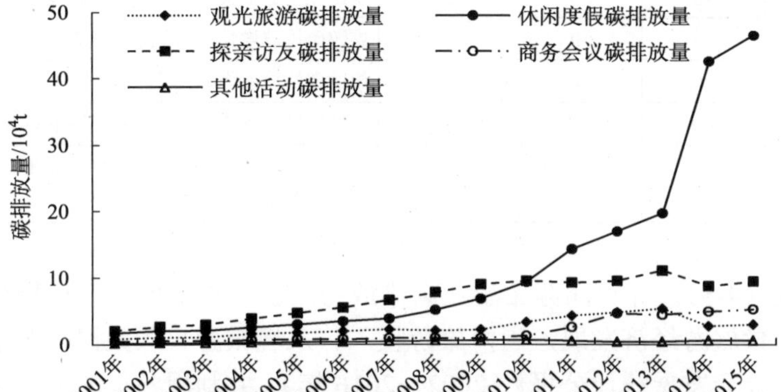

图 4-9 2001～2015 年不同类型旅游活动碳排放量变化

苏省的国内农村旅游者不仅在数量上变化缓慢，而且其探亲访友活动在各项旅行目的中的比重锐减，因此，“十二五”时期休闲度假活动的碳排放量不仅超过了探亲访友碳排放量，还呈现出急剧增加的特征。在这一时期，商务会议的碳排放量增幅也十分显著，而观光旅游碳排放出现了回落趋势。不同旅游活动碳排放的变化正体现出江苏省的国内旅游者从传统的观光旅游、探亲访友目的快速向商务会议、休闲度假的旅游活动目的转变。

4.4.3 江苏旅游业碳排放与旅游经济的脱钩关系

脱钩分析作为人类活动与资源环境压力关系的衡量，近年来成为学术界用来解释区域经济增长与环境变化之间关系的重要手段。Tapio 脱钩模型是当前研究经济（环境等）领域脱钩关系的主要方法，能够动态地反映变量之间的脱钩关系（杨莎莎等，2014；汤姿，2015）。参照 Tapio 模型，对江苏省旅游业碳排放与旅游经济发展之间的关系进行分析，计算公式为

$$t_{\text{year}}=\frac{\%\Delta L_{\text{CO}_2}}{\%\Delta L} \tag{4-5}$$

式中，t_{year} 是脱钩指数，用以表示某年江苏省碳排放变化与旅游经济变化的相对关系；$\%\Delta L_{\text{CO}_2}$ 是江苏省旅游业碳排放量的年增长率；$\%\Delta L$ 是江苏省旅游经济的年增长率。参考汤姿（2015），脱钩指数的分类及含义如表 4-3 所示。

表 4-3　旅游碳排放与旅游经济的脱钩关系分类

脱钩状态	$\%\Delta L_{\text{CO}_2}$	$\%\Delta L$	t_{year}	状态含义
强脱钩	<0	>0	<0	旅游碳排放增长率为负，旅游经济增长率为正，旅游业可持续发展状态
弱脱钩	>0	>0	$0<t_{\text{year}}<1$	旅游碳排放增长率小于旅游经济增长率
负脱钩	>0	>0	>1	旅游碳排放增长率大于旅游经济增长率
衰退脱钩	<0	<0	>1	旅游碳排放下降率大于旅游经济下降率
弱负脱钩	<0	<0	$0<t_{\text{year}}<1$	旅游碳排放下降率小于旅游经济下降率
强负脱钩	>0	<0	<0	旅游碳排放增长率为正，旅游经济增长率为负，是旅游业最不可持续状态

根据式（4-5），计算江苏旅游业碳排放与旅游经济发展的脱钩指数，利用旅游总收入衡量旅游经济发展，国内旅游收入、入境旅游收入数据来源于《江苏省国民经济和社会发展统计公报》（2002～2016 年），并利用各年的美元平均汇率计算江苏省旅游总收入。各年的旅游碳排放增长率、旅游收入增长率及脱钩指数结果如图 4-10 所示。对照表 4-3 的脱钩关系分类，可以厘清江苏省旅游经济发展的

可持续状态，2007～2009 年、2012～2013 年为强脱钩，表明旅游碳排放增长率为负而旅游经济增长率为正，体现了这几年中江苏旅游业处于可持续发展状态。2001～2007 年、2009～2012 年、2013～2015 年旅游碳排放增长率均小于旅游经济增长率，表现为弱脱钩，说明江苏省的能源利用是具有一定效率的，但是要想维持在旅游业高度可持续发展的状态，还须进一步推进江苏省旅游业的节能减排工作。

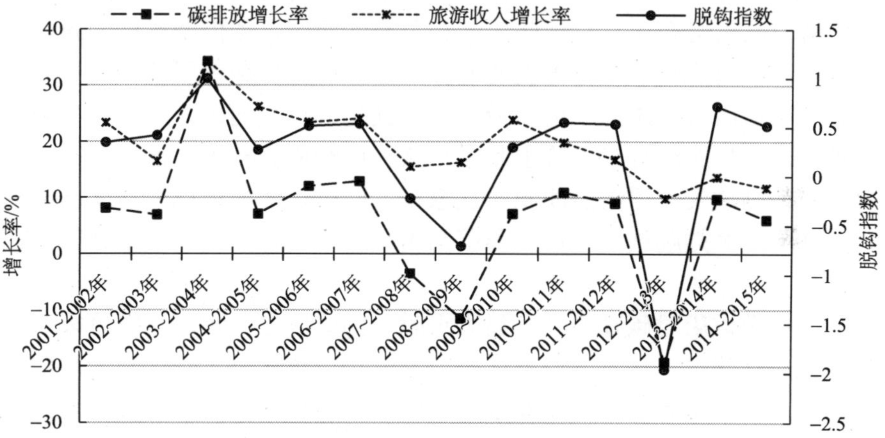

图 4-10　2001～2015 年江苏旅游业碳排放与旅游经济的脱钩关系

4.4.4　江苏旅游业低碳发展对策

从以上分析可知，“十二五”以来，江苏旅游业碳排放总量在波动中上升，主要受旅游交通碳排放的影响。旅游交通碳排放贡献最大且占比居高不下，旅游住宿碳排放量基本持平，占比持续稳步降低，而旅游活动碳排放量及占比均大幅提升。可见，“十二五”期间江苏旅游业的能源利用具有一定的效率，碳减排工作在旅游住宿方面取得了一定成绩，但受到旅游者出行偏好以及旅游活动偏好变化的影响，江苏低碳旅游发展仍然面临较大压力，仍需从旅游行业的各个环节寻求碳减排途径来推动江苏旅游业全面向低碳旅游转变。鉴于此，提出以下江苏旅游业低碳转型发展对策。

4.4.4.1　科学开发，扩大生态旅游产品供给

“十二五”以来，江苏区域内的旅游活动越发偏向休闲度假，而传统休闲度假的碳排放量远远超过其他类型的旅游活动。因此，江苏在旅游资源开发和产品供给上首先要注重生态、低碳原则，防止旅游资源过度、无序开发，努力从产品供给上降低旅游活动的碳排放。

鉴于江苏生态旅游资源丰富，类型齐全，可以依托山地、湖泊、湿地、森林、温泉等，精心设计生态旅游产品，尤其是生态休闲类的特色旅游产品，既可以满足当代旅游者日益增加的休闲度假旅游需求，又可以从供给侧角度改善传统休闲度假旅游产品的高碳排放现状。

4.4.4.2 创新科技，推动旅游企业绿色发展

旅游活动过程中涉及的主要碳排放企业包括旅游交通企业、旅游饭店、旅游景区、旅游商品供给企业。对这些旅游相关企业而言，须借助科技创新，推动企业高效利用并使用清洁的、可再生的能源资源，以提供绿色服务。

对旅游交通而言，碳排放贡献最大，尤其是公路交通碳排放最为显著，因此须大力推广环保型旅游客车。鉴于私家车旅行已经成为一种流行且私家车数量与日俱增，应鼓励购买使用清洁能源的私家车；同时，江苏地域内高铁已经形成网络状，因此应更多鼓励旅游者在江苏范围内从公路出行习惯向乘坐高铁出行习惯转变。

江苏的旅游饭店对碳减排具有显著贡献，因此应进一步加强绿色饭店、绿色客房、绿色餐饮建设。江苏旅游景区在节能减排上也做出了较多努力，如使用环保电瓶车、环保巴士等，将来应要求所有景区都采用绿色设计，使用清洁和可再生能源，保护生态环境，降低碳排放量。对旅游商品企业而言，应鼓励使用环保材料，多推出具有生态特色的旅游商品和纪念品。

4.4.4.3 加强宣传，鼓励旅游者低碳消费

旅游者是旅游活动的主体，应通过各种媒介，加强宣传低碳生活与低碳旅游，促使旅游者从观念上摒弃不合理的资源浪费及旅游过程不环保等行为，进行文明旅游；通过各类宣传，提升旅游者素质，促使旅游者在旅游全过程中自觉、自愿地进行低碳消费。

由于旅游过程包括六大基本要素，即六类消费过程，应倡导每一个要素消费过程做到生态化、低碳化。从旅游出行选择交通工具开始，应尽量选择节能环保、低污染、低能耗的交通工具，旅游过程倡导参与登山、骑行、徒步等生态旅游方式来降低碳的排放。在住宿与餐饮方面，选择绿色饭店，享用绿色餐饮。在游玩与娱乐方面，选择绿色景区及符合生态环保原则的娱乐项目，主动爱护自然环境，不随意产生和丢弃废弃物。在购物时，尽量选择生态、环保、实用的旅游商品，简化包装，进行绿色消费。

由于完整的旅游过程需要多方利益主体共同完成，因此当旅游者的低碳需求和消费与上述旅游企业的绿色、低碳供给相匹配时，就可以真正全面实现旅游全过程的生态化、低碳化。

4.4.4.4　强化监管，健全低碳发展相关法规

当政府不再以 GDP 为唯一发展指标，树立低碳发展的理念，就可以通过强化监管，健全低碳发展的相关法律规范，从行政管理角度快速推进旅游行业的碳减排进展。例如，加大对旅游规划与项目审批的环保审查，从开发源头杜绝环保不达标的项目。通过完善行政部门的监管机制，加大对旅游交通、饭店、景区、商品开发等旅游企业的监督与管理，对旅游污染、高碳排放的实施者采取严格的惩罚制度，切实、有效地预防与控制旅游行业运营过程可能形成的环境污染与破坏。当新的旅游区建成开放后，根据动态监测与督查反映出来的问题，再度优化规划设计使旅游区在活动设计及低碳发展工作方面更为完善，为旅游区的绿色发展和资源吸引力进一步注入新内涵（陈玲玲等，2016a）。

在绿色发展已经成为我国发展主题的时代背景下，当我们审视我国旅游业发展历程与取得的辉煌成绩，不难发现旅游业经济效益的快速提升始终伴随着环境效益的日趋衰退，旅游业绿色转型与发展是我国旅游业可持续发展的唯一出路，必须通过大力发展生态旅游、推进低碳旅游来实现旅游业的绿色化。对江苏而言，具有良好的城市生态旅游发展的基础条件，且低碳旅游也取得了一定的进展；但是，旅游业全面绿色化是一个系统工程，需要各级政府、相关企业及旅游者的共同努力，要大力度地从发展理念、开发方式、旅游产品及旅游消费等方面加快绿色转型，同时也需要相关绿色创新技术的支持（陈玲玲等，2016a）。只有实现了绿色转型，江苏旅游业才能形成可持续发展的牢固基石。

5 江苏旅游产业国际化研究

5.1 江苏旅游产业国际化概述

5.1.1 旅游产业国际化的内容与特征

5.1.1.1 旅游产业国际化的内容

旅游产业作为第三产业中重要的组成部分，因其跨地域性流动的特点，已经成为经济全球化的重要组成部分，因此旅游产业国际化也成为经济全球化及产业国际化理论在旅游业中的具体表现，其同样受全球一体化的经济运行机制的调节，在全球范围内对旅游业的生产要素进行重组和优化配置。

由于旅游产业的特性，其产品覆盖了食、宿、行、游、娱、购等基本要素。因此，从旅游需求角度来看，旅游产业国际化的内容包括旅游客源和旅游产品营销的国际化；从旅游供给角度来看，旅游产业国际化的内容包括旅游设施和服务的国际化、旅游形象和经营管理的国际化、旅游投资和企业的国际化、旅游配套产业及其延伸产业等方面的经济全球化和服务贸易的国际化。旅游产业国际化的研究内容也可以概括为以下四个环节。

1）旅游市场的国际化

旅游市场的国际化是指旅游产业中的需求市场和供给市场实现的资源自由流动的国际化。旅游业的异地性特征决定了其自身的开放性不仅仅是客源来自于开放的外部市场，而且其投资主体、从业人员、技术和信息的流动都必须实现开放性和国际化。因此，要判断一个地区旅游产业是否国际化，就要研究其对国际客源进入该地是否有相关的支持或限制性措施、设施及服务等；研究其对不同类型的旅游业经营主体是否有市场准入限制或地区壁垒，是否贯彻了国民待遇原则；研究其是否具备一定规模的国际化信息流、技术流、人员流和资本流。

江苏地处我国东部的长三角地区，资源丰富、交通便利，吸引外资众多，GDP产值多年来位居全国前列，作为经济发达地区和旅游大省，在旅游产业的国际化中应当有大量的外资旅游企业和国外旅游人才及设施与技术的引进，特别是知名度高的国际旅游企业与经营实体。目前，进入江苏的外资旅游企业主要体现在国际连锁酒店、餐饮企业、旅游文创开发企业和银行等，而且投资主体多以港澳台“独资”、欧美与大陆合资等形式体现。在全球范围内排名靠前的美国运通、日本交通公社、法国雅高等旅游集团虽在无锡和南京等地有过试点，但是囿于各类因素，总体影响有限，占有的市场份额和知名度都较低。

2）旅游产品经营的国际化

旅游产品经营的国际化是指：旅游产品在开发中，应能考虑不同客源国或地区的游客的需求偏好；旅游产品在生产和服务中，应能坚持国际通用标准或者公认的国际旅游惯例；旅游产品在营销推广中，应与全球化的信息传播偏好和方式同步，跟随国际旅游业的发展潮流。

目前，我国的旅游产品在开发、营销与服务的国际化上，从软件到硬件还有很多内容需要完善。值得庆幸的是，借助于国际旅游业的成熟经验和现代科技的发展，我国旅游业有较好的起步和快速发展的契机，尤其是近 20 年来，众多新兴和传统的旅游企业组织在国内消费市场快速增长、互联网消费迅猛发展的大背景下，与科技结合紧密，积极借助智能化设备和互联网平台进行旅游产品的营销与服务。因此，旅游企业只要抓住“互联网+”的发展契机，在产品的营销和服务中充分借助科技手段，为消费者选购和交易旅游产品提供技术支持和方便；经营活动中在保持质量的同时突出个性化发展方向，细分市场并塑造满足目标市场需求的个性化品牌，就有望快速提高我国旅游产品经营的国际化水平。

例如，我国的饭店和民航网络预定系统起步和发展虽然晚于欧美国家 10 余年，但是随着携程、去哪儿网、大众点评网、飞猪、途家等新型网络旅游运营商的出现，目前在饭店检索、比价和预订等主要环节已经和国外差距不大，各大航空公司也能够提供网上预订和值机等服务，因此在销售的环节上已经有较大改善。当然，考虑到客源数量和投入资金的限制，国内的旅游产品经营商在外语页面营销和服务方面，国际化程度偏弱；在具体营销理念和推广的内容水平上良莠不齐，差距较大。

3）旅游设施和服务的国际化

旅游设施和服务的国际化是指旅游产业的管理与接待服务所凭借的基础设施、理念与技术服务水平能达到或接近国际上公认的旅游业发达国家和地区的发展水平。一个地区旅游产业的国际化离不开基础设施和关联服务的国际化，因此，应当在目的地基础设施的建设中按照国际上旅游业发达地区的标准进行建设或改造，包括对于当地的交通、餐饮住宿设施、金融服务设施、通信设施、医疗卫生设施等硬件设施加以重视；同时对当地的旅游业服务水平、居民的友好意识、国际化语言交流程度、政府管理调控能力、营销水平等软件设施进行不断的提高，力争接近或达到国际旅游业发达地区的平均水平。旅游设施和服务的国际化，是游客能够感知到的整体环境的国际化，是软硬件服务水平的国际标准化，是对外开放平等而非内外有别的国际化，尤其是旅游企业和从业人员经营和服务水平的国际化。

回顾我国旅游业的发展，涉外星级饭店的设施和管理服务最接近国际化，这得益于我国在对外开放初期直接参考国际标准，引入外资酒店建设和管理技术的实践。此外，近 30 年来我国旅游目的地的景区的开发建设也有了长足发展，参照国际惯例和标准，从景区的规划和细节入手，旅游设施标识、休憩区和如厕区等都进行了科学而严格的规范，提升了境内外游客的满意度。

4）旅游形象的国际影响力

旅游形象的国际影响力即国际知名度，是指该区域的旅游产业具有明确的形象特征，并且通过一定的传播途径，在国际客源市场上具有一定的知名度。具体体现为该区域的旅游形象拥有较好的影响力和号召力，能够持续吸引国际客源，国际游客的接待服务实现常态化。因此，良好的国际影响力意味着该地区具有能吸引国际游客的特色鲜明的旅游形象，在国际上具有较高的知名度、美誉度，从而具有非常可观的入境旅游人次数规模和综合的社会效益。

全球范围内来看，法国巴黎、意大利罗马、美国夏威夷和马尔代夫等地区和国家都具有鲜明的旅游形象和重要的国际影响力。对比而言，我国在境外的旅游营销中，传统的长城、西安兵马俑、苏州园林和漓江山水等影响力较大，但是我国拥有众多的旅游资源和辽阔的地域，大部分区域的旅游景点和依托的旅游产业在国外的知名度有限，并且区域内资源的相似度高，竞争激烈，品牌形象模糊，这在以历史文化旅游资源为主的地区体现得更为明显。

5.1.1.2 旅游产业国际化的特征

1）国际化水平的整体性

旅游产业的国际化水平依赖于该国或该地区社会经济发展的整体国际化的水平。由于旅游产业涉及面广，旅游产业的国际化需要多方面的配套与支持，是一项系统性工程，需要从整体全局的高度来评估旅游产业国际化所需要的基础设施、人员素质、产品开发与环境支持等工作。因此从整体而言，一个地区旅游产业要实现国际化：首先，要有国际化的旅游基础服务设施和环境，包括国际化的交通枢纽和快速舒适的交通网络、便捷的信息咨询和出入境程序、高效率的金融兑换和预订结算服务、高品质的绿色生态环境、目的地居民友善的态度和较好的外语交流水平、安全完善的紧急救助体系和高水平的医疗卫生服务等。其次，要以国际化标准对旅游产业的体系进行整体建设，包括对旅游资源的规划和开发要具备国际化的视野和举措，旅游产品的定位、包装和形象传播要符合国际客源市场的需求偏好与规律，旅游景区、饭店、交通工具等设施不仅齐备，而且能够达到国际化的服务标准，各处旅游信息和标志等国际化语言指示和解说等配套服务成熟，使整体的旅游业经营和服务水平达到甚至超过国际标准。

2）国际化指标的多样性

旅游产业国际化是一个渐进的过程，随着我国旅游业的深入发展，很多地区的旅游业都在一定程度上实现了国际化，但是由于不同地区旅游业要素、社会经济文化发展进程及水平的差异，其旅游产业国际化的程度也有较大的差距。在衡量旅游产业国际化的指标选取上，也就要兼顾不同地区不同阶段的发展特征，选择具有可比性、包容性和代表发展趋势的多样化指标来进行基本的分析。通常情况下，旅游产业国际化的基础指标可用图 5-1 来概括。

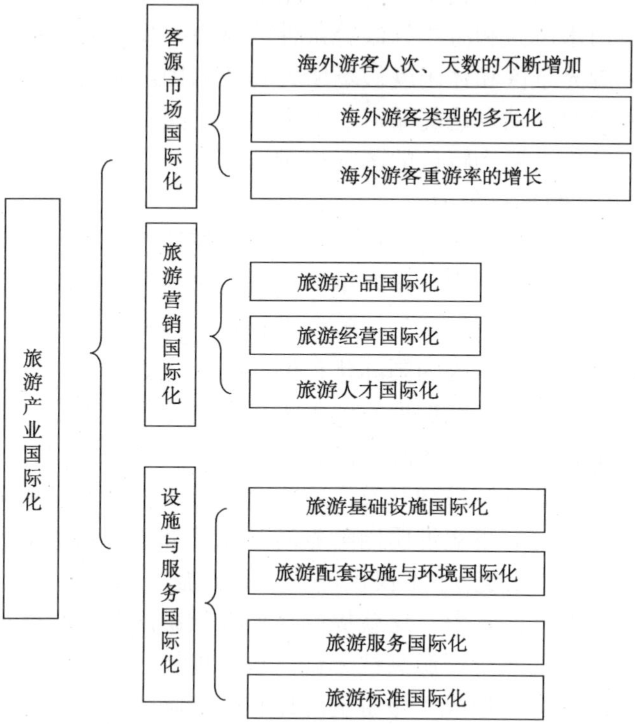

图 5-1 旅游产业国际化的基础指标

由图 5-1 可以看出，旅游产业国际化的实现，需要全面考虑旅游产业的各要素，设置多层级和多样化的基础指标，考核基本的旅游业要素是否实现了全球化的资源流动和配置。借助全球化的资源流动机制，若旅游资源的各项要素也实现国际化的规模流动与合理配置，则有利于该地区的旅游业突破国内外客源市场与经营主体的限制，推动其创设符合国际经营管理的现代旅游企业组织，适应旅游市场国际化的要求，从而实现旅游市场开发持久化和利润最大化的目标，有助于旅游地获得更好的经济和社会效益。

3）国际化旅游形象的知名度

旅游产业国际化较高的地区，通常都具有突出鲜明的旅游资源特色和知名度较高的国际化旅游形象。在这些地区的旅游资源开发中要考虑资源的特性、目标市场的偏好和竞争对手的优势，通过对旅游资源的准确定位和整合来明确自身产品的特色，在保持旅游目的地整体风格高度一致性的同时，塑造特色鲜明的国际化旅游形象，并借助各种推广途径来提高旅游形象的知名度，从而对国际旅游客源市场产生强大的旅游品牌吸引力。因此，以我国各主要旅游城市旅游资源的类型为例，具备悠久中国文化历史底蕴的城市，如北京、西安、南京、洛阳等地，应在国际化标准化的同时，突出营销以中国历史文化要素为整体风格的国际旅游形象；具备优美山水风光和海洋气候等条件的城市，如三亚、桂林、昆明等地，则应重点营造以观光景区和休闲度假场所为特色的国际旅游形象；而具备较强的产业实力和国际商贸活动发达的城市，如上海、广州、青岛等地，则应重点营造以工商业旅游、节庆会展为特色的国际旅游形象。

4）国际化产品的高竞争力

传统理论认为旅游资源具有不可移动性和垄断性，是旅游业发展的核心吸引力，在旅游目的地竞争中具有举足轻重的地位；但是在当代国际化竞争中，旅游目的地的国际化程度对旅游资源的依赖性下降，反而对城市的经济发展程度和交通便利程度的依赖性较高，因为国际化程度高的区域更有可能创造出个性化的旅游产品形态。如中国香港、新加坡等地先天旅游资源优势不足，但是凭借强大的经济实力和独特的地理位置、国际化的旅游产品开发和服务理念，在旅游会展、主题公园和休闲娱乐业领域精细开发，成为全球范围内知名度和美誉度较高的国际商务旅游目的地。这一事实说明国际旅游产品的竞争会从资源优势提升为竞争优势，即国际旅游区域间的竞争不仅仅停留在先天旅游资源优势比较的表层竞争，而是存在更加纵深的产品竞争，这就提醒我们在旅游产业国际化进程中，不要以为可以凭借先天丰富的旅游资源高枕无忧，更不能轻视缺乏传统旅游资源优势的区域竞争对手，否则容易形成“旅游资源比较优势陷阱”。随着旅游市场需求的个性化和供给市场竞争的激烈化，旅游目的地要更加重视旅游资源的产品转化问题，将旅游产品开发的思路从资源导向型转向需求导向型，着重考察旅游国际化产品的高竞争力背后的影响因素。

5.1.2 产业国际化是江苏旅游发展的必然选择

江苏作为我国的经济强省和人文旅游资源丰富的旅游目的地，多年来在入境游和国内游的发展中一直位于全国前列。随着我国旅游产业结构的转型和市场需求的变化，无论是从经济全球化还是旅游业的发展规律来看，都有必要参照国际化标准，进一步提升江苏旅游资源的开发水平和服务质量，因此江苏旅游产业国际化是江苏旅游业未来发展的必然选择。

1）有利于拉动区域经济协调发展

江苏虽为长三角地区的经济发达省份，但内部发展水平层次不一，区域经济发展并不均衡。以长江为界，苏南地区的整体经济和交通发展优于苏北，但是旅游资源相似度高，空间有限，开发中所需要的资金成本高；而苏北地区占地面积广，各地区旅游资源差异性明显，但旅游产业投资有限。世界旅游及旅行理事会早已指出，旅游收入可以为相关行业增加乘数 0.517，综合旅游收入每增加 1 元，可带动第三产业相应增加 10.7 元；旅游外汇收入每增加 1 美元，利用外资额则相应增加 5.9 美元。因此，旅游业国际化发展可明显带动直接和间接相关产业的同步发展，产生相互拉动作用。近 20 年来，随着江苏省内高速公路和高铁路网的完善，已有并将有更多的省内外游客选择到苏北的旅游景区游玩，但是统计数据显示苏南地区的入境客流还未导流至苏北地区，两者接待入境游客的数量差距明显。所以，江苏省若要进一步协调发展区域内的旅游产业，可以考虑通过实现旅游产业的国际化来优化产业结构，促进整个区域的综合发展。

2）有利于促进城镇建设，提高居民生活质量

作为东部沿海的发达省份，江苏的城镇建设虽然已经位于全国前列，但是与发达国家和地区城镇设施的人性化与人文环境的国际化尚有差距，居民的生活质量仍然有待提高。而旅游产业国际化对硬件设施的要求之一就是城镇建设和居民的生活环境达到或接近国际发达地区，因此，江苏在实现旅游产业国际化的同时，对城镇设施和环境按照国际化标准进行改造，能够使居民在生活舒适度、社会公众意识、环保意识、文化理念及所在地的归属感和荣誉感等方面有实质性地提升，从而可以增强该地整体氛围环境对国内外旅游者的吸引力。所以实现江苏旅游产业国际化，对于江苏各地城镇建设水平和居民生活质量的提高都会起到积极的推动作用。自改革开放以来，江苏的苏州和无锡地区因大量引进外资外企，在城镇建设方面也间接受益，苏州的古城和新区的合理规划，既保护了传统的姑苏古城风貌，又有了高起点的金鸡湖新区规划，在保持着“上有天堂、下有苏杭”美誉的同时，连续多年雄踞江苏各城市 GDP 的榜首，成为城镇建设的经典案例。

3）有利于进一步保护和开发省内众多的历史文化名城和小镇

江苏自古以来人杰地灵，古迹众多，拥有众多的历史文化名城和小镇。在旅游产业的结构化转型中，开发旅游产业和推进国际化都要建立在保护省内的文化旅游资源的前提之下，必须坚持开发与保护并重的理念和可持续发展的原则，积极研究和学习西方发达旅游国家和地区在历史古镇开发与保护中的经验和教训。所以通过研究学习意大利、西班牙和法国等地的世界非遗文化小镇的开发案例，将之借鉴到江苏的旅游产业国际化进程中，将有助于解决省内诸多历史文化名城保护与利用之间的矛盾，使历史文化名城的开发和保护具备国际化的视野和方法手段，真正实现文物保护与旅游发展的良性促进。

4）有利于深度开发体验类文化旅游产品，发挥江苏文化旅游资源和产品的比较优势

江苏的文化旅游资源众多，并且很多已经伴随中国的文明发展史和对外传

播而广为人知。例如，日本游客对苏州寒山寺的了解就得益于该国普及的中国唐诗《枫桥夜泊》。因此，我们应该借此契机，深度开发体验类的文化旅游产品，让游客走入历史，寻找代入感，从而发挥出江苏文化旅游资源和产品的比较优势。

5.2 江苏旅游产业国际化程度的指标分析

5.2.1 旅游产业国际化程度的指标

由于旅游产业国际化包含的内容广泛，在具体的国际化进程中很难同时全面发展，因此旅游产业国际化的进程会体现出阶段性、层次性和多面性的特点。对于不同地区不同阶段旅游地的国际化水平的判断，不能简单化判断，而是需要从旅游目的地供给角度和游客评价的角度，在参考已有的研究理论和业界专家意见的基础上，从多角度系统科学地设计评价的要素指标，来构建准确、客观、易评估和操作的指标体系。

从旅游服务与供给的角度来看，标志性指标包括旅游客源市场国际化水平、旅游经营国际化水平、国际形象、配套设施国际化水平、管理服务国际化水平、环境氛围国际化水平等，本书将在此基础上对相关的具体指标进行分类评述。

同时，为了更好地认识江苏的旅游产业国际化水平，本书中选取国际旅游名城香港作为主要比较对象，并与内地一些省份和直辖市进行辅助性比较。数据源自各地政府的官方网站，截止时间为2017年12月。在评价比较中，能量化的指标尽量量化赋值，无法量化的指标采取模糊评价法，在一定数量专家和公众评价的基础上，以“*”（星）来代表水平，5颗星（*****）代表最高水平。评价比较结果如表5-1所示。

表5-1 样本地区的旅游国际化水平测度指标

综合指标	分类指标	具体指标	香港	上海	北京	江苏	浙江	西安
旅游客源市场国际化水平	2014年入境游客数	过夜人次/万人	2777	639.62	246.46	297.10	370.88	266.3
		市场比重/%	49.9	11.5	4.4	5.3	6.7	4.8
	2015年入境游客数	过夜人次/万人	2668.6	653.59	232.88	305.01	459.02	293.03
		市场比重/%	46.9	11.5	4.1	5.4	8.1	5.2
	2016年入境游客数	过夜人次/万人	2655.3	690.4	236.83	329.77	525.6	338.2
		市场比重/%	—	—	—	—	—	—

续表

综合指标	分类指标	具体指标	香港	上海	北京	江苏	浙江	西安
旅游经营国际化水平	旅游产品的国际化	自助游	*****	*****	****	***	***	**
		商务游	*****	*****	**	***	***	*
		休闲游	*****	**	**	****	****	**
		高端游	*****	**	**	*	*	*
		旅游电商	****	*****	*****	*****	*****	**
		手机应用	****	****	****	****	*****	**
配套设施国际化水平	国际航线条数/条		324	90	113	18	31	13
	区域内交通	高铁车次	***	542	423	533	221	186
		地铁线条数	11	14	19	13	5	3
		出租车服务	25.1	20.25	30.71	17.76	10.99	13.78
	旅游标识	分布密度	*****	****	****	***	**	**
		图文规范	*****	****	****	***	**	**
		双语情况	*****	****	****	***	***	**
	通信、邮电	通用性	*****	****	****	****	****	****
		便捷性	*****	****	****	****	****	****
		性价比	*****	****	****	****	****	****
管理服务国际化水平	信息服务水平		*****	***	***	**	**	**
	入境	通关简便性	*****	***	***	***	***	***
	金融	设施便捷度	*****	**	**	**	*	*
		服务水平	*****	**	**	**	*	*
	外语	服务水平	*****	***	***	*	*	*
	市场	规范性	*****	***	***	**	**	**
环境氛围国际化水平	居民	英语普及度	*****	**	**	*	*	*
		友好程度	*****	****	****	****	****	****
	环境	绿化程度	*****	***	**	***	***	**
		空气质量	*****	***	*	***	***	*
		噪声状况	*****	***	***	***	***	***
国际形象	知名度		*****	****	****	*	*	**
	美誉度		*****	***	****	**	*	*
	实际旅行经历		*****	**	**	*	*	*
	商品/服务的购买		*****	**	**	*	*	*
	国际化的认可度		*****	****	****	**	*	*

注：1.市场比重：指占当地当年总市场的比重。

2.高端游指在旅游区域内（不含大交通）人均日花费超过 1500 元的项目，如高尔夫旅游。

3.出租车服务：考虑各地人口差异，为方便对比研究，出租车服务数量的统计单位为：台/万人。

需要说明的是，表 5-1 借鉴了安霍尔特-捷孚凯国家品牌指数，将旅游产业国际化的游客评价指标也纳入国际形象一栏中。安霍尔特-捷孚凯国家品牌指数（Anholt-GfK Roper national brands index）是由英国学者和政策分析家西蒙·安霍尔特（Simon Anholt）于 2005 年创建的一套测量国家品牌形象的方法。其设计的问卷采用 7 分制，通过满意度打分来了解受访者对目的地国家或地区的形象认知程度，包括知名度、美誉度和实际的访问感受等。表 5-1 中为了统一对比，借鉴该指数将相关指标从低到高设计为*****（五星）制。

5.2.2 基于样本数据的我国旅游产业国际化程度的分析

由样本数据和表 5-1 可以看出，我国各地区的旅游产业国际化程度主要存在以下特征。

1）国际化程度差异性大

表 5-1 中数据显示，我国各个区域的国际化差异程度非常明显。香港几乎各个指标都遥遥领先，而上海和北京紧随其后。相比较而言，苏浙陕的国际化各方面指标还远远落后于香港。例如，2014 年江苏过夜入境游客的数量仅有香港的 11%；浙江的国际航线的数量仅有香港的 9.6%，西安的地铁数量仅有香港的 27%。另外，在国际知名度和英语普及程度方面，香港都达到 5 星水准，而内地则位于 4 星至 1 星之间。

2）国际化程度梯队化

一方面，北京和上海作为第一梯队，长期在各项指标中紧随香港，这和苏浙陕地区的设施及服务的国际化水平较弱有关。但是从连续三年的入境过夜人数来看，虽然港沪京仍稳稳占据前三位，不过它们的占比有所下降，而苏浙陕等地区的占比均有所提高，说明随着二类区域的经济腾飞和旅游产业国际化的发展，入境游客逐步开始认知并选择这些地区，客流开始向二线旅游地区转移。

3）国际客源结构分化

统计显示：我国海外客源结构发生明显变化，以观光产品为主的目的地，存在入境游客增速缓慢甚至总数下降的情况，商务和休闲类旅游产品更受国际客源的青睐。入境游客增速缓慢甚至总人数在下降，传统观光类旅游产品对国际游客的吸引力下降，国际旅游形象在吸引客人重游率上或非观光客人上有局限性。回顾 20 世纪 80 年代我国旅游业发展的早期阶段，传统旅游目的地依靠具有垄断优势的旅游资源，打造了较为鲜明的国际化形象，例如北京和西安，对国外游客有着巨大的吸引力，常成为来华首选。但是观光客人的重游率远不如商务客人高，而且传统的观光产品也会固化客人的认知，形成对旅游地的刻板印象，影响其重游率。因此，以上海、江苏和浙江为代表的商务及休闲类旅游产品的优势明显，对客人的吸引力逐渐增强。例如，日本由于与韩国经济发展程度相仿、自然环境和人口社会情况近似，对韩出境旅游偏好较高，尤其是2008年金融危机后，日本对韩国的出境游偏好进一步上升，对华出境游下降至我国入境游客流的15%左右；而韩国由于对华商贸活动的增加，对中国的旅游偏好持续上升，在我国入境客流占比中稳定在16%左右；对日本的旅游偏好在平稳中持续下降（周露和孙根年，2014）。

4）区域经济国际化

旅游产业的国际化程度和该区域经济发展的水平与特征密切相关。与香港相比，内地旅游服务设施的国际化和标准化还有很大差距。这和内地各区域与香港，甚至京沪的经济发展水平的差异是相关的。尤其是旅游涉及大量基础建设项目，需要当地强有力的经济投入和持续不断的维护。因此，经济越发达的地区，越有可能投入更多的资金改善基础设施，甚至再造人文景观，吸引更多游客前来出游或重游，形成良性循环。

5）品牌竞争国际化

在信息时代和经济全球化的背景下，旅游目的地的国际化已进入品牌竞争期，清晰有效的品牌营销有助于快速拓展和锁定客源。在进行目的地的国际知名度和美誉度调查时发现，香港、北京和上海是我国具有国际知名度的旅游目的地，西安因为独特的兵马俑等历史文化资源，在国际上也有一定的知名度。而江苏的南京和浙江的杭州，由于地理文化的相似性，在国外游客的心目中知名度和品牌形象的清晰度还有待提升。值得一提的是，地处长三角经济带的杭州市在近20年来推广本地旅游形象时，针对来自上海入境的百万客源，打出了休闲之都的品牌口号，通过精准的定位和成功的包装，有效地提升了其在国际游客中的知名度。相比较而言，南京的旅游品牌形象经历了较长的探索时期，比较偏重中国传统文化，对于不了解中国历史的国外游客而言，认知度较低。

6）测量指标复合化

旅游评价中的一些复合指标影响到旅游地的国际化形象，成为更受看重的影响因素。例如，由于2010年以来空气污染指数的发布与科普，受北方雾霾的影响，部分游客考虑到身体健康因素而尽量避开北京雾霾的高发时段，从而使北京旅游的淡旺季更加明显。对比之下，长三角地区的苏浙沪由于总体空气质量受雾霾影响较小，因此旅游淡旺季的差距并未比以往增大。

5.3 江苏旅游产业国际化的现状与问题

5.3.1 江苏旅游产业国际化的现状

为掌握江苏旅游产业国际化的总体现状，本书写作时查找了我国各省市地区的政府官网，整理出了初步数据，见表5-2～表5-4。

表 5-2　2013～2016 年江苏省各地接待旅游入境人次数及外汇收入

城市	2013 年		2014 年		2015 年		2016 年	
	人数/万人次	外汇/万元	人数/万人次	外汇/万元	人数/万人次	外汇/万元	人数/万人次	外汇/万元
苏州	144.21	135687	145.33	170463	151.20	200183	161.28	216708
南京	51.86	40063	56.62	55293	58.81	63999	63.78	67617
无锡	39.12	26985	40.31	32994	39.13	35783	43.92	38954
南通	21.69	11196	18.72	10792	17.30	11668	18.02	12482
常州	11.00	7590	12.04	10160	12.70	12066	14.59	13147
扬州	4.78	3711	5.35	4919	5.12	5588	5.86	6280
镇江	3.67	3130	4.50	4640	5.30	5992	5.49	6479
盐城	2.61	2533	4.22	5511	4.91	5866	5.31	6419
徐州	2.58	2193	2.95	2975	3.38	3861	3.41	3938
泰州	2.66	1990	3.00	2791	3.19	3255	3.61	3631
连云港	2.42	1668	2.30	1876	2.03	2064	2.26	2281
淮安	1.06	888	1.36	1313	1.47	1558	1.82	1705
宿迁	0.37	355	0.40	546	0.47	846	0.42	721
合计	288.03	237989	297.10	303271	305.01	352729	329.77	380362

表 5-3　江苏省 2014～2016 年入境旅游者基本信息

项目		2014 年		2015 年		2016 年	
		人数/万人次	占比/%	人数/万人次	占比/%	人数/万人次	占比/%
性别	男	171.7	57.8	161.4	52.9	177.1	53.7
	女	125.4	42.2	143.7	47.1	152.5	46.3
年龄	≤24 岁	27.6	9.3	38.4	12.6	17.4	12.7
	25～64 岁	249.6	84	250.4	82.1	270.4	82
	≥65 岁	19.9	6.7	16.2	5.3	17.5	5.3
主要旅游目的	商务	94.8	31.9	93.9	30.8	98.2	29.8
	观光游	76.9	25.9	80.5	26.4	89.1	27.0
	休闲度假	40.7	13.7	40.6	13.3	42.9	14.3
	会议	43.1	14.5	44.8	14.7	48.5	14.7
	文化交流	16.9	5.7	16.5	5.4	16.4	5.0
	探亲访友	11.6	3.9	13.7	4.5	14.8	4.5
	购物	1.8	0.6	2.1	0.7	2.64	0.8

续表

项目		2014年		2015年		2016年	
		人数/万人次	占比/%	人数/万人次	占比/%	人数/万人次	占比/%
主要客源地	中国台湾	85.00	28.6	89.40	29.3	95.6	29.0
	日本	41.93	14.1	39.71	13.0	41.5	12.6
	韩国	34.87	11.7	35.82	11.7	40.8	14.6
	美国	19.69	6.6	20.99	6.9	22.5	6.8
	中国香港	14.40	4.8	14.00	4.6	15.4	4.7
	马来西亚	9.87	3.3	9.36	3.1	9.1	2.8
	德国	9.9	3.3	9.90	3.2	10.3	3.1
	新加坡	6.9	2.3	6.65	2.2	6.9	2.1
	加拿大	6.6	2.2	7.60	2.5	7.9	2.4
	英国	5.4	1.8	5.40	1.8	6.0	1.8
	澳大利亚	5.4	1.8	5.35	1.8	6.0	1.8
	印度	4.9	1.6	5.43	1.8	6.5	2.0

表 5-4 江苏省 2015～2017 年度旅游接待表 （单位：万人次）

年份	1月	2月	3月	4月	5月	6月	7月	8月	9月	10月	11月	12月
2017	24.8	21.4	31.4	31.4	31.2	32.0	29.4	29.4	—	—	—	—
2016	—	19.0	28.4	28.6	28.3	26.6	25.8	26.8	30.3	31.7	31.1	33.0
2015	—	17.8	26.8	26.8	25.6	24.6	24.1	24.7	26.6	28.8	28.7	30.5

由表 5-2～表 5-4 可以看出，目前江苏旅游产业国际化的现状主要有以下特征。

1）入境客源市场稳中有增

总体上，江苏的客源市场维持稳定，小幅增长。从 2013～2016 年的数据可以看出，入境游客人数从 288.03 万人次，增长到 329.77 万人次，平均增幅约为 3%。这主要与 2008 年以来的全球金融危机、人民币升值等综合因素的影响有关；但是也说明江苏作为传统的旅游目的地，客流已经进入稳定期，即将面临衰退的危险，需要及早规划旅游产品的创新开发与营销。尤其是来江苏的主要入境旅游客源中，以日本为代表的亚洲地区的客源出现下降趋势，而欧美地区和大洋洲地区客源市场以上升为主；当然，总体上目前中国台湾和日本还是占据江苏入境旅游客源的前两位。

2）旅游客流分布均匀

入境数据显示，江苏的旅游淡旺季差异逐渐缩小，全年除 1～2 月春节外，其他月份的客流分布较为均匀。江苏地处华东地区，自然地理气候条件较为优越，全年均可接待游客，但是考虑到中国传统春节期间大量劳动者返乡，旅游服务业缺员严重，故表 5-4 反映出的数据未必是客人的需求在春节前后锐减，反而有可能是因为 1～2 月江苏劳动力市场缺乏旅游服务人员而导致客人需求的被动减少或转移。

3）游客偏好发生变化

商务、观光和休闲游客人比例居前三位，但传统商务游占比在逐年下降；会议旅游和休闲游的游客比例增速较快。这说明客源结构和市场需求更加多样化；传统的商务旅游需求进一步细分出增长迅速的会议会展旅游需求。此外，随着江苏地区交通和服务设施的日益完善，客人选择自助游的比例明显增加，这不仅在一定程度上表现为休闲游客人占比的快速增加，也部分解释了江苏旅游淡旺季差异逐渐缩小的原因。

4）入境客流的区域差异大

进一步分析江苏省各地的统计数据，可以发现入境客流区域分布呈现南高北低趋势，苏州、南京、无锡、南通和常州稳居前五位。这个数据不仅和江苏境内旅游资源的分布特征有关，而且和目的地区域的对外经贸发展水平密切相关。其中苏州以绝对优势领先于排名第二的南京，这和苏州作为上海的后花园，在吸引外资、承接外部经济和服务方面的表现一贯吻合。

5）入境客源地有待进一步拓展

多年来，江苏的入境游客来源地较为集中，中国台湾、日本、韩国、美国和中国香港稳居前五位。这说明江苏的主要入境客源目前仍然以东南亚为主，欧洲客源偏少。究其原因是江苏的总体外资引进和工业外贸都在全国名列前茅，例如苏州昆山聚集了大量台资企业和台胞，体现在旅游外贸服务中中国台湾客流占比较高；但是对于欧美地区外贸交流的形式以产品出口为主，缺乏类似台胞全面的深度交流，因此在该区域的入境客流方面还有很大潜力可以挖掘。

值得注意的是，与日韩客源地不同，位于东南亚的印度尼西亚、泰国和菲律宾等国家与江苏并没有互为重要的旅游目的地。数据显示，泰国、印度尼西亚和菲律宾在江苏省入境旅游客源市场中所占份额低于平均水平，这说明江苏国际旅游业的出境客流在东南亚虽然有重要地位，但是入境客流并不具有市场优势。因此，江苏应该充分利用本省客源输出东南亚的优势，重视与该地区各主要国家的市场推广互动，借助旅游业界交流合作的营销推广活动来提升江苏省内各个重点旅游目的地的知名度和美誉度，以便开拓东南亚地区的海外入境客源市场。

5.3.2　江苏旅游产业国际化中存在的问题

江苏省位于我国东部的长江三角洲，气候适宜、经济发达、交通便利，旅游资源丰富，旅游产业总体上处于国内领先水平。然而，回顾江苏旅游产业的国际化进程和评估指标，可以发现在很多地方还存在着不足和局限。

5.3.2.1 旅游产品的国际化经营水平有限

江苏旅游产品的国际化经营水平有限，主要体现在以下几方面。

1）旅游产品品牌的国际影响力有限

一方面，江苏的自然旅游资源及产品的相对优势不明显，缺乏国际影响力和品牌号召力。江苏的内陆以丘陵地形为主，缺少高大山脉和壮观景象，与安徽黄山、山东泰山等都无法比高。江苏虽然有不短的海岸线，但是沙滩质地不佳，与青岛和海南岛等地的近海旅游资源等级差距较大。江苏虽然湖泊众多，但是人类活动更多地影响了大自然，难以开发探险旅游资源。因此，江苏在自然山水领域，更多强调的是人与自然的和谐互动，缺乏真正有号召力的自然旅游资源品牌。

另一方面，江苏的文化旅游资源和产品的国际知名度不高，缺乏强势的文化影响力。尽管江苏拥有众多的非遗类旅游资源和产品，但在国际上缺乏较高的评价和强大的话语权，难以体现文化影响力。例如，江苏境内著名的宜兴紫砂陶，虽然一向以茶具在国内和日本著称，但是作为陶瓷大类而言，在欧美主要客源地的知名度还远不如江西景德镇的瓷器和浙江龙泉的青瓷，因而缺乏较强的陶瓷品牌和文化影响力，距离旅游纪念品的国际化还有很长的路要走。

与之相对比的是区域面积狭小的新加坡，虽然严重缺乏自然旅游资源，但是新加坡地方政府能够扬长避短，注重打造人文旅游资源，尤其是在主题公园和民俗生活上竭力挖掘，打造差异化的旅游吸引物。新加坡政府甚至利用自己地处东南亚交通枢纽的地理优势，在提升机场服务的同时不忘建设特色机场，通过机场内的瀑布森林形成了别具一格的差异化竞争，吸引客人前往新加坡中转并旅游。此外，新加坡政府还通过严格管理、不断提升服务质量、培养居民的旅游意识、创新旅游产品与服务、提升旅游产业的附加值等手段给每一个游客留下了热情好客与优质服务的印象。

2）旅游产品设计理念的国际化程度有限

江苏的旅游产品包括旅游线路在开发中，由于设计理念较传统，缺乏国际性、时代性和前沿性，因此未能更加深入地满足不同类型国际客源的需求。苏州园林和江南水乡虽然早已蜚声国外，但是也面临着浙江、安徽同类产品的激烈竞争，并且由于产品种类和创新的不足，抑制了客人的重游率以及多元需求。以 2017 年为例，江苏省将 2017 年作为入境旅游推进年，在澳大利亚设立了首个亚洲区外的江苏旅游推广中心，但是推出的品牌依旧是“水韵江苏”，在某种程度上再次强化了江苏省内旅游资源的刻板印象。其中一个关键原因在于，国内的旅游从业人员的专业化和国际化程度相对较低，在线路设计和产品开发时的创新性不足，参照国内市场的销售经验或传统的海外代理商的销售套路进行低效率和低标准的开发，因循守旧缺乏个性化和品牌意识。更残酷的现实是，即使这种有一定销售经验的从业者也正面临旅游业转型产品更新换代的挑战，旅游产品的开发人才缺少国际化和专业化的培训、实践和选拔，这一机制的不完善从根本上制约着江苏各地旅游业的国际化发展。

3）旅游产品营销方式的国际化程度有限

查阅近 10 年的统计资料可以发现，江苏省旅游产品中最常见的旅游线路和景点产品的推广主要依赖于奔赴客源地参加传统的展销会和发布会，通过旅行社代理商来进行地推，对于布局网络平台、手机终端等新媒体社交途径的营销推广应用还有待加强；另外一类重要的文创旅游产品的国际化则过于依赖非营利性的外交途径而非市场途径。例如，近年来，尽管云锦的国际知名度不断提高，但其途径主要是通过我国各级政府在大型的博鳌亚洲论坛、东盟国际峰会、中非国际论坛、青奥会和名城会等国际活动中以国礼的方式赠送出去，而非真正地通过贸易手段走向国际市场，未能有效实现市场自主交易的规模化销售。这种单一的、非市场化的国际化途径令人担忧。

5.3.2.2 入境旅游市场指标增速有限

从表 5-2 和表 5-3 可以看出，江苏的入境客源市场增速缓慢，旅游外汇收入占比较低，与其旅游大省的地位并不匹配，这说明江苏在对国际游客的吸引力和消费号召力方面有一定的潜在危机。追寻原因，一方面是和多年来江苏的旅游形象固化及新产品知名度低有关。江苏在国际市场中的江南水乡、小桥流水的形象经过近四十年的对外宣传，已经得到固化，这在一定程度上意味着其对传统观光客人的重游吸引力在下降，说明产品创新和形象创新迫在眉睫；但是新产品的推广方式有限，推介会采取图片展示、宣传片观赏、专题推介和业界交流等方式，对于散客的吸引力难以保证。例如，江苏省旅游局近年连续多次带领省内各市前往国外进行市场推广——2017 年 6 月组织苏州、连云港、淮安、泰州四市旅游部门赴俄罗斯举办“水韵江苏”旅游推介促销活动；2017 年 6 月以“YOLO！水韵江苏”为主题参加韩国国际旅游展；2018 年 4 月以“水韵江苏·相约香港”为主题在香港推广江苏文化嘉年华活动；2018 年 6 月还组织省内常州、泰州和南通三市代表赴英国、爱尔兰举办“水韵江苏”旅游推介及摄影图片展活动；2018 年 11 月在德国慕尼黑举办“水韵江苏”旅游推介会等。虽然可以通过现场推介、图片展示、专业洽谈等形式进一步展示“水韵江苏”的美好形象，但是在信息技术时代，更多的产品信息应考虑旅游消费者尤其是散客的信息接收通道，侧重于信息的多媒体途径传送。

此外，由于国内交通条件的快速改善，尤其是高铁和高速公路的密布，江苏省内外的区间交通非常发达，消费产品种类有限，客人抵离的节奏加快，住宿和消费的比率都在下降，这也直接导致了旅游外汇收入增长速度的低迷。

5.3.2.3 旅游经营主体的国际化水平有限

由表 5-5 可看出，虽然江苏省近年来的旅游投资绝对额在增加，但旅游投资中的外资引进与利用的比率呈下降趋势。阻碍江苏旅游产业国际化的主要原因还有国家相关部门对江苏旅游产业的投资力度不足，主要表现为政府及有关部门对旅游产业的投资和引进外资不够、员工和用地成本较高、基础设施建设不完善、旅游服务产业素质参差不齐、在国际上的宣传力度不足等。与此同时，江苏省虽然是旅游大省，但是旅游业经营主体雇用外籍员工、海外投资经营的比例也极少，这和我国旅游业经营主体的总体实力不强有关，同时也从另一个侧面说明我国旅游经营主体的国际化水平有限。利用外资的比率一直持续走低，这意味着江苏的对外旅游产业政策还需要进一步加大力度。

表 5-5 2013～2017 年江苏入境旅游相关指标

指标	2013 年	2014 年	2015 年	2016 年	2017 年
入境旅游人次数/万	288.03	297.1	305	329.8	329.8
旅游总收入/亿万	7195.25	8145.48	9050.08	10263.58	11602.58
占地区生产总值/%	5.4	5.5	5.6	6.0	6.0
入境旅游收入/亿元	23.8	30.3	35.3	38.04	38.04
旅游投资/亿元	1304.618	1534.2	1705.35	1900	1900
高于省固定资产投资增幅/%	1.3	2.1	0.7	3.9	—
利用外资/%	3.9	2.8	1.16	0.95	—
大型境外旅游促销次数/次	5	8	3	7	9

5.3.2.4 国际旅游形象的定位与品牌塑造能力有限

江苏省作为华东地区的省份之一，与周边相邻省份在旅游资源上有较强的相似性，旅游产品在入境客源市场具有高度的可替代性；同时在更广的区域范围内，还与国内其他旅游目的地存在着直接竞争关系。因此，江苏省在旅游产业的国际化中，急需突出自身国际旅游形象的差异化，即通过对自身国际旅游形象的精准定位和品牌化塑造来提高在入境旅游客源市场中的竞争力。但是从目前江苏的整体和单项旅游产品的推广中可以发现，江苏的整体旅游产品缺乏系统明确的定位和形象规划，单项产品缺乏国际知名旅游品牌。这和江苏的旅游资源特色偏重人文历史，受文化差异的影响有关，对外推广时比自然资源的推广难度要大；此外和江苏旅游形象的定位不清及品牌不明也有很大关系。与山东省相继推出的“一山一水一圣人”和“好客山东”的口号相比，江苏的整体对外旅游形象规划与开发工作未受到应有的重视，直到2013年后才提出“水韵江苏”的整体品牌形象和部分线路产品，但仍采用传统的地推模式到各个客源地进行现场推广，而并未结合客源市场信息接收的途径偏好进行全媒体的品牌营销；并且游客到达目的地进行游览时，也并未从行、游、食、宿、娱、购等环节看到水韵江苏的形象标志和衍生产品，对品牌感受和认知的深度不足，这说明江苏的国际旅游形象定位和系统品牌策划与推广的能力有限，未能将品牌塑造全面化和深入化，对外宣传仍有浮于表象的问题。对比之下，新加坡政府能够务实创新，非常重视市场需求的调研，针对市场的变化不断地优化新加坡的旅游形象，体现在其宣传口号上是先后推出了一系列围绕新加坡特色的阶段性口号，如“一站式亚洲”、“无限惊喜新加坡”、“新加坡，新亚洲”、“非常新加坡”和“我行由我，新加坡”等，并注意紧跟科技的发展和营销手段的变化，从全方位多渠道进行旅游形象的推广，投入大量的经费在不同类型的传播渠道上进行复合式全媒体的深入推广。

5.3.2.5　旅游服务和整体环境的国际化氛围不足

作为对外经济贸易发展水平较高的长三角地区，江苏的经济发展一直位居全国前列，对外交流也较为频繁，江苏旅游产业也随之得到相应的发展。但是，随着我国入境旅游整体进入平稳期及国内新兴旅游目的地的快速发展，江苏旅游产业面临的挑战形势也越来越严峻。这种严峻的局面主要体现在旅游服务和整体环境的国际化氛围仍与国际化标准有较大差距上：首先，国际化的旅游配套设施如国际航班、旅游标识、金融服务和语言服务等方面欠缺较多；旅游设施的无障碍化和公益化程度不高，有悖于国际惯例。其次，旅游入境手续不够简便，居民的好客程度和外语水平提升缓慢，外宾消费服务不够规范，内宾和外宾消费价格不统一的现象时有发生。再次，在旅游产业的投资和经营中，缺乏国际知名的旅游品牌企业集团和具有较高知名度与影响力的旅游产品品牌。

为了稳定并进一步提升江苏省的入境旅游客源市场，江苏省应提高旅游产业国际化的紧迫意识，组织高水平的业界队伍制定江苏旅游产业国际化的战略规划，通过对旅游资源的精准定位实现旅游产品形象的特色化和品牌化，在旅游设施和入境服务、人文环境等方面进行有效投入和改造，并通过引进外资或减免税收等方式尽快培育和鼓励地方上的优秀旅游企业走出国门，创建国际知名的旅游品牌企业集团。

5.3.2.6　国际化营销人才储备不足

目前，江苏旅游业国际化主要依靠传统的境外现场推广模式，缺乏具有创新理念和实践的国际性旅游营销人才。首先，在旅游产品的市场调研和国际旅游形象定位中缺乏具备相应理论与实践水平的专业化人才，对于国际化品牌塑造的认识不全面。其次，在旅游产品的推广和后续服务上未能结合国际旅游业营销趋势的变化，进行有效变革。虽然各地旅游政府机构和企业多次前往旅游客源地进行现场产品推介和市场考察，但是采用展板或实物展出方式的影响力有限，短暂的时间也难以充分体现江苏旅游产品的特色。此外，对于游客的休闲化旅游需求和商务旅游需求的持续性研究不够，旅游节庆创新严重不足，难以达到真正宣传江苏文化旅游产品的效果。

旅游产业国际化营销人才的不足，主要体现在江苏旅游行业的经营管理水平和旅游业营销人员的业务知识缺乏国际化两个方面。这一方面与我国总体经济水平和旅游市场发展的不成熟及旅游法规与政策的不完善有关；另一方面也与旅游职业教育中缺乏现代的国际化营销理论与实践指导有关。此外，随着第三产业的发展和就业机会的增加，旅游行业服务人员的流动率提升和业务培训时间的相对缩短造成的从业人员业务水平有限且能力提升缓慢，也是旅游营销国际化人才储备不足的原因之一。

5.4 江苏旅游产业国际化的路径

随着我国一带一路和休闲旅游战略的提出，江苏发展面临着新的历史机遇，江苏旅游产业的国际化也迎来了新的局面。显而易见，江苏旅游产业想要进一步有所提升，实现真正的国际化，就必须从旅游投资、旅游产品、旅游客源、旅游设施和旅游服务环境等多方面进行提升，只有实现旅游市场、资金、人才与技术的国际化自由流动、积极吸纳国际投资，建设具有国际服务水准、国际竞争力的旅游设施，营造良好的国际旅游接待环境，实施现代化的国际旅游营销，才能提升江苏旅游产业的国际知名度和社会影响力。一般而言，某地区旅游产业的国际化程度如何，核心标准是考察该地区是否具备“人无我有、人有我优、人优我特的自然景观、人文景观+发达的现代旅游产业及配套服务设施+国际生产及服务标准+优秀的文化内涵+特色品牌”的旅游产业发展状态，能否有效汇集各种国际元素、突出国际化特色，外在表现为经营主体和资本的国际化、入境客源的市场规模、增速和重游率等指标。

因此，针对江苏旅游产业国际化评估中相关指标反映出来的现状与问题，建议从以下几方面来提高江苏旅游产业国际化的程度。

5.4.1 继续优化江苏旅游产业结构

旅游产业结构的优化是旅游产业升级的内在需求。随着江苏旅游产业国际化迫切性的提高，在旅游产业结构升级中，要结合国际化标准，鼓励对旅游产业的供给环节进行国际化的资源与要素配置，针对各类旅游住宿设施、旅游内外部交通线路与设施、旅游景区的资源开发与服务设施、旅游娱乐项目尤其是人造项目的附加设施和整体的旅游业服务意识与水平等内容，提高规划与评估的标准，对标发达国家和地区的旅游产业发展水平，坚持国际化理念与原则。优化旅游产业结构的目标就是在我国旅游产业转型的背景下，率先推动江苏旅游产业结构的科学化和国际化，打造一批国际化旅游品牌，提升江苏旅游的国际影响力，实现旅游产业的可持续发展。

1）调整旅游供给市场的开放政策

首先，要降低旅游供给市场的准入门槛，对不同类型旅游经营主体实现国民待遇。我国旅游业虽然在饭店领域较早降低了外资进入的门槛，但是在旅行社经营和旅游目的地的建设中，对于外资的开放步伐较慢，成效不明显。因此，江苏完全可以申请成为试点地区，积极吸引外资以各种方式进入江苏的旅游供给市场，在市场竞争中引导现有的旅游企业优胜劣汰，并学习外来资本和外来旅游企业先进的经营理念与管理制度。对于通过兼并、收购、参股、资产置换、扩大投资等手段，实现旅游产业资产存量和投资增量的联动与优化，实现旅游投融资的行为，尽量为其提供市场化的生存环境，而不是借助行政手段进行筛选。这将会给江苏旅游企业的良性竞争和结构性调整提供新的机遇，有利于现有的旅游企业向经营连锁化、管理专业化、规模扩大化、产品特色化和运作市场化方向发展。

其次，鼓励和引导国内其他行业利用资源优势和闲散资金投资旅游产业，鼓励民营资本投资旅游业，保护其合法权益。结合旅游业的特点，尤其是旅游资源开发中的特点与法规，积极研究和实践多种引进投资主体的市场化方式及手段，力争高起点、高投入建设一批具有国际化标准和国际影响力的旅游服务设施与项目；同时，对于引进优秀的行业实践人才提供优厚的待遇和便利的服务，以保证项目管理运营的国际化。

最后，政府及相关部门应不断探索旅游业相关市场的开放力度，把握住国家出台的重要政策，申请各类减免税试点和区域优惠政策；借助重要项目的规划和立项对城市科教文卫设施、交通枢纽和网络等基础设施进行国际化标准的建设与改造；简化旅游出入境和购物退税方面的手续，全面优化旅游接待环境，实现国际化的跨越式发展。

2）旅游规划坚持国际化标准

江苏的苏州、无锡、南京和扬州等地有众多的旅游景区在国内开发较早，具有较高的知名度。但是正因为如此，在旅游开发的早期没有重视系统地规划开发，因此在旅游景区景点的布局上存在着一定的不足。随着旅游经济一体化发展的深入，在旅游产业国际化的理念指引下，首先要坚持规划先行，注意对已开发和尚未开发的旅游资源进行系统的调查，严格按照国际化标准制定旅游规划，使旅游业、旅游者、旅游企业、旅游社区、旅游环境等要素成为一个稳定、健康和可持续的旅游产业发展系统，从而进一步优化现有的旅游产业结构，提升旅游产业的总体形象，明确江苏旅游形象，塑造旅游品牌，实现旅游产业的全面深入发展。为此，要将当前利益与长远利益有机结合起来，坚持在保证资源和环境承载能力的基础上，结合江苏的总体发展战略来推动旅游产业具体规划的有序实施。

3）及时推动旅游产品结构的调整

旅游产业结构的优化直接体现在旅游产品上，表现为新的旅游产品类型的出现导致的产品结构的变化。例如，各大旅游电商平台的数据调研报告显示，随着休闲旅游需求的增加，邮轮旅游、体育休闲游和修学旅游等产品的增速较明显，国内外自助游和个性化定制游的产品销售份额越来越大。因此，优化江苏旅游产业结构就要结合国际化趋势的判断，及时推动旅游产品的创新和结构性调整，使其产品的结构类型适应新社会旅游需求多样化、体验式的发展趋势，最大限度地满足国内外游客的旅游需要。

这就意味着各类旅游组织和企业要积极学习和研究国外各类旅游产品的创新经验，结合江苏的旅游资源，选择一些具有良好产业基础、市场需求旺盛的专项旅游产品进行国际化高标准的创新研发。例如，江苏的农业旅游和水乡旅游（古镇游、农家乐、渔家乐）、沿江内河游和沿海的邮轮旅游、佛教旅游、自然科普和人文古迹修学旅游等。

4）鼓励旅游企业组建国际化集团

经济全球化带来的企业国际化已经被各个产业的多个行业发展所证实，即使在旅游产业中，国际饭店连锁集团对于全球客源地品牌的号召力和其经营中的盈利能力与抗风险能力也远远好于地方性饭店。因此，从宏观角度而言，旅游企业组建国际化集团有利于实现旅游主导行业与关联行业的协调发展，实现旅游资源的全球化配置，并进一步提升其在旅游产业的领导能力和衔接作用；从微观角度而言，旅游企业组建国际集团有利于扩大其品牌影响力和号召力，能够发挥规模经济优势，降低旅游市场风险，是实现旅游产业结构合理化和高度化的重要措施。江苏的旅游企业伴随着我国旅游业的腾飞已经获得了前期的发展红利，因此，江苏的旅游产业结构调整还应鼓励企业家进一步提升企业目标，积极利用优势组建大型旅游集团，实现旅游产业的垂直化经营和多元化经营，向旅游供应链的前后端延伸，对旅游民航、旅游房地产开发、旅游金融、旅游节庆会展策划、旅游疗养与养老、旅游商业地产和旅游文化创意产业等进行综合协调发展。

5.4.2 加强江苏旅游业的国际化和标准化建设

在旅游产业的发展和监管中，应对国际化、标准化建设的内容加以法规的约束与扶持。一方面借助市场的力量推动优胜劣汰，实现服务和设施的国际化、标准化探索；另一方面及时调研和监管，对旅游产业的国际化和标准化内容加以规范和引导。定期对各地的旅游规划和设施提出国际化标准的指导意见，提供培训机会和交流学习的平台；对于资源的开发、旅游产品的市场营销和旅游从业人员的培训进行政策扶持和倾斜；对于低水平开发和恶性竞争及其他游客投诉的现象进行曝光和相应的市场黑名单公示，通过营造良好的国际化产业氛围和奖优罚劣来提高江苏旅游业的国际接待服务水平。

5.4.3 打造知名国际旅游品牌

旅游品牌的打造非朝夕之功，需要科学的调研和准确的定位，同时面对国际市场要高度重视旅游产品与服务创新，注重提升旅游产品和服务的内涵，做好旅游品牌的塑造工作。此外，政府也要积极对外宣传旅游市场的开发政策，吸引更多的国际旅游资本和人才来协助打造本土的国际旅游品牌；引导旅游企业重视对国际旅游市场的调研和宣传力度，借助各种途径全方位塑造和传播已有的旅游品牌，以吸引更多的国际旅游客源。

以我国香港为例，香港当地的旅游组织机构为了及时满足消费者的需求偏好的变化，每年都对游客市场进行大量的调查和咨询，并制定相应的形象推广策略。自 1990 年以来，香港对外宣传的旅游形象先后经历了“动感之都，就是香港”、“香港，乐在此，爱在此”、“香港，亚洲国际都会”等变迁，就是在细微的差别中满足消费者不同阶段的偏好。此外，中国香港与新加坡类似，自然旅游资源相对匮乏，但其并未选择与新加坡一样的资源开发策略进行主题公园的建设，而是利用地缘优势发展商务会展旅游和打造文化创意产品，这样不仅保证了来港游客的数量和消费能力的稳定，而且激发了购物类旅游产品与服务的发展，优化了旅游产业结构。

5.4.4 加强国际化旅游产业人力资源的开发与培养

国际化旅游产业的人才开发与培养应着重于为行业服务，选拔真正来自于旅游行业或愿意到旅游行业工作的人才，对其进行有实践意义的培训，避免在培训中唯学历化、唯理论化。因此，旅游管理部门和企事业单位应该制定相应的旅游人才引进和培训选拔政策，以吸引、选拔和留住优秀的国际化旅游人才。例如，招聘时注重人才本身特点和岗位匹配度的筛选、提供事业编制、提高薪资福利待遇、提供定期培训和灵活考核机制、放宽休假政策等。此外，可以依托江苏丰富的高校资源，注重培养复合化的国际营销和外语人才，尤其是精通旅游文化知识或营销知识的复合型实践性人才。同时，随着我国教育国际化的推进，我们不仅要引进国际化的旅游教育资源，也可以逐步在全国各地的大学现有的国际交流学院中挑选有兴趣从事国际旅游业的外籍学生，以他们为桥梁为江苏旅游产业的国际化提供良好的融合剂，为江苏旅游企业跨出国门海外经营和推广储备人才，从而为江苏旅游产业的国际化打下良好的人力资源基础。

例如，香港特别行政区政府一直以来联合旅游发展局、旅游业协会和旅游业界，通过持续资助进修基金的办法，开办众多与旅游业有关的课程，不断提高旅游业从业人员的专业水平。香港旅游发展局每年都组织多期旅游联络员训练课程，促进从业人员对香港的认识，提高沟通以及导游的技巧。

5.4.5　优化区域旅游服务环境

优化区域旅游服务环境，包括积极改善区域内的软硬件环境，推动区域旅游环境的便利化、休闲化和特色化等。

首先，要进一步提升江苏省内公共交通设施的服务能力。鼓励各地抓住国家基础设施建设升级的机会，积极争取规划完善内外部交通体系，充分组合发挥公路、铁路、地铁/轻轨等交通工具的作用，为游客提供准时高效和舒适的旅途服务，从而使游客获得高质量、多样化的休闲体验。例如，欧洲大陆的东方之星和日本的新干线都以轨道交通的安全、准点、方便、快捷而著称于世。游客借助发达的轨道交通，可以自主设计行程，自由地在不同国家和地区间进行自助游，不仅交通费用有多种类型的票卡可以选择，而且良好的线路设计甚至可以使游客夜宿列车上从而节约住宿成本，这在客观上有力助推了价格敏感型的游客去欧洲和日本旅游。

其次，江苏各地的政府和旅游企业应参照国际信息技术标准和旅游服务设施标准，在旅游交通和服务的软硬件上及时优化更新。包括根据客源结构的变化及时增补不同语言的旅游示意图文，根据游客的信息使用偏好设计适用于手机的国际旅游交易和指南平台等。例如，香港旅游发展局官方网站提供了20种语言以供不同国别的商务和观光客人选择，每月浏览人次超450万；随着智能手机的普及，香港旅游发展局设计了适用于手机的旅游指南应用，还与全港最大的WiFi服务供应商电讯盈科合作，让游客可以免费使用WiFi服务，极大方便了访港游客。

最后，要打造城市休闲产品的特色，重视休闲相关产业的发展，继续加强零售餐饮业的发展，改善和提升文化娱乐演艺业的发展，完善休闲娱乐体系，创造休闲消费引爆点。要认真研究城市的绿化面积和休闲空间的规划，加强对各种污染的监控治理，营造适宜的人居环境，使游客和居民乐于到户外进行休闲活动和休闲消费活动。京港沪三大城市形象的差异性、影响力与客流量说明，不同城市的休闲特色与氛围都应能体现出城市的地理文化特色，具有独特气质和品牌形象，这样不仅有利于增强本地居民的认同感与归属感，也有助于凸显城市休闲旅游的特色，提高其旅游形象的辨识度和竞争力。

6　共享经济背景下的江苏旅游产业发展研究

6.1　共享经济理论

6.1.1　共享经济产生的背景

2011 年美国《时代》杂志把改变世界的十大思想（idea）之一颁给了共享经济（sharing economy），而将这一思想实践得最好的典范公司是共享住宿领域的 Airbnb 和共享出行领域的 Uber。这两家分别成立于 2008 年和 2009 年的美国公司，在成立不到 10 年的时间内，迅速成长为估值超数百亿美元的公司。在我国，最能被视为共享经济代表的公司无疑是滴滴出行。滴滴出行成立于 2012 年，并在 2014 年和 2015 年快速成长，随后在 2016 年 8 月兼并了 Uber 中国公司，到 2017 年时其估值已达 500 亿美元，成为中国估值最高的创新型企业之一。在全球经济放缓的背景下，共享经济领域百亿美元级独角兽公司的出现，标志着共享经济正成为经济社会发展的主要驱动力，因此，人们对共享经济的讨论与关注也随之增多。

2008 年金融危机之后，共享经济作为一种新的商业模式在各领域迅速发展，出现了消费者之间通过合作的方式来和他人共享产品和服务的各种创新公司，给传统的商业模式及私人物品的所有权观念带来前所未有的挑战。在旅游共享经济领域，Airbnb 作为“典范企业”，其商业模式深刻影响了旅游产业的发展模式，为共享理念下“互联网+旅游”和“旅游+其他产业”等发展模式提供了可资借鉴的经验。

6.1.2　共享经济的发展历程及其内涵

随着共享经济在各领域的快速发展，对共享经济的认识也引起了各方争议，如何认识和界定共享经济，至今未有统一标准。虽然互联网背景下，由共享而产生的供求即时匹配、存量高效激活、大数据驱动、共享边界快速扩张（刘国华和吴博，2015）被认为是当前共享经济的典型特征，但是“共享”并非天生就等同于“共享经济”，因此，有必要对从共享到共享经济的演变过程做一个梳理。

6.1.2.1　从公共物品共享到私人物品共享

“共享”最初是指公共物品的共享。英国经济学家加勒特·哈丁（Garrett Hardin）1968 年发表在《科学》（*Science*）杂志上的《公共地悲剧》（*The Tragedy of the Commons*）一文，认为公共资源具有共享的特征，但是无法通过共享模式来实现可持续利用，避免公共地悲剧的途径只能通过界定私有产权的方式（Hardin，2009）。可见最初的“共享”实际上是市场失灵的一种形式，不产生经济效益，并且会带来社会福利的损失。

1990 年，埃莉诺·奥斯特罗姆（Elino Ostrom）发表的《公共事物的治理之道》（*Governing the Commons*），解决了“一群相互依赖的委托人如何才能把自己组织起来，进行自主治理，从而能够在所有人都面对搭便车、规避责任或其他机会主义行为诱惑的情况下，取得持久的共同收益”的问题（Field，1993）。这为管理公共资源提供了政府、市场之外的第三种选择——共享制，并且首次提出了“共享”也能增加收益。

1978 年，美国得克萨斯州立大学社会学教授马科斯·费尔逊（Marcus Felson）和伊利诺伊大学社会学教授琼·斯潘思（Joe L. Spaeth）在《美国行为科学家》（*American Behavioral Scientist*）发表了关于协同消费的论文（*Community structure and collaborative consumption: A routine activity approach*），他们将共享的研究扩展到私人物品，他们提出的私人物品的协同消费（collaborative consumption）即共享的概念，正是今天互联网背景下的共享经济的基础（Felson and Spaeth，1978）。2010 年，牛津大学的 Rachel Botsman 和 Roo Rogers 出版的《我的就是你的：协同消费如何影响我们的生活方式》（*What's Mine is Yours: Collaborative Consumption is Changing the Way We Live*）一书中提出的“共享经济”、“协同消费（collaborative consumption）”和“点对点经济（peer to peer economy）”使得共享经济、协同消费的概念更加具体（Botsman and Rogers，2010）。另外，杰里米·里夫金（Jeremy Rifkin）在 2000 年出版的《使用权时代：整个人生皆为付费体验的超级资本主义新文化》（*The Age of Access*：*The New Culture of Hypercapitalism, Where All of Life Is a Paid-for Experience*）和 2014 年出版的《零边际成本社会》（*The Zero Marginal Cost Society*）这两本书里分别讨论了私有产权观念向共享观念的转变，并结合互联网和通信、绿色能源、3D 制造所带来的边际成本趋于零、私产制度弱化、可共享的公共资源增多等新趋势，分析了协同共享模式对传统商业社会产生的重大影响。里夫金将共享经济时代定义为一个物联网、合作共赢的新经济时代，并认为未来社会最具生态效益的发展模式将是通过协同共享，并以接近免费的方式分享绿色能源和一系列基本商品和服务，这种方式也是最佳的经济可持续发展模式（杰里米·里夫金，2014）。

6.1.2.2　从共享理念到共享经济

随着理论上对共享理念认识的深入，尤其是伴随着互联网技术的高速发展，在商业实践中，共享经济也经历了从“共享”到“共享经济”的发展历程。在互联网发展的初期，人们喜欢在各种网络虚拟社区、BBS 等网络空间中向陌生人共享信息和表达自己的观点，这就是互联网早期的共享模式，即用户生成内容模式（user generated content，UGC）。这种共享模式有两个主要特征：一是虚拟，即人们共享的是用户自己所提供的内容或信息，是虚拟的，并不涉及实物的交割；二是免费，大多数情况下这种信息的共享是免费的。所以只能算是互联网时期“共享”的初级阶段。

到了2010年前后，随着Uber、Airbnb等共享经济平台的兴起，出现了陌生人之间私人物品比如汽车、房屋的共享。人们通过这些平台，暂时让渡物品的使用权，并以此获得一定报酬，这是真正意义上的“共享经济”模式。这种模式既涉及使用权的暂时让渡，同时也可能涉及实物的交割，完全颠覆了传统的消费观念和商业模式。随后，伴随着Uber、Airbnb等共享经济公司的成功，共享经济的范围快速扩张到交通、住宿、金融、制造、服务等各个领域，共享的范围也扩大到物物共享、技能共享、服务共享、知识共享、资金共享等领域。这些共享不局限于公共物品的共享，也不再是免费、无偿的共享，而是创造了一种点对点（P2P）的交易模式，实现了从“共享”到“共享经济”的转变。

6.1.2.3 共享经济的内涵及特征

1）共享经济的内涵

共享经济通常又称为分享经济，维基百科的定义是：围绕人力资产和实物资产而建立起来的不同人及不同组织之间就创造、生产、分配、贸易、商品及服务消费等方面的共享。利用信息技术为个人、公司、非营利机构及政府提供信息，促使商品及劳务的分配、共享及过剩产能的再利用。这一定义认为以信息技术为基础，不同组织之间的经济活动均可共享，主要目的是过剩产能再利用（亚历克斯·斯特凡尼，2016）。

英国最大共享企业JustPark创始人Alex Stephany认为“共享经济”这一术语的所有权也是共享的，所以导致共享经济没有标准定义，但是他在其著作《共享经济商业模式》（*The Business of Sharing*）一书中尝试对共享经济做了界定：共享经济的价值在于，能使社会团体通过互联网利用未充分利用的资本，进而减少对这类资本所有权的需求。这里，Alex Stephany强调了共享就是对所有权需求的减少（Stephany，2015）。

2016年国家信息中心分享经济发展报告课题组在对国内外分享经济模式进行研究后，对分享经济做出的定义是：分享经济是指利用互联网等现代信息技术整合、分享海量的分散化闲置资源，满足多样化需求的经济活动总和。认为分享经济至少包含六个要素，即闲置资源是前提，用户体验是核心，信任是基础，安全是保障，大众参与是条件，信息技术是支撑，资源利用效率最大化是目标（分享经济发展报告课题组，2016）。

虽然很难对共享经济下一个统一、完整的定义，但是从以上几种定义可以看出，以互联网为依托、存在海量分散化资源、过剩产能的再利用、满足多样化需求、点对点交易等几个要素是共享经济的基本特征。

2）共享经济的特征

共享经济实际上是一种协同消费商业模式，即物品的所有权和使用权是可以相互分离的，相对于物品的所有权而言，消费者更看重使用权（阿鲁·萨丹拉彻，2015）。互联网社群互动所积累的陌生人之间的信任程度是共享经济或协同消费的重要基础。“What's mine is yours”、“用而不占”和“我的就是你的”即共享经济的核心思想（瑞秋·布茨曼和路·罗杰斯，2017）。另外，甘斯基从技术的角度解释了“共享经济”，认为共享经济如同一张网，任何节点在任何方向都可以与系统中的任何节点连接，因此共享的主要特征可以概括为可分享性、即时性、社交媒体互动性及网络规模经济（丽莎·甘斯基，2012）。

不论是布茨曼和罗杰斯，还是甘斯基，都强调了共享经济以互联网为背景的技术基础，将其看作互联网背景下的一种新型商业模式。这里的新型商业模式，主要是相对于传统竞争性资源的经营性活动而言，对两者的特征进行比较，有助于我们更深刻地理解共享经济的特征。

第一，共享经济以资源闲置为前提，以共享经济平台为媒介，利用移动互联网及大数据技术，对闲置的资源进行重新匹配和社会化利用，从而降低交易成本，实现资源的优化配置。而传统的经营活动，则以资源的稀缺性为出发点，通过市场这只“看不见”的手，利用价格机制来调节供给和需求，实现供需均衡及资源的优化配置。

第二，共享经济与传统的竞争性资源的经营性活动一样，都是为了供给与需求的高效匹配，以实现资源的最优化配置。所不同的是共享经济对资源匹配的效率更高效，交易成本更低。在共享经济领域，对于供给方来说，获取收益的途径是在特定时间内让渡物品的使用权或提供服务；对需求方来说，只需要通过租、借等共享方式使用物品，无须直接拥有物品的所有权，既降低了使用成本，又最大限度发挥了物品的使用价值。

第三，传统竞争性资源的经营性活动中，供给与需求是相对独立的，主要通过“公司+员工”的商业组织形式来组织生产和满足市场需求。而共享经济的出现，则模糊了供需双方的界限，使得供给方也可能同时是需求方，而需求方也可以提供商品和需求，这就使得稀缺的资源可以被最大限度地加以利用。同时，共享经济使得“公司+员工”的传统商业组织形式向“平台+员工”的形式转变，员工对商业组织的依附程度减弱。在这一背景下，劳动者可以直接向最终用户提供服务或产品，供给方也可以成为需求方，降低了交易成本，提高了供需匹配的效率（中银国际证券旷实团队，2015）。另外，一个或多个共享经济平台的出现，使得共享经济中的个体服务者虽然脱离商业组织，但他们可以低成本接入一个或多个互联网共享经济平台，大大提高供需匹配的效率。

所以，从经济本质上来说，共享经济并不是一种新的经济范式，而是提供了一种将分散化信息集中，消除信息不对称，可以更加高效撮合供给与需求，并形成持续供需平衡的商业模式和平台。主要具备以下几个特征：存在闲置资源，以互联网尤其是移动互联网为平台，以实现供需平衡与持续购买为目的。

6.1.3 旅游共享经济的特征及运行机制

6.1.3.1 旅游共享经济的特征

根据国家信息中心 2019 年发布的《中国共享经济发展年度报告（2019）》，我国共享经济的交易规模到 2018 年已经达到 29420 亿元，涵盖了房屋短租、交通出行、生活服务、金融、生产能力、知识技能等各领域，参与提供服务的从业人员约 7500 万人，而参与共享经济活动的人口超过 7.5 亿人。2015～2018 年，共享住宿收入占住宿业客房收入的比重从 2.3%提高到 6.1%，且共享住宿收入年均增速约为 45.7%，是传统住宿业客房收入的 12.7 倍，共享经济已经成为最活跃的创新领域（国家信息中心分享经济研究中心，2019）。在共享经济的边界快速扩张的背景下，旅游共享经济的发展尤为突出。共享经济最初的创新来自与旅游业密切相关的住宿和交通领域，共享经济的进一步发展也对旅游业产生深刻的影响，因此，与旅游业相关的共享经济都可以称为旅游共享经济。

如前所述，旅游共享经济的实质就是将供给端闲置的旅游资源与分散化、多样化的需求，通过大数据、互联网技术进行高效整合，以实现旅游供需均衡与持续购买。通过对比可以发现，旅游产品在以下几个方面与共享经济有着相似的特征，这也是旅游产业区别于其他领域的主要特征。

1）重使用

旅游产品是包含行、游、住、食、购、娱等要素在内的综合服务，是旅客花费一定的费用、时间和精力，所换取的旅游活动的经历或体验（陶汉军和陶晓红，2010）。与其他商品的生产和消费不同的是，旅游产品的生产者提供的是用以满足旅游活动所需要的全部服务，而消费者购买的是一次旅游的体验，在这个过程中包含的住宿、交通及当地风俗文化等的体验均不发生所有权的转移，旅客注重的是使用权而非所有权。因为使用权可以在不同时间段多次转让，因此，旅游产品存在着分享的基础，即在不增加供给的基础上，对同一资源在不同时段，可以暂时性让渡使用权，并以此获得回报。

2）非存贮

旅游产品与其他产品最大的不同是其服务价值的不可存贮性（陶汉军和陶晓

红，2010）。旅游产品的消费具有时效性，如果旅游产品在当天没有人订购，那么旅游产品当天的价值就得不到实现和补偿，当日价值即归零，不能像其他商品一样可以将价值存贮起来。即便第二天旅游产品可以继续被使用，但是这时实现的已经是第二天的价值。

另外，旅游产品的价值有着明显的淡旺季差异。在淡季，旅游产品会出现过剩，使用价值得不到充分利用，但是在旺季又会出现过度需求，使用价值过度利用。所以，旅游产品最容易出现暂时性的、季节性的、分散化的过剩，而这种过剩又不能存贮起来到旺季再使用。旅游共享经济的发展可以使这种状况得到改善。如果通过大数据技术和互联网平台，收集到这些过剩的信息，同时，淡季有闲暇时间的用户也能从平台找到相应的信息，那么这些过剩的资源就能及时分享出去，实现需求与供给的匹配，达到供需均衡。通过这一过程，可以在不增加存量的基础上提高旅游资源的利用效率，同时也降低了交易成本。

3）差异化

旅游产品在供给端和需求端均存在差异化的特征（陶汉军和陶晓红，2010）。从旅游服务的供给来看，同样的服务，比如同样的餐饮和住宿，由于服务对象不同，其服务质量在实际上和客人心理感受上都会存在差异。同时，由于自然禀赋、文化传承、旅游资源的开发程度等的不同，不同供给方可以提供的旅游产品也有很大差异，而且，具有独特资源的供给方不一定依附于某个商业组织。因此，提供差异化产品的成本必然很高，这就是为什么旅行社背景下的传统旅游产品往往是单一产品的原因。另外，从需求方来看，旅游是旅游者花费一定的费用、时间和精力，所换取的旅游者在异地进行的、短暂的、不同于通常生活环境的一种生活体验，是旅游者对旅游地生态、文化、生活空间的非常个性化的感受。通常个性化程度越高，旅游者的体验感越好。在旅游消费结构升级的背景下，旅游需求必然向着个性化和深度化的方向发展。个性化需求同时又具有分散化、小众化的特点，通过传统旅行社模式提供的产品，其边际成本必然高，而通过旅游共享经济平台则可以高效地对供需进行匹配，降低交易成本。

对比传统旅游企业与共享经济背景下的旅游共享企业，还可以发现以下不同的特征（表 6-1）。

表 6-1 传统旅行社模式与旅游共享经济平台模式对比

项目	传统旅行社	旅游共享经济平台公司
销售对象	产品	服务
获利方式	赚取价差	通过流量获利
核心能力	商品采购能力	线上平台，产品研发
获利能力	利润较薄	净利润丰厚
自有资产	重资产	轻资产

4）去中心

共享经济最主要的特征是将分散的资源进行供需匹配，以降低交易成本。通过旅游共享经济平台，分散的旅游资源被整合起来供旅行者选择，旅游资源的供给方也可以直接面对消费者，减少了集客成本。共享经济平台的双向动态评价系统对交易双方的信用进行管理，降低了风险和交易成本。同时，多数字平台的存在，使旅游资源提供者可以同时接入一个或多个平台，游客也可以从多个平台获得所需要的旅游信息，这就是旅游共享经济的去中心化。随着数字化、区块链技术等的发展，这种点对点（P2P 交易）模式还将得到进一步发展（李庆雷和娄阳，2016）。

5）轻资产

Airbnb 作为共享经济成功的典范，其轻资产的商业模式通常被认为是旅游共享经济的重要特征。在旅游共享经济的实践中，轻资产模式固然理想，但是在共享经济发展的不同时期，共享单车、途家直营等模式也探索了一条非轻资产的路径。途家网在进入共享住宿领域之初，针对国内信用体系不完善、消费者消费习惯尚未形成的实际情况，以统一标准、统一管理的直营模式切入，虽然并非轻资产模式，但是集客效应明显，给平台带来了稳定的流量。

6.1.3.2 旅游共享经济的运行机制

旅游业与共享经济有着天然契合的特征，这表现在旅游共享经济系统的运行机制上。

首先，旅游业通常存在闲置资源。旅游业的一大特点是旅游需求有着明显的淡旺季，也就意味着旅游供给会存在闲置资源。这里的闲置资源包含两方面，一是分散存在于民间的，尚未被发掘和利用的分散旅游资源，比如家庭空房、熟悉本地旅游资源的旅游达人、当地特色的民俗文化传统等；二是存量的，由于旅游淡旺季需求变化而产生的具有明显时效性的暂时闲置资源，比如旅游淡季的空房、导游服务等。

其次，利用大数据和互联网平台可以消除信息不对称。随着我国居民的消费升级，旅游出游人数的规模逐年扩大，所产生的可能是上亿人的出行需求，而这上亿人的出行需求可能是几百万甚至上千万种玩法的排列组合，要想满足其中任何一个单一个体个性化的需求，单纯依靠传统旅游业的营销方式和途径已经不能完全适应。这时候，大量的大数据分析、计算、预测，再加上互联网技术，可以对供需信息进行匹配，最终满足个性化的需求。

另外，通过动态定价机制可以实现供需即时匹配，而双向评价机制则可提供信用保障。所谓动态定价机制是指供给方可以根据资源的需求状况适时调整供给价格，即淡季供给大于需求时可以适当降低价格；而高峰时段，供不应求时则适时调高商品或服务的价格。通过动态定价系统可以实现旅游资源的供需均衡和提高资源的配置效率（刘蕾和鄢章华，2017）。从旅游业的特征来看，由于显著的淡旺季的存在，为了有效利用闲置资源，动态定价是必需的。而共享经济背景下，互联网平台的出现和大数据技术的发展，为动态定价提供了可能性。动态定价机制能够部分地解决旅游地因资源闲置造成的浪费问题，同时可以减少新建旅游景区、饭店等对环境造成的压力，有利于旅游地的环境保护、生态文明建设和可持续发展，符合“创新、协调、绿色、开放、共享”发展理念的新要求。

传统 OTA 平台上所提供的旅游产品服务差别不大，所以，旅游企业的评价机制主要由消费者对旅游产品或服务进行点评，且通常偏向消费者一方，这虽然有利于保护消费者权益，但是也加大了消费者评价的道德风险，比如恶意差评。而双向评价系统建立在供需双方的历史交易基础上，既有利于消除信息不对称，也有利于供需双方累积信用（胡格源和张成刚，2018）。对于提供个性化、差异化产品的供给方来说，双向评价可以起到激励的作用，使其愿意提供更优质的产品和服务。当然，在我国信用体系建设尚不完善的背景下，旅游共享经济还应探索更全面的征信体系，使旅游共享经济向着更健康的方向发展。

综上所述，旅游共享经济的运行机制总结起来就是：以存在闲置的旅游资源为前提，利用大数据和互联网技术，将分散的旅游供给和需求进行匹配，形成持续的供需均衡，并利用动态定价和双向评价系统，优化资源配置，降低交易成本，使旅游资源得到充分利用。

6.2 江苏旅游共享经济发展的机遇

共享经济与旅游业之间的关系表现为两个方面：一方面，共享经济从旅游者停留时间长短、客主关系及目的地整体体验等方面，对传统旅游服务提出了挑战；另一方面，共享经济从消费、价值体系、信息知识等方面对旅游经济系统产生了深刻的影响，正在改变酒店及旅行社背景下的传统旅游市场格局。所以，江苏省旅游共享经济所面临的发展机遇主要表现为以下几个方面。

6.2.1 旅游业的发展成为江苏旅游共享经济创新的基础

2016 年以来，虽然受全球经济不景气、英国脱欧、恐怖活动多发等事件的影响，但旅游业在世界各国国民经济中仍占据重要地位，尤其是对就业的贡献仍然超过了大多数行业。根据世界旅游及旅行理事会（WTTC）在 2018 年的全球经济影响报告显示，旅游业在 2017 年为全球 GDP 的增长做出了 10.4%的贡献，并为全球提供了 3.13 亿份工作，旅游业对各国的 GDP 均有直接贡献，在未来一段时间内旅游业仍将是世界经济增长的强劲动力（世界旅游及旅行理事会，2018）。

中国旅游业对经济发展的贡献也不容忽视。截至 2017 年，中国旅游综合竞争力在国际上的排名已经上升到第 15 位。尤其是近年来随着《中华人民共和国旅游法》和《国民旅游休闲纲要（2013—2020 年）》的出台，旅游业在国民经济中的战略性支柱地位越加突出。中国旅游研究院发布的研究报告显示，中国旅游业对就业率的综合贡献率达到 10.2%，对 GDP 的综合贡献率达到 10.1%，超过银行、汽车、教育对 GDP 的贡献率，并且超过美国旅游业对 GDP 的贡献率。旅游业对三次产业间接带动的增加值占 GDP 比重呈逐年增长态势，对关联产业的拉动效应显著（中国旅游研究院，2017），可见旅游业在我国的地位日益重要。

李克强在首届世界旅游发展大会上把旅游业对国民经济的作用概括为："旅游业是中国培育发展新动能的生力军"，"旅游业是大众创业、万众创新的大舞台"，"旅游业是实现扶贫脱贫的重要支柱"，"旅游业是建设美丽中国的助推器"。旅游产业在我国国民经济中承载着创新、创业、创造和扶贫、脱贫的重任。

江苏省作为旅游大省，旅游资源丰富，从供给端来看，江苏目前有 A 级景区 638 家，其中 5A 级景区 23 家（截至 2019 年），共有省级及以上旅游度假区 57 家（截至 2019 年），数量均居全国前列（江苏省统计局，2019）。为满足消费升级而创新的旅游产品包括落地自驾、房车露营地、低空飞行、漂流滑雪等。另外，江苏省政府颁布了《江苏省乡村旅游三年行动计划（2016—2018 年）》，在这个计划的推动下，目前江苏省已经拥有各种经营类型的田园休闲农庄、乡村农家乐、乡村旅游区（点）等经营单位 7000 余家，中国乡村旅游金牌农家乐 413 个（周应恒，2018）。同时，在打造全域旅游方面，南京 70%以上的景区免票，苏州市开通"苏州好行"环城旅游观光巴士等，为充分发挥城市旅游功能打下良好的基础。

6.2.2　旅游共享经济进入国家发展战略

目前，我国经济发展进入"新常态"，即经济增速从高速增长转为中高速增长；经济结构正处在优化升级阶段，经济增长从要素驱动、投资驱动转向创新驱动。现阶段我国经济面临三个方面的问题：一是需要寻找新的经济增长方式来代替原来的资源消耗型经济生产方式；二是需要借助新的技术力量推动产业结构升级和产业模式转变；三是需要培育新的消费模式以激发新的需求，带动国民消费的增长。在 2015 年夏季达沃斯论坛上，国务院总理李克强指出分享经济是拉动经济的新路子；2015 年 10 月公布的《国民经济和社会发展第十三个五年规划纲要》提出，发展分享经济以支持实施网络强国战略；随后十八届五中全会发布的公告中首次提出发展"分享经济"的战略，这意味着分享经济正式进入国家战略层面。因此，2015 年 12 月，中央经济工作会议提出了着力进行供给侧结构性改革的重大举措。虽然围绕供给侧结构性改革还存在一些争论，但是对共享经济带来的机遇取得了共识。

从旅游产业来看，我国旅游产业近几年发展迅速，出现了旅游需求的多样化特征，旅游需求也正从传统、小众向品质、大众旅游转变，为分享经济在旅游领域的实践和运用提供了契机。2016 年政府工作报告中提出“落实带薪休假制度，加强旅游交通、景区景点、自驾车营地等设施建设，规范旅游市场秩序，迎接正在兴起的大众旅游时代。”同时还提出“支持分享经济发展，提高资源利用效率，让更多人参与进来、富裕起来。”2016 年 5 月在贵阳召开的“数博会”上，国务院总理李克强再次强调共享经济不仅是在做加法，更是在做乘法，以此有效降低创业创新门槛，实现闲置资源充分利用，形成新的增长点，为经济注入强劲动力。这再次体现了国家战略对发展旅游共享经济的重视。

“十三五”时期，江苏省在旅游发展战略方面，提出坚持以“创新、协调、绿色、开放、共享”发展理念为指导，推动供给侧结构性改革，大力发展全域旅游的战略。其中，供给侧结构性改革和全域旅游都可以借助旅游共享经济的创新，充分盘活闲置资源，让更多的人加入进来，促进旅游市场的开发和创新，提升江苏旅游的现代化、国际化、品牌化水平。

6.2.3　旅游消费结构升级为江苏旅游共享经济提供了需求

从经济学的角度来看，厂商所能提供的商品种类越多，人们的需求就会随之增加；反过来，人们需求的增加又会刺激厂商提供更多的商品。我国旅游共享经济的发展也应遵循这一规律。随着共享经济的出现，可以将分散在各个地方的资源组织起来，增加商品的种类，人们不同类型的需求可以高效地得到满足。反过来，随着人们消费结构的升级，需求种类的增加又会促进旅游共享经济的创新。根据江苏省统计局、国家统计局江苏调查总队公布的《2018 年江苏省国民经济和社会发展统计公报》得知，据城乡一体化住户调查，全年全省居民人均可支配收入 38096 元，较 2017 年增长 8.8%。江苏 2018 年居民人均可支配收入高出 GDP 增速 0.2 个百分点（江苏统计局和国家统计局江苏调查总队，2019），随着可支配收入的增加，在未来几年，居民旅游消费结构将出现以下变化：旅游消费需求呈现休闲化与体验化、散客化与自助化、个性化与多样化、品质化与中高端化等诸多特征。

鉴于我国目前带薪休假制度尚未完善，居民旅游需求呈现两极发展，即长线国内、出境游和短线周边休闲游两个方向。以出境游为例，江苏居民出境游人数逐年上升，并呈现大众化的特点，出境游市场需求持续高速增长。截至 2015 年，出境游人数已达 316.22 万人次，五年平均递增 35.29%。出境游人次增长率均高于全国平均水平（徐琴和陈光裕，2016）。出境游市场随着江苏居民收入水平的进一步提高而呈现增长趋势，其中最重要的一个特征是自由行成为主流，居民在旅游中更注重体验，需求也呈现出多样化和个性化的特征，比如亲子游、家庭游、休闲度假游等。

旅游消费的升级无疑为旅游市场的细分提供了机遇，江苏省的旅游企业可以根据这一趋势，在国内、出境、长线、周边游等领域，针对不同消费群体，进行旅游产品的创新，并利用共享经济平台，为旅游产业的转型升级创造新动能。

6.2.4 旅游共享经济创新渗透到各领域

由于旅游共享经济至少可以给国民经济带来两方面的溢出效应，一是可以推动旅游供给结构升级，以激发新的旅游需求；二是可以激活闲置旅游资源，创造新的就业。所以江苏省政府一直支持旅游业创新，旅游共享经济也因此在多个领域获得充分的发展。总体上看，“住”和“行”旅游共享经济发展最充分，食、游、娱、购等旅游业的要素领域也出现旅游共享经济的创业、创新。

6.2.4.1 共享住宿领域的创新

从2011年开始，共享住宿领域在国内有较大发展。途家、小猪短租、蚂蚁短租等企业开始进入非标准住宿领域，它们通过互联网平台撮合闲置房源屋主与住宿用户，提高房屋利用率，开始了共享经济模式的探索。根据国家信息中心分享经济研究中发布的《中国共享住宿发展报告2018》显示，2017年我国共享住宿的交易规模约为145亿元，共享住宿参与人数约为7800万人，其中房客7600万人（国家信息中心分享经济研究中心，2018）。现阶段在线旅游分享住宿企业的商业模式主要有B2C及C2C两种模式：B2C模式，如途家的自营业务，C2C则包括Airbnb、小猪短租、蚂蚁短租、木鸟短租等。发展初期，包括途家等在内的短租市场主要布局国内非标准住宿，随着我国出境游市场以每年20%的速率增长，途家收购海外自助游住宿网站大鱼，开始布局海外市场。目前，国内外的在线短租市场均获得充分的发展。2016年途家全资收购蚂蚁短租后成为国内市场规模最大的在线短租企业，木鸟短租、小猪短租紧随其后。2016年12月，Airbnb宣布进入中国市场，我国在线短租市场迎来最为快速的发展。

在此背景下，江苏的共享民宿也取得了良好的发展机遇。由于短租平台在交易安全、信息安全、财产安全、隐私安全等方面的技术创新，以及借鉴Airbnb双向动态评价机制、完善住宿体验等方面的变化，国内蓬勃发展的共享住宿平台也促进了江苏共享住宿的发展。

6.2.4.2 出行领域的共享创新

出行领域的旅游共享经济是指用户将日常生活需求扩大到出游过程中来。比如，车主可以将其闲置车辆或空座拿出来分享，以租车或拼车的形式满足其他用车人群的需求。滴滴出行虽不是纯粹的旅游共享经济型企业，但它通过“出行+

旅游”的方式将旅游共享经济纳入它的大生态圈。旅游共享经济的出行领域，大平台公司中仍然是滴滴一家独大，但在垂直细分市场出现了许多创新企业，比如“皇包车”和“丸子地球”，专注于海外旅游用车的垂直细分市场。以“皇包车”为例，它提供了一个撮合交易的平台，利用海外华人的闲置车辆满足用户出境旅游的短期用车需求，这部分华人起到司机+导游的作用，被称为司导。“皇包车”2016年新获融资1.2亿元，成为共享经济细分市场的主要代表性企业。与“皇包车”互为竞争关系的“丸子地球”主要为境外游旅客提供全球中文向导服务，向旅行者提供的服务范围包括60个国家，600余座城市，而中文向导则为在当地生活多年的华人或留学生。两者的本质区别在于，“皇包车”的向导是司机，“丸子地球”的向导则是当地人，也就是说前者是“共享出行+共享服务”，而后者则是“共享服务+共享出行”。

随着江苏居民收入水平的提高，对旅游的消费需求出现了较大变化，出境游市场增长迅猛，出行领域的共享创新为江苏游客走出去提供了便利，满足了多样化的需求。但同时应当注意到江苏旅游市场结构失衡的问题，江苏入境游市场持续低迷，出现较大反差。共享出行平台，除了能提供出行的便利，其实还包含了旅游产业的延伸，比如司机同时也是导游，可以向顾客推荐当地个性化的文化、美食、娱乐等旅游体验，这在一定程度上可以更好地推动全域旅游的发展。目前，江苏省以“水韵江苏”为主题，搭建了许多旅游产品的互联网平台，但是还没有综合性的创新型旅游共享经济平台。现状是随着Airbnb、小猪短租、途家等共享平台的发展，很多人也借助这些现有共享经济平台，参与到旅游共享经济的创业、创新中来。

总之，在出行领域为国内外游客提供有特色、个性化体验的产品，应该也是共享经济背景下江苏旅游产业转型升级的一个趋势。

6.2.4.3 其他领域

另外，随着共享经济的兴起，旅游共享经济出现了更多的细分市场。一方面是传统旅行社企业主推私人定制、精品自由行产品。私人定制既可以全程规划，也可以仅为交通、住宿的任何一个环节定制，形式灵活，且旅行社主要通过共享平台整合零散资源，采用轻资产模式。另一方面则主要是以“旅游+其他产业”的跨界融合形式发展。比如，“发现旅行”利用移动社交媒体拓展市场，主推精品路线，并且为用户提供一站式出境自由行的相关服务。再如“麦淘亲子”在专注于亲子游市场的同时，探索“亲子游+教育”的路径，探索从旅游向教育的产业链延伸。其商业模式主要是通过高频的亲子游活动获取现金流和用户，同时将亲子游用户导流到其旗下的教育项目“麦淘实验室”。这一项目主要采取共享资源的模式招募加盟商，开拓市场，在全国布局了300多个麦淘实验室，实现旅游与教育的跨界融合。这一模式的主要特点是将旅游这种低频次活动转化为教育这种可持续的消费模式，实现旅游产业链的延伸，是“旅游+教育”的一种尝试。江苏省有着丰富的文化旅游资源和高校资源，如果能通过共享经济的创新，借鉴这一商业模式，将低频次的亲子游转变为长线的教育产品，可以实现旅游+教育产业融合的发展，推动江苏省旅游产业结构的转型。

6.3 共享经济背景下江苏旅游产业的发展路径

江苏省旅游资源丰富，既有丰富的自然景观，又有源远流长的历史文化遗迹。据统计，江苏省 2015 年旅游业总收入已达 9050 亿元，占全省 GDP 的 5.7%。在江苏省“十三五”规划中，旅游业已成为重要的战略性支柱产业。针对旅游业供给侧结构性改革提出的发展战略，将为旅游共享经济的发展带来新的发展机遇。在自由行、出境游、休闲度假、教育研学等多业态发展迅速的背景下，旅游共享经济一方面催生了更多垂直细分的商业模式，另一方面也出现了旅游与其他产业的跨界融合趋势。所以在共享经济背景下，江苏省旅游产业结构的升级所面对的问题是，如何通过市场细分和跨界融合来激发新的需求和优化资源供给，最终实现产业均衡和可持续发展。

6.3.1 市场细分的发展路径

6.3.1.1 市场细分的动力

随着居民收入水平的提高，旅游消费结构正经历从观光游向休闲度假游、旅游产业的自我循环向“旅游+”产业融合、小众旅游向大众旅游、景点游向全域游的转变（李金早，2016）。江苏省无论在供给端还是需求端都有着优质资源和消费群体，多层次、个性化需求和丰富、多样化资源为旅游共享经济的发展奠定了基础，其中旅游消费结构的变化成为激发旅游新需求的动力。

近年来，随着我国居民收入水平的提高，旅游消费结构正在发生很大的变化，其中有两个主要的变化值得关注。

变化之一，千禧一代（80 后、90 后）正成为消费的主导力量。根据高盛近期的一项研究显示，1980～1990 年出生的年轻人口约有 4.15 亿人，占中国总人口的 31%。他们出生于互联网的形成与高速发展期，是互联网和移动互联网的原住民，他们喜欢通过 Airbnb、Uber 等共享经济平台和微信等社交媒体来获取信息。他们中大多数生活条件优越、热衷于旅游，喜欢冒险和文化旅游，希望了解当地文化和人。总之，他们喜欢更深奥、更独特的旅游体验（199IT 原创编译，2017）。另外，随着 90 后的成长，他们也正在成为旅游消费的主力军，与 80 后相比，90

后是移动互联网的原住民，他们高度互联网化，乐于接受新的消费方式；他们向往自由，消费能力有限但热爱旅游；他们喜欢自由行，但更希望 O2O 把行程送到眼前……与旅游消费结构变化相对应的是近年来许多传统的旅游产品和渠道表现出单一陈旧、缺乏时代感和针对性的趋势，很难满足新兴消费群体的旅游需求。从另一角度来看，这也成为共享经济背景下细分市场创新的动力。

变化之二，根据中国旅游研究院发布的《中国家庭旅游市场需求报告 2018》显示，家庭旅游在旅游市场中占有越来越重要的地位，尤其是中产阶层家庭有着超强的购买力和对品质旅游的强烈需求，他们的需求贯穿旅游全过程，对旅游六要素“食、住、行、游、购、娱”都有提升品质的需求（中国旅游研究院和岭南控股广之旅，2018）。另外，家庭游的需求出现进一步细分，不仅仅是亲子游，还包括爸妈游、伴侣游或者任意的组合。从这个角度看，家庭游的兴起表现出旅游产品的需求出现很大差异，比如老人注重休闲、孩子注重寓教于乐、女性注重购物等，传统的单一产品模式很难满足家庭游的需求，这为市场细分提供了动力。

6.3.1.2 市场细分的路径

1）旅游产品和服务的细分

江苏省 13 个市的旅游资源相当丰富，包括从历史遗迹、特色古镇、园林景观、人文旅游资源，以及沿长江、环太湖、沿海的自然景观。江苏省目前有楚汉文化旅游区（包括徐州、连云港、淮安、盐城、宿迁等）、维扬文化旅游区（包括扬州、泰州市等）、金陵文化旅游区（包括南京、镇江等）、吴文化旅游区（包括苏州、无锡、常州、南通等）几大文化旅游资源区域（滕春惠等，2006），这些文化旅游资源贯穿了文化景观、文化风情、文化艺术等各个层面，通过对资源进行整合、细分，可推出更多个性化、体验化的旅游产品，盘活闲置资源，匹配即时需求，正好体现了旅游共享经济的实质。市场细分的产品创新既包括对原有产品和服务的细分，也包括重新开发新的产品两种路径。对原有产品和服务的细分主要通过私人定制与创新体验相结合来实现。私人定制即根据游客的需求，在原有产品的基础上提供不同线路、时间并结合特色文化提供不同的体验项目，由游客自主选择，比纯自由行更省心，比传统的旅行社产品又能有更深层的体验。以苏州园林的私人定制旅游为例，各园林均提供了早、中、晚避开游客高峰时段的私人定制时间，并结合昆曲、茶艺、苏州评弹、苏式茶点等文化体验项目推出各种价格的套餐供游客选择。这种细分市场既填充了游客较少的时间段，又提升了游客的体验感受，使传统产品做出了新意。细分市场的另一路径是创新体验，这里的创新是指全新旅游产品的开发，主要针对消费升级的需求，根据人们对运动、健康、环保等的重视情况，适时推出运动游、健康游、可持续游等创新产品，这类产品的特点是不以观光为目的，注重体验和休闲，多为兴趣爱好相近的人群聚集为一个社群，他们旅游的目的不仅是观光，更重视成员之间的情感交流，在旅游产品的选择上更倾向于小众精品游。所以，通过共享经济平台的社群交流及去中心化功能，结合线上线下资源，开发符合小众市场的精品专项旅游产品也是旅游产品升级的一个趋势。

2）利用共享经济平台的全要素市场细分

江苏省拥有同程旅游、“八爪鱼”等全国性的大型 OTA 互联网平台，在整合旅游资源，推介个性化、体验化、有特色的旅游产品方面具有优势；另外，80 后、90 后对于 Airbnb、小猪短租等共享住宿平台的认可度较高。在市场细分方面，可以依托共享住宿平台将特色民宿与当地文化景观、民俗风情、文化艺术的体验游相结合，为国内外旅游者提供差异化的垂直产品细分市场，在食、住、行、游、购、娱方面实现全要素覆盖。还应当注意到国内消费群体由于度假制度的限制，周边游和休闲度假游在未来一段时间内仍有较大发展空间，乡村游、亲子游、探险游、博物馆游等都有很大的市场空间。

利用共享经济平台发展乡村游，既可以盘活目前江苏乡村游的旅游资源，也可以提升江苏乡村游的层次，与旅游消费升级相匹配。党的十九大报告中首次提出乡村振兴战略，随后，2018 年《中共中央国务院关于实施乡村振兴战略的意见》中指出“实施休闲农业和乡村旅游精品工程，建设一批设施完备、功能多样的休闲观光园区、森林人家、康养基地、乡村民宿、特色小镇……发展乡村共享经济、创意农业、特色文化产业。”明确提出了共享经济也是实施乡村振兴战略的重要内容。实施乡村振兴战略，是党中央做出的重大战略部署，也是“强富美高”新江苏建设的重大任务，因此，借助共享住宿的发展为乡村游探索新思路具有重要的战略意义。江苏省原有的传统农家乐、农村客栈大都处于粗放经营状态，存在设施简陋、卫生状况差、服务品质不高等问题，很难吸引城市居民去旅游消费，难以通过乡村游带动乡村振兴。共享住宿平台有助于农村住宿的升级改造，并且农村民宿与农业观光、农村休闲旅游等结合，可以带动乡村旅游业的升级转型，同时还可以带动乡村基础设施建设和返乡农民工、大学毕业生及专业技术人员的就业和创业。借鉴海南和桂林的经验，江苏省可以和 Airbnb、小猪短租等知名共享住宿平台进行战略合作，探索以共享住宿模式扶持部分有特色的乡村民宿，利用平台资源改造现有乡村民宿，打造出一批富有江南特色的精品民宿，从而通过分享住宿的收益提高当地村民的经济收入，推动乡村振兴战略的实施。

3）知识共享领域的市场细分

从我国旅游消费的发展趋势来看，旅游业正向着散客化、个性化、体验化的方向发展，游客需要的可能不仅仅是景点的观光，对导游的要求也从单一的景点常规讲解与照料服务向高质量的个性化深度服务转变。游客希望获得比景点介绍更多的信息，甚至是旅游之外更专业的知识，所以旅游产业的升级必然伴随旅游人才的升级，而知识的共享可以提升游客深度体验的感受。

旅游共享经济中，资源共享分为两种类型：一类是实物资源，即旅游景点、旅游设施、旅游装备等的共享；另一类是知识的共享，如旅游达人对小众线路的规划建议、户外旅游专家对户外技能的传授、文史专家对人文景观的深度讲解等。通常情况下，知识的共享比资源的共享更具有价值，也更能吸引到高品质的消费群体。知识共享的特点是，知识积累的成本高，但是输出的边际成本低，天然具有便于分享的特性。江苏有着厚重的人文基础和多样化的人才体系，在旅游资源的系统性开发过程中，应当提供一个开放的平台，鼓励知识共享方面的创新，让各种专业人才能够在这个平台上自由地创造更多的资源，使旅游共享经济的创新从小众精英向大众社会化转变成为可能，人人皆可参与其中。

总之，创业、创新、自由宽松、发挥个性的社会价值导向和生活方式，可以推动旅游产业的结构转型升级。共享经济带来的创新动能一方面可以承接传统标志性景点的游客所创造的旅游消费需求；另一方面还可以激发传统游客的衍生消费能力，使观光游向着更深层的休闲度假游转变，单一的景点游向全域旅游转变，使低频次的旅游向持续的旅游经济转变。

6.3.2 跨界融合的发展路径

旅游共享经济的发展不是以新企业代替旧企业，也不是完全脱离传统经济。就其本质来看，共享经济的核心仍是实现供给与需求的高效匹配，降低交易成本，以实现持续购买。因此，不论是传统旅游企业还是创新企业，无论是旅游相关企业还是其他领域的企业，在互联网、大数据、云计算等高新技术的推动下，可以实现线上线下、“旅游+”的跨界融合，使社会资源得以高效利用。

1）旅游业与第一、二产业的融合

随着互联网和信息技术的发展，旅游业与其他产业的跨界融合变得越来越容易：一方面，旅游业与第一、第二产业间的边界消融，通过“旅游+农业”“旅游+工业”盘活闲置的资源，可以发展出集观光、体验、文创、休闲度假为一体的农业旅游和工业旅游等。比如南京的1865创意园、巴布洛生态谷等。另一方面，第一、二产业在为旅游业提供新旅游资源的同时，还可以打破传统产业的局限，实现生产要素的跨产业、跨时空配置，使不同产业在信息技术、市场定位上实现联动，大大提高各产业资源的利用效率。比如，江苏苏州的隆力奇养生小镇就是集工业4.0、有机农业和旅游、商贸为一体的跨界融合典范。

2）旅游业与其他服务业的融合

旅游业与其他服务业的跨界融合会产生更多的共享经济创新，比如“旅游+体育”“旅游+教育”“旅游+医疗”“旅游+文化”等。这些跨界旅游产品让更多的个人、企业、专业人士能够参与其中，资源得到充分利用，并带动产业链的延伸，给其他相关产业带来更多创新的机会。比如旅游装备制造、低空旅游产品设施、体育用品、文化服务等。

3）旅游产业链的延伸

从另一个角度看，旅游共享经济的发展会导致整个产业链的延伸，可以将旅游端客户向其他产业导流，使旅游这种低频次的活动与稳定持续的产业融合，真正实现可持续发展。举个例子，比如江苏省要发展高端自驾游产品，就会带动租车行业的发展，与租车相关的导航系统、自驾营地、车辆救援、保险服务、餐饮服务等都会受益，在产业延伸的同时实现客户导流，还可以促进就业。再比如发展共享住宿，旅游产业链条就可以延伸到相关的家政服务、管家服务、软装、智能家居、专业摄影等。据 Airnbnb 的统计资料显示，游客通过共享住宿通常可以节省住宿费用，而这些节约下来的住宿费中有大约 53%又会花在本地的旅游体验中。

由此可见，共享经济背景下，共享、协同、持续发展是江苏旅游产业发展的方向，也是产业转型升级的推动力。

6.3.3 为旅游共享经济提供政策保障

2017 年 7 月，国家发改委等八部委联合印发《关于促进分享经济发展的指导性意见》，这是第一份国家级的分享经济发展指导性意见，从政策层面明确了以“鼓励创新、包容审慎”为核心的共享经济发展原则和政策导向。随后，江苏省也出台了发展共享经济的相关指导性文件。这为共享经济的发展奠定了政策基础。

从供给角度看，江苏省在“十三五”规划中就已经将旅游业确定为江苏省重点发展的战略性综合产业，并从政策层面对旅游业的发展趋势做出了判断：一是从观光旅游走向度假旅游，新的需求正在形成；二是从“旅游产业自循环”走向“旅游+”，和其他行业融合，供给端资源扩大；三是从小众旅游时代向大众旅游时代转变，旅游需求不断增加；四是由“景点游”走向“全域旅游”，更加注重城市整体形象，旅游资源的供给将更加广泛和深入。从以上内容来看，四个趋势均反映了旅游者的需求结构及需求层次正在发生的变化，这是未来旅游业发展不容忽视的一个特点，也是国家战略层面及江苏省“十三五”规划强调供给侧结构性改革的出发点。这一判断符合旅游市场发展的规律，也是江苏省发展旅游共享经济的重要政策基础。

另外，2017 年发布的《江苏省“十三五”旅游业发展规划》从五个方面提出了升级江苏省智慧旅游的战略规划：搭建旅游产业综合管理与服务平台，实现旅游基础数据的共建共享；完善游客行为分析平台；建立旅游市场信息化监管平台；推动旅游资源与相关数据的深度融合与开发；推进“江苏微旅游”手机综合应用平台建设。从旅游共享经济的实质来看，大数据驱动是共享经济的核心要素，而这五大体系正好为发展旅游共享经济奠定了技术基础。其作用表现在，一方面旅游管理部门可以通过智慧旅游平台进行客源监测与分析，对到访游客进行实时统计、比对、分析与预测，形成大数据资源，为产业运行、精准营销、安全预警等提供决策依据；另一方面通过智慧旅游大数据信息的共享，可以推动旅游业与其他产业乃至城市运营管理、民生和公共服务的融合。

如果说江苏省政府对四大旅游业发展新趋势的判断是从需求端确定了旅游共享经济的发展方向的话,全域旅游的发展战略则打开了旅游共享经济的供给端。“十三五”期间旅游产品创新、区域旅游协调发展、生态旅游环境升级、旅游跨区域及一体化发展的全域旅游局面已基本形成。

6.3.4 为旅游共享经济构建公共服务平台

1）依托智慧旅游，构建大数据平台

江苏省旅游共享经济的另一挑战来自各景区智慧旅游数据能否有效整合。目前，江苏智慧旅游多以政府主导的项目为主，容易形成资源的分割，造成供给与需求的错配。另外，由于智慧旅游建设的主体是政府管理部门及各主要景区的经营企业，对民间个性化、零散资源的整合较少，而且各智慧旅游景区所产生的数据相对独立，实际上容易形成信息孤岛，难以形成有效的大数据应用。

共享经济的创新发展从根本上看，需要有大数据技术的驱动，即使已经在市场上形成一定规模的独角兽企业，其数据获取能力也是有限的。而公共数据在交通、住宿、生活服务等领域所涉及的身份验证、信用认证方面都有很重要的作用。但是这些关键数据往往掌握在相关政府部门和公共机构手中，对于共享经济的创新型企业来说，获取公共数据的渠道少、成本高，如果江苏省能够在公共数据开放的深度和广度方面有所突破，那么对旅游共享经济的发展一定会有明显的推动作用。

企业与消费者的界限在共享经济背景下是模糊的，这也是共享经济的特征之一，但政府的职责定位必须清晰。比如，政府在智慧旅游平台上整合大数据，将有效资源向公众开放，大众创业才能够落实。在这里，政府的主要作用是搭建数据平台，消除数字鸿沟，规范数据资源的开发利用。但是政府不能运用行政手段去“扶持”创业，政府的主要职责是搭建平台、规范市场，让市场机制发挥基础性作用，引导资源流向，实现资源的有效配置，建立合理的市场激励机制。

2）加强旅游共享的监管，避免市场失灵

从经济学的角度来看，旅游共享经济至少存在两个方面的市场失灵：一是信息不对称，二是外部性。信息不对称是指共享经济作为点对点交易，大多数情况下与交易相关的信息总是卖家多于买家，比如 Airbnb 上房屋的真实状况，房东比客人知道的肯定要多；乘客使用共享出行方式打出租车，对司机的资质或意图所知甚少。外部性则是指共享经济的交易双方在做出自己的选择时，很难考虑到自己的选择对他人所造成的影响，比如 Airbnb 房客的嘈杂声音可能会给邻居造成困扰，共享单车在提供便利的同时会给城市管理带来难题。所以对共享经济企业进行监管显得很有必要。

旅游共享经济往往涉及线上线下企业、个人从业与专业服务者，但是现有的监管框架基本上是以线下专业企业为对象而制定的，在某种程度上存在监管制度的失灵。可以说，共享经济仍在发展和探索阶段，旅游共享经济的发展仍有许多有待探索的领域。就江苏省的经济发展状况、人口基数，市场规模等而言，旅游共享经济仍有不断创新的空间。从目前相对成功的共享经济模式来看，共享的趋势会走向专业化和细分市场如 Airbnb、小猪短租、私人定制等。另外，江苏省鼓励建立旅游共享经济平台，需要市场去发现创新的商业模式，“共享”的概念在各领域的实践中，与传统产业的交叉地带难免会出现冲突，政府应当秉持包容审慎的态度，在制定政策和监管方面，允许更多符合江苏省旅游发展特点的“共享经济”模式进行探索和创新。

6.4 江苏旅游共享经济的实践

江苏省作为旅游大省，旅游资源丰富，近年来，借助互联网优势，推进智慧旅游，建设智慧江苏，出现了很多新业态，智慧旅游项目逐步完善，为旅游共享经济创新企业和个人提供了良好的基础。同时，这些旅游共享经济主体的实践，可以为进一步拓展旅游共享经济平台，走出旅游业发展困境、消除旅游业的痛点、实现创新驱动、推进供给侧结构性改革，并以此推动江苏省旅游产业转型升级，大力发展江苏省旅游产业提供宝贵的经验。

目前，江苏省依托互联网优势进行的旅游共享经济创新主要有两类：一类是在市场竞争中发展起来的，利用互联网技术整合旅游资源，提供在线旅游产品的企业，即“互联网+旅游”型共享。这类企业本质上仍属于 OTA，它们涉及的业务范围各不相同，既有 B2C 平台公司，如途牛、同程；也有旅游 B2B 企业，如八爪鱼；以及 B2G 和 B2C 共享经济创新公司如马上游等。这类企业虽然不是严格意义上的共享经济创新企业，但是其平台聚集了供需双方的优质资源，尤其是在营销模式上有向个性化、体验化转变的趋势，在一定程度上也符合旅游共享经济平台型公司的特征。另一类是利用现有共享平台，提供差异化服务的旅游小微企业，比如共享住宿平台上的房东、乡村游中的农家乐农户、提供私人定制的导游等。这些小微企业打开了供给端，却缺乏与需求相匹配的机制，为旅游共享经济的创新提供了机会。

说起共享经济，人们总会想到共享经济的典范 Airbnb，可以说 Airbnb 创新了共享经济的商业模式。在共享经济背景下，江苏省目前尚未有完全意义的共享平台公司出现，但是不乏一些探索共享经济商业模式的创新公司。如果我们将这类公司的商业模式与 Airbnb 的成功经验进行对比，总结得失，也将有助于实现江苏省旅游产业的“创新、协调、绿色、开放、共享”发展。

6.4.1 Airbnb 对江苏旅游共享经济的启示

人们对于 Airbnb 的认知通常出于这样一个概念：一家 2008 年成立于美国旧金山的在线短租公司，在不到 10 年的时间就用最少的员工完成了最多的房间数覆盖，在资本市场上达到 310 亿美元的估值，拥有超过 120 万间房间，覆盖 190 多个国家，甚至超过了希尔顿、万豪、喜达屋等传统酒店巨头。对 Airbnb 的研究也主要集中在共享经济的先行者、商业模式剖析（王昭，2013）及对我国在线短租市场的影响等几个方面（赵春芳，2016）。实际上，Airbnb 从技术层面来看是一家共享经济平台公司，但是从其商业模式来看，更像一家旅游企业。所以，对比 Airbnb 的成功经验，对江苏省旅游共享经济有着重要的借鉴意义。

1）Airbnb 商业模式的实质

虽然 Airbnb 能够为旅游者提供个性化、差异化的旅游住宿，然而与传统酒店业不同的是，Airbnb 并不直接拥有固定资产，与其说它在全球 190 多个国家拥有 120 多万套房源，不如说拥有 120 多万套房源的信息。它主要利用互联网和移动互联网、评价系统、支付、LBS（基于位置服务）等技术手段，将分散、孤立的信息进行整合，高效地满足不同需求。Airbnb 实际上扮演了供应商（预订中介）、信息服务公司（社区互动）和横跨桌面与移动端的互联网科技公司的角色（中银国际证券旷实团队，2015）。从这个角度来看，在供给端，Airbnb 集合了那些拥有空余房源和出租公寓的人；在需求端，通过平台展示，又吸引那些希望到新地方、有浸入式体验或者希望以比传统酒店优惠的价格租到优质房间的旅行者，形成需求。然后，Airbnb 所要做的就是对供给和需求进行匹配和整合。

如果将 Airbnb 与传统住宿业进行比较，会发现 Airbnb 实质上是一家数据导向型的企业，而希尔顿等传统企业则是资源导向型企业，各自满足不同层次的需求，两者在商业模式上必然有着实质性区别。Airbnb 的商业模式实际上可以看作是一个去中介和再中介的过程。一方面，Airbnb 整合了线下分散的个人房屋资源，让房东直接面对消费者，使房东不必依附于任何经济组织就可参与到市场交易中来，这就是去中介的过程；另一方面，Airbnb 为房东提供展示产品的“场地”，消费者可以在平台上找到符合自己需求的产品和服务，解决了房东的集客问题，这就是再中介的过程。同时，Airbnb 与房东之间的关系又是松散的，他们甚至可以接入 Airbnb 之外的多个平台，可以根据自己的需求调节服务提供时间（中银国际证券旷实团队，2015）。然而，正是平台与房东的这种松散关系，反而激发他们尽可能提供更多样化、个性化和有创意的服务或产品，以期获得消费者的口碑和好评，因为这有助于他们在平台上更好地集客。在这里，Airbnb 作为共享经济平台最重要的作用主要是降低了供需双方的交易成本，同时又能够提供本地化、个性化、体验化的产品，满足不同层次的需求。因此，Airbnb 与传统酒店相比较，其优势是轻资产、差异化、非标准化住宿。

2）Airbnb 对发展旅游共享经济的启示

共享经济最核心的要素是存在闲置资源、互联网撮合平台，最终实现持续购买与供需平衡。通常在讨论共享经济时，闲置资源的存在以及互联网撮合平台的作用容易受到重视，但是从共享经济的实质来看，持续购买与供需平衡才是共享经济的本质。有闲置资源和撮合平台，但是没有持续购买，共享经济初创公司就不容易成长。所以，Airbnb 对发展旅游共享经济的启示就是找准市场痛点，实现持续购买和供需平衡。

Airbnb 在专业化、个性化、情感社区互动、大数据撮合平台、双向评价机制几个方面提供了可供借鉴的经验。与大多数商业机构追求标准化服务不同的是，Airbnb 上提供房源的房东是多元的、个性化的，比如可以提供修建在大树上的“树屋”，或者是在欧洲城堡里的花园洋房等（许稍稍，2015）。虽然 Airbnb 提供最基本的预订功能，帮助租客通过互联网平台预订有空余房间的住宅（民宿），这与传统 OTA 并无不同。但更重要的是，Airbnb 可以让租客获得独特的住宿体验，这是吸引用户持续购买的关键。

另外，Airbnb 对租客提供的不只是住宿的需求，还可以满足租客的延伸需求，比如房东通常会为房客准备详细的入住指南，提供最本地化的旅游建议、餐饮建议等，帮助房客在旅行时以当地人的视角去深度体验。Airbnb 甚至通过建立情感社区，使房东与房客之间分享各自的生活状态、交流旅行经验，房东会邀请房客参加他们组织的 party 等，这些都增加了消费者对 Airbnb 的黏性（赵春芳，2016）。

最重要的一点，在共享经济平台上，Airbnb 使用的是双向评价机制。与一般 OTA 采用单向评价机制即消费者评价不同的是，Airbnb 重视卖方评价，弱化买方强势，这对保护房东利益起到重要作用，使房东可以筛选合意的租客，避免意外损失，实际上也提升了供给方的品质，保证了房源的独特性。另外，Airbnb 对房东的保障还体现在双向佣金收取中，房东只需支付 3%的费用，租客却需要支付 6%～12%的佣金，这种设计主要是增加房东的黏性，保障充分的供给，有助于供需平衡。另外，通过这种双向评价体系，Airbnb 可以获得供给方和需求方的评价信息，成为平台最重要的数据资产，当数据足够大时，利用大数据分析能够从众多数据中提炼有用数据，可以帮助交易双方解决信息不对称问题，更好地完成交易（江积海和李琴，2016）。

总之，以 Airbnb 为代表的共享经济颠覆了传统的产业模式，消除了企业所有与个人消费之间的界限，使每个人都可以同时成为消费者和生产者，而后者提供了产生收入的潜力。Airbnb 对旅游共享经济的启示在于，并非共享就能转变为经济，虽然共享经济的去中介化消除了生产者与消费者的界限，看似每个人都可以成为消费者和生产者，但是从 Airbnb 的案例中可以看出，一方面仍然只有那些独特的、有个性的供给者才会有更多机会；另一方面如果没有持续的刚性需求则共享经济不能成功。Airbnb 最核心的是它具备对复杂大数据的处理能力，能够从众多数据中提炼出有用数据，判断出消费者的消费倾向，反馈给供给方，为供需双方搭建了平台，消除彼此的信息不对称，让消费者获得独特的体验，最终促成持续购买。

6.4.2　江苏“马上游”公司的共享经济发展路径与挑战

马上游科技股份有限公司作为江苏第一个在新三板上市的旅游共享经济型公司，成立于 2010 年，于 2015 年 8 月成功挂牌新三板，成为当时国内智慧旅游第一股、共享经济新三板第一股，也是首批进入创新层的新三板在线旅游企业。“马上游”最初提出的“共享共创”模式，目标就是打造江苏省的旅游共享经济平台，但是到目前为止，其商业模式转型尚面临较多挑战，经过几年的探索，其最初的“共享共创”模式也逐渐回归到大数据、智慧旅游的主业上来。虽然目前其商业模式已经不是严格意义的共享经济，但是作为一家市场化的上市公司，其对共享共创模式的探索或摒弃都是正常的市场行为。我们通过对比 Airbnb 与“马上游”公司的共享商业模式，希望从不同的角度为江苏省的其他创新公司提供可供借鉴的经验，最终能够推动江苏旅游共享经济的发展。

1）马上游公司的商业模式

从马上游科技股份有限公司披露的信息来看，其是一家以移动互联网、物联网、云计算和大数据为核心技术，以“互联网+旅游目的地”为主营业务的高科技企业。公司最初的定位是目的地综合服务商，围绕“互联网+旅游目的地”生态链服务，为旅游目的地提供智慧旅游建设和运营、互动营销、线上线下融合的旅游电商等一揽子解决方案，并通过与目的地共建旅游服务中心的创新模式，打造“互联网+旅游共创共享平台”，借助旅游共享经济重塑旅游供应链。所谓的“共创共享平台”就是将原来旅游目的地的客户转化为供给方，同时为旅游目的地个人提供创业平台，增加供给端的多样性。

通过对马上游公司的业务进行追溯，可以发现其商业模式的演变路径如下：马上游公司最初是一家智慧旅游系统集成项目制公司，并非旅游企业，公司拥有旅游目的地的客户资源，因此，它利用原有客户资源，向旅游共享经济服务领域进行产业的延伸，试图实现传统系统集成商向旅游共享企业的转变，这是一个跨界融合的尝试，称为 1.0 商业模式；由于其原有客户为地方旅游局和国企，与携程、去哪儿等的直采模式不同的是，马上游的在线旅游项目采用“地方众包”模式，马上游通过为地方合作伙伴搭建旅游共创共享平台，以此作为旅游共享经济的切入点，这个可以称为 2.0 商业模式；最后，将目的地拥有一定旅游专业素质和资源的个体创业者资源与游客个性化与多样化的需求通过旅游共创共享平台进行匹配连接，这就是旅游共享经济的 3.0 模式，如表 6-2 所示。

表 6-2　马上游公司商业模式

商业模式	商业模式内容	目的地案例
B2B	智慧旅游建设、互动营销及 O2O 服务、电商服务	镇江
B2C	为旅游目的地构建和运营当地自有 OTA 平台	徐州
C2C	打造目的地“大众创业、万众创新”的旅游众创共享平台	张家界

资料来源：马上游官网 http://www.msy.cn/news/qy/328.html。

马上游公司上市之初提出了共享经济生态链规划，其核心是利用云计算、物联网等新技术，通过互联网、无线网络，借助移动终端，实现各类旅游信息的自动感知、及时传送和挖掘分析，提升游客在食、住、行、游、购、娱等旅游活动中的自主性、互动性，为游客带来超出预期的旅游体验和无处不在的旅游服务，这一构想完全符合当前对旅游共享经济的认识。但是经过两年多的运营，其共享共创平台面临较多困难，目前，B2C 平台基本停止运营，公司业务出现亏损，股价也跌至 0.45 元，其持续经营能力受到挑战。

从其公开信息来看，马上游公司现将商业模式重新进行调整，从共享经济生态链的基础——大数据开始，重塑其商业模式。目前其商业定位转向旅游大数据提供商，为旅游目的地政府、旅游企业提供全域旅游一体化解决方案，不再强调共享共创的 B2B 和 B2C 模式，而是更注重大数据技术的开发。纵观马上游公司的发展过程，其从“共享旅游”“智慧旅游”第一股，到今天所面临的挑战，说明进行旅游共享经济商业模式的探索并非易事。

2）“马上游”公司发展面临挑战的原因分析

马上游公司作为旅游共享创新型企业，其旅游生态链的构想逻辑完整，具备“共享”的要素，但是为什么在从“共享”到“共享经济”的发展过程中受到挑战？它给许多正在进行旅游共享经济创新的企业提供了怎样的启示和经验呢？

首先，马上游的 B2B、B2G 业务相当于地方众包模式，虽然打开了供给端，但受制于其区域局限性，未能真正吸引到优质供应商，因为需要“马上游”这个平台的往往是一般供应商，优质供应商不一定与马上游合作，或者合作成本高。另外，众包模式相当于把公司员工执行的任务，以自愿自由的形式外包给非特定的旅游从业者，其对消费者的快速响应能力有限，因此使马上游高效满足旅游者多样化需求的能力面临考验，其共享共创平台难以发挥作用。

另外，马上游公司从项目制系统集成商向B2C模式转型过程中，面临的最大挑战是如何消化集客成本，这也是很多平台类创新公司的共同问题。如果不能消化集客成本，就很难实现需求方的导流，试图通过旅游平台进行资源共享融合的目标就不容易实现。随着移动互联网的普及，互联网的平均集客成本已经大大增加，而且携程、去哪儿、飞猪、马蜂窝等平台型公司在旅游电子商务领域的地位已基本确立，马上游作为旅游共享经济的创新公司，无论是需求方还是供给方都面临极大的挑战。

抛开马上游具体的商业模式，而从经济学的角度来看，共享经济也是一种“规模经济”。对供给方来讲，如果一种新的商业模式能降低其固定成本或者单位可变成本，就可以形成规模经济。比如，Airbnb的创新之处在于房东与传统酒店相比，不需要大规模的固定资产投资，只需利用其闲置资源就可以，大大降低了供给成本。更重要的是，Airbnb这个平台让房东直接面对消费者，为房东解决了展示产品的“场地”和集客问题，使房东不必依附于任何组织就可参与到一种市场经济的职业中来，减少了中间成本。“马上游”公司在其“互联网+旅游目的地”商业模式构建中也试图整合地方闲置人力资源和旅游资源，但是未能形成规模经济。究其原因，虽然可以通过地方政府和国企打开供给端，形成供给方规模经济，但是需求方规模经济难以形成，使平台价值难以体现。

共享经济是典型的“需求方规模经济”，平台的价值源于互联网的“双向网络效应”，即随着平台用户数量的增加，平台价值会呈现指数级增长（阿鲁·萨丹拉彻，2014）。在共享经济背景下，一方面平台的价值取决于网络中另一端的用户数量；另一方面用户数量越多，平台越能吸引有价值的用户，高价值客户又进一步吸引高质量的供应商。所以“马上游”公司如能探索出有效的客户引流渠道，将地方景区的客户引流到马上游平台，则其共享共创生态链就能实现。但是，在用户数量难以增长的情况下，反过来又很难吸引到优质的供给方，整个旅游共享经济生态链就难以形成良性互动。

总之，江苏省旅游共享平台公司的创新除了有共享的概念外，还需要企业在发展过程中发现市场痛点、创新模式，从根本上降低交易成本，才可能形成可持续发展的商业模式，才能为江苏省旅游产业的升级转型提供动能。

6.4.3 江苏旅游共享经济的其他实践

1）特色民宿的共享住宿实践

共享住宿是共享经济最早发展的领域，随着互联网技术的发展、我国城乡旅游消费结构的升级、个性化消费理念的兴起，国内小猪短租、途家、Airbnb等共享住宿平台企业功能的逐步完善，共享住宿持续发展，也给江苏省特色民宿的发展提供了机遇。

根据江苏省旅游局发布的《江苏省特色民宿发展情况报告（2016）》，截至2016年12月，江苏省特色民宿业年直接经营收益达9484万元，带动直接创业就业人数达1177人，实现总就业人数达4500人左右。江苏省的特色民宿尚处于发展的初级阶段，出现苏南、苏中、苏北的地区梯度差异，而且多数民宿仅具备食宿功能，淡旺季比较明显，所以在共享住宿快速发展的背景下，应该充分利用互联网共享平台，结合当地文化、地域资源，进行产业延伸，实现可持续、包容性发展（江苏省旅游局，2017a）。

2）“乡村游+”的旅游共享经济实践

旅游共享经济的特点是，除了能整合闲散资源外，还可以实现产业的融合发展。以江苏省的乡村游为例，借助乡村游，不仅可以充分利用闲置的资源，还可以带动乡村就业，促进乡村基础设施建设，发展乡村经济。

江苏省政府办公厅早在2015年底就发布了《江苏省乡村旅游发展三年行动计划（2016—2018年）》，为发展乡村旅游进行了详细的规划。江苏省旅游局2016年3月发布《乡村旅游区等级划分与评定》（DB 32/T 1666—2016）和《江苏省乡村旅游区等级划分与评定管理办法》，为江苏乡村旅游质量提供了参考标准。截止到2018年，江苏省培育形成10个省级乡村旅游创新发展示范县（市、区）、20个省级乡村旅游集聚区、120个省级特色景观旅游名镇（村）、30个五星级乡村旅游区、1000个星级乡村旅游区、20个乡村旅游创客基地，全省乡村旅游项目年投资额达到500亿元（杨曼晗，2017）。

江苏致力于以旅游为导向的生态型乡村的发展，以乡村游带动当地其他产业的发展，实现“旅游+生态农业”“旅游+文化”“旅游+健康”等产业的延伸，出现了旅游共享经济融合性发展的良性循环（陈玲玲等，2016）。以如皋顾庄村为例，顾庄村是一个家家栽种、加工、出售盆景的乡村。顾庄村的花木产业历史悠久，最早可追溯到北宋年间，如派盆景全国闻名；另外，顾庄村4000多常住人口中，有200多个拥有中高级园艺职称的农民。为了把这些资源组织起来，当地政府以花木产业为依托，引导规划了顾庄生态园，大力发展生态园乡村游，以“旅游+花木产业”促进乡村经济的发展，提高了当地村民的收入。

总之，一个成功的共享经济企业，优质的供给资源和持续的刚性需求是必不可少的要素，复杂的大数据处理能力是保持竞争力的保障。江苏省旅游产业在共享经济背景下，要想搭建共享共创平台，所面临的挑战是如何通过创新找到有效的用户导流渠道、降低集客成本和获得优质供给。另外，在吸引到足够的用户后，是否具备复杂的大数据处理能力，使需求与供给高效匹配，最终形成持续消费。旅游共享经济的创新一定是一个系统工程，既依赖于企业自身的创新能力，也取决于政府对旅游共享经济的支持力度及宽松的金融环境等。

7　创新理念指导下的江苏旅游创新创业研究

7.1　江苏旅游创新创业背景

7.1.1　政府政策背景

2014 年 9 月，李克强总理在夏季达沃斯论坛上首次提出“在 960 万平方公里土地上掀起‘大众创业’、‘草根创业’的新浪潮，形成‘万众创新’、‘人人创新’的新势态”；2015 年，李克强总理在《政府工作报告》又提到“大众创业、万众创新”；2015 年的《国务院关于大力推进大众创业万众创新若干政策措施的意见》（以下简称《意见》）为“大众创业、万众创新”进一步落实提供了措施依据。“大众创业、万众创新”理念日益深入人心，各地各部门按照《意见》要求认真贯彻落实，各界也纷纷响应，市场活力被激发，社会释放出巨大创造力。随着新兴技术的助力，特别是“互联网+”的快速发展，更多的普通人加入创新创业行列，逐步使“大众创业、万众创新”中的“众创”成为可能。在推动“大众创业、万众创新”中充分激发群众智慧和创造力，需要消除各种束缚和桎梏，释放经济发展活力。各地方“双创”活动开展红火，政府政策创新为“双创”提供越来越开放的政策环境和良好发展环境，搭建服务和金融平台为创新创业人才提供支持和指导，这些都激发了万众创新创业热情，近两年来新行业、新形态不断出现新领域的创新。科技信息、环保、生态和文化类领域创新项目令人耳目一新，新媒体、新能源、现代农业和养殖业等方面项目创新创业快速发展。

江苏省响应国家“大众创业、万众创新”的号召，在 2016 年 7 月通过《中共江苏省委　江苏省人民政府关于深入实施创新驱动发展战略的意见》，2016 年 12 月下发《江苏省贯彻国家创新驱动发展战略纲要实施方案》。这两个文件都是中共江苏省委和江苏省人民政府联名下发的文件，足见对江苏省创新驱动发展的重视力度。有了政府文件的保障，江苏省创新创业才有保驾护航的利器。江苏省针对旅游创新创业也发布了一系列文件，2014 年发布《江苏省政府关于全面构建“畅游江苏”体系促进旅游业改革发展的实施意见》《江苏省政府办公厅关于转发省旅游局江苏省旅游度假区发展评价办法的通知》，2017 年印发《江苏省旅游风情小镇创建实施方案》、《江苏省特色田园乡村建设行动计划》和《江苏省特色田园乡村建设试点方案》。江苏省各地市政府也为旅游创新创业印发相关支持文件，徐州市把乡村旅游和旅游精准扶贫结合，出台《大力发展休闲观光农业的意见》

文件。这些政府政策用文件的形式发布，为江苏省旅游创新创业保驾护航。

7.1.2　创新创业民众背景

“大众创业、万众创新”理念的提出，《政府工作报告》和《意见》保证各项政策落到实处，对企业开展创新活动影响明显。由表 7-1 看出，鼓励企业培养和吸引人才的相关政策、产业政策、金融支持政策等对各行业开展创新活动影响很大，在影响企业创新活动因素中的比重分别是 60%左右、50%以上和 50%左右。技术开发费用计入成本的政策也对各行业企业创新活动影响显著，对电力、燃气和水的生产、供应业创新活动的比重达到 60%。免征技术转让、开发的营业税政策对各类企业创新活动的比重达到 40%左右，技术开发费加大抵扣所得税的政策、开发区高新技术企业所得税减免政策和知识产权保护政策使制造企业创新活动比重达到 50%左右。由表 7-1 的数据可以看到各类创新创业政策极大影响了企业的创新活力。“大众创业、万众创新”的理念践行非常成功。

表 7-1　相关政策影响下各行业企业进行创新活动的比重（2004～2006 年）

项目	采矿业/%	制造业/%	电力、燃气和水的生产、供应业/%
技术开发费用计入成本的政策	44.7	58.9	60.0
技术开发费加大抵扣所得税的政策	37.4	50.9	47.9
开发高新技术企业所得税减免政策	30.6	45.2	38.0
企业中试设备加快折旧的政策	42.8	40.4	46.6
免征技术转让、开发的营业税政策	37.9	38.5	40.0
金融支持政策	49.7	47.7	48.2
政府采购政策	27.4	29.1	34.9
知识产权保护政策	36.8	49.3	45.9
产业政策	51.7	51.2	54.0
对外经贸政策	30.7	42.3	32.4
鼓励企业培养和吸引人才的相关政策	59.3	59.6	62.1
由企业承担政府部门的科技项目	36.0	35.2	36.0

资料来源：中华人民共和国国家统计局网站。

注：此表选取国家统计局全国工业企业创新数据调查（2004～2006）。

2017 年《政府工作报告》指出大力促进就业创业，“大众创业、万众创新”成为以创业创新带动就业的有效方式。“双创”对我国就业形势保持稳定起到很大作用，带动就业岗位的增加。《全球创业观察》杂志对中国的创新创业做出评估，称我国早期创业活动指数为 12.84，位居全球主要经济体的前列。2016 年，每天新设立的企业是 1.5 万家，全国市场主体 2016 年年底已经达到 8700 多户，初创企业新增招聘岗位数超过 240 万，对新增招聘岗位的贡献率达到 18.7%。选取 2014～2016 年相关就业情况数据形成表 7-2。

表 7-2　全国就业人员相关情况统计表（2014～2016 年）

项目	2014 年	2015 年	2016 年
年末全国就业人数/万人	77253	77451	77603
城镇就业人数/万人	39310	40410	41428
城镇新增就业人数/万人	1322	1312	1314
年末城镇登记失业率/%	4.09	4.05	4.02
全国农民工总量/万人	27395	27747	28171
全国农民工比去年增长/%	1.9	1.3	1.5
外出农民工/万人	16821	16884	16934
外出农民工比去年增长/%	1.3	0.4	0.3
本地农民工/万人	10574	10863	11237
本地农民工比去年增长/%	2.8	2.7	3.4
全国全员劳动生产率/（元 / 人）	72313	76978	94825
全员劳动生产率比去年增长/%	7.0	6.6	6.4
全国国内生产总值/亿元	636463	676708	744127
全国国内生产总值比去年增长/%	7.4	6.9	6.7

资料来源：中华人民共和国国家统计局网站。

注：此表选取国家统计局国民经济和社会发展统计公报资料（2014～2016）部分数据。

2014～2016 年全国就业人数、城镇就业人数、全国农民工总量稳中略有提升，变化不大；外出农民工增长率逐年下降，本地农民工在稳步上升；全国全员劳动生产率上升较快。根据农民工务工地点的变化信号可以推测，“大众创业、万众创新”的推进，各项桎梏的打破，使更多人、更多区域的创业就业成为可能，全国正走向创新支持创业、创业带动就业的良性循环。全国全员劳动生产率稳步上升说明“双创”为整个社会带来财富。

全员劳动生产率指根据产品的价值量指标计算的平均每一个从业人员在单位时间内的产品生产量。2014～2016 年，全员劳动生产率增速下降，与中国经济的增速走势基本一致。近年，我国劳动力成本优势基本消失，投资增速持续降低，目前各个耐用消费品领域大部分产能过剩，所以要实现经济快速稳定增长，需要提高全要素生产率，这需要技术进步、组织创新、专业化和生产创新。“大众创业、万众创新”的提出和推进，成为创新驱动推动力。

7.1.3 旅游发展背景

我国旅游发展正在实现六大转变，其中之一是“旅游发展正从传统模式向创新推动转变”。实施创新驱动发展战略，深入开展“大众创业、万众创新”，旅游业正是“双创”的广阔舞台。从表 7-3 的数据可以看出，大众旅游时代，旅游业可以成为“大众创业、万众创新”的沃土。

表 7-3 我国旅游人次及旅游收入相关情况统计表（2014～2016 年）

项目	2014 年	2015 年	2016 年
全年国内游客/亿人次	36.1	40	44
全年国内游客年增长/%	10.7	10.5	11.2
入境游客/万人次	12849	13382	13844
入境游客年增长/%	–0.5	4.1	3.5
国内居民出境/万人次	11659	12786	13513
国内居民出境年增长/%	18.7	9.7	5.7
国内旅游收入/亿元	30312	34195	39390
国内旅游收入年增长/%	15.4	13.1	15.2
国际旅游收入/亿美元	569	1137	1200
国际旅游收入年增长/%	10.2	7.8	5.6

资料来源：中华人民共和国国家统计局网站。

注：此表选取国家统计局国民经济和社会发展统计公报资料（2014～2016）旅游部分数据，表中数据为年统计。

从表 7-3 可以看出国内旅游市场供需两旺，需求呈上涨趋势，旅游日益成为老百姓一种常态化的生活方式。应该大力推进旅游供给侧改革，创新创业可以从旅游供给侧着手，全域旅游的打造为旅游供给侧改革提供思路，“双创”有了着力点。国内旅游市场发展态势良好；入境市场总体上涨，但年增长率波动明显，2014 年、2015 年、2016 年分别为–0.5%、4.1%、3.5%；出境旅游市场人数总体持续上升，但增长率却逐年下降。这些变化和我国国内环境的稳定、国际环境的不确定有关，也与近几年国内旅游环境和旅游供给侧创新创业有关，国内旅游供给充足，旅游资源得到大力开发，政治环境稳定，自然环境得到改善，国内游客更愿意在国内旅游放松。随着“大众创业、万众创新”理念的推进，“互联网+旅游”思维的拓展，国家各项政策和法规不断完善，带薪休假将进一步落实，会打造出更多的综合观光、休闲度假产品，形成全域旅游发展格局。随着我国全域旅游格局的形成，交通条件、自然条件的不断改善，原本丰富多彩的旅游资源得到有效开发，“双创”在旅游的沃土上将生长旺盛。旅游创新创业在行业内可以进行旅游活动、产品、服务方面的创新，也可以在外部企业产业对旅游的升级和改变创新。根据旅游自身的特点，游客需求的差异性创新不同的服务方式。在消费环节中有更多创新创业点，在人员、技术、环境中找到创新创业之处，游客体验成为旅游创新创业新的着力点。

江苏省创新创业引领全省传统旅游转型升级，整合全省的旅游资源，激发全省旅游融合发展活力。全域旅游模式的提出，为江苏省旅游创新创业提出新思路。党的十八大以来，江苏省牢记党中央和国务院提出的青山绿水发展理念，坚持农业现代化和绿色化，坚持绿色发展、循环发展、低碳发展，坚持创新驱动。近年江苏省旅游持续稳定发展，为旅游创新创业提供了坚实基础。

7.2　江苏旅游创新创业保障

7.2.1　持续发展的经济保障

“大众创业、万众创新”是经济发展动力之源，是培育和催生经济社会发展新动力的必然选择。近年来，江苏省根据国家部署，认真贯彻中央和省委决定，在创新创业的理念推动下，大力进行供给侧结构性改革，加快转型升级，全省综合实力明显增强。产业结构加快调整，高新技术产值、战略性新兴产业收入年增长明显，全省高新技术产业7个行业投资增长较快，包括航空航天器制造业、电子及通信设备制造业、新能源制造业、新材料制造业、生物医药制造业、智能装备制造业、电气机械及设备制造业。非公有制经济为全省GDP做出67.7%的贡献。创业情况良好，就业形势保持稳定，2016年末全省新增就业143.22万人，城镇登记失业率3.0%，自主创业22.82万人。2016年末这些数据显示江苏省“双创”局面良好。表7-4选取了2013～2016年江苏省国民经济和社会发展统计公报部分数据，用数据反映江苏省近年来“双创”的局面。

表7-4　江苏省国民经济和社会发展统计部分数据表（2013～2016年）

项目	2013年	2014年	2015年	2016年
年生产总值/亿元	59161.8	65088.3	70116.4	76086.2
第一产业增加值/亿元	3646.1	3634.3	3988	4078.5
第二产业增加值/亿元	29094.0	31057.5	32043.6	33855.7
第三产业增加值/亿元	26421.7	30396.5	34084.8	38152
高新技术产业产值/亿元	5.0	5.7	6.1	6.7
新兴产业销售收入年增长/%	15.0	10.4	10.4	8.0
年末工商登记私营企业/万户	145.1	157.4	182.8	222.9
个体户/万户	379.4	371.1	387.2	438.8

资料来源：江苏省统计局网站。

注：此表选取江苏省统计局国民经济和社会发展统计公报资料（2013～2016）部分数据。

7.2.2　不断突破发展的产业保障

江苏省“双创”开展还表现在文化产业（表 7-5）。2010 年以来，江苏省大力推进文化与科技紧密结合，建立了以企业为主体、市场为导向、产学研相结合的文化产业创新体系。经过近几年的发展，特别是“大众创业、万众创新”理念的推进，江苏省文化产业自主创新能力显著增强。文化产业总量规模扩增，开始对全省国民经济起到促进作用。文化产业是新一轮经济结构调整重点扶持和发展的“绿色产业”，具有低消耗、低排放的显著特征，是创新创业很好的产业舞台。2010 年以来，江苏省文化产业在全国文化产业中的比重稳步上升，文化产业的发展增加了就业岗位，特别是网络、旅游、休闲娱乐、经纪代理、广告会展等新兴文化服务业创新创业成果显著。另外，江苏省文化产业扶植政策、资金引导、体制改革、科技引领、海外市场拓展几个方面成为江苏近年来文化产业迅速发展的推动因素。

表 7-5　江苏省国民经济和社会发展统计部分数据表（2014～2016 年）

项目	2014 年	2015 年	2016 年
文化馆、群众艺术馆/个	116	287	115
公共图书馆/个	113	114	114
博物馆/个	292	301	312
美术馆/个	17	23	25
综合档案馆/个	169	118	117
电视台/座	14	14	8
广播电台/座	14	14	8
生产故事影剧片/部	14	19	29
报纸出版/亿份	28	26.8	23.3
杂志出版/亿册	1.2	1.2	1.2
图书出版/亿册	5.5	5.5	5.6

资料来源：江苏省统计局网站。

注：此表选取江苏省统计局国民经济和社会发展统计公报资料（2014～2016）文化部分数据。

新兴产业具有市场前景广阔、知识技术密集、物质资源消耗少、经济技术效益好的特征。江苏省新兴产业主要包括节能环保、新一代信息技术、生物医药、高端装备制造、新能源、新材料。现在江苏省的这些新兴产业发展水平在全国处于领先地位。江苏新兴产业企业主要集中在苏州、无锡、常州三市，占江苏省新兴产业的 54.6%。“大众创业、万众创新”理念的推出，使新兴产业政策支持力度加大，为新兴产业发展提供了良好的环境。江苏新兴产业也吸引了更多资本支持。新兴产业的发展带动江苏工业经济增长。同时新兴产业广阔的市场前景和良好的发展环境、技术上的创新，使新兴产业获利能力较强。如表 7-6 所示，新兴企业的创新带动江苏省经济的发展。

表 7-6 江苏省新兴产业技术产值情况 （单位：亿元）

项目	2013 年	2014 年	2015 年	2016 年
航空航天制造业	264	295	316	335
电子计算机及办公设备制造业	2549	2350	2376	2883
生物医药制造业	3184	3587	4170	4717
仪器仪表制造业	1191	1292	1393	3874
高端装备制造业	15561	17376	18183	18649
新材料制造业	13602	15379	17289	18348
新能源制造业	3259	3378	3691	3626

资料来源：江苏省统计局网站。

注：此表选取江苏省统计局国民经济和社会发展统计公报资料（2013～2016）。

7.2.3 知识产权保障

由于旅游知识产权一直不受重视，开发旅游线路无产权保护。旅游企业花成本开发旅游产品，由于没有专利和产权保护，旅游线路、旅游纪念品、旅游景点，甚至旅游项目很快被复制模仿，造成开发企业和单位投入成本大，回收效益低，而模仿企业和单位投入低，收益高，导致旅游企业和单位都不愿意去创新开发产品，使旅游产品同质化、单一及低价竞争。对旅游知识产权进行保护是旅游创新创业的重要保障。把旅游产业和科技产业一样看待，推进旅游知识产权布局工作，实施旅游产业创新知识产权实验区，实行旅游知识产权保护，建立集中统一的旅游知识产权执法机制，完善旅游知识产权维权援助工作体系。

7.2.4 市场保障

旅游各市场要素需要互相适应、互相制约、共同作用，从而形成市场自组织、自调节的综合机能。旅游市场的自调节通过价值规律和竞争规律实现，政府部门要出台相应政策保障旅游市场的自调节，才能形成真正的旅游市场机制。政府加强监督，2017 年 9 月江苏省市旅游质监部门与人民网“旅游 3.15”平台建立快速联动机制，帮助旅游消费者快速处理旅游投诉，维护旅游消费者合法权益，促进江苏省旅游市场健康发展。苏北探索区域协调机制，围绕“大景区、大旅游、大产业”的思路尝试旅游市场开发，政府引导、企业运作的机制树立起旅游整体观念，建立了旅游整体策划设计机制，打破行政区域障碍，集中策划了苏北旅游市场。政府角色的转变、行政区的跨越是旅游市场创新创业的市场机制保障。

旅游产业是一个依附性强、脆弱性产业，旅游创新创业需要许多产业的支撑。国民经济持续发展、国民收入稳定增长是旅游能够创新创业的基础。各产业结构优化、产业链稳定是旅游创新创业产业环境的保障。旅游产业不是一个单一产业，而是一个产业群，由多种产业组成，是第三产业的重要组成部分。江苏省自 2013 年以来第三产业增加值持续增长，2016 年已经远超第二产业增加值。江苏省的产业结构已经发生很大变化，产业结构的变化为旅游创新创业提供可能。江苏省第三产业中交通、邮电、教育、文化、科技、体育、传媒等产业的迅猛发展，为江苏省旅游创新创业提供坚实基础保障。

7.2.5 金融保障

税费成本也是影响旅游创新创业能力的重要因素。旅游企业在旅游设施建设、旅游服务投入、景点景区改造、品牌打造、人力资源培训方面都需要很大的资金投入，税收优惠能为旅游企业的发展提供强大的资金保障。在现行税法中，旅游业涉及的税种很多，有营业税、消费税、房产税、车船税、企业所得税、个人所得税、过路过桥税等，重复征税严重，各种手续费繁杂，加重了企业和旅游者的负担，挤占了税源，以费挤税现象严重。旅游企业和其他企业一样是独立核算、自负盈亏的经济实体，大多属于小经营实体，为了生存和自身利益，不得不隐瞒收入，用套账、伪造成本等不正当手段获取利益，又由于旅游企业费用支出频繁的特点，造成税收混乱，为旅游企业价格不正当竞争埋下隐患。因此，税收政策的合理严密是保证旅游企业市场健康竞争的重要手段。江苏省应在旅游企业税收政策上下功夫，为旅游创新创业提供税收政策保障。

支持有条件的旅游创业企业和单位上市或发行票据，利用江苏省较好的金融市场，解决旅游企业或个人创新创业资金难问题。推动银行和金融机构对旅游主体和小微企业的金融服务。吸引国内外知名旅游企业落户江苏，给予财政优惠措施。搭建旅游融资平台，为旅游企业和个人旅游创新创业开拓融资渠道。指导旅游创新创业投资，减少旅游投资的盲目性。乡村旅游季节性明显，资金投资风险比较大，乡村旅游融资更加困难，融资模式还需要创新。

7.2.6 其他保障

坚持旅游人才优先发展，在培养、吸引、用好旅游人才上下功夫，深化旅游人才发展体制机制，发挥顶尖旅游人才、领军旅游人才的引领作用，把旅游人才转化为创新优势。旅游管理专业毕业的大学生是江苏省旅游创新创业的人才宝库。

苏南城市旅游经济稳定性强，总体稳步发展。

苏南位于向外开放的前沿，可以培养出更加成熟的创新人才，在如何利用人才这方面也更胜一筹，更加善于利用本地的旅游资源、高校资源，从而赢得发展的主动权。

苏中地区城市排名不定。其中南通旅游经济一直是持续上涨的，并在 2016 年反超扬州，居总体排名的第 4 位。南通具备丰富的旅游资源，它邻近上海，尤其是随着苏通大桥的建成，南通在江苏省的旅游经济地位越来越重要。创新创业为先，发展竞争力持续提升，苏中的发展，要扩大发展旅游地的质量和旅游地经济收入总量。苏中几市均跨出了一大步。

苏北的旅游经济区位值较低，明显低于江苏省总体水平。苏北地区的旅游经济落后，设施还有本身的资源都不足，呈现出旅游经济发展不稳定、欠发达的特点。连云港、徐州两市发展不平衡，旅游经济一直处于波动的状态，且上涨的趋势也固定在一段范围内。从南到北经济发展依次递减，盐城、淮安、宿迁在江苏省的排名中分别处于第 10、11、12 位，这几地的发展水平有限，旅游产业本身就欠缺，创新创业的发展就需要与苏南、苏中对接，打破行政区划限制，开展区域协作，助力旅游创新创业。

7.3 江苏旅游创新创业途径

7.3.1 政府层面创新创业途径

1）旅游执法体制机制

政策的开放程度与创新创业活力直接相关。加强创新、创业、就业的政策统筹，促进部门和地方政策联动，转变政府职能，逐步清理并废除妨碍创新创业的制度和规定，打破地方保护主义。江苏政府部门颁布一系列与旅游行业有关的文件，不仅可以保障旅游企业的利益，也可以保障顾客的消费行为权益。江苏省政府不断强化工作机制，搭建共享平台，搭建创新创业服务平台，整合市场监管、税务、人社、科技、财政、教育、团委等部门力量，推进基金建设。各地党委政府也不断做体制机制系列探索创新。首先在旅游执法、旅游监督上加大体制机制创新，旅游警察大队、旅游巡回法庭等旅游综合执法体系不断完善，为保证江苏旅游治安秩序和市场秩序做出积极贡献。苏州市、常熟市、南京江宁区和秦淮区、金湖县、兴化市、宿迁市等地先后在旅游治安和市场上积极作为，勇于创新，也提供了一定的就业岗位。

2）旅游土地政策

江苏省人民政府办公厅在 2017 年 3 月 7 日印发《江苏省旅游风情小镇创建实施方案》，在土地政策上创新作为，实行土地过渡期政策保障旅游公共服务设施的合理用地空间。鼓励对现有工业用地追加投资、转型改造，通过老厂改造、厂房加层等办法创新土地供应政策，在旅游风情小镇用地、自驾游营地用地、自驾游精品线路建设用地方面给予土地政策保障。

3）旅游致富路径

徐州市围绕发展生态农业，实行乡村旅游精准扶贫，先后出台了《徐州市人民政府关于进一步加快发展旅游业的意见》、《徐州旅游奖励办法》和《大力发展休闲观光农业的意见》等文件，在发展乡村旅游、帮助农民致富上创新成果显著，创新就业途径，成为政府政策创新的典范。在徐州政府规划、聚集发展政策引导下，徐州市铜山区利国镇西李村政府带领村民，利用自身资源，打造乡村旅游。在徐州市政府的统筹运作下，打造乡村旅游休闲聚集区，把铜山区、贾汪区与徐州市区中心连接起来，打造环城乡村旅游带，聚集规划，集中经营，为苏北旅游创新创业路径提供新思路。在徐州市政府乡村旅游致富的思路下，张寨镇陈油坊村集中葡萄种植，形成葡萄休闲观光及农家乐生态产业园和以新沂水蜜桃为主的农产品加工旅游，依托苏北特有的农业资源，走出“旅游+农业”的旅游创新创业之路。

7.3.2　旅游公共服务层面创新创业途径

1）加大游客集散中心建设

从旅游交通上入手，在旅游线路和班车上下功夫，发挥游客集散中心的聚集辐射作用。游客集散中心方面的创新创业，可以为旅游企业提供一个高效的集中经营平台，同时也有利于政府集中管理，有助于提高城市文明形象。游客集散中心有利于游客获得高效集中服务，进一步开发了旅游市场，提供了大量就业，有利于地方获得经济收益。江苏省旅游产业持续稳定增长，全省旅游人次不断上升，旅游收入也持续增长。江苏省已是国内数一数二的旅游强省。江苏省有扬子江城市群、沿海经济带、徐州淮海经济区和江淮生态经济区，各区域旅游资源、现实情况各不相同，应该针对江苏各区域的特色、旅游开发强度进行差异化游客集散中心建设。根据客源的不同，设计相应的旅游线路，打造不同的区域交通条件，做好经济价值预估和风险控制，从而发挥游客集散中心人流带动资金流的功能。

2）加大旅游交易推广中心建设

旅游交易推广中心不同于游客集散中心。旅游交易推广中心能更好地实现企业的经营任务和目标，应开展一系列旅游推广活动，帮助旅游企业和政府部门完成事件促销、广告、创建品牌等活动，做好市场调研工作，及时掌握旅游市场动态并作出相应调整。旅游企业和政府可以委托旅游交易推广中心收集旅游消费者意见，协调消费者与经营者关系。旅游交易推广中心的建设会为江苏省旅游产品推广与营销带来新的创新创业思路。

3）加大旅游商品购物中心建设

目前，江苏省旅游商品经济收效比较小，旅游商品购物中心的打造会促进江苏省旅游商品的创新创业，带动江苏省各县区的旅游商品生产。通过建设旅游商品购物中心，设置旅游商品销售专柜，进行集中展销，打造一站式购物广场。旅游商品购物中心为旅游消费者和旅游经营者搭桥，推动江苏省地方风味、名优特产、文化体育、休闲纪念等旅游产品的开发，推动江苏省旅游商品经济的发展。2016 年，江苏省旅游局在牛首山主办第二届“乐购江苏”旅游商品创意设计大赛，让我们看到江苏省旅游商品的发展潜力，大赛共收到参赛作品 625 个系列，为江苏旅游商品研发提供新思路，也为旅游商品购物中心打造提供可能。通过旅游商品购物中心的创新驱动，推动江苏省旅游产品研发设计，增强江苏旅游商品研发生产能力，提升江苏省旅游商品的市场竞争能力。同时，旅游商品购物中心实现现场购物和网上交易的联合，促进江苏省旅游就业，拓宽旅游纪念品、旅游工艺品、旅游交通装备、旅游数码设备、旅游用具、旅游箱包、旅游服饰、旅游视频、旅游营养保健品和土特产等旅游商品创业就业途径。

4）加大旅游信息和咨询服务中心建设

目前，旅游信息中心和旅游咨询中心多由官方承办，如江苏省旅游局发展咨询中心、江苏旅游资讯网、各地市旅游局官方网站，能为旅游消费者提供详细的旅游咨询服务，实时发布各类旅游信息，更加方便地为旅游消费者提供信息和咨询服务。目前我国旅游消费者对旅游信息的要求较高，需要的旅游信息量较多，旅游官方部门提供的旅游信息和咨询服务已经满足不了现代旅游消费者的需求。加大旅游信息和咨询中心的建设，不仅是旅游消费者的需求，也为政府减轻负担，减少压力。基于信息和咨询服务的供需不对称，加大旅游信息和咨询中心的建设是江苏旅游创新创业又一突破口，吸引民间投资，加强民间官方合作。

5）加块生态停车场建设

江苏省交通条件比较理想。较好的路面交通条件及较高的私人汽车保有量，为江苏省自驾游的火爆发展提供了条件。这也促使自驾车营地建设，倒逼旅游景点加大停车场建设投入。传统停车场占地面积大，停车不方便，促使停车场的创新建设。日本停车场 $4m^2$ 能停 200 辆自行车，取车只要 8s，这给我们提供停车场创新创业新思路。方便、环保、节省空间和时间的生态停车场成为江苏省旅游公共服务创新创业新领域，同时解决停车问题，也解决民生问题。

7.3.3 旅游产业融合层面创新创业途径

1）旅游+农业

“旅游+”的推进使旅游产业融合发展。江苏省旅游资源丰富，农业发达。近年国务院在农业和农村政策方面下发文件较多，2016 年 8 月下发《国务院关于实施支持农业转移人口市民化若干财政政策的通知》，2016 年 10 月印发文件《全国农业现代化规划（2016—2020）》，2016 年 12 月下发《国务院办公厅关于完善支持政策促进农民持续增收的若干意见》，2016 年 11 月下发《国务院办公厅关于支持返乡下乡人员创业创新促进农村一二三产业融合发展的意见》，2016 年 12 月下发《中共中央国务院关于深入推进农业供给侧结构性改革加快培育农业农村发展新动能的若干意见》，让农村和农业发展充满无限可能，旅游和农业的融合必然极大激发旅游创新创业活力。2016 年 5 月，江苏省旅游局联合中国江苏网共同举办了“2016 年江苏乡村旅游‘四季赏花地’最美百果园”的评选活动。这些都有力地促进了江苏省旅游和农业的融合。

2）旅游+体育

旅游与体育具有天然的互补优势，旅游与体育的融合有巨大的市场空间。

全民健身与旅游目的不谋而合，把旅游与体育结合起来，为江苏省旅游创新创业之路拓宽思路。江苏省是体育强省，苏南优越的地理位置和自然人文环境为旅游与体育的融合提供了基础。现在已开展的旅游体育融合项目有环太湖国际公路自行车赛，扬州、南京马拉松赛事等。江苏省各地市可以利用体育设施，加快体育服务综合体的建设。利用体育活动项目，开展休闲旅游。江苏各地市依托多样的旅游资源，可以开展户外训练、登山、骑行等，打造可长期运营的“旅游+体育”项目和基地。现在无锡创新打造体育旅游发展路径，开发体育旅游项目，如皮划艇、帆船水上项目，热气球、动力伞飞行项目，龙池山自行车骑行项目和马术表演等，对江苏其他地区具有推广意义。

3）旅游+文化

江苏省是文化和科技大省，在中国人民大学 2016 年发布的中国省市文化产业发展指数排名中，江苏省位列北京、上海之后，排名全国第三。江苏省文化产业已初具支柱产业形势。2016 年把南京逐步打造成全国文化创意中心，在无锡打造数字电影产业园，在南通市通州区有 100 多家家纺设计公司。江苏原力动画是亚洲最大的动画制作公司、江苏金刚文化科技集团股份有限公司用高科技活化历史文化。江苏紫金文化产业发展基金已扶持和资助多个文化项目。无锡慈文传媒出品中国首个网络点击量破 200 亿次的热门剧《花千骨》，打造中国 IP，与美国环球影业商谈合拍电视剧，让中国 IP 走出国门，构筑中国 IP 的海外群众基础。南京凤凰出版传媒股份有限公司用 8000 万美元收购美国国际出版有限公司的童书业务，从而在出版业切入美国文化。无锡凤凰画材集团的产品在美国市场占有率达 80%，远销法国、西班牙、意大利等欧洲市场，让中国艺术走向世界。越来越国际化的江苏文化产业与旅游结合，会助力江苏旅游的国际化发展。用中国 IP 讲好中国故事，用影视、画作、故事向国内外呈现江苏旅游，将赋予江苏旅游创新创业无限生命力。

4）旅游+科技

江苏省通过《促进文化科技融合发展的二十条政策措施》，发挥科技的支撑和引领作用，培训了江苏省文化创意产业。3D 动漫引擎、动作仿真技术、数字媒体创作工具、智能嵌入支撑软件、网络协同增值服务等核心关键技术，使江苏省的文化产业呈集聚发展态势。苏州蜗牛数字科技股份有限公司的 3D 网游开发引擎处于国内领先水平。江苏尚阳科技股份有限公司超大屏幕数字立体影院系统的开发，打破了国际巨头 IMAX 的独家技术垄断。江苏省目前有 6 家国家级高新区，占全国 10%，建成各类科技创业园 269 家，占全国 33.3%，在全国居首位。江苏省科技厅推动建设南京数码动漫创业园、常州运河五号创意产业孵化器、无锡江南工业设计园、连云港科技创业园，支持建设常州国家动画产业基地、苏州动漫产业基地、无锡国家动画产业基地，打造常州创意文化产业产学研联合创新服务平台。江苏省政府和江苏省科技厅对科技园和文化产业创意园提供政策支持和资金支持，推进了科技和文化融合，也让“旅游+科技”有了科技基础，提升旅游的科技含量。近年来，江苏省智慧旅游与江苏省文化创意产业发展迅速，“旅游+科技”创新创业前景广阔。

7.3.4 旅游业态层面创新创业途径

1）乡村休闲旅游

江苏省印发了《江苏省特色田园乡村建设行动计划》和《江苏省特色田园乡村建设试点方案》，推动乡村旅游，结合全域旅游概念，发挥江苏省乡村旅游资源优势，打造乡村休闲旅游新业态。随着我国旅游业的发展，国民经济进一步增长，旅游者旅游观念的转变和国家提倡带薪假期，使经济发达区域进入休闲旅游时代。乡村休闲是休闲旅游的组成部分。江苏省乡村旅游资源丰富，截止到 2016 年，全省有中国乡村旅游模范村 39 个，中国乡村旅游模范户 40 个，全国特色景观旅游名镇（村）43 个，江苏省四星级乡村旅游区（点）306 家，三星级乡村旅游区（点）324 家。同时全省全年乡村旅游经济效益可观，实现营业年总收入 745 亿元，接待游客 2.47 亿人次，占全省游客人数的 36%，吸纳从业人员 42 万人左右。这些都表明江苏省乡村休闲旅游时代的到来。对江苏省乡村旅游进行整合，打造乡村旅游精品，从全域旅游出发，进行乡村旅游资源联动。徐州市把乡村旅游和旅游精准扶贫结合，出台《大力发展休闲观光农业的意见》，打造特色名镇 12 个，全国休闲农业与乡村旅游示范 1 个，农家乐 38 家，旅游经营者 2 个。徐州乡村旅游的做法值得全省借鉴，也说明乡村休闲旅游的可行性。苏南乡村旅游资源更丰富，经济更发达，配套设施齐全，乡村居民收入高，生活质量高，乡村休闲旅游会发展更好。

2）城市休闲旅游

虽然江苏省城市经济发展不均衡，但总体实力较强。南京、苏州、无锡领跑江苏城市，自然和人文旅游资源丰富，常州、镇江经济紧随苏州、无锡，自然和人文旅游资源丰富，扬州、南通、泰州、徐州城市发展势头较好，徐州发挥苏北地区中心城市的示范和辐射功能，乡村旅游发展面貌具有示范作用，淮安、连云港、盐城、宿迁几个城市也各自发挥优势，城市综合实力不断上升。江苏省各个城市各具特色，可以依据城市特点，开发城市休闲旅游项目。江苏省海岸线较长，由北向南，连云港、盐城、南通三市形成美丽的海岸风景线，连云港的海上云台山，盐城的世界级湿地生态公园，南通启东吕四渔港是全国四大渔港之一，这些资源为打造海滨休闲提供资源基础，可沿江苏省海岸线城市开展海岸城市休闲旅游项目，打造沿海江海风情田园风光的滨海城市休闲旅游。2016 年，江苏溧阳被授予“中国最美休闲度假旅游城市”称号，江苏省类似溧阳的地方很多，南京汤山、常熟沙家浜、无锡阳山、常州武进、苏州阳澄湖都是可以打造城市休闲旅游的地方。

3）旅游风情小镇

江苏旅游业呈现出许多新的趋势性特点，大众旅游、休闲度假旅游、全域旅游成趋势。在这样的趋势背景下，江苏省人民政府办公厅 2017 年 3 月发布了《江苏省旅游风情小镇创建实施方案》，规划到 2020 年，培育建设 50～100 个旅游风情小镇。旅游风情小镇不仅具备旅游的“食、住、行、游、购、娱”传统要素，也要体现产业融合新业态。旅游风情小镇彰显“风情”、各具特色，要“有型”、有“内涵”。“小镇”的区域如何确定，“风情”如何挖掘，这是旅游风情小镇要重点考虑的问题。

4）旅游风景廊道

风景廊道不同于传统的围墙内的风景区开发模式，是一种线性空间旅游开发模式，是一种用线将点和面的景区景点连接成网状旅游目的地的有效手段。在全域旅游概念中，旅游风景廊道将会是使概念成为现实的抓手。江苏旅游点、面发展的都较好，且交通发达，这有利于旅游风景廊道的打造。江苏省在 2017 年 3 月才开始启动旅游风景廊道的创建工作，推动江苏全景连接有很多工作要做。比如南京 2017 年 10 月份举办马拉松赛的路线，沿途串联了很多城市景观地标，充分展示了南京城的魅力。把奥体中心、中华门、新街口、总统府、中山门、紫金山、太平门、玄武湖等众多南京的著名景点和城市地标纳入马拉松路线中，通过这条路线，将南京山水城林和虎踞龙盘的金陵风光连接起来，堪称南京史上最美马拉松赛道。由此可看出打造旅游风景廊道的作用和创新意义。旅游风景廊道新业态的打造为江苏省旅游创新创业增添了新的活力。

7.4 江苏旅游创新创业实证研究——徐州乡村旅游创新创业

7.4.1 江苏省乡村振兴下的乡村旅游

1）乡村振兴

近年来，中央提出要推动“望得见山，看得见水，记得住乡愁”。2016年12月中央一号文件《中共中央国务院关于深入推进农业供给侧结构性改革加快培育农业农村发展新动能的若干意见》中指出：“近几年，我国在农业转方式、调结构、促改革等方面进行积极探索，为进一步推进农业转型升级打下一定基础，但农产品供求结构失衡、要素配置不合理、资源环境压力大、农民收入持续增长乏力等问题仍很突出”，又指出：“必须顺应新形势新要求，坚持问题导向，调整工作重心，深入推进农业供给侧结构性改革，加快培育农业农村新动能，开创农业现代化建设新局面”。2017年中央一号文件为农业农村发展指明方向，对“乡村旅游”用较大篇幅进行表述，明确指出：“充分发挥乡村各类物质与非物质资源富集的独特优势，利用‘旅游+’、‘生态+’等模式，推进农业、林业与旅游、教育、文化、康养等产业深度融合”。2017年10月18日，习近平总书记在中国共产党第十九次全国代表大会报告中指出，“要实施乡村振兴战略”。在2017年10月19日习近平参加党的十九大贵州省代表团讨论时，当遵义市播州区枫香镇花茂村党总支书记潘克刚讲到乡村农家乐旅游成为乡亲致富新路时，习近平指出“既要鼓励发展乡村农家乐，也要对乡村旅游作分析和预测，提前制定措施，确保乡村旅游可持续发展”。由中央一系列举动可见，农业供给侧结构改革、农业农村“新动能”、乡村可持续性增长是乡村振兴的驱动力，乡村旅游是促进乡村振兴的重要形式。

2）乡村旅游

乡村旅游在我国最早出现于20世纪80年代。王琼英和冯学钢（2006）及王素洁和刘海英（2007）针对国内外乡村旅游研究早就做了研究综述。凌申（1990）首次提出“乡村旅游”，中国针对“乡村旅游”的研究就此展开。“乡村旅游”文献从20世纪80年代的个位数到90年代的两位数再到2001～2005年的三位数，2006年“乡村旅游”研究文献猛增到四位数，2015年以来每年更是有超过5500篇研究“乡村旅游”的文献。近年来，中央和地方各级政府高度重视乡村旅游发展。2007年至今，每年一号文件均涉及乡村旅游；2008年至今，大约40多份国务院文件都提到乡村旅游。这表明乡村旅游理论研究渐趋成熟，乡村旅游对乡村振兴的重要性无可替代。

3）江苏省乡村旅游

2015年10月江苏省人民政府办公厅下发《江苏省政府办公厅关于印发江苏

省乡村旅游发展三年行动计划的通知》,确定了以“三农”资源为主要载体的特色旅游主题,以“把江苏建设成为国内领先、国际知名的乡村旅游休闲度假目的地”为目的,为打造“畅游江苏”体系制订了一系列计划。江苏省政府2018年目标建成一批省级乡村旅游创新发展示范县、乡村旅游集聚区和特色景观旅游名镇、星级乡村旅游区和乡村旅游创客基地等。按照特色化原则发展“乡村旅游+”产业融合格局。从苏南、苏中、苏北三个区域空间优化乡村旅游布局,在经营模式上创新发展,加强创新发展示范县、集聚区等乡村旅游品牌建设。从交通、基础设施和环境改善、公共服务体系上提升乡村旅游公共服务水平;在乡村旅游产品和营销方面做了规划;提出标准化管理和乡村旅游人才培养模式,对乡村旅游提出工作机制保障和相应政策支持。

7.4.2 徐州乡村旅游资源开发现状

2017年4月,徐州市委、市政府发布《关于加快推进新型城镇化发展的意见》,确定选择21个试点开展特色小镇示范区。2017年3月,徐州市委办公室、徐州市政府办公室联合下发文件《徐州市特色小镇培育创建实施方案》,确定这21个特色小镇示范区3年内的建设目标,所有特色小镇按照3A级以上景区服务功能标准建设,部分小镇按照5A级景区服务功能标准建设(表7-7)。

表7-7 徐州特色小镇示范区名单(2017年发布)

类别	序号					
	1	2	3	4	5	6
高端制造类小镇	丰县常店电动车小镇	沛县杨屯光伏小镇	新沂必康健康小镇			
现代农业小镇	丰县大沙河果都小镇	邳州官湖银杏小镇	邳州宿羊山大蒜小镇	泉山区徐州雨润农产品小镇		
旅游风情小镇	沛县安国汉之源小镇	新沂窑湾运河水乡文化古镇	贾汪区潘安生态文化小镇	贾汪区大泉墨上小镇	云龙区淮海文博小镇	鼓楼区龟山民博小镇
创意创业小镇	睢宁沙集淘宝小镇	睢宁县李集东方饰品小镇	铜山高新区智慧小镇	开发区凤凰湾基金小镇	淮海婚庆文化特色小镇	新城区徐州检验科技小镇
特色小镇	邳州市碾庄镇					
健康养老小镇	铜山区汉王颐养小镇					

资料来源:淮海网。

2017年5月江苏省农业委员会正式确定105个江苏省农业特色小镇,徐州有11个小镇上榜,有现代农业产业园区莓好田园小镇、新区街道草莓体验小镇、大沙河镇果都风情小镇、首羡镇洋葱文化小镇、敬安镇辣椒科创小镇、时集镇蜜桃小镇、桃园镇蚕桑文化小镇、阿湖镇巴山葡萄小镇、碾庄镇蒜香小镇、占城镇药旅小镇、港上镇银杏博览小镇。2017 年 8 月标题为《江苏：让美丽与发展同行》的央视新闻中报道“为徐州水生态建设点赞，将徐州乡村旅游作为正面典型”。徐州又打造对接全国资源的永宁金港汽车小镇、法拉利金恪小镇，还打造花卉小镇草桥特色菊花小镇、潘塘花卉果蔬小镇。

7.4.3 徐州乡村旅游资源分析

1）资源区域分布分析

特色小镇在徐州市区周围分布较为集中，集中分布在徐州市铜山区、泉山区、云龙区、鼓楼区、贾汪区，共有 11 个特色小镇示范区，在沛县、丰县、新沂市、睢宁县各分布两个，邳州有三个特色小镇示范区。特色小镇示范区集中分布在教育、科技、文化、经济资源较为集中的徐州市，其他几个行政区域较大的县（市）特色小镇示范区分布较少。

乡村旅游区在铜山区比较集中，有 7 个乡村旅游区。邳州市乡村旅游区也有 7 个，但邳州市比铜山区乡村数量多、行政区域面积大，在分布上较为分散。睢宁县、新沂市、沛县各有两个乡村旅游区，丰县有一个乡村旅游区，泉山区和贾汪区城镇化程度高，行政区域面积也较小，各有乡村旅游区两个。总数上看，邳州乡村旅游区有 7 个，但分布到各个行政区域，乡村旅游区显现出较为集中发展的情况，没有形成全面带动趋势，特别是丰县乡村旅游发展较为薄弱。

其他乡村旅游资源分布在资源较为丰富的邳州市和新沂市，邳州市红色旅游资源和古镇旅游资源都较为丰富，新沂市有马陵山和窑湾两处旅游资源，开发也较为充分。铜山区其他旅游资源也较为丰富，工业发达，人文古迹旅游价值高。但丰县和睢宁县其他旅游资源较为匮乏。

总体上说，徐州乡村旅游资源区域分布特点为：局部集中，总体不均；局部发展态势好，总体发展还较薄弱。每个区域可根据自己的不同特色，因地制宜，发展特色。

2）乡村旅游区经营特色分析

乡村旅游区最具乡村旅游特色，从徐州旅游网和徐州文旅网选取 24 个乡村旅游区介绍文字作为文本，用 ROST-CM 6.0 软件进行语义网络分析，发现徐州乡村旅游区景点经营特色极为集中，具体集中在餐饮、垂钓、观光、休闲、采摘、生态、度假、农业、旅游、乡村、园区、文化、游客等方面。这说明徐州乡村旅游区经营特色雷同，旅游项目相似，经营手段和模式相仿，都是利用农业作物、农业园区、较好的生态为吸引物，用垂钓、采摘等旅游项目吸引游客到乡村去观光、度假、休闲、就餐。在现代、庄园、体验、特色、设施等词汇上出现频次较低，说明徐州乡村旅游区在旅游现代化经营上和旅游体验层次上处于较低档次，这不利于乡村旅游持续性创新发展。

3）乡村旅游发展潜力分析

徐州市历史悠久，行政区域面积较大，有 11258km^2，现有行政区域包括云龙区、鼓楼区、贾汪区、泉山区、铜山区、邳州市、新沂市、睢宁县、沛县、丰县，每个县（市、区）下辖乡镇较多，乡村地理区域面积广阔。乡村人口众多，到 2015 年为止，徐州有乡村户数 176.47 万户，仅次于南通市 200.04 万户、盐城 183.94 万户。乡村劳动力数量居江苏省之首，共 358.48 万人，远超第二名南通市的 301.65 万人、第三名盐城市的 300.95 万人。在乡村地理区面积、乡村户数和乡村劳动力数方面远超江苏省其他行政区域。农业是徐州市的重要产业，乡村的发展也是徐州市发展的重中之重，也具有极大潜力。徐州地形以平原为主，四季分明，光照充足，雨量适中，雨热同期，适合农业发展。徐州乡村旅游资源丰富，条件优越，发展潜力较大。

2016 年，徐州全市 GDP 为 5808.52 亿元，第一产业增加值为 542.89 亿元，第二产业增加值为 2513.85 亿元，第三产业（不包括旅游业收入）增加值为 2185.88 亿元，旅游业收入 565.9 亿元。徐州市第二、第三产业是全市 GDP 的主要来源，产业结构较为优化。旅游业收入在全市 GDP 中占比 9.74%，低于江苏省旅游业总收入在全省 GDP 中 13.48%的比重，说明徐州市旅游业还有很大潜力。

7.4.4 徐州乡村旅游创新创业策略

1）以农业为基础提升乡村旅游“农业价值”

乡村旅游发展不能以失去乡村的“农业价值”为代价。从改革开放到现在，我国工业水平、城镇化有了大幅提高。特别是近年来，我国农地改革、税费改革和“三下乡”等惠民政策的实施，使“三农”问题得到有效解决。但乡村各种要素向城市单向流动，乡村对城市的追赶和模仿造成乡村的衰败，“空心村”问题，乡村的人才、劳动力、土地等要素流失问题，农田和宅基地废弃问题随之而来。乡村旅游的发展要肩负乡村振兴的使命，紧抓农业，让乡村发挥“农业价值”，让乡村形成强大吸引力，使人才、劳动力、资金回流到乡村，助力乡村复兴。

徐州下辖 5 个区（云龙区、鼓楼区、贾汪区、泉山区、铜山区）、2 个市（邳州市、新沂市）、3 个县（睢宁县、沛县、丰县），地形以平原为主（平原占比 90%），地处古淮河的支流沂、沭、泗诸水的下游，水资源丰富；四季分明，光照充足，雨量适中，雨热同期，是我国重要的粮棉基地，也是江苏省农副产品生产地。农业是徐州的根基，发展乡村旅游应以农业为基础，丰县大沙河果都小镇、邳州宿羊山大蒜小镇、邳州官湖银杏小镇、首羡镇洋葱文化小镇、敬安镇辣椒科创小镇、时集镇蜜桃小镇都抓住农业，在农业基础上发展乡村旅游，振兴乡村经济，实现乡村旅游促进乡村创新创业，又使乡村发挥在食品生产和供应、生态保护和改善方面不可替代的重要作用。

2）以现代科技为头引导乡村旅游提质增效

2016 年 12 月中共中央、国务院联合下发《中共中央国务院关于深入推进农业供给侧结构性改革加快培育农业农村发展新动能的若干意见》,提出“提高土地产出率、资源利用率、劳动生产率”。徐州所处平原地区主产小麦、大豆、玉米等农作物，应重点发展强筋、弱筋小麦，增加优质食用大豆、薯类、杂粮等农作物。科学养殖方面，徐州人文地理环境适合家庭养殖，山水较为丰富的县、市可根据具体情况适当发展适合环境的养殖业，增加乡村旅游创新创业途径。科学分析土地成分，科学优化农业区域布局，科学合理划定各粮食生产功能区和优势农产品布局，带动乡村旅游创新发展。利用科技生态发展种植养殖，依托互联网技术为乡村旅游拓展市场。利用现代科技增加旅游者体验项目，开拓创新创业新思路，为乡村旅游提质增效提供科技引导。

3）以产业融合做骨架支撑乡村旅游做大做强

乡村旅游不是农产品旅游，必须有产业带动，有可持续性产业支撑。乡村旅游的发展离不开多产业的融合。农业不仅仅是传统单一的种植业，可以是现代技术、手段、业态的结合。“以规模化种养基地为基础，依托农业产业化龙头企业，聚集现代生产要素，建设‘生产+加工+科技’的现代农业产业园。”国家提出的现代农业产业园也是乡村旅游发展的方向。徐州有乡村旅游农庄、生态园、农业园区 20 多家，但距离国家提出的现代农业产业园距离还很远，有“生产”的环节，但“加工”和“科技”环节需要进一步强化。如果没有“加工”和“科技”环节，乡村旅游只能在低层次发展，在观光、采摘、农家餐饮上徘徊不前。只有通过“加工”和“研发”，才能有效聚集农产品、资金、人才、技术等要素，使农业经营主体和农户成为新型乡村劳动力，推动农业全环节升级、全链条增值，从而为乡村旅游吸引人才、资金、物资提供支持。农业、加工业、养殖业、种植业、物流、文化产业、农业科技产业带动乡村旅游多渠道发展。徐州新沂市窑湾镇依托窑湾的生态、水运、农业、古镇资源，运用“旅游+”“文化+”“互联网+”等融合发展的方法，大力引进优质资本、优秀人才、先进团队进行创新创业，融合休闲观光产业、文化旅游产业、水运物流产业、电子商务产业、华棠绿豆烧工业产业，打造了一个多产业共同发展的新窑湾、新乡村。这种新乡村正是现代中国想要打造的中国最美乡村，这种乡村的乡村旅游才独具魅力。

4）以文化底蕴为灵魂推动乡村旅游可持续发展

2015 年《国务院办公厅关于加快转变农业发展方式的意见》指出：经过多年的发展，乡村的生态环境已经相当脆弱，一些乡村保留下来的传统中华文明几近消亡。乡村旅游的发展不能在经济上急功近利，必须以本地区位置和资源为依托，必须以乡村原有的生产活动和村民生活文化为基础，走出乡村旅游特色之路，让乡村在乡村旅游道路上退可守、进可攻。徐州文化资源丰富，历史悠久。徐州是彭祖文化的发源地，两汉文化发源地，素有“彭祖故国”“刘邦故里”“项羽故都”之称，拥有大量的文化遗产和深厚的历史底蕴，彭祖饮食文化、养生文化源远流长。徐州有“曲艺之乡”之称，如柳琴戏、江苏梆子戏、花鼓戏、丁丁腔、评剧等。徐州也是中国民间工艺美术兴盛地之一，现在农民画、剪纸、面人、彩灯、糖人等依然兴盛，沛县敬安镇是中国民间剪纸艺术之乡，贾汪区大吴镇是农民书画之乡，睢宁儿童画之乡把徐州的民间艺术发扬光大。徐州还有腊八粥、二月二龙抬头等风俗文化，有云龙山庙会、彭祖伏羊节、刘邦文化节等节庆文化。但是从现实发展来看，这些文化资源在徐州乡村旅游中开发得不够充分，在特色小镇示范区、乡村旅游区、工业旅游之中文化赋予内容较少，乡村旅游文化项目不多，这让徐州乡村旅游的发展缺少灵魂。只有让乡村旅游打上文化印记，赋予文化灵魂，乡村旅游才能具有自身光环，才可走持续发展道路。

5）以政策保障为助翼为乡村旅游保驾护航

2015 年 10 月 26 日，江苏省人民政府办公厅下发《江苏省乡村旅游发展三年行动计划（2016—2018 年）》，为深入贯彻落实《国务院办公厅关于进一步促进旅游投资和消费的若干意见》，提出“畅游江苏”体系和“把江苏建设成为国内领先、国际知名的乡村旅游休闲度假目的地”目标，并制订相应计划。文件从全省的角度提出乡村旅游发展规划，提出特色化发展、集聚化发展、融合化发展原则。对苏北地区乡村旅游提出“环城、依景、沿线”的乡村旅游布局，在徐州打造徐州汉王乡村旅游集聚区、徐州汉王旅游名镇、新沂窑湾旅游名镇等乡村旅游品牌。推进乡村旅游直通车建设，加大乡村旅游厕所和停车位优化提升项目建设。鼓励乡村旅游创客基地建设，积极引导和支持返乡农民工、大学毕业生、专业技术人员自主创业，为乡村旅游创新创业提供资金和政策支持。实施《江苏省乡村旅游集聚区引导规范》和《江苏省乡村旅游区等级划分与评定》，完善乡村旅游标准化体系和健全现存旅游质量监管体系。建立全省乡村旅游咨询指导专家库，建立乡村旅游企业联盟，加大村庄环境整治力度。为乡村旅游提供财政、金融、土地、环保支持。这些计划与政策有力保障了江苏省乡村旅游的顺利发展。除了省级的规划和政策，徐州市政府也下发文件鼓励乡村旅游发展，这些都将促进徐州乡村旅游创新创业上升到一个新的台阶。

8　江苏旅游产业供给侧改革研究

8.1　江苏旅游产业供给侧改革的现状和问题

8.1.1　供给侧改革与旅游业的发展

8.1.1.1　旅游供给侧改革的内涵

我国旅游产业作为国民经济发展的重要支柱产业，同样面临着旅游需求与供给的结构性矛盾。为此，2016 年 1 月 11 日，国务院副总理汪洋在国务院旅游工作部际联席会议上提出大力促进旅游供给侧改革，推动我国旅游业发展迈向新台阶。由此，“旅游供给侧改革”成为我国当前及未来旅游业发展的核心内容。

什么是“旅游供给侧改革”？张栋（2016）认为旅游供给侧特指旅游产业的供给，它包括旅游公共服务和旅游产品要素两方面的供给，从机构上看，它分为政府、协会组织和企业；从内容上看，它分为公共政策、公共管理、基础设施、公共服务、行业自律组织等机构服务和“行、游、住、食、购、娱”等的产出保障；旅游供给侧改革是对旅游供给侧要素和结构的改革，使它既能同步适应旅游消费的变化，又能预研预判新的旅游消费需求。成英文和张辉（2016）认为旅游供给侧改革是在旅游业领域内，按照国家供给侧改革的理念，调整旅游供给的总量和结构，从而更好满足国民旅游需求的过程。它包含四个方面的内容：增加旅游供给总量、提高旅游供给质量、调整旅游供给结构和补充公共旅游供给短板。

8.1.1.2　我国旅游业供给侧改革的必要性

我国旅游业经过多年发展，取得了巨大成就。2016 年我国旅游总收达 4.69 万亿元，同比增长 13.6%，国内旅游人数持续保持两位数增长，超过 44.4 亿人次；旅游业对 GDP 综合贡献达 11%，对社会就业综合贡献超过 10.26%，与世界平均水平持平。尽管如此，我国旅游业仍然存在着诸多的问题和不足，其中一个突出的问题是旅游供给侧结构性问题，即旅游业的供给与需求存在结构性的矛盾，这一矛盾主要表现为四个方面。

1）旅游产品供给与旅游需求不匹配

首先，在我国旅游产品供给结构上，虽然近些年来诸如商务旅游产品、休闲度假旅游产品、冰雪旅游产品、森林旅游产品等个性化的旅游产品逐渐出现并发展起来，但是仍然以观光旅游产品为主，在整个旅游产品中比重占 50%以上，旅游产品结构的不合理限制了旅游者对旅游体验多样化的需求，丧失了部分追求享受、娱乐的国内外游客的出游动力。其次，在旅游产品质量结构上，初级产品居多，可参与、可体验、可享受的附加值较高的旅游产品匮乏，这种结构失衡导致我国旅游者的高质量旅游需求得不到满足，而转向国外旅游市场。

2）旅游服务链供给与旅游需求不匹配

旅游服务链是指围绕满足旅游者的需求而构建的包括食、住、行、游、购、娱等在内的一套旅游服务系统（邓小艳和邓毅，2016）。我国旅游服务链的供给与旅游需求之间不能完全匹配，这主要是我国旅游服务链自身结构失衡所导致的。长期以来我国旅游服务链偏重住宿、餐饮和景区等环节的供给，忽视娱乐、购物等其他环节的供给，不能满足旅游者个性化和多元化的需求，导致我国旅游综合经济效益较低。

3）旅游公共服务供给与旅游需求不匹配

旅游公共服务是由政府、市场和社会第三部门组成的供给主体，在旅游需求导向下提供的所有具备公共属性的产品和服务的总称，一般包括旅游设施、旅游交通、旅游信息、安全保障等（邓小艳和邓毅，2016）。旅游公共服务是旅游活动的重要因素，直接影响消费者的旅游体验，因此建立优质的旅游公共服务供给是旅游业发展的必然要求，但是从我国旅游公共服务供给现状来看，存在与旅游需求不匹配的问题。比如，在旅游交通服务方面，存在旅游集散中心、旅游停车场、旅游专线等资源供需不匹配问题，具体表现为旺季供给不足，淡季供给过剩，造成资源闲置；又如，在旅游公共信息服务方面，存在旅游信息平台建设滞后，不能满足旅游者获取实时信息的需求；还有在旅游标识方面，存在旅游标识不合理、指示导引不规范、内容不正确等问题。

4）旅游相关制度供给与旅游需求不匹配

我国旅游供给与旅游需求之间的不匹配还表现为旅游相关制度供给不能满足旅游产业发展的需要，影响了旅游者的旅游需求。比如，随着“旅游+”的实施，旅游业与工业、农业、康养、水利等其他产业逐渐融合发展，产生工业旅游、乡村旅游、康养旅游、水利旅游等多种旅游融合产品，满足了旅游者多元化的旅游需求，但因为相应的旅游发展规划和产品标准等制度供给滞后，导致众多旅游融合产品因为缺乏统一标准，质量参差不齐，影响了旅游者的旅游需求体验。

这些供给与需求的结构性矛盾已经影响到我国旅游业的发展水平和发展效率，因此有必要通过供给侧改革来解决供需结构性矛盾，实现旅游产业快速发展。

8.1.2 江苏省旅游产业发展取得的成就

1）总体发展态势良好，位居全国前列

江苏省雄厚的经济实力、丰富的旅游资源、深厚的文化底蕴造就了江苏省旅游业的蓬勃发展，近十年来在旅游总收入、旅游增加值、国内旅游收入、国际旅游外汇收入等方面均呈现出不断增长的趋势。伴随着江苏省旅游业的发展，它在全省经济发展中的地位日益提高，在地区生产总值的比重由 2006 年的 4.7%上升到 2016 年的 6%，并且旅游业增加值年均增长达 14.1%，高于江苏省经济发展平均水平。此外，江苏旅游总收入在全国旅游总收入的比重一直保持在 20%以上，处于全国领先地位。

2）旅游资源基础丰富，品质不断提升

江苏省历来是旅游资源大省，省内旅游城市众多，各具特色。南京的六朝胜迹，苏州的古典园林和名山古寺，无锡的太湖风光、陶、洞、竹、茶，扬州的汉唐文化，镇江的山林寺院，常州的淹城遗址，徐州的两汉文化，连云港的滨海风光，南通的江海胜境，盐城的麋鹿、丹顶鹤自然保护区，淮安的平原风光、名人遗址等都是旅游者向往的旅游胜地。在如此丰富的旅游资源背景下，江苏省仍然致力于不断提升旅游资源的品质，省内 A 级以上旅游景区数量持续增加，其中 4A、5A 级旅游景区数量连续多年位居全国第一。同时，为适应新时代休闲旅游的发展和旅游者对休闲度假的需求，省级以上旅游度假区不断涌现。2012～2016 年，省级以上旅游度假区的数量翻了一番，由 24 个上升到 52 个。此外，省内历史文化名城、国家级森林公园、世界文化遗产等优质旅游资源数量也呈不断增长的趋势（表 8-1）。

表 8-1　江苏省优质旅游资源概况

项目	2012 年	2013 年	2014 年	2015 年	2016 年
A 级以上旅游景区/个	511	519	601	624	638
4A 级以上旅游景区/个	120	126	159	173	183
5A 级旅游景区/个	14	17	18	20	22
省级以上旅游度假区/个	24	31	40	50	52
历史文化名城/个	10	11	11	12	13
国家级森林公园/个	16	16	17	20	20
世界文化遗产（3 项）	苏州园林、南京明孝陵、大运河				
人类口述和非物质文化遗产（8 项）	古琴、昆曲、云锦织造技艺、雕版印刷技艺、传统桑蚕丝织工艺、中国剪纸、端午节、中国传统木结构营造技艺				

3）旅游投资日趋合理，旅游新业态不断涌现

江苏省充分发挥省级旅游产业专项基金和专项资金的引导作用，撬动各类资本投向旅游项目建设。近年来旅游在建项目、当年完成投资额和旅游投资占全省固定资产投资的比例、占全省服务业固定资产投资的比例等方面均呈总体上升趋

势。其中，2016 年实现旅游在建项目 1300 个，旅游投资总额达 1900 亿元，占全省固定资产投资总额 3.8%，旅游专项资金 0.215 亿元。

此外，旅游投资资金来源和去向也发生了变化。旅游投资来源渠道日益广泛，自筹资金、国内资金、国家预算内资金、外资、债券等均成为旅游投资资金的渠道来源，其中民间投资已然成为旅游投资的主体，占总投资额 80%以上。而在资金去向方面，也随着旅游需求的变化而发生变化。这种变化首先表现为投资结构由传统的景区、酒店、旅游公共服务设施、基础设施、车船、娱乐、购物等方面转向旅游度假区、乡村旅游、旅游小镇与古街区、旅游演艺、在线资源和智慧旅游、旅游装备、自驾车和房车营地、旅游商品和户外休闲用品、旅游医疗和养生养老等新兴旅游业态；其次，在构成比例方面，虽然景区、酒店、旅游公共服务设施和基础设施仍然是旅游投资的主体，但是其投资比例呈逐渐下降的趋势，目前旅游投资的重点逐渐转向乡村旅游、旅游度假区及旅游小镇和古街区等方面。

江苏省旅游投资顺应市场需求，同时推动了市场需求，近几年来旅游投资方向的改变使得江苏省旅游业新业态方兴未艾，落地自驾、房车露营地、低空飞行、漂流滑雪等旅游新产品层出不穷。为了适应这些旅游新业态的需求，江苏省已建成 5 家综合性房车露营地和数十家驿站性房车营地，创新开发“房车露营+房车驿站”模式的房车旅游线路，试点推出“旅居环太湖”“旅居金陵都市圈”房车旅游线路；完善全省落地自驾产品和服务内容，全省落地自驾服务网点近 30 家，沪宁、宁杭、京沪高铁江苏境内车站，都已建立落地自驾服务网点；同时“旅游+”融合的发展政策还推动了工业旅游、乡村休闲、康体养生等融合创新产品的出现，使得江苏省旅游产品正逐渐从观光型向观光与休闲度假并重转变（顾婷婷，2018a）。

4）旅游服务优化升级，游客满意度不断提高

为了更好地推动江苏旅游业的发展，提升旅游者的旅游满意度，江苏省通过新建、优化旅游咨询服务中心、旅游厕所、旅游景区停车场、旅游交通标识标牌和景区无线通信等旅游公共服务设施来提升全省旅游公共服务能力和水平，为旅游者营造一个顺畅、舒畅、欢畅的旅游环境。

（1）旅游厕所方面。为了给旅游者一个舒适的环境，江苏省实施“厕所革命”，2015 年全省新建旅游厕所 543 座，改扩建 370 座，完成投资 3.13 亿元，完成率 123.7%，居全国第一。2016 年继续推进，将旅游“厕所革命”推入标准化、信息化、特色化新阶段，其中南京牛首捌厕、苏州大阳山 3D 打印厕所等一批个性化厕所成为景区的新亮点。

（2）旅游停车方面。江苏省一方面不断新建、扩建停车场，增加停车位数量，如 2015 年江苏省投入 20.1 亿元新建、扩建停车位 28561 个，总面积达到 297.3 万 m^2，2016 年投资 16.2 亿元建设旅游停车场 377 座，总面积 218.24 万 m^2；另一

方面集思广益，充分利用任何可利用资源，如南京、常州等市部分重点景区推进停车场智能化管理系统，南京牛首山等景区推出停车场剩余车位信息预告服务，常州中华恐龙园开通网上支付快速结算停车费用；扬州市旅游局、徐州戏马台景区等协调交通、城管等部门，通过临时租用景区周边机关、院校、企事业单位停车场，应用智慧导游系统并安排景区摆渡车辆，有效缓解节假日停车难问题（陈彤，2016）。

（3）旅游交通标识标牌方面。为了更好地对旅游者的旅游活动进行指引，江苏省一直致力于旅游交通标识标牌的建设，于 2015 年在 9 个市、18 个区县内高速公路沿线设立了标准规范的旅游交通标识标牌 56 块，在国省干道、城市道路和景区连接线设立 2635 块，2016 年在景区、度假区和乡村旅游点等设立旅游交通标识标牌 3794 块，大大方便了旅游者的出行，提高了出行效率。

（4）旅游信息化建设方面。为了提高旅游信息化水平，江苏省于 2015 年实现了 4A 级以上景区（点）和四星级乡村旅游区（点）游客集中区域免费 WiFi 覆盖，2016 年实现了 80%以上的 3A 级景区、省级旅游度假区和 3 星级乡村旅游区核心区域的覆盖。

此外，江苏省还在全省各地新建、改建旅游景区步道、绿道和慢行道等，在各地高速公路服务区、高铁站、机场空港建设旅游咨询点，在全省各地建设旅游公交系统，徐州、南通等地先后建成大型旅游集散中心并投入使用，全省开通各类旅游专线超过 200 条。在全省的努力下，江苏省的游客满意度一直走在全国前列，2016 年全省游客满意度综合得分达到 82.48 分。

5）旅游制度日益完善，市场环境持续向好

完善的制度体系、良好的制度环境是旅游业健康发展的要求。为了更好地促进江苏省旅游业的发展，构建良好的旅游市场环境，江苏省积极努力，不断构建和完善旅游相关制度，并通过市场监管、整顿等措施规范市场行为，完善市场环境，具体措施如下。

（1）严格落实旅游相关法律条例，深入推进依法治旅、依法兴旅。江苏省抓住贯彻落实《中华人民共和国旅游法》和修订的《江苏省旅游条例》的契机，深入推进依法治旅、依法兴旅，大力实施诚信旅游创建和文明旅游倡导工程，加强行业管理，强化纠错机制和退出机制，对管理不善、服务缺位的景区、乡村旅游点、旅行社和旅游饭店等，实施警告、降级、摘牌等处罚措施（陈彤，2016）。实施省级旅游度假区考核评价，对排名靠后的 3 个度假区进行约谈。积极引导旅游行业诚信经营，开展万名文明游客旅游签名、中小学生文明旅游教育实践等公益活动，建立旅游志愿者管理制度，形成一批文明旅游示范单位，选举一批文明游客和公益大使。

（2）新建旅游相关政策制度，完善旅游制度体系。根据旅游业发展的实际需要实时地制定相关的旅游管理制度，为旅游业的发展提供指导。比如，为了推进乡村旅游的健康有序发展，江苏省于2016年出台了《乡村旅游区等级划分与评定》标准，全面启动五星级乡村旅游区创建工作；随后为了适应江苏风情小镇建设的需要，于2017年10月印发《江苏省旅游风情小镇评价办法（试行）》；为了适应建立智慧旅游的需要，江苏省制定出台了《旅游企业智慧旅游建设与应用规范》；为了顺应江苏省旅游供给侧结构性改革的政策需要，2016年印发了《省政府关于推进旅游业供给侧结构性改革促进旅游投资和消费的意见》作为江苏省旅游供给侧改革的政策指导。此外，江苏省还根据游客的需要，试行热门旅游线路成本公示、景区舒适度指数发布等制度，受到社会关注和游客好评。

6）旅游人才建设不断加强，队伍素质整体提升

旅游人才是旅游产业发展的保障，丰富的人才储备和高质量的人才队伍有利于旅游产业的持续发展和转型升级。为此，江苏省围绕构建“畅游江苏”体系，加快旅游强省建设目标，不断加大旅游人才队伍建设，采取一系列的人才培养措施，如实施旅游人才“百千万”工程，强化旅游教育培训工作；建立导游人员在线培训考核平台和 “畅游江苏”导游手机客户端系统，实现信息发布、景区导览、名导咨询、微课堂、在线培训等综合服务功能，建立18家省级旅游教育培训基地。在江苏省如此高度重视的培养下，2016年全省拥有持证导游员达到7.7万人，位居全国第一，43人入选“全国旅游英才计划”，17名青年学者入选国家旅游局全国旅游业青年专家培养对象。

7）区域合作势头良好，协调发展再上水平

由于经济发展水平和旅游资源基础的差异，江苏省内各个区域旅游业之间存在一定的不平衡，这个不平衡主要表现为苏南地区发展势头强劲，苏中、苏北略显不足。为了消除差异，推动各区域的平衡发展，江苏省一方面加大对苏中、苏北地区的规划、资金和政策支持，鼓励旅游业跨越式发展，另一方面推动省内建立区域旅游合作联盟，联合打造旅游新线路。同时还积极推进长三角区域旅游合作，承办长三角旅游合作联席会议，形成长三角旅游发展合作协议和 “苏州共识”。经过江苏省政府的支持和苏中、苏北地区的努力，苏中、苏北旅游业总收入年均增速显著，超过全省平均增速2.1个百分点，在全省旅游总收入中的占比达30.7%。淮安周恩来故里旅游景区和盐城大丰麋鹿园成功晋升国家5A级的景区，实现了苏北地区5A级景区零的突破。苏南、苏中和苏北的旅游发展差异明显缩小，区域协调发展再上新台阶。

8）科技兴旅初显成效，智慧旅游大显神通

为了实现科技兴旅，江苏省一方面率先实施“旅游+互联网”战略，推动全省智慧旅游建设，实现大数据、物联网、元计算等信息技术在旅游业中的运用，建立南京等7个“国家智慧旅游试点城市”、11家省级智慧旅游示范基地和19

家示范单位；常州市成为中国首个“旅游+互联网”创新示范城市，并加入国家12301智慧旅游公共服务平台。另一方面，江苏省推动全省旅游资讯平台由PC端向移动端、由传统媒体向社交媒体、由网站向网群延伸发展转变，整合推出江苏旅游微博、微信、微视频和手机客户端“三微一端”平台；开发应用全国首个省级旅游市场客情监测与分析系统，率先启用电信大数据开展景区客流数据实时采集、分类处理和系统分析等工作；发行畅游江苏卡近5万张，支持途牛网、同程网两大在线旅游企业巨头和八爪鱼、马上游等一批特色互联网旅游企业的发展（陈彤，2016）。

8.1.3　江苏省旅游业发展中供给侧存在的问题

虽然江苏省旅游业取得了很大的成就，但是仍然存在一些问题。这些问题主要表现为旅游产品供需结构错位，即旅游产品的有效供给不足，难以满足消费者日益多样化和个性化的旅游消费需求，旅游产品的供需结构错位具体表现为四个方面。

1）旅游产品供给种类不足，难以满足旅游者多样化的旅游需求

虽然近年来江苏省一直在努力开发各种旅游新业态，拓展旅游产品的种类，但是总体而言旅游产品种类仍然不足，而且以观光型旅游产品为主，休闲度假类旅游产品以及新兴业态旅游产品，如健康旅游、自驾游、游轮游、体育游、私人订制游、分时度假游、探险游等相关旅游产品开发不足，不能有效满足国内外游客日益多样的旅游消费需求；此外，观光型旅游产品还存在各地区重复建设、雷同开发等问题，造成观光型旅游产品同质化现象严重，比如常州市东方盐湖城和华夏宝盛园等新开发旅游产品与之前已经开放的中华恐龙园、春秋淹城等旅游产品同质化明显，都是建立在“门票经济”上的游乐型主题公园（陈晓琴和苗圃，2016）。

2）旅游产品供给结构层次较低，难以满足旅游者个性化的旅游需求

江苏省旅游产品不仅供给种类不足，而且供给结构也不合理，导致旅游产品层次较低，难以满足旅游者个性化的旅游需求，具体表现为以观光型为主的旅游产品结构体系造成了国内外旅游者在旅游过程中的消费以长途交通、住宿、购物和餐饮等环节为主，而娱乐等其他环节消费较少（表8-2）。这样既不能满足旅游者休闲、娱乐等更高层次的个性化旅游需求，也不能为旅游企业带来更高的价值增值。

3）旅游公共产品和服务供给不足，难以满足日益增长的旅游公共需求

虽然江苏省近年来一直致力于旅游集散中心、旅游厕所、停车位、交通标识和无线网络覆盖等旅游公共产品的建设，但是仍不能完全满足日益增长的旅游需求。比如，旺季停车难仍然是很多景区面临的一大问题，一些地方的旅游厕所仍

然存在少、脏、乱、差的问题，游客集散中心配套设施仍不完善等。

表 8-2 2010～2016 年江苏省入境旅游者和国内旅游者旅游花费结构（单位：%）

游客类型	年份	长途交通	住宿	餐饮	景区游览	娱乐	购物	市内交通	邮电通信	其他
入境旅游者	2010	32.2	15.5	10.4	4.2	6.8	21.3	2.1	2.2	5.3
	2011	34.7	16	8.4	4.2	6.4	19.6	2.3	2	6.4
	2012	34.7	14.3	7.5	4.3	7.3	19.7	2.4	2.8	7
	2013	36.8	15.1	6.9	4.2	6.8	18.4	2.1	1.6	8.1
	2014	34.1	16.7	7.9	5.3	7.4	18.2	2.3	2.1	6
	2015	29.16	17.12	7.79	4.05	6.27	19.86	2.26	2.72	10.77
	2016	28.08	17.13	8.14	4.01	6.67	19.68	2.42	2.9	10.97
国内旅游者	2010	21	7.8	18.1	10.5	1.7	23.9	2.7	3	11.3
	2011	14.4	17.4	19.3	9.4	6.8	24.6	2.1	0.6	5.4
	2012	15.1	18.7	19.3	9.5	6.7	23	0.9	2.4	4.5
	2013	16.2	18.4	19.6	8.9	7	22.4	2.4	1	4.1
	2014	14.8	17.2	17.5	10.7	7.5	23.5	1.2	2.1	5.5
	2015	15.5	18.8	19.1	10.1	5.9	23.6	1	1.9	4.1
	2016	13.5	17.4	20.7	9.6	6.4	24	1.9	1	5.5

另外，旅游基础设施服务、旅游信息咨询服务、旅游安全保障服务、旅游行业指导服务等公共服务体系也尚未完善，不仅在对游客的信息指引、安全防范、秩序维护、投诉处理等方面存在缺失，而且在针对旅游企业的投资引导、市场营销、行业监管、诚信建设等方面也有所缺失。

4）旅游产业区域发展不平衡，导致旅游产品供给不均衡

江苏省从地理上被划分为苏南（南京、镇江、苏州、无锡、常州）、苏中（南通、扬州、泰州）和苏北（徐州、淮安、盐城、连云港、宿迁）三大区域，从经济发展水平和旅游资源禀赋来说，苏南最优，苏中其次，苏北最差。这种经济发展和资源禀赋差异造成三个区域旅游业发展的不平衡，进而导致旅游产品供给的不均衡，虽然近年来江苏省加大了对苏中和苏北地区旅游业发展的扶持力度，但是这种不平衡仍然十分明显。如表 8-3 所示，苏南地区在省级旅游度假区、3A 级以上旅游景区和 5 星级旅游饭店数量方面处于明显优势，远远领先于其他区域。旅游供给的这种不均衡又进一步加大了区域旅游产业发展的不平衡，导致旅游外汇收入和国内旅游收入方面的巨大差异。

表 8-3　2016 年江苏省各区域旅游供给情况

区域	城市	旅游外汇收入/万美元	国内旅游收入/亿元	省级度假区数量	5A 级旅游景区数量	4A 级旅游景区数量	3A 级旅游景区数量	3A 级以上旅游景区数量	5 星级旅游饭店数量
苏南	南京	67616.9	1803.45	4	2	20	19	41	18
	镇江	6478.81	706.19	3	2	7	11	20	3
	苏州	216708.4	1932.5	10	6	36	18	60	22
	无锡	38953.96	1518.91	7	3	26	14	43	10
	常州	13147.26	820.04	4	2	9	8	19	7
	合计	342905.33	6781.09	28	15	98	70	183	60
苏中	扬州	6280	5622.02	4	1	9	14	24	2
	泰州	3631.28	278.22	1	1	8	16	25	1
	南通	12482.26	521.98	4	1	6	25	32	2
	合计	22393.54	6422.22	9	3	23	55	81	5
苏北	徐州	3938.36	565.9	3	1	18	31	50	1
	连云港	2280.51	391.58	1	1	11	18	30	3
	盐城	6418.93	265.56	5	1	11	16	28	3
	淮安	1704.53	305.64	2	1	12	11	24	0
	宿迁	720.88	160.6	4	1	9	20	30	0
	合计	15063.21	1689.28	15	5	61	96	162	7

8.1.4　江苏省旅游业供给侧问题的原因分析

江苏省旅游产业之所以出现供给难以满足需求的供需错位问题，究其根源在于江苏省旅游产业要素存在不合理，这个不合理主要表现为如下几个方面。

1）旅游产业要素供给结构不合理导致旅游产业结构不合理

江苏省旅游产业要素供给结构不合理主要表现在旅游产业内各类要素主要流向旅游景区、旅游饭店、旅游餐饮、旅游交通和旅游基础设施等部门，而旅游娱乐业、旅游商业等部门流入的要素较少。这导致江苏省旅游产业结构内各个部门之间的比例关系不协调，旅游饭店、旅游交通运输、旅游景区景点在整个旅游产业中占比过多，不合理的旅游产业结构造成旅游产品供给以食、住、行为主，而这是典型的观光型旅游产品的内容。

2）旅游产业要素供给层次低导致产业资源配置效率低

从江苏省旅游产业投入的要素层次来看，仍然以自然、人文资源、低端服务型人力资源和土地等一般性生产要素的投入为主，而高科技、人才、技术、知识、制度变革等高级要素的投入则偏少，这种依靠要素大规模投入来推动旅游经济发展的粗放式发展方式造成江苏省旅游业资源配置效率低下，即在低端产品市场重复开发，浪费资源。

3）旅游产业要素供给的空间不均衡导致区域旅游发展不平衡

由于经济发展水平的差异，江苏省内各个区域在吸引旅游要素方面存在不平衡，旅游资本、旅游高级人才等要素更愿意流向苏南等经济发达、旅游收益高的地区，而苏北、苏中等地区对旅游要素的吸引力较弱。旅游要素的不足更限制了苏中、苏北地区旅游产业的发展，造成苏中、苏北和苏南旅游产业发展的不平衡。

4）旅游产业要素供给制度不完善导致旅游要素流动受限制

完善的制度可以推动要素的有效流动和合理利用，但是江苏省在旅游产业要素供给制度方面仍然存在诸多问题。比如，旅游景区管理体制混乱，许多景区存在着多头管理、各自为政、出现问题互相扯皮、盲目建设和开发等问题；又如能够对景区实施管理权利的部门就有旅游部门、风景管理局、文物局、宗教部门、地方政府等，虽然它们各有分工，但管理的对象集中于一个景区内，降低了效率，阻碍了景区的资源保护和更好发展（张广海和高俊，2016）。

8.2 江苏旅游业供给侧改革的路径

江苏省旅游产业供给侧改革路径的重点是努力提升旅游产品的有效供给，消除旅游供需结构错位，具体来说包括以下几个方面。

8.2.1 优化升级旅游产业要素，提升旅游产业效率

一般来说，旅游产业要素包括土地、自然资源和人文资源等各类旅游资源、旅游人才、旅游资本等，它们的质量、利用率直接关系着旅游产业的发展效率。目前江苏省旅游产业效率低下的一个重要原因是旅游产业各类要素的开发效率低、利用率不高。要改变这一状况，必须对旅游产业要素进行升级，提高其利用效率，具体来说就是利用高科技、先进技术、知识要素升级土地、自然资源、人文资源等旅游业发展要素，同时还要重视教育和旅游研究的作用，发展和培养高素质、高文化水平的旅游从业人员和旅游研究人员，提升旅游产业要素的质量，进而提升旅游产业效率。

8.2.2 调整优化旅游产业结构，实现旅游产业升级

优化旅游产业结构包括优化旅游产品结构和旅游产业链结构两个方面。首先，在优化旅游产品结构方面要改变以低层次观光旅游为主导的产品供给体系，开发集观光、休闲、度假、健康等并重的多样化旅游产品供给体系；同时，密切关注并大力发展与新兴旅游热点相关的旅游产品，注重探险游、分时度假、自驾

游、游轮游、私人订制游、高端游等旅游产品的打造，以更好地满足国内游客日益丰富的消费需求，并更多地吸引外国友人。其次，在优化旅游产业链结构方面需要努力延长产业链，提高产业链中游、购、娱等高价值增值环节的占比。具体来说可以通过引入大数据、云计算、互联网、物联网等先进技术手段，创新旅游产品生产、营销模式，拓宽旅游资源边界，延长旅游产业链；还可以利用“旅游+”，实现旅游与文体、医疗、房地产等第三产业的深度融合，以及与工业、农业的跨产业融合，最终推动旅游产业结构调整，实现旅游产业升级。

8.2.3 完善和创新旅游公共供给，优化旅游公共服务体系

旅游公共供给既包括旅游公共产品的供给也包括旅游公共制度的供给，因此完善和创新旅游公共供给首先要改变过去政府主导的旅游发展体制，让市场在资源配置中起决定性作用。政府应减少行政干预，简政放权，充分释放市场的活力，但同时也需要确立好负面清单，规范好旅游市场秩序，建立完善的旅游投诉、处理机制，完善相关法律，在许多旅游纠纷处理上做到于法有据、有法可依，为旅游市场良性发展提供一个法制化、规范化的大环境。同时，针对风景名胜区、自然保护区、森林公园等国有景区的管理、经营体制机制进行改革。建立统一管理机构，明晰旅游景区的产权、管理权和经营权，针对不同性质的具体景区项目因地制宜、合理划分经营权可出让、可部分出让和不可出让的界限，实行政企分开、政事分开，不能再将景区发展作为地方政府的摇钱树和政绩工程，降低门票价格，提高其公益性。其次，要进一步完善旅游公共产品供给，抓紧建设旅游交通、互联网覆盖、厕所等基础设施；同时旅游集散地、旅游咨询、旅游投诉、游客安全保障等方面的工作也需要不断完善。

8.2.4 合理引导和扶持，平衡江苏旅游区域结构

针对目前江苏省苏南、苏中和苏北地区间旅游业发展不平衡的现状，江苏省政府及各级地方政府、旅游主管部门需要积极引导和扶持，努力消除这种地区的不平衡。一方面，省级政府和旅游主管部门要在宏观上就旅游发展政策、旅游制度、项目融资等方面给予支持，引导和鼓励资本、人才等各类要素流向苏中和苏北地区；另一方面，苏中和苏北地区的地方政府和各类旅游部门要积极推动当地的旅游产业发展，发挥自身旅游资源优势，并积极运用现代科学技术和知识科学、合理地开发当地旅游资源，创新旅游产品，提高旅游产业效率；还有，苏南地区作为旅游发展先进地区，不能只顾自身发展，也需要发扬团结互助的精神，积极扶持苏中、苏北地区的旅游业发展，向苏中、苏北地区输送旅游人才，传授旅游发展经验，最终实现江苏省区域内旅游产业协调发展的目的。

8.3 江苏旅游业供给侧改革法治体系构建

8.3.1 建立江苏旅游企业法治监管机制

1）法治监管机制的依据

国民经济的增长带动了我国旅游业的快速发展，但是我国旅游市场还不够健全。2013 年 10 月 1 日《中华人民共和国旅游法》（简称《旅游法》）正式实施，标志着我国旅游业法治化发展的开始。《旅游法》全面规范和设定了我国旅游行政监管体系，全面规定了我国政府及其部门在旅游规划和促进、旅游经营、旅游服务合同、旅游安全、旅游监督管理及旅游纠纷处理等领域发挥的作用和承担的义务和责任，并确立了“大市场、总协调、宽基础、小管理”的治理体制。

2）旅游法治监管主体与客体

旅游行政监管的主体，是经同级人民政府和人民代表大会正式授权，作为各级人民政府的代表和职能机构的行政部门，它们行使政府的权力来处理和协调当地的旅游行业活动。《旅游法》第七条规定：“国务院建立健全旅游综合协调机制，对旅游业发展进行综合协调。县级以上地方人民政府应当加强对旅游工作的组织和领导，明确相关部门或者机构，对本行政区域的旅游业发展和监督管理进行统筹协调。”旅游行政监管主体形成由政府牵头、部门分工负责、行业自律管理的监管体系，有利于政府更有效地对旅游活动进行监管，这里包括旅游企业及各种提供旅游服务的单位。

8.3.2 构筑江苏旅游市场法治体系

旅游活动的不断发展，现实中的矛盾与冲突不断激化，因而旅游事业发展需要旅游法制。旅游立法、旅游执法、旅游守法共同组成了旅游法治建设的主要内涵。旅游法治建设的第一个环节是旅游立法，是指通过调整旅游活动中的各种社会关系来制定各种规范。在我国，主要由全国人民代表大会及其常委会来立法。旅游执法是第二个环节，是各种执行法律法规的行为。旅游执法主体就是监管旅游市场和维护旅游消费权益的各种行政执法人员。旅游法治建设的最终环节是旅游者的守法行为，是实施旅游法的重要形式。所谓旅游守法是遵守各种法律的行为。因此，旅游法治建设有其十分重要的意义。

1）实现旅游业的可持续发展

众所周知，旅游行业涉及面广、影响大，旅游业会受到其他行业发展的影响。旅游业发展程度较高的国家，旅游法律都比较健全，法律保障各种旅游行为，没有后顾之忧。由于旅游法律体系的不完善而导致了很多的现实问题，道德文化的缺失是主因。在旅游经营开发的过程中由于过度开发造成了生态污染，甚至破坏了很多具有民族特点的旅游景点，主要是开发者商业至上和薄弱的生态环保意识造成的。例如，一些旅游景点的过度开发导致环境污染，许多原味的民族特色遭到破坏被严重商业化，这是由于开发者薄弱的生态伦理意识和贪婪的功利主义思想。“拥堵”被视为黄金旅游周的代名词，《旅游法》颁布后此问题尚未得到很大的改变，《中华人民共和国旅游法》有明确规定：景区接待旅游者不得超过景区主管部门核定的最大承载量。然而，江苏省的著名景区却有很多游客滞留、自然景区环境受到影响和破坏等现象，主要原因是最大容客量规定不够明确具体，造成游客量过多。这些问题不仅需要法律的明确规定，而且还必须制定生态伦理的规则，使法律规定中将合理开发和生态保护结合起来，加强旅游法治建设。简言之，应通过江苏地方人大的立法结合省情出台相应规则，促进江苏旅游行业可持续健康发展。

2）平衡旅游行业的各方关系

通过立法对旅游行业进行调控，可规定旅游主体享有的权利和必须承担的义务，特别是积极保障各主体的合法权益，进一步平衡旅游主体之间的各种关系。通常，旅游活动主体包括旅游者、旅游企业、旅游行政管理部门，它们都有自己应该履行的责任和义务，立场也各不相同。在旅游活动中，各个旅游主体的利益不断交织和重组，其中一方主体的利益受到损坏就会影响另一主体。通过法律调整各种旅游社会关系，引导旅游活动在法律规则的范围内运行，鼓励和支持各种正当的旅游行为，对违法的行为进行严厉的规范和打击。旅游立法要平衡行政机关的宏观调控行为，又要实现各个主体的合法利益。我国颁布的《中华人民共和国旅游法》和原来的法律法规相比，旅游者权益摆到了更重要的位置，在平衡各个主体的利益关系上特别强调以人为本，明令禁止零负团费、增加购物点、强迫购物等不道德违法行为，使旅游者可以按照法律进行自我保护，并详细规定了各主体的权利义务（林玲，2011）。所以，平衡好各个利益主体的关系，有利于旅游业的健康发展。

3）保障旅游主体应有权利的实现

通过旅游法的实施保障旅游主体的合法权利，以实现合法正当的竞争。旅游业的迅猛发展取决于旅游者主体的权利意识的增强。在西语中，“权利”一词与“法律”同名，是法治的逻辑起点。康德根据“权利的普遍法则”，利用权力手段来调整人与人之间外在行为规范的自由。例如，法律可以保护旅游者的合法权益，但必须要在法律范围内。《中华人民共和国消费者权益保护法》规定消费者在购买、使用商品和接受服务时享有人身、财产安全不受损害的权利及消费者有权要求经营者提供的商品和服务，符合保障人身、财产安全的要求。旅游法律规定旅游经营企业只有征得旅游者的同意之后才能安排系列购物活动，否则侵权事实发生后，旅游行程结束三十日内旅游者有权要求旅行社赔偿，包括货款和增加的旅游购物项目费用。在这种情况下，旅游法律需要公平地保护所有参与旅游活动的主体，明确规定对旅游经营者可以免除法律责任的各种具体条件，旅游经营者在已经明确告知旅游者各种风险的情况下，由于旅游者不诚信提供了虚假信息造成损害结果的，法律可以判定旅游经营者免责。这在很大程度上也维护了旅游经营者应有的权利。

8.3.3　确定江苏旅游依法行政的权责边界

1）确立江苏旅游行政执法立法体系

在旅游立法基础上建立行政执法体系，必须在法律明确授权下明确规定旅游行政执法的行为规范，规定旅游行政执法权的监督和保障。建立健全的旅游行政执法的立法体系，需要从以下几方面加以改善。

第一，对《旅游法》的相关条文做出明确的法律解释，特别是行政执法的内容。第二，建立不同层级的旅游行政执法主体。第三，完善旅游市场经营主体、旅游市场消费主体、旅游市场监管主体的相关法治建设，加强旅游市场的全面监管。第四，加快制定行政执法的相关法律。第五，对于旅游法律法规中政策性、原则性强而规范性、可操作性差的条款，要进一步修订或增加法律解释，使其更加严密、科学，以提高行政执法的可操作性，并对现有法律法规体系规范不到的"灰色地带"加以及时补充和修订，特别是要尽快增添规范线上旅游市场的内容（张补宏和董彩娟，2015）。

2）进一步明确江苏基层旅游行政执法主体的职责

虽然目前江苏省已经建立起一套包括省、市、县三个级别的旅游行政执法体系，对监管、整顿和规范旅游市场秩序起到了重要作用，但笔者发现担任旅游质量监督执法主体的主要是各地旅游行政主管部门授权或委托执法的旅游质量监督所和执法大队，两者职能多有交叉，经常发生冲突，给法律适用带来困难。第一，根据主动执法和被动执法的各个特点，对职责范围进行明确的划分。将旅游质量监督部门不定期地对旅游违法行为进行督查规定为职责，而旅游执法大队则主要处理各种旅游的投诉，前者通过主动执法来督促各种市场主体的合法行为，后者则通过被动执法来规范旅游市场的秩序。第二，在部门设置方面，笔者建议如果各旅游行政机构已同时设置旅游质量监督局和旅游行政执法大队，可按上述建议区分其职责，在具体部门设置上，也可选择设置其中一个机构，在机构中再细分成两个平行的机构或执法队伍。

3）加强旅游行政执法队伍培训，建立健全内部管理机制

基于目前江苏省旅游行政执法队伍的建设现状，要优化旅游行政执法队伍建设，笔者认为可以从定期开展教育培训和完善内部管理机制两方面入手，但应注

意以下三个问题：第一，根据岗位设置，对旅游行政部门各类执法人员进行法律、旅游业务等各个方面的培训，以提升执法人员处理旅游纠纷的能力和水平，在业务知识方面，注重实践能力的培养。第二，培训要以问题为导向，从实际出发，切实提高旅游执法人员对政策的学习和运用能力，并注重相关行政机构的综合执法，确立法治思维，减少错误执法行为的发生。第三，完善旅游行政人员内部管理体制，注意保持与行政处罚法、行政许可法、行政诉讼法、行政复议法、旅游法及其他对旅游行政执法人员管理做出规定的法律法规在思想和要求上的一致性，且应注意强化对旅游行政执法人员的思想考察、资格审查、考核录用、入职培训、流程管理、执法督察、绩效管理、责任追究、编制管理等内容。

9 江苏旅游扶贫发展研究

9.1 旅游扶贫与精准扶贫

9.1.1 旅游扶贫的发展历程与内涵

1）国际扶贫旅游的起源

旅游扶贫作为产业扶贫的一种方式，自20世纪80年代以来受到国内外相关学界和业界的密切关注。1999年4月，英国国际发展署（DFID）首先提出PPT（pro-poor tourism）的概念，即有利于贫困人口发展的旅游，将旅游与消除贫困相联系。DFID指出PPT的关注点是贫困人口的利益，目的是使贫困人口的经济利益最大化，通过旅游发展改变贫困地区的落后面貌，而不是如一般旅游那样以投资者、经营者的经济利益优先。扶贫旅游是一种强调贫困人口从旅游发展中获益，有利于贫困人口脱贫致富的旅游发展方式。随后，2002年在南非约翰内斯堡召开的可持续发展世界首脑会议上提出了ST-EP（sustainable tourism and eliminating poverty），将公平列为关键行动之一，明确提出要注重旅游在提高生活水平标准方面的能力，有计划地通过旅游发展消除贫困（王新歌等，2017）。在实践中，很多国家和地区如印度尼西亚的巴厘岛、泰国的普吉岛等进行了旅游扶贫开发，取得了显著的扶贫成效。

2）我国旅游扶贫的起源与发展

我国旅游扶贫始于20世纪80年代，源自于一些老、少、边、穷地区发展旅游业实现脱贫致富的发展实践，如四川九寨沟、湖南张家界等。作为一种能够促进贫困人口和贫困地区减贫的旅游发展方式，旅游扶贫是促进贫困地区群众增收、就业、实现稳定脱贫的有效举措，是推动脱贫攻坚供给侧结构性改革的重要途径。与其他扶贫方式相比，旅游扶贫以其市场机制的优势、造血扶贫的功能、带动作用的广泛性和持续性，成为我国扶贫开发中锐不可当的崭新生力军，在我国扶贫攻坚工作中发挥着日益显著的作用（李金早，2015）。旅游扶贫经过30多年的发展成效显著，我国贫困人口中大约已有三分之一在旅游业中直接受益，并且旅游业发展使十分之一的贫困人口实现了脱贫致富（曾本祥，2006）。2015年开始，国家旅游局在每年关于旅游扶贫工作的谈话中不断强调乡村旅游的发展与扶贫结合的重要意义。近年来，在我国扶贫政策的指引下，各方积极参与旅游扶贫，旅游扶贫工作与相关研究不断深入。

3）旅游扶贫的内涵

随着我国旅游扶贫工作的不断推进，相关学者对旅游扶贫内涵的认识和解读也更加深入。在对旅游扶贫的不断实践和研究探索中，我国学术界对旅游扶贫逐渐形成了较统一的概念认识，即通过开发贫困地区丰富的旅游资源，兴办旅游经济实体，使旅游业成为区域支柱产业，实现贫困地区居民和地方财政双脱贫致富（范梦丹等，2017）。从核心宗旨来看，多数学者都认为扶贫的宗旨是贫困人口的受益和发展，旅游扶贫的实质就是通过扶持让贫困人口在旅游发展中获益，改善贫困地区旅游发展条件，提高贫困人口参与旅游发展的机会和能力，进而使贫困人口达到脱贫致富的目的。在扶贫区域选择上，许多学者认为除了对国家界定的贫困地区进行扶贫外，那些虽已脱贫、但经济还相对欠发达的地区也同样需要；并且不是所有的贫困地区都能通过发展旅游脱贫致富，还需要研究旅游扶贫的适应性条件。在旅游扶贫观念认识上，有些学者认为旅游扶贫的“贫”不能仅限于“物质的贫困”，更重要的是“观念上的贫困”，旅游扶贫不仅仅是经济问题，还包括思想认识和观念转变的问题。

9.1.2 旅游精准扶贫的内涵与发展

9.1.2.1 精准扶贫的提出

经过几十年的不懈努力，中国扶贫取得了辉煌成就，但余下的扶贫对象减贫难度越来越大，扶贫中的低质、低效问题仍然存在。针对这些问题，在扶贫工作已进入攻坚阶段的时期，2013 年 11 月习近平到湖南湘西考察时首次做出了关于“精准扶贫”的重要指示，指出扶贫工作的发展方向。此后，精准扶贫相关工作不断得以落实，精准扶贫思想得以广泛传播。2014 年李克强总理在政府工作报告中提出要不断创新扶贫模式、进行精准化扶贫，改变以往“漫灌”式的扶贫方式，采取“滴灌”式深挖贫困地区发展潜力，实现贫困地区以自我“造血”的形式彻底摆脱贫困，我国扶贫工作开始进入精准扶贫的新阶段。2015 年，习近平总书记在云南考察时提出精准扶贫的具体实施方法，随后在贵州调研时强调要切实做到六个精准（扶贫对象精准、项目安排精准、资金使用精准、措施到户精准、因村派人精准、脱贫成效精准），不断完善精准扶贫理念。2015 年 11 月 27 日习近平总书记在中央扶贫开发工作会议上的讲话系统阐述了精准扶贫思想，标志着习近平精准扶贫思想的基本形成，精准扶贫成为我国开展扶贫工作的重要原则与依据（胡建华和赖越，2018）。

9.1.2.2 精准扶贫的概念与内涵

精准扶贫是指针对不同贫困区域环境、不同贫困农户状况，运用科学有效程序对扶贫对象实施精准识别、精确帮扶、精确管理的治贫方式（常嘉佳和陶维，2017），是在切实调查和深入分析的基础上，对扶贫对象进行精准识别并建立相应档案进行动态管理。合理配置各类扶贫资源，建立适宜的帮扶工作机制，使扶贫措施能够落到实处，各种扶贫相关部门能够精准发力，最终真正保证扶贫的真实与效果，更利于实现我国脱贫减贫的目标。

9.1.2.3 旅游精准扶贫的内涵

在精准扶贫背景下，旅游精准扶贫应运而生，促进了旅游扶贫的精准化。目前，学术界尚未对旅游精准扶贫概念进行科学界定，但基本认为旅游精准扶贫是产业扶贫，扶贫是目标、市场是前提、发展是基础、产业是载体（李锋，2017）。2018 年国家旅游局局长李金早在全国乡村旅游与旅游扶贫推进大会暨“锦绣潇湘”推介会上的讲话中，特别强调要探索中国特色的旅游精准扶贫路子，涵盖了精准扶贫对象、精准规划引领、精准项目安排、精准分配机制、精准旅游帮扶和精准培训六大方面。综上所述，推行旅游精准扶贫的关键点在于：

1）旅游精准扶贫对象的识别

（1）贫困的精准识别。精准扶贫，“准”即准确判断，是解决贫困问题的首要问题。“精准识别”是实现精准扶贫最为重要的一步，关键是要围绕“扶持谁”的问题，按照合理的识别标准，运用科学的识别方法，准确锁定真正的扶贫对象。识别指标一般以农民人均纯收入标准为主，由年家庭各类收入总和扣除生产经营性支出后，除以家庭常住人口数计算得出。国家标准是以上年度的国家农村扶贫标准为基本依据，对符合农民人均纯收入条件的农户进行整户识别。同时也要结合吃、穿、住房等基本生活条件和教育情况，综合确定识别。

（2）旅游扶贫参与条件的精准识别。旅游精准扶贫是典型的产业扶贫形式，强调贫困人口参与旅游发展受益。但并不是所有地区都适合旅游扶贫，开展旅游扶贫必须要具备相应的旅游发展条件，要对该区域旅游扶贫条件适宜性进行精确识别。根据相关部门统计，全国 12.8 万个建档立卡贫困村中，只有不到 20%的村具备开展旅游扶贫的条件（袁伟华，2017）。对于人口而言，在对旅游扶贫目标对象进行识别时，在精确识别贫困人口的基础上，要进一步精确识别出那些有劳动能力并适合参与旅游扶贫开发的贫困人口。还要评估这些贫困人口在旅游服务观念、旅游服务技能、旅游产品生产、旅游商品开发等方面的能力，精确识别他们在这些方面存在的优势与障碍（杨娜，2016）。

（3）旅游精准扶贫对象的动态识别。旅游精准扶贫对象识别还需要动态性跟踪：一是伴随旅游精准扶贫工作的不断开展，一些原来属于帮扶对象的地区和人群会达到脱贫标准而不再属于扶贫对象，而一些原来不是旅游扶贫帮扶对象的地区和人群因各种原因又成为新的扶贫对象；二是贫困的标准随着社会经济的发展而调整，以及贫困地区的旅游发展环境不断发生变化，旅游精准扶贫对象也会随之变动。因此，随着旅游发展所处阶段的变化以及旅游扶贫帮扶效果的显现，对旅游扶贫目标对象的识别也必然要进行相应调整。

2）旅游精准扶贫项目的规划与安排

（1）编制旅游精准扶贫规划。发展旅游需要规划先行，贫困地区更是如此。旅游精准扶贫规划能够指导贫困地区科学推进旅游资源开发和扶贫项目建设，在旅游精准扶贫工作中具有引领作用。针对旅游扶贫建卡地区（村、镇），在编制完成地区旅游发展规划的基础上，还要进行旅游扶贫专项规划编制，实现旅游精准扶贫规划的全覆盖。

（2）确定旅游精准扶贫项目。一个不错的、适合的旅游扶贫目的选定对旅游扶贫开发效果的影响深远，需要围绕“扶什么”的问题，在完善基础设施、提升公共配套服务的基础上，根据贫困地区旅游资源的容量和质量，因地制宜地选择最适合本区域的旅游发展项目，培育增收产业，激发贫困群众的内生动力。

（3）落实旅游精准扶贫措施。围绕“怎么扶”的问题，根据具体情况采取适宜的措施，确保旅游帮扶措施和效果落实到户、到人，要着力破解关键问题，不断增强扶贫措施的针对性和实效性（袁伟华，2017）。

3）旅游精准扶贫成效的衡量与保障

2018 年，我国的脱贫攻坚工作由注重减贫进度向更加注重脱贫质量转变，由注重完成脱贫目标向更加注重增强贫困群众主体感受转变，更要重视旅游精准扶贫的实际成效。旅游精准扶贫通过经济、社会、环境等多个维度对贫困地区的发展产生影响，旅游精准扶贫的成效也应该从这些方面去衡量。

（1）旅游精准扶贫成效的衡量。首先，旅游精准扶贫的经济成效最直接的表现是促进贫困地区的旅游发展和贫困人口的收入增加。许多地区开展旅游精准扶贫后成为新晋旅游热点，旅游接待人数与收入增长显著，而贫困人口也通过旅游发展实现了增收，主要途径包括：一是经营性收入，如开办农家乐、旅馆等直接参与旅游经营从而实现脱贫致富，或是通过旅游发展使自家农副土特产品或特色旅游商品销售价格提高，销售渠道得以拓展而获得更多销售收入；二是劳务性收入，如向游客提供接待服务或通过自己的特色技能参加旅游表演，取得劳务收入实现脱贫减贫；三是资产性收入，如通过参加乡村旅游合作社和土地流转获得租金，或通过资金、人力、土地参与乡村旅游经营获取入股分红。如陕西的梁家河村，与陕旅集团合作成立延川县梁家河乡村文化旅游发展有限公司，解决就业村民 110 人，带动了 164 人脱贫致富，2015 年游客将达到 60 万人次，农民纯收入达到 1.5 万元（李金早，2015）。其次，旅游精准扶贫开发还可以改变当地传统产业结构，拓展农村产业链，实现产业的转移升级，带来收入的持续增长，通过旅游业的“乘数效应”“关联效应”形成产业发展合力，推动地区经济整体发展。

据文化和旅游部公布的数据，2017 年全国乡村旅游共接待 32.99 亿人次，通过乡村旅游实现脱贫人数占脱贫总人数的 17.5%。

由于贫困地区本身经济基础较差、基础设施配套不到位、发展观念相对滞后，旅游精准扶贫成效受到不同程度的削弱。如薄弱的基础条件使贫困地区在旅游扶贫过程中出现严重的漏损，贫困人口由于自身条件或外在环境制约真正获益非常有限；旅游业的季节性波动使贫困人口参加旅游开发的机会成本加大，降低了贫困人口的参与热情与频率，使其难以获得扶贫旅游开发的利益。

旅游精准扶贫带来的非经济成效包括环境成效、社会文化成效等。旅游扶贫极大地改善了贫困地区的交通、环境状况，稳步提升了贫困人口的文化水平、发展观念。旅游精准扶贫工作还能提高地区知名度、增强贫困群众与外界的沟通交流，扩展贫困人群眼界的同时不断提升其基本素质。旅游扶贫可以促进贫困人群思想观念的更新和现代意识的培养，提高贫困人口的社会地位和自信心，提升他们受教育的比例。旅游精准扶贫能够改善当地的环境，如教育水平提升、文化水平提高、交通设施改善、自尊心增强、医疗设施改善等。如张家界等地区通过旅游开发使当地交通条件和经济社会面貌得到巨大改善。有些地区大力扶持旅游发展，贫困人口通过参与旅游服务和经营使他们的精神面貌与对外交流能力得到了改善。经过精准扶贫工作的指导与培训，不少贫困地区的旅游经营者在观念认识、市场理论方面有较大提升，促进了他们在乡村旅游产品质量、销售理念、服务细节、业态开发、文化融合、管理模式等方面的转型升级。

（2）旅游精准扶贫的成效保障机制。一是建立精准利益分享制度：精准扶贫的关键点在于保证帮扶对象的收益，因此在旅游发展过程中要更多考虑贫困地区的经营者、居住者、管理者的需要，规划共荣发展。在发展模式中要保证帮扶对象的安置、就业与相关收益分享。

二是明确精准旅游扶贫主体：即“谁来扶”的问题，针对扶贫对象的贫困情况定责任人。充分发挥政府主体、社会帮扶、群众主体三方面作用，强化组织保障，形成各级各部门、社会力量和广大群众齐心协力、整体联动、同轴运转的扶贫新格局。从政府职能视角看，要充分发挥政府在旅游扶贫中的主导作用，制定相应的旅游扶贫规划和政策措施，以缓解贫困、增加平等。同时建立科学透明的评估与管理体系，确保旅游精准扶贫的工作有序进行，落到实处。

三是制定精准旅游培训制度：①对各类培训对象建卡设档，包括帮扶对象和相关服务人员、管理人员，制定有针对性的培训计划，实行信息化管理与通知到人。②培训内容要有科学性，在观念引领和实践帮扶两方面能对帮扶对象的工作起到实效。③培训负责主体制度化，实行对口负责制。此外，旅游精准扶贫的信息与制度还要透明化、数据化，要实行精准管理。

9.2 江苏旅游精准扶贫的特点与原则

作为东部地区发达省份之一，江苏自 2000 年开始自主探索本省扶贫开发道路。2015 年已提前实现了中央 2020 年的年人均纯收入最低 4000 元的脱贫目标，现阶段江苏提出实现“聚力创新、聚焦富民、高水平全面建成小康社会”的目标，关键在于进一步推进精准扶贫任务。

9.2.1 江苏旅游精准扶贫的特点

9.2.1.1 江苏旅游精准扶贫对象的特点

1）收入起点高

与全国标准相比，江苏旅游精准扶贫对象平均收入较高。2015 年江苏旅游精准扶贫对象是年人均纯收入在 4000 元以下、具备劳动能力的农村低收入人口，是全省乡村 6%左右（300 万左右）的低收入人口；而全国贫困线的划定标准是年人均纯收入在 2300 元以下。各市、县（市、区）还可根据当地实际，按照上年农民人均纯收入的 30%～50%制定高于省扶贫标准的地区扶贫标准。

2）重点在乡村

江苏省旅游扶贫主要帮扶区域是江苏省 6%左右的经济薄弱村、苏北 6 个重点片区和黄桥、茅山革命老区。1992 年以来，江苏省委、省政府组织实施了多轮有计划、大规模的扶贫开发，帮扶对象主要是苏北经济薄弱地区。并特别强调，要把黄桥、茅山革命老区作为帮扶重点，将当地的低收入人口，特别是低于收入平均线的老军烈属、老党员作为建档立卡对象，落实帮扶对象、帮扶责任人、帮扶项目。根据村级“四有一责”建设和新农村建设要求，确定需要帮扶的经济薄弱村，把少数民族村纳入帮扶范围。高度重视并切实解决城市化、工业化进程中因失地、失业、失房引起的贫困问题。在《江苏省人民政府办公厅关于印发江苏省乡村旅游发展三年行动计划的通知》中，明确提出黄河故道乡村旅游扶贫带为 2016～2018 年的乡村旅游建设重点(江苏省人民政府办公厅,2015)。正所谓“天堂里也有穷人”，在苏南、苏中地区，相对贫困仍然突出并将长期存在。“十三五”期间，省委、省政府对苏南、苏中地区的扶贫开发工作也提出了明确要求，要求苏南、苏中各市县结合本地实际，制定与经济社会发展相适应的扶贫标准，锁定经济相对薄弱村和低收入农户，积极探索发展壮大集体经济、强村带富民的有效机制。

9.2.1.2 江苏旅游精准扶贫目标的特点

1）高阶段

江苏省经济社会发展较快，农村贫困人口温饱问题已基本解决，绝对贫困现象基本消除，经济薄弱村生产生活条件有了明显改善，因而从总体上看，江苏省扶贫开发已经从消除绝对贫困现象为主转到巩固脱贫成果、提高发展能力、减少相对贫困、促进全面小康的新阶段。

2）高综合

在《江苏省农村扶贫开发“十二五”规划纲要》中明确提出扶贫村要全面实现新“八有”目标，不仅包括经济指标，而且涵盖了政治、信息、社会、环境等一系列综合指标。①经济方面：要做科学合理的全面发展规划，保证农业设施与农业生产发展，要发展特色主导产业，保证持续稳定的集体经营性收入；②政治方面：要建设群众拥护的“双强”班子，即村党组织书记及其领导班子成员要思想政治素质强、科学发展能力强；③社会方面：要健全完善村民自治制度、树立健康向上的文明村风；④环境方面：要建成村容整洁、绿化合格的居住环境，还要有现代化的信息网络服务(中共江苏省委江苏省人民政府,2012)。基本达到“生产发展、生活宽裕、乡风文明、村容整洁、管理民主”的新农村建设要求。经济社会发展水平基本达到社会主义新农村建设要求。目前，江苏旅游精准扶贫与乡村振兴协同发展，实现江苏乡村的综合性发展。

3）高指标

按照部署，江苏新一轮扶贫开发工作以人均年收入 6000 元为标准，全国扶贫标准是到 2020 年贫困人口人均收入达到大约 4000 元,江苏到 2015 年底已实现这一目标（石长毅，2015）。江苏省“十三五”扶贫开发总的定位，是集中力量减少相对贫困，缩小收入差距，促进共同富裕，确保全省人民共同迈入全面小康社会，并以新一轮扶贫开发工作探索助力开启基本实现现代化新征程。江苏扶贫人均年收入 6000 元这一新的扶贫标准的确定，主要是出于以下三个方面的考虑：一是中央明确地方扶贫标准可在当地农民人均收入 30%～50%的范围内确定。2020 年江苏省全面小康农民人均收入的目标值大约为 20000 元，6000 元标准是按照其 30%的下线来设置的。二是国家扶贫标准是 2010 年确定的 2300 元，按不变价折算到 2020 年大约是 4000 元。而江苏省作为经济较发达省份，必须有一个高于全国标准的地方标准，有个江苏“最低数”。三是既要体现发展水平和民生需求不断提高的实际情况，又不能脱离实际，提过高的目标和要求，要合理确定扶贫对象和规模。按照人均收入 6000 元的标准，有关方面进行了调查测算，需要帮扶的贫困人口占乡村人口总数的 6%左右、人数大约 300 万，规模比较适度（邹建丰，2015）。综合上述各种因素，最终确定了年人均纯收入 6000 元的江苏扶贫标准，远高于全国扶贫标准。

9.2.1.3 旅游精准扶贫基础条件优越

江苏是国内乡村旅游发展较早、产品和市场成长较为成熟的地区之一，为旅游精准扶贫提供了优越的基础条件。截至2015年底，江苏省拥有全国休闲农业与乡村旅游示范县13个、示范点24个、乡村旅游创新发展示范区1个、乡村旅游综合发展试验区2个、全国特色景观旅游名镇（村）30个、全国农业旅游示范点124个；江苏拥有四星级乡村旅游区（点）284家、三星级乡村旅游区（点）321家、各类乡村旅游经营户3.7万家左右（佚名，2016b）。江苏乡村旅游在发展中充分发挥自身的旅游资源与乡村文化特色、融合乡村生态产品，由传统农家乐模式不断升级换代，满足城市居民的乡村旅游消费需求，带动了农民致富，推进了江苏省农业和旅游产业发展，为进一步推动精准扶贫工作奠定了坚实的基础。

9.2.2 乡村旅游产业对江苏精准扶贫的重要意义

江苏精准扶贫的特点使乡村旅游成为精准扶贫的重要推动力，乡村旅游产业在江苏精准扶贫中的地位与作用越来越显著。

1）乡村旅游产业发展是江苏精准扶贫的重要手段

国家旅游局局长李金早2015年8月18日在全国乡村旅游提升与旅游扶贫推进会议上强调，发展乡村旅游是我国农村全面建成小康社会和实现现代化的现实有效之举，而且乡村旅游是我国旅游发展潜力最大、带动性最强、受益面最广的领域，是促进农村经济增长和农业结构调整的重要渠道。2017年全国旅游工作会议发布的数据显示，国家旅游局自2015年实施“515战略”发展中国旅游业以来，全国超过500万贫困人口在乡村旅游发展带动下实现脱贫，“十二五”期间（不含2015年），我国通过发展旅游，带动了10%以上的脱贫，旅游脱贫人数在1000万人以上（辛安娜，2017），旅游扶贫的显著效果已获得广泛认可。江苏的乡村旅游带动效果也很显著，2015年江苏省旅游局和国家统计局江苏调查总队共同开展了江苏省乡村旅游发展情况调查，数据显示至2015年底，江苏省全年乡村旅游实现营业总收入632.405亿元，同比增长17.0%，乡村旅游经营净收入为253.9521亿元，同比增长10.9%，接待游客总人数2.03亿人次，同比增长21.5%，占全省接待游客总人数的33%，接待住宿人数2541万人次，同比增长16.3%。全省乡村旅游直接从业人员总数已达40.2万人，同比增长37.7%。全省纳入调查范围的农村居民因从事乡村旅游年人均收入已经达到23021.06元，同比增长11.20%，与全省农村居民平均可支配收入相比高出41.6%，乡村旅游的富民增收效益明显，带动就业和改善农村环境作用日益突出（许沁乔和薛美珏，2017）。江苏的扶贫工作经过几十年的努力，已转为“造血”式产业扶贫。旅游产业扶贫是精准扶贫的重要途径，从而带动乡村全面发展，增强扶贫对象自身脱贫致富的能力，推动精准扶贫更加有效和可持续。

2）乡村旅游产业价值链优化是提升江苏精准扶贫水平的重心

乡村旅游产业价值链是指为了满足乡村旅游者的需要，以乡村旅游优势资源为核心，通过信息流、客源流、物质流等链条连接，使其所涉及的所有行业形成相互联系并共同增值与增殖活动的过程（潘鸿雷等，2015）。在适宜的发展条件下，坚持把提升乡村旅游产业价值链贯穿精准脱贫全过程，将穷村的潜在发展优势，挖掘转化成经济发展动力，真正实现乡村的全面脱贫与持续发展。江苏多地实践显示，旅游扶贫产业的发展促进了贫困户参与意愿的提高，增强了企业主体和政府部门支持的积极性，带旺了村里人气，推动了乡村振兴。

3）围绕乡村旅游需求实现产业价值增殖与增值是保证扶贫效果的核心

对于精准扶贫而言，乡村旅游产业发展最核心的目的是实现价值增殖与增值，富民增收。江苏发展乡村旅游条件优越，但如果特色挖掘不充分、诠释不到位，就吸引不了游客，或者有人气却因配套不健全而留不住游客，缺乏消费黏性，产业价值增值就无法实现。江苏省多地密集出台乡村旅游发展规划，不约而同地将发展乡村旅游作为乡村振兴的重要抓手，带动乡村旅游遍地开花。与此同时，很多乡村旅游开发属于粗放型，旅游产业广度与深度拓展不足，扶贫效果不理想，弄得不好还会阻碍乡村的发展。

江苏作为我国东部乡村旅游发达地区，乡村旅游产业要实现价值增殖与增值，发展重点要从满足游客的吃住、娱乐、购物等初级需求向满足乡村旅游现代需求升级。在新一代消费者和消费环境下，乡村旅游者对旅游产品的关注点从价格逐步转变为品质。根据 2015 年 1773 份相关网络对乡村旅游者进行的调查，有 40.61%的旅游者认为价格无所谓，对于乡村旅游民宿客栈 53.81%游客选择价格接受度视住宿条件而定，对质价相符期望较高。新时代乡村旅游者开始呼唤更高品质、个性化、体验性、原生态的旅游产品。体验性与个性化需求使乡村旅游产品出现都市农园、主题聚会、亲子活动、农产配送等多元化趋势，乡村旅游产业价值增殖与增值方式多样化。途牛旅游网 2017 年调研数据显示，在乡村游中大部分游客更倾向于到目的地用手机查攻略、看点评、做选择、定出行，79%的用户会通过微信朋友圈分享出游经历，专业旅游网站、专业社交旅行网站、微博的分享占比分别为 23%、40%、42%，此外，社区、论坛、博客、贴吧等也是用户分享的重要渠道（张宇，2017），乡村旅游对信息化手段的依赖不断上升。对乡村旅游景观由乡土原味的解构性需求向主题性娱乐化的乡村景观转变。传统休闲农业的核心是“看、吃、玩”，极力和城市生活做反差，围绕“土”做文章，而“年轻人式”田园生活趋势应该是有文化的、创意的、好玩的、时尚的农业，还要有参与和体验感。

只有围绕现代乡村旅游需求，促进乡村旅游与其他产业深度融合，实现乡村旅游产业价值增殖与增值，才能保证精准扶贫的长效。

9.2.3　江苏旅游精准扶贫的原则

1）对旅游精准扶贫标准进行科学制定和动态管理

建立健全扶贫对象识别机制，根据具体地区和具体人群制定科学合理的贫困标准，综合考虑收入和支出，全面权衡经济、健康、教育等多维指标，重点考虑和解决因病致贫、因残致贫、无劳动能力的人口和家庭，解决好支出型贫困问题。高度重视并切实解决城市化、工业化进程中因失地、失业、失房引起的贫困问题。精确识别贫困人口并建档立卡；同时要建立动态的贫困划分标准，定期核查建档立卡的贫困户，根据他们的情况做出适时调整，对已脱贫的可列入另册关注其脱贫的持续性，并将由于境况改变而导致贫困的及时纳入扶贫对象。实行动态管理贫困人口建档立卡工作，确保低收入人口得到有效扶持。

在大数据时代背景下，江苏应该率先利用智慧城市与智慧旅游建设先发优势，开发江苏旅游精准扶贫 APP，基于大数据与深度学习技术探索我国精准扶贫事业的内部运行机制与动态演化规律（佚名，2017a）。

2）旅游精准扶贫方式因人而异、因地制宜

完善贫困识别系统，对低收入人口致贫因素和具体情况进行精确识别，因人因地制定针对性的帮扶政策，实施“点穴式”精准扶贫。将无劳动能力的农村低收入人口作为救助式扶贫对象，纳入农村最低生活保障范围，在旅游增收方面可以考虑土地流转和资产性股权在旅游发展中的收入。将年人均纯收入在 6000 元以下、具备劳动能力的农村低收入人口作为重点旅游精准扶贫对象，可以帮助他们在旅游服务与劳务、旅游经营、旅游参股等多方面增加收入、脱贫致富。

在低收入人口相对集中的苏北经济薄弱地区，实行连片开发，给予重点扶持。对黄桥、茅山革命老区继续实行扶贫旅游开发优惠政策，重视旅游设施与旅游环境的建设。苏南、苏中地区的旅游精准扶贫开发工作，则重点关注如何挖掘并展现乡村旅游的本地特色要素，促进乡村旅游产业融合与产业链延伸，提升乡村旅游的增收效能，加强乡村旅游深度开发与乡村全面发展。

3）旅游精准扶贫立足长远

虽然江苏省经济社会发展较快，已提前实现国家 2020 年脱贫指标，绝对贫困现象基本消除，但由于发展的不平衡与贫富分化，离全面小康的实现还有较大差距，扶贫任务依然繁重而艰巨。通过缩小城乡之间、区域之间、不同收入群体之间的差距，实现共同富裕和基本现代化，全面建设中国特色社会主义小康社会，并非短时期能够完成的，决定了精准扶贫是一项长期任务。

因而在实施旅游精准扶贫的过程中，要注重长远效益。旅游精准扶贫要长远发展，首先要强调旅游开发的可持续发展。要对旅游发展的资源与环境条件进行全面调查与客观评估，围绕自身旅游特色制定科学发展规划，统筹好开发与保护的关系，加强对旅游资源与生态环境的保护。如果不能把握好这两者的平衡，不仅实现不了脱贫的目标，反而会使当地的发展潜力透支殆尽。如江苏降水丰富，对水体生态保护尤为重要。其次，要注重贫困人口的旅游精准扶贫收益长期分享。江苏发展乡村旅游是可持续的精准扶贫举措，要积极探索农民以土地经营权、宅基地使用权、房屋所有权入股等形式参与旅游产业发展，促进农民脱贫并长期分享旅游发展的成果。

4）旅游精准扶贫的核心是人

旅游精准扶贫不是单纯的输血式扶贫，而是要引导和支持所有能够参与旅游精准扶贫的人，通过自己的努力脱贫致富。旅游精准扶贫是通过开发旅游资源来调动人的积极性和主动性，充分发挥人的主观能动性，实现“造血”式扶贫。

实现脱贫最需要依靠的是人的力量，脱贫的目的也是为了人。因此旅游扶贫的关键要采取有效措施，培育帮扶对象的旅游从业意识与技能，帮助和调动帮扶对象参与旅游发展的积极能动性，主动寻求旅游业参与机会，通过旅游精准脱贫。旅游精准扶贫不仅要让人们在物质上脱贫，精神上同样不能贫瘠。旅游精准扶贫要“扶贫先扶智”，通过旅游业这一个抓手，改善人们的精神状态，在发展中收获参与感和获得感，从而实现物质和精神双脱贫。旅游精准扶贫还要“扶贫先扶志”，提升“造血”功能。要帮助贫困人口杜绝“等、靠、要”的思想，杜绝“贫困为荣，脱贫为耻”思想。教育在“扶智”与“扶志”中发挥着基础性、先决性和关键性作用，因此要通过各种教育途径提升贫困地区和贫困人口的素质，这才是根本的精准扶贫之策。江苏教育经费要继续向贫困地区倾斜、向基础教育倾斜、向旅游职业教育倾斜，帮助贫困地区改善办学条件，在旅游职业教育中对贫困人口给予一定优惠。这样，才能真正“拔掉穷根”，从根本上实现旅游精准脱贫。

对于贫困人口的旅游从业素质，江苏要构建长效培训机制，对参与旅游精准扶贫的农户进行旅游服务、特色农副产品、旅游餐饮、旅游住宿等实用技能的培训，努力提升贫困人口参与旅游精准扶贫的综合素质，改变其致贫性生产、生活方式，以便在旅游发展中，贫困者能更好地从事旅游业。建立有效机制促使更多的贫困人口参与到旅游精准扶贫中，在机会、收入、能力三个方面达到减贫目标（常嘉佳和陶维，2017）。

同时，旅游精准扶贫选择合适的负责人和带头人也很重要。江苏旅游精准扶贫各项政策直接执行者主要是乡村村支两委的领导班子，他们能否廉洁、高效、务实地落实各项举措，关系着扶贫工作的成败，干部有担当、有干劲，才能推动旅游精准脱贫。因此，要将党建工作与旅游精准扶贫相结合，加强村支两委建设，提高他们在旅游精准扶贫中的政治意识，培养务实有效的工作作风，具有良好的旅游管理技能。

5）扶贫要抓住重点，找准增长点

江苏旅游精准扶贫要把握好重点问题。首先，要将乡村旅游作为江苏旅游精准扶贫的重要增长点，带动江苏乡村贫困地区和贫困人口实现精准脱贫。实行指定专人挂钩帮扶制度，重点指导旅游项目建设，加强对村民进行旅游知识及服务技能培训，帮助开展旅游营销等工作，提升旅游扶贫的质量和效益。

其次，旅游精准扶贫要针对每个地区的特点找准增长点。在全面调查研究基础上科学诊断，找准旅游发展重点，解决影响增长的关键点。如对苏北要做好乡村旅游配套设施建设，完善交通和其他公共服务，推进乡村旅游环境整治。对苏南要重点促进旅游和优势产业的融合，提升乡村旅游品质，加强乡村智慧旅游建设。根据优势资源与产业基础，科学选择旅游产品开发方向：宜农地区可以联合农业部门共同开发休闲观光农业，促进农旅结合、农民增收；文化传统深厚地区可以联合文化部门开发乡村文化产业，脱贫致富；生态优越地区可以结合养老产业发展休闲养生度假产业；革命老区可以结合旅游与教育开发研学旅游等。如溧水白马镇李巷自然村，曾是中共苏皖区委、苏南区行政公署领导机关和新四军十六旅旅部驻地，是新四军苏南抗战的指挥中心，也是溧水地区第一个农村党支部成立地，陈毅、粟裕等都曾在此生活、战斗过，附近有新四军十六旅兵工厂保卫战、地下交通站、联络站等遗址。当地青山环绕，风景秀丽，拥有丰富的红色旅游资源。南京市旅游委把“红色李巷”列入南京市的红色旅游发展规划，主动协调相关部门，建设了一系列公共配套设施，着力打造以红色文化为底蕴，以乡村旅游、乡村民俗为特色，红色李巷为目的地、串联周边景区的旅游线路，带动当地村民脱贫致富（景雯雯，2017）。对于重点扶贫地区要联合旅游及相关部门力量，组织专家团队开展旅游项目规划，并在经费上予以扶持，支持重点乡村旅游项目的实施。

对资金、人才或销售渠道缺乏的贫困地区和人员对症下药，精准帮扶旅游发展。如南京市旅游委帮摸不着门路的农民“牵线”搭桥，实施旅游精准扶贫。溧水区白马镇属丘陵山区，又是革命老区，农户种植苗木的多，但之前信息闭塞，没有好的销售渠道。南京市旅游委协调各直属公园，及时对接苗木种植户，让他们把苗木直接卖给有需求的公园（景雯雯，2017）。低收入人口占六分之一左右的石头寨村农户种植出的小籽花生在整个溧水都小有名气，但基本上是零星种植，没有形成规模。根据村里的特点和旅游委的职能，利用现有的宣传促销平台，帮助村里包装和宣传小籽花生，力争将“浮山小籽花生”打造成名牌旅游商品，推进旅游精准扶贫。

9.3　江苏旅游精准扶贫的模式创新

江苏的扶贫工作经过几十年的努力，已进入精准扶贫促进共同富裕的高阶段，旅游产业扶贫特别是乡村旅游精准扶贫成为江苏的重要扶贫方式。坚持把“旅游+产业+扶贫”贯穿精准脱贫全过程，针对当前的旅游需求和扶贫环境，江苏旅游精准扶贫不断探索创新模式，提高旅游精准扶贫的效果。

9.3.1　江苏旅游精准扶贫的产业模式创新

1）乡创旅游地

江苏利用国家旅游局“中国乡村旅游创客示范基地”名单，推进乡村旅游创客创业行动，形成了一批高水准的文化艺术旅游创业就业乡村。一大批各具特色的乡创项目应运而生，以当地乡村文化为基础，以乡村旅游、民宿酒店、生态农业、民间土特产、手工艺制品为载体，文化内涵深厚、符合现代人的消费心理和消费需求。这种在创新中不失文化、符合实际的乡创项目必将迎来乡村经济发展的又一新高潮。如江苏南京秣陵街道将原来逐渐空心化的观音殿村打造成苏家文创民俗村，在对当地文化进行保留和保护的基础上植入文创基因，激活和带动当地乡村产业升级，打造一个以特色民宿体验为核心，集乡村文创、田园活动、自然教育为一体的新乡村生活示范区（佚名，2017b）。同时，不仅使原有村民因土地和房屋入股获得收益，还可以通过创客对本地村民进行培训、引导，带动更多本地村民提高就业技能，在家门口实现就业、创业，致富。

2）田园综合体

田园综合体是以企业和地方合作的方式，在乡村社会进行大范围整体、综合的规划、开发、运营，用旅游产业引导中国乡村现代化、城乡一体化、新型城镇化（张诚，2017）。2017 年中央一号文件首次提到田园综合体这个概念，提出要支持有条件的乡村，建设以农民合作社为主要载体，让农民充分参与和受益，集循环农业、创意农业、农事体验于一体的田园综合体，使其成为推动贫困农户精准脱贫致富的一条新路子。

已有的实践项目中，江苏无锡阳山田园综合体是最早且最为成熟的一个。该田园综合体在产业发展中将各产业进行融合、渗透，拓展田园综合体的产业链，形成以市场为导向，以农村的生产、生活、生态为资源，将农产品与文化、休闲度假、艺术创意相结合，通过各个产业的相互渗透融合，把休闲娱乐、养生度假、文化艺术、农业技术、农副产品、农耕活动等有机结合起来，拓展现代农业原有的研发、生产、加工、销售产业链。在休闲农业产业体系中，一二三产业互融互动，传统产业和现代产业有效嫁接，文化与科技紧密融合，发挥着引领新型消费潮流的多种功能，拓展了新的价值空间，产业价值的乘数效应十分显著。在阳山田园综合体的实践探索中发现，田园综合体在乡村地区普遍最具成长性的产业是农业与旅游业，由于农业的投入周期较长，因而田园综合体产业链的构建重点内容是以旅游业为先导，农业作为重要增长极，紧密结合生态、科技、地产、创意、贸易、文化等产业。在此基础上再对照产业价值链演化规律，依据产业链的延伸、拓展、优化的需要，派生新产业和扩展三次产业链的高端性。田园东方提供的资料显示，2017 年无锡项目客流量达到了 30 万人次，2018 年旅游方面已经开始盈利。田园综合体作为乡村旅游概念的延伸和丰富，实现了一二三产业的深度融合，形成的是一个新的社区与生活方式，是企业参与、农业+文旅+地产的综合发展模式。通过企业和地方合作的方式，赋予农业主动参与的积极性，赋予企业开阔的投资平台，同时也赋予游客充分享受田园乐趣的旅游环境，是一个全方位受益的发展平台。这种全新的发展模式，将为贫困地区通过旅游实现脱贫提供一条新路径（于沐仔和王庆生，2017）。

3）乡村度假民宿

乡村住宿是支撑乡村旅游发展的重要环节，人们对于个性化、特色化的住宿需求越来越大。而农村的闲置农房资源较多，通过科学的设计、装修和改造，可以形成大量有效供给，让市场的供需两端受益。农房变民宿，不但帮助农民发掘并提高闲置农房的价值，还能为没有资金改造房屋的农民提供资金支持。按照现代的旅游服务模式，对帮扶村落进行规划设计或改造，利用闲置民宅改造而成的乡村酒店，并配套一定的度假休闲设施，成为乡村旅游精准扶贫的新兴模式。如南京谷里的公塘头打造了十间民宿客房，每间客房都有自己的主题，木舍、瓦当、石垒、花田、荷塘、杏里，不同的主题映衬着每个人的家的特别之处。除此之外，每间客房都享有自己的小庭院，为居住者提供休息、闲谈的场所，又保留了一定的私密性。每个房间内的布置也是独具匠心，木椅、茶具、台灯等家居摆设处处体现的是浪漫的复古风，同时带有一种田园、回归自然的基调。附近的田野里配套开发了烧烤、运动、观光等休闲项目（张珊和吴晓，2016），带动乡村旅游行业整体发展，真正实现乡村的自我造血功能。

4）乡村主题庄园

乡村主题庄园是以现代农业产业为基础，以旅游为核心，融合农业生产、观光休闲、科学教育、娱乐餐饮、养生度假、商务会议、居住和交通多功能于一体，以庄园品牌塑造、庄园综合功能扩展和庄园产业模式设计为重点，为游客提供观光、休闲、度假等多种产品，并提供独特的庄园生活体验的产业综合体。如南京谷里大塘金是集赏花、婚纱摄影、主题婚礼、薰衣草精油捏脚、薰衣草护肤等特色休闲服务于一体的薰衣草主题庄园。大塘金薰衣草盛放时，一天最多有 10 万人来此观光。在谷里大塘金香草谷，“幸福众创驿站” 创立的“亲爱的”APP，吸引了不少年轻情侣的目光。这个 APP 通过线上、线下融合为年轻客户群提供特色手工订制产品、特色求婚服务、以婚恋为主题的短途游等服务。发展主题庄园旅游，吸引更多人气，农民的资产才能盘活，农产品销售渠道才能拓宽，农民才能真正富裕起来。通过土地租金收益盘活了闲置的房屋等资产，参与庄园旅游管理和服务获得就业收入，使当地农民得到最多实惠。2016 年谷里街道美丽乡村农民的人均收入超过全区农民人均收入 7 个百分点。2015 年江宁美丽乡村接待游客 800 多万人次，带动农民就业近万人，全区实现旅游收入 20 亿元，实现旅游精准扶贫的目的（吴仁成等，2016）。

5）养老度假中心

江苏老龄办副主任杨立美在 2018 年 11 月南京举办的“文化养老 •乐龄与健康”亚洲论坛上指出江苏的老龄化率已达 22.5%，位居全国各省之首，未来老龄化趋势仍将加速。同时，江苏作为东部发达地区，为满足数量庞大的老年人群日益增长的养老需求，可以在一些环境优美、养生条件具有优势的扶贫地区发展养老度假产业。如句容茅山、淮安老子山等都利用自己的山水和服务软硬件，使老人养老、旅游两不误，以达到既健康养生又开阔视野的目的，形成养老+休闲+度假发展模式，带动当地经济发展，实现精准扶贫。

9.3.2　江苏旅游精准扶贫的营销模式创新

旅游精准扶贫的电商模式，通过“乡村旅游+扶贫+电商”联动融合，建立一条符合贫困农村和贫困户需求的电商途径。电商，正成为增加江苏省农村贫困群众收入、带动经济增长的新亮点。在电商精准扶贫带动下，多个区县的农村搭乘“互联网+”的快车，令农产品形成规模销售，乡村旅游更具人气，农民真正实现增收。

江苏旅游精准扶贫还可以依靠多样的营销媒体，综合利用各种营销媒体进行全媒体营销。如利用乡村美食或乡村土特产作为切入点，进行乡村旅游现场推介会；对目标市场主流群体开展电梯海报精准宣传；利用微博等新媒体和自媒体扩大宣传；基于大数据技术面向主要客源进行精准营销，实现基于多种媒体传播方式的全媒体创新整合，达到良好的宣传效果。

在信息化时代，江苏多地重视乡村旅游智能化建设。如南京建设了乡村旅游智慧平台、智慧旅游 APP、微信公共号，对乡村旅游进行推广与营销。

江苏的苏宁作为全国领先的智慧零售企业，一直致力于“互联网+”、线上线下联动全场景零售的商业模式全面助力江苏省农业农村的现代化建设。2015 年，苏宁易购中华特色馆作为苏宁农村电商的核心平台正式上线，并在同年 12 月上线江苏馆，为江苏名特优农产品集中展示、销售搭建了平台和渠道。苏宁易购结合自身平台优势采取多元化营销形式，每年定期组织商户参加苏宁易购平台营销活动，推动商户创新营销形式，拍摄互动营销短视频，制定特色定制包装等形式；联合苏宁生鲜、苏宁拼购、限时抢购、会员频道、苏宁直播等线上资源以及苏宁小店、精品超市等线下资源，打造多元化的引流渠道，策划推出特色主题活动，深挖省内农特优品，提升销售规模。中华特色馆江苏馆配合省农业农村厅扎实推进经济薄弱区域的帮扶工作，逐步推动经济薄弱县农产品上行，建立经济薄弱县农产品特色专营店，优先推动馆中馆建设，策划阶段性扶贫促销活动，推动农产品线上线下同步销售。同时，贯彻以绿色发展引领乡村振兴和生态优势逐步转为经济优势的理念，通过线上精准会员营销的方式，带动当地乡村绿色旅游资源的转化，实现多产业的融合，为江苏旅游精准扶贫创新了营销模式（缪露，2019）。

9.3.3 江苏旅游精准扶贫的金融模式创新

金融扶贫是推动扶贫开发由“输血”向“造血”转变的重要途径。江苏省扶贫小额贷款已成为效果好、具有江苏特色、深受低收入农户欢迎的一项扶贫开发政策措施，不仅为低收入农户增收脱贫插上了“金翅膀”，也成为放大财政扶贫资金效应的重要杠杆。

PPT 小额贷款是一种以低收入阶层为服务对象的小额度、持续性、制度化的信贷服务方式。它主要是向农、牧、渔、各种微型的非农经济体以及小商小贩等发放短期无抵押的小额贷款，而且贷款的发放往往还伴随着一系列的综合技术服务，旨在通过金融服务让贫困农民获得生存与自我发展的机会（严伟，2009）。小额贷款既是一种金融服务的创新，更是一种重要的扶贫方式。农业旅游开发需要大量资金，这些资金需求由农业旅游开发的相关利益者分别承担，如政府承担旅游基础设施的建设，外来投资者往往承担大型旅游设施如风景区开发、酒店建设等，而由农业旅游开发带来的一些小型的、相关辅助旅游经营项目常常适合于由农户家庭承担。例如，农民依托自家现有的房屋作为经营场所经营饮食、住宿、商店等，这种小型辅助的旅游经营项目具有适应面广、易于操作、资金需求量少的特点，是小额贷款的天然对象。小额贷款机制特别适合低收入农户的需要。首先，小额贷款不需要抵押与担保，这对于往往拿不出抵押品的低收入农民来说至关重要。其次，小额贷款还给借贷者提供各种各样的培训以提高他们的生产技能。“授之以鱼，不如授之以渔”是这种贷款的特点和宗旨。同时，小额贷款主要用于支持农户非粮食生产的家庭副业，包括养殖业、小手工业、小加工业与小商业项目，而这些项目与农业旅游开发产业链上适宜于农户家庭为单位的投资项目非常吻合，具体投资项目的选择完全由农户根据自身的特点和市场的需求来决定，投资效益比较有保障，即从银行角度来看还款率比较有保证，所以从供需双方角度看，农业旅游开发中的金融市场大有作为（严伟，2009）。

旅游精准扶贫应建立“阳光扶贫”监管系统（张文超，2017）。江苏省以资金管理为中心、以人和项目实名制为基础、以大数据为支撑，率先建成“阳光扶贫”监管系统，走出“信息化+制度化+公开化”的精准扶贫新路径，查处了“微腐败”问题 345 件，处置 3552 人，通报曝光 752 人。避免基层干部利用“微权力”优亲厚友、虚领冒用，确保“真扶贫、扶真贫”。“阳光扶贫”系统整合公安、民政、不动产、税收等多个部门的数据，将全市 7 个部门 3 大类 28 个条线的扶贫济困资金纳入系统全流程管理，杜绝扶贫资金被套取挪用的可能性。

9.3.4 江苏旅游精准扶贫的经营模式创新

“公司+合作社+农户”是江苏旅游精准扶贫的重要经营模式。如在江苏涟水县，柳编产业在精准扶贫工作队的指导下以“公司+合作社+农户”的模式把相关者联结成利益共同体，辐射到更广的地区和更多的人群，使相关农户增加了收入，并将柳编发展成为涟水农村特色产业（丁亚鹏，2017）。

近年来，在江苏旅游精准扶贫实践中又出现“政府+社会资本+村集体”的创新合作新模式（周广立和陈晓春，2018）。这种模式源于 2017 年 7 月南京万科与兴化市政府、东罗村集体从“万科”和“兴化”各取一字共同组建的万兴公司，整合各自资源，帮扶东罗村进行乡村振兴发展。在这种创新模式下，通过深度发掘三产融合和城乡融合，做到可持续发展和多方共赢。东罗村环境越来越优美，外出打工的农民回乡创业越来越多，乡村旅游产业不断向纵深拓展，村民通过多种方式增收分红，乡村面貌焕然一新。外来游客和本地消费人群不断增多，乡村创业的环境和平台不断优化。

9.4 江苏旅游精准扶贫的保障机制

9.4.1 江苏旅游精准扶贫的成效保障机制

江苏旅游精准扶贫要建立科学决策机制。江苏省旅游精准扶贫项目要从项目论证、会商、审核方面建立一套科学的运行机制。每个需要帮扶资金运作的项目均须得到严格审核通过后才能实施，确保项目科学、可持续，避免匆匆上马、草草收场，以科学的运行机制做保证，不能让一个项目“烂尾”。

引入旅游精准扶贫开发成效第三方评估机制。在进行旅游精准扶贫工作时，江苏省推出进一步完善考核评价制度的新举措，引入扶贫开发成效第三方评估机制，对扶贫成效、脱贫人口的规模、扶贫成果的持续性正在研究制定具体的考核办法，确保真正实现脱贫目标。

9.4.2 江苏旅游精准扶贫的利益保障机制

建立帮扶对象的利益分享保障机制。如无锡田园东方项目位于无锡市惠山区阳山镇，保留了两个村庄大部分原有居民，主要和农村集体组织进行合作，实现了利益共享。其中张诚和东方园林集团董事长何巧女共同成立的东方城置地股份有限公司持股 75.79%，无锡富民农村土地开发投资有限公司（以下简称“无锡富民”）持股 24.21%。无锡富民的主要股东为两家，其中惠山区阳山镇住基村委会和鸿桥村委会各持有 50%股份，这两个村庄也是田园东方无锡项目所在地，通过参与持股分享发展利益。

建立多种利益联结机制。引导和支持贫困户与现代农业观光园、农业龙头企业、农民专业合作社、开心农场及能人大户建立紧密型利益联结机制，从中获取租金、股金。注重发展“互联网+”、“一村一品一店”和“支部+电商”工程，培育网络创业，分享电商发展的溢出效应（姚兰，2017）。如京东生鲜在精准扶贫领域进行了跑步鸡、游水鸭单点尝试，在江苏泗洪“荷花村”则是点面结合甚至是成体系地输出京东在精准扶贫领域的思路和逻辑（李子晨，2018）。

9.4.3 江苏旅游精准扶贫的多方合作机制

“五方挂钩”帮扶机制。汇聚合力鼓励引导各类社会资本和投资主体采取独资、合资、合作、联营、购买、承包、租赁、股份合作等多种形式参与旅游扶贫，带动更多贫困人口参与乡村旅游，让村民口袋与精神都“富”起来。“五方挂钩”帮扶机制能动员社会力量参与，汇聚合力。所谓“五方挂钩”，即确定苏北经济薄弱县（市、区）后，组织省级机关部门、部省属企业、高校科研院所、苏南发达县市与苏北经济薄弱县建立挂钩帮扶关系，发挥各方优势，加强帮扶支持，不脱贫不脱钩（朱梦笛和苏彩萱，2016）。这一机制发挥了政府、社会、市场等多重作用，利用机关、院校、企业、苏南地区的人才、技术、管理、信息、资金设备等优势，有效帮助苏北经济薄弱地区调整经济结构，开发资源优势，发展优势产业。如江苏省人大和“五方挂钩”各成员单位协调推介舜天集团、国际信托、国泰国贸等省属企业与泗洪县深度合作，提出了一系列具有针对性和可操作性的扶贫举措及帮扶项目。2018 年度泗洪县帮扶项目初定为 17 个，资金总投入 2209 万元（王晓映，2018）。项目负责单位则有省人大办公厅、省国资委、省海洋与渔业局、省司法厅、省侨办、南京海关、省知识产权局、省侨联、常熟市政府、苏州市相城区政府、南京艺术学院、常熟理工学院、第十四研究所、省人保公司、省粮食集团、江苏汇鸿国际集团等，充分体现了“五方挂钩”的合力。

9.4.4　江苏旅游精准扶贫的管理责任机制

江苏旅游精准扶贫要明确职责，落实工作责任，真正做到一户一策一干部，做到扶贫对象、扶贫措施进一步精准化，确保精准扶贫工作的顺利实施。

健全精准帮扶制度，因人而异制定帮扶对策，重视可操作的实施细则。旅游精准扶贫的特殊性在于其扶贫方式以贫困人口的参与为主。要在干部驻村帮扶的基础上，加快开展对旅游扶贫对象的全面了解，明确其致贫原因、参与旅游扶贫的意愿、参与旅游扶贫的能力及参与旅游扶贫的障碍等。加快制定旅游扶贫对象具体的帮扶对策，针对扶贫对象的具体情况，制定精准帮扶对策，消除或减少贫困人口的参与障碍。对于有参与能力和参与意愿的扶贫对象要优先安排；对于有参与意愿但缺乏参与能力的扶贫对象要帮助其减少参与障碍，依据具体情况提供资金支持、技能培训等；对于有参与能力但缺乏参与意愿的扶贫对象要进行积极引导（王耀斌和孙传玲，2016）。

江苏旅游精准扶贫要形成领导力量的保证和政策上的保证。采取贷款风险补偿、贷款贴息、现金直补、产业保险等多种方式，帮助贫困户发展乡村旅游产业，解决融资难问题，加大财政扶贫力度。

9.4.5　江苏旅游精准扶贫的人才培育机制

人才是旅游精准扶贫长久之计。江苏派驻专业人才进行精准旅游扶贫，建立精准扶贫旅游人才帮扶，开展乡村旅游培训进村入户工作，组织专业师资上门开展个别辅导、结对帮扶，实施乡村旅游扶贫“百对帮扶”计划。鼓励旅游院校和旅游培训基地开展乡村旅游培训项目，培训的重要对象有两类。

一是对本地人才进行培训。举行台湾休闲农业与乡村旅游专家学者、从业者江苏行活动。建立省、市、县三级乡村旅游人才培训体系。江苏省旅游局每年开办乡村旅游高级管理人员培训班，各市旅游部门每年开办乡村旅游中层管理人员培训班，各县（市、区）旅游部门每年开办乡村旅游基层服务人员培训班。发挥旅游院校、乡村旅游培训基地的作用，加强对乡村旅游人才的培养。

二是培训大学生村官进行典型示范（姚兰，2017）。大学生村官培训班是国家旅游局推进旅游扶贫工作的重要举措之一，旨在提高贫困村的内生动力。江苏省要组织乡村旅游扶贫重点村大学生村官培训班，对大学生村官进行旅游致富先进经验和案例教学培训。培训采取专题讲座、案例解析、分组讨论、现场教学等多种形式授课，期待大学生村官当好发展乡村旅游的“种子”。很多大学生村官把乡村旅游的“种子”带回了家乡，生根发芽，带领村民创业，创建本地“旅游小镇”“旅游特色村”等，让农民体会到旅游致富的“甜头”，切实推行旅游精准扶贫。

10　江苏全域旅游发展研究

10.1　全域旅游发展概述

10.1.1　全域旅游的发展历程

人们生活水平随着经济的迅速发展得到了前所未有的提高，人们的消费需求逐渐呈现出多样化和个性化等特点，我国开始大规模地迈入消费社会。旅游者对旅游产品的需求无论从量上还是质上都有了越来越高的要求。2015 年国内游出游人次已达 40 亿人次，平均每人出游接近 3 次，旅游已不是生活中的奢侈品，已经成为人民群众享受休息权的一个重要表现方式，成为居民日常生活的必需品。人们消费这个必需品的途径也呈现出明显的变化，由以往团队游为主向自由行、自驾游这种全新的旅游方式和出行方式转变（周婷婷，2014）。2015 年，40 亿人次的国内旅游人群中高达 80%选择自由行；1.2 亿人次的出境游有 2/3 的游客选择自由行，自由行成为游客最喜爱的旅游方式。同时，以自驾为主的自由行成为游客到达景区的主要方式。游客通过旅行社进入景区的比例已经由 2010 年的 60%～70%下降至 2015 年的 20%～30%，自驾游客占景区接待游客总人数的 75%。从出游的空间上来看，游客的自主意识逐渐显现，他们不会完全依赖旅行社计划中的景区、景点、住宿和餐饮（侯雨梅，2017）。到达旅游目的地后旅游行程走法、线路安排、吃喝及购物娱乐都由旅游者自己控制，导游只提供咨询建议。

在此情形下，现代大旅游将逐渐取代传统的景点旅游模式。在这种旅游消费规模及消费质量、消费理念及消费方式、消费广度及消费深度都发生了迅速而巨大变化的状态下，全域旅游应时而生，发展全域旅游是适应旅游转型的现实选择（魏振达，2017），是我国旅游业发展理念、发展战略和发展模式的一次重大变革。

我国的全域旅游发展历程可以分为三个阶段，第一个阶段为概念提出阶段，时间是 2008～2012 年。2008 年是全域旅游概念在国内探索与实践的开始。标志性事件是浙江省绍兴市提出全城旅游的发展战略，其编发的《绍兴全城旅游区总体规划》中明确了“城即景，景即城”的规划定位，提出了城市发展和旅游业发展双向驱动、互为一体的发展思路。自此，全国开始进行全域旅游试点。2009 年，“全域旅游，全景昆山”的规划理念在江苏《昆山市旅游发展总体规划（修编）》中被提出。2010 年，四川大邑县启动的全域旅游休闲度假战略规划提升了全域旅游的形态，被认为是全域旅游的高端形态。2011 年，旅游全域化战略在《杭州市

“十二五”旅游休闲业发展规划》中被提出；全域旅游的全新理念、全域旅游概念分别被浙江桐庐、四川甘孜州提出。2012 年，四川甘孜州委明确提出，实施全域旅游发展战略；山东的蓬莱、日照五莲县等将“全域旅游”确立为发展方向；湖南资兴市推进旅游业由“区域旅游”向“全域旅游”转变。

第二阶段是 2013～2014 年的地方试点探索阶段。2013 年，宁夏回族自治区明确提出要把全区作为一个旅游目的地进行打造，创建全域旅游示范区（省）；一些地区的县和市成为全域旅游专项改革试点县、全域旅游试点市。如浙江桐庐成为浙江省全域旅游专项改革试点县。2014 年河南郑州市人民政府发布《郑州市人民政府关于加快全域旅游发展的意见》；山东省的五莲县、临沂市、莱芜市、滕州市、沂水县成为全域化旅游改革试点。

第三阶段为国家示范推进阶段。2015 年，国家旅游局下发了《关于开展“国家全域旅游示范区”创建工作的通知》。2016 年，262 个市县成为首批国家全域旅游示范区创建单位。

将全域旅游作为国家旅游发展战略，将各地开始萌芽的理念升华成为系统的全域旅游发展理论，将零散的实践探索提升为发展战略，这一重大发展理论创新和战略部署，有战略全局性、方向引领性、问题针对性、普遍指导性、国际规律性、现实可行性，将成为引领我国旅游业迈上新台阶、开辟新天地的整体战略（罗义斌，2016）。

10.1.2 全域旅游的概念内涵

1）全域旅游的概念

全域旅游是指在一定区域内，以旅游业为优势产业，通过对区域内经济社会资源尤其是旅游资源、相关产业、生态环境、公共服务、体制机制、政策法规、文明素质等进行全方位、系统化的优化提升，实现区域资源有机整合、产业融合发展、社会共建共享，以旅游业带动和促进经济社会协调发展的一种新的区域协调发展理念和模式。

全域旅游是空间全景化的系统旅游，是要把一个区域整体作为功能完整的旅游目的地来建设，处处是旅游环境。“全域旅游”所追求的，不是简单的前往各个景区旅游的数量方面的增加，而是在旅行游览过程中，旅游者对整个区域的综合环境和公共服务水平整体品质体验的提升。与之相对应的，全域旅游目的地就是以全域旅游理念打造的全新旅游目的地，是以全域范围内的资源整合为基础，以提升全域旅游产业整体吸引力和竞争力为主线，以扩容全域旅游发展空间为载体，以全域旅游要素供给为保障，能吸引相当规模旅游者的综合性区域空间（吴平，2017）。

2）全域旅游的内涵

随着旅游产业的进一步发展，2016 年初旅游局局长李金早指出，新形势下，旅游发展的思路必须转变，要对旅游发展战略进行有效创新，要从单一景区旅游供给为核心转向以综合旅游目的地供给为核心，也就是向全域旅游方向进行转变（左文君等，2016）。这意味着，国家已经将传统旅游到全域旅游的转变提升到发展战略的高度。全域旅游是一种区域发展哲学和政策导向，其以区域旅游资源为基础，以旅游业为优势产业，通过旅游业带动区域内的其他产业融合发展，从生态环境、公共服务、政策法规、文明素质等方面实现区域全景化、空间化的综合提升，最终提高区域的整体吸引力和竞争力，实现经济的可持续性发展（魏振达，2017）。与传统旅游相比，这种全景化、空间化的系统旅游已经跳出旅游景区的概念范畴，这种系统旅游将一个区域当作一个完整的旅游活动区域，在发展模式和发展理念上达到根本性变革。

通过研究相关文献，总结出全域旅游目的地的几个特征，如图 10-1 所示，分别是景观区域性、时空先后性、产品创新性、因地制宜性、市场多元性及服务管理全面性。为了达到全域发展效果，旅游目的地一般会从六大方面进行战略部署。一是全景式打造。其以市民和游客体验为核心，以提高市民群众和游客满意度为目标，丰富产品、优化环境、美化景观，创新构建全域旅游产品普系。二是全季节体验。发挥目的地资源、地理区位优势，结合市场消费需求，丰富旅游产品体系，提升产品的“体验”性，构建四季旅游、全季体验的全域旅游发展格局。三是全产业发展。按照全要素、差异化的思路，融入生态、文化等目的地特色元素，优化提升食、住、行、游、购、娱传统六要素，同时延伸旅游产品链、服务链、经营链，构建形成品质多样的全消费链。四是全社会参与。以“开放、共建、共享”为理念，构建政府、企业、市民、游客共同参与的共建共享机制，形成全域旅游发展的合力。五是全方位服务。主要通过旅游交通服务体系、散客服务体系、智慧旅游服务体系的建设，构建现代化、便捷化、网络化的全域旅游服务体系。六是全区域管理。主要是通过加快旅游体制机制改革创新，持续推动全域旅游目的地的发展。

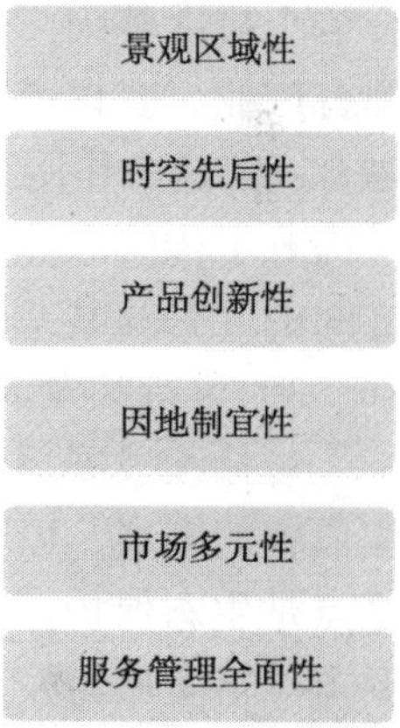

图 10-1 全域旅游特征

10.1.3 全域旅游的理论基础

1）系统论

系统论的提出者是奥地利生物学家贝塔朗菲，其基本思想是把研究和处理的对象看作一个整体系统来对待。系统中的这些元素并不是孤立存在的，它们使系统成为一个有机整体，这个有机整体发挥的作用并不是系统中所有元素发挥作用的简单叠加，而是能够使所有元素朝着同一目的行动，达到最优目标的（Denzin and Lincoln，2011）。全域旅游的发展正是在系统论指导下，将一个区域当作一个完整的旅游活动区域，打破单一景区旅游供给为核心的局面，向以综合旅游目的地供给为核心转变，将区域中的每一个部分都纳入区域的统筹发展中来，以实现区域发展目标的最优化。

2）产业融合理论

产业融合理论阐述了一个新产业的动态发展过程。这个过程是相同产业的不同行业抑或是不同产业的不同行业之间相互交叉、相互渗透，最后融合为一体，逐步形成新的产业（Greenstein and Khanna，2014）。旅游业本身就有较强的产业集聚和融合能力。它将旅游者旅游活动中涉及的相关行业集聚在一起形成综合型产品提供给旅游者（康传德，2016）。全域旅游的发展更加凸显了旅游业的产业融合这个显性基因。全域旅游通过农业、加工制造业、文化娱乐业、商贸零售业、体育产业、会议产业、房地产业等向旅游业注入多种消费功能，实现产业之间的融合。在这个作用下形成了多种旅游业态、旅游产品，既带动了旅游的综合消费，又提升了传统产业的附加值、延伸了产业链、拓展了产业空间，真正实现了产业之间的互融与共荣。

3）可持续发展理论

可持续发展理论是指既满足当代人的需要，又不对后代满足其需要的能力构成危害的发展，以公平性、持续性、共同性为三大基本原则。全域旅游发展的立足点是生态保护，生态围绕旅游得到提升。这一点与可持续发展理论高度契合。要重点落实旅游发展中的生态化导向，统筹考虑旅游开发与生态治理，科学指导资源开发与产品设计，平衡协调资源保护与产业发展，以良好的生态质量作为旅游业发展的环境基础，真正践行习近平总书记提出的“两山”理论，杜绝旅游开发中可能出现的环境污染和生态破坏等现象，这是实现旅游可持续发展的基本要求，也是推进旅游高质量发展的必由之路（刘民坤，2016）。

10.2 全域旅游发展实践

10.2.1 全域旅游的实践

1）欧美国家全域旅游的发展实践

众所周知，现代旅游业发源于欧美，由于经济发展迅速，全域旅游在这些国家的旅游发展过程中，早就暗藏其中。在法国的全域旅游发展过程中，全域的特征在城市与乡村旅游的融合式整体化发展中表现得尤为明显。20 世纪 70 年代中期，人们已经表现出远离城市的喧嚣，去乡村寻找几日清闲的强烈愿望。因为每天周而复始的机械化工作让人感到疲劳和厌倦，所以乡村自然而然成为城市居民的理想去处。那么全域旅游的特点在法国的早期旅游发展中有怎样的体现呢？一是国家在各种基础设施的建设方面，覆盖范围广泛。首先政府在建设各项基础设施时，倾注了大量的心血。交通、停车场、餐饮、免费公用电话等一系列基础工程的建设使得大众前来旅游的欲望又多了几分。这也是我国应该学习的地方。其次，一些交通枢纽、经济较为发达的村庄都有直达的快速交通工具，停车场设施、各种标识系统配备良好，大型购物商场、医院等公共服务设施也配套齐全。二是旅游产品的原始性与特色性。一个风景优美、环境良好的地方自然会格外吸引人，因此法国政府特别重视这一点，不仅大力开发具有优美自然环境的地区，还注重对这些地区资源和景物的保护，使之不遭到破坏。没有了优越的生态环境，乡村与城市也就没有区别，发展乡村旅游更加无从谈起。三是依靠政府的大力帮扶和经济政策等方面的支持。根据相关文献的记载，在法国乡村旅游发展过程中，政府的扶持功不可没。直到最近几年，相关行业协会和一些民间组织成立并发挥作用后，该行业内部的自我监督也逐步产生作用，所以相应的，政府在这些方面的管理职能就没有以前那么强了，但并不是一味地不管事。比如，在监管方面，各级政府没有置之不管，而是强化监督、检查等方面的职能，使乡村旅游在既定的轨道上稳步发展。此外，乡村居民利用自家的房屋接待旅游者，还必须符合相关的标准，只有达到这一标准，政府才会给予充足的资金资助这些居民来维护和修缮自己的房屋，使客人住的满意。乡村居民可以加入相关民间协会组织中，如果成员能够遵守相关法规约定，民宿在建设之后能达到酒店业中的三星级标准的话，并在建成的十年中能够保证每年都向公众开放半年，那么政府就会给予相当一部分经费来改善其民宿设施与建筑，用于这一项补助的费用约占总体投资额的20%～30%，且在全国规划自行车道和绿色道路。

2）我国全域旅游的发展实践

在我国，全域旅游才刚刚起步，最早也就是几年前才提出，而一开始，某些地方称之为全景域旅游，而一些地区却叫全景区旅游，虽然叫法不一样，但其中都包含了“全域”的特点。尤其是在各个地方的旅游整体规划中，都把全域旅游作为重头戏。2016 年 1 月，全国旅游工作会议上，李金早局长旗帜鲜明地提出：将中国的旅游改革发展中的核心指向一条，也就是以全域旅游模式代替过去几十年的景点旅游模式。这一理念要求我国各个省、市、自治区都必须积极响应，各个地区要以全域旅游为中心，充分挖掘本地区符合“全域”特点的地方，在已开发的景区基础上深度研究，冲破以往景点景区的牢笼，打开视野，把全域旅游中的各项要求融合进本地区的规划中，不要盲目开展，避免不合理的现象发生。同年 2 月，共有 200 多家符合全域旅游发展要求的地区被国家旅游局授予首批“国家全域旅游示范区”称号。全域旅游在全国范围内的影响逐步增强，发展势头良好。

从空间分布上看，国家旅游局公布的首批262个“国家全域旅游示范区”创建单位名单中，吉林省拥有15家，居各省首位；10家以上的主要位于中部地区；东部沿海，除山东外，都少于10家；海南全省为全域旅游示范区。

全域旅游示范区主要以县、县级市、区为主，吉林数量最多，为14家；陕西、湖北、湖南、河北、山东、辽宁6省有10家以上；东部地区以及四川、贵州、广西有6家以上；广东、云南、西藏、青海、甘肃、内蒙古、陕西、黑龙江数量低于6家。

例如，2008年的汶川地震给四川旅游资源富集的阿坝州带了破坏性的影响，但是该地区不仅没有因为灾害而一蹶不振，反而抓住灾后重建的良机。当地政府及旅游专业人员逐步进行具有“全域”特点的旅游模式的研究，根据当地得天独厚的旅游资源，开辟了现在享誉世界的几个旅游风景区。比如，得到过“世界自然遗产”称号的九寨黄龙地区，以浑然天成的自然环境为依托，打造成经典旅游风景区；憨态可掬的大熊猫故乡——卧龙，经过合理地利用与布局，与四姑娘山一道被开发成堪称户外桃园的旅游风景区；更加值得一提的是，当地将震后重建的景象也改为一个具有特殊意义的风景区，很好地变资源劣势为资源优势；还有四川当地的少数民族，如羌族、藏族、苗族，根据游客的猎奇心理，打造具有浓郁地方民俗特点的风景区等，打开了富有浓厚地方特点、凸显景物特色、覆盖范围普及整个阿坝州，最重要的是对各项产品的合理组合、线路设计都有可圈可点的全域旅游新局面。有了良好的布局，接下来的各项硬件设施和服务都要跟上，尤其是要大力推进旅游公共服务体系的建设，填补整个阿坝州与旅游相关的信息库，加强服务人员的培训，要能够很好地回答游客提出的有关本地区旅游的问题，拓宽信息网络覆盖范围，在为游客服务的过程中，基本的礼貌礼节、技术能力要符合标准，还要竭尽全力满足不同旅游者的正当要求，人性化的服务不可缺少。在面对旅游旺季时，本地区与旅游相关的各个企业、景区、人次数较多的旅游城镇，要能够满足游客的各项需求，并且服务水平和质量只能提高，不能下降。阿坝州拥有众多的各具特色的乡镇和民族村寨，基础设施建设齐全，规划得当，串联起了符合大众审美习惯和“全域”特点的高层次、多门类的风景区，将开拓景点、扩大容量、增加景区、提高质量作为旅游改革核心，取得了令人满意的成果，值得其他地区学习。

3）江苏省全域旅游的发展实践

江苏省南京市将推进全域旅游作为促进全市产业转型升级、实现城乡统筹发展、加快国际化进程和提升城市品质的重要途径，还出台了《中共南京市委、南京市人民政府关于推进南京市全域旅游发展的意见》。江宁区、秦淮区、大丰区、金湖县、句容市、兴化市将旅游工作纳入党委政府的年度目标考核内容，建立了旅游工作定期会办制度，编印了创建工作简报，形成全域旅游创建工作整体谋划、合力推进的良好局面。

江苏省苏州市政府提出“城市即旅游，旅游即生活”的主张，具体有“四大”理念：一是“大空间”，全域旅游的特点要求旅游的空间要大，不能局限于一两个景点，也就是突破以往单纯的一个地区几个旅游景区的束缚，景区内和景区外都要同样重视。因为全域旅游要求以旅游为优势产业，带动该地区其他行业的发展，所以苏州城整体的形象不容忽视。整个城市内，尤其是景区周边，要有每一条马路、每一个弄堂都会影响游客整体审美感受的思想，使游客提到苏州就能想到这个城市的某某地方很美、某某马路很有特色，加深游客的印象。二是“大产业”，旅游是一个庞大的产业体系，覆盖范围也是其他行业不能企及的。过去，基本上每个地区搞旅游只讨论如何优化景区的环境及如何宣传旅游景区，而忽略了旅游业与工业、农业、文化等行业的联系，甚至割裂了与它们的内在相似之处。现在，苏州政府认识到以往的局限性，大力支持旅游与这些行业的融合，并且要与这些行业同步发展、齐头并进，为的是实现既定的目标，即由原来单纯追求旅游接待人次数的增长向旅游整体质量的提升转变，提高旅游效益。三是“大市场”，如今的市场，早就不是你卖什么客人就卖什么的卖方市场，而是谁的东西最好、最有特色我就买谁的买方市场。因此，在旅游方面，要着重强调满足游客的需求，对已开发并投入市场的旅游产品，组织人员进一步研究，既要改良产品外在的形象，又要提升内在的意义。四是“大服务”，除了各种基础设施要建设齐全外，城市管理要更上一层楼。不仅要加强服务从业人员的培训，还要加强对本地居民的宣传教育，对游客不能有抵触和排外情绪，要把游客当成是自己的邻居，从而让游客把这里当成是自己的家园，游客游玩的情绪好，也会增加重游率。

当前全域旅游在很多地区还处在探索阶段，不同的地区有自己的侧重点和特色。现在之所以大力推进全域旅游，是因为各地根据原有的旅游模式已经无法满足游客的需求，所以全域旅游是合乎各方要求，顺势而为的。虽然各个地区都在推行全域旅游，势头很好，但是从整体来看，还是过于零散，没有形成应有的规模和效益。这也就需要国家、各级政府制定相关的扶持政策，给出必要的指导，加强管理，保证全域旅游在较短的时间内覆盖全国大部分地区，最终取代原来的景点旅游模式。

10.2.2　全域旅游示范区创建标准

在 2016 年 3 月 30 日召开的湖南省旅游发展大会上，中国旅游智库秘书长、委员、中国旅游改革发展咨询委员会委员石培华首次公开披露了全域旅游示范区创建的验收标准。根据国家旅游局创建示范区文件、国家旅游局局长李金早 2016 年旅游工作会上提出的要求，形成 8 个方面 1000 分的验收标准，四个基本标准为准入门槛，总分 750 分则通过验收。

全域旅游示范区创建的四个基本标准分别为旅游对当地经济和就业的综合贡献达到一定水平、建立旅游综合管理和执法体系、厕所革命及其他公共服务建设成效明显、建成旅游数据中心。

全域旅游示范区创建的 8 个方面的验收标准，分别从地方政府重视和推进程度、旅游业发展情况、旅游产品特色、公共服务体系、要素配套、环境保护、旅游安全、文明和游客满意情况方面做出了要求。

全域旅游示范区创建从 8 个方面，共 1000 分进行验收，具体指标及打分点如下。

1）推进全域旅游改革创新的力度与效果（130 分）

（1）推进旅游发展综合协调体制机制改革创新，建立旅游领导协调机制，设立旅游委或类似综合协调管理机构等改革（30 分）。

（2）旅游综合执法改革创新，鼓励设立旅游警察、旅游巡回法庭、工商旅游分局或类似功能的机构等（30 分）。

（3）推进旅游统计改革创新，鼓励设立旅游数据中心，建立全域旅游统计指标体系，构建数据统计体系（30 分）。

（4）推进旅游用地政策（包括用岛、用海和荒山荒坡利用）改革创新（10 分）。

（5）推进多规合一的全域旅游规划改革创新（10 分）。

（6）开展景区门票价格改革、导游管理体制改革等，创建国家旅游改革先行区、各级旅游综合改革、专项旅游改革试验区等（每项 5 分，最高 20 分）。

2）对全域旅游创建和旅游发展的重视程度（130 分）

（1）建立推进全域旅游的领导推进机制，成立全域旅游创建领导小组等类似机制（25 分）。

（2）党委或政府主要领导亲自推动全域旅游创建工作（30 分）。

（3）编制全域旅游规划、实施方案，将全域旅游创建纳入考核，明确责任分工，加强考核督办（30 分）。

（4）召开推进全域旅游创建会议，开展相关培训和宣传（20 分）。

（5）制定支持全域旅游创建的文件，设立专项经费支持旅游发展（25 分）。

3）旅游业对国民经济社会发展的综合贡献（120 分）

（1）旅游业对当地 GDP 的综合贡献比重（30 分）。

（2）旅游业对当地就业和新增就业的贡献（30 分）。

（3）旅游对农民居民增收的综合贡献（20 分）。

（4）旅游业对财政税收的综合贡献（20 分）。

（5）旅游业对脱贫的综合贡献（20 分）。

旅游业发展水平、对地方发展的贡献程度均高于全国平均水平。旅游业增加值对 GDP 综合贡献 15%以上；旅游从业人数占就业总数的综合贡献 20%以上；

年游客接待人次达到本地常住人口数量 10 倍以上；当地农民年纯收入 20%以上来源于旅游收入；旅游税收占地方财政税收 10%左右。

4）旅游产品的特色吸引力和市场影响力（120 分）

（1）有特色鲜明、市场号召力强的核心吸引物（4A、5A、国家级旅游度假区等）（30 分）。

（2）年接待游客的数量、过夜游客的数量和比重（30 分）。

（3）旅游产品、业态类型的多样性、丰富度、旅游产品的空间覆盖度（20 分）。

（4）旅游产品的空间组合度和不同空间区域的差异性（20 分）。

（5）旅游产品不同季节的时间组合（10 分）。

（6）全域旅游品牌的整合宣传推广力度、品牌知名度（10 分）。

5）旅游基础设施与公共服务体系完善程度（130 分）

（1）旅游交通覆盖便捷程度（30 分）。

（2）旅游厕所覆盖便捷程度（30 分）。

（3）旅游集散体系的完善程度（20 分）。

（4）旅游信息化和旅游咨询服务体系完善程度（30 分）。

（5）旅游标识体系与自驾车服务体系（20 分）。

6）旅游服务要素配套及旅游+新业态水平（130 分）

（1）旅游住宿配套完善程度（15 分）。

（2）旅游餐饮配套完善程度（15 分）。

（3）旅游购物配套完善程度（15 分）。

（4）旅游文化娱乐休闲配套完善程度（15 分）。

（5）旅游交通服务配套完善程度（15 分）。

（6）旅游导游服务配套完善程度（15 分）。

（7）旅游+新业态发育程度（40 分）。

7）旅游安全、文明、有序和游客满意状况（120 分）

（1）旅游安全状况（30 分）。

（2）旅游市场秩序（旅游投诉、投诉处理、旅游诚信经营等情况）（30 分）。

（3）文明旅游程度（30 分）。

（4）游客满意度（30 分）。

8）旅游资源与生态环境保护和整治（120 分）

（1）旅游资源遗产保护（20 分）。

（2）生态环境保护（20 分）。

（3）重点旅游景区最大承载量核定与控制（20 分）。

（4）创建生态旅游示范区、绿色旅游认证（20 分）。

（5）旅游企业节能减排（20 分）。

（6）环卫体系（20 分）。

10.3 江苏不同类型地区全域旅游发展分析

10.3.1 江苏旅游业发展现状

江苏历史文化底蕴深厚，自然生态资源得天独厚，旅游交通网络发达，拥有全国密度最高的高速公路网，250 多所大学及专科院校开设有旅游专业，文化、农业、体育、交通等行业主动“+旅游”，这些都为旅游强省建设供了强有力的支撑。

近年来，江苏省旅游发展势头良好，旅游业在国民经济和社会发展中的贡献度不断提高。“十二五”期间，全省旅游经济继续保持快速增长态势，大部分旅游经济指标年均增长率在 10%以上。“十二五”期间，全省接待境内外游客累计达到 26 亿人次，年均增长 11.5%：实现旅游总收入 3.66 万亿元，年均增长 14.1%；旅游业增加值按现价计算年均增长 14.1%，高于全省国民经济发展的平均水平。旅游产业竞争力进一步增强，全省 5A 级景区、国家级旅游度假区、旅行社、持证导游数量均位列全国第一，五星级酒店数量位列全国第二。旅游新业态不断涌现，落地自驾、房车露营地、低空飞行、漂流滑雪等旅游新产品深受游客欢迎。乡村旅游带动作用明显，40 万乡村旅游从业人员中，农民直接就业近 30 万人，带动 200 万农民间接就业增收，乡村旅游从业人员人均年收入突破 2 万元。旅游公共服务围绕“畅游江苏”体系不断完善，游客满意度逐年提升。全省大旅游格局已逐步形成，为发展全域旅游奠定了良好基础。在 2016 年 2 月国家旅游局公布的全国首批“国家全域旅游示范区”创建单位名单中，江苏省“一市七区（县）”入围，分别是苏州市、南京市秦淮区、南京市江宁区、徐州市贾汪区、淮安市金湖县、盐城市大丰区、镇江市句容市及泰州市兴化市，八个市、区（县）将在未来两到三年内创建成“国家全域旅游示范区”。截止到 2018 年上半年，江苏全省新增国家 5A 级景区 3 家，国家级旅游度假区 1 家，总数分别达到 23 家和 6 家，数量居全国第一；四星级以上饭店 248 家，旅行社 2602 家，持证导游 50298 人，数量全国领先。旅游企业实力增强，金陵饭店股份有限公司、江苏天目湖旅游股份有公司、国旅联合股份有限公司 3 家公司 A 股上市，恐龙园旅游集团股份有限公司、苏州吴江同里湖旅游度假村股份有限公司、景尚旅业集团股份有限公司等多家旅游企业挂牌新三板，途牛旅游网在美国纳斯达克上市。此外，江苏省的红色旅游景区、国家级生态旅游示范区、省级旅游度假区、省级乡村旅游区等整体规模也居全国前列。

10.3.2 南京全域旅游发展分析

游客满意度一直以来备受政府与企业重视，因为作为旅游服务质量评价的关键指标，其从质量方面反映了一个旅游目的地旅游市场发展的总体情况，对旅游业的可持续性发展起重要作用。因此，对全域旅游目的地旅游者的满意度进行研究，了解旅游者在全域旅游示范区的旅游体验，有利于政府调控旅游市场，促进全域旅游发展内涵的提升，调整全域旅游目的地的发展方向，提高全域旅游目的地的科学管理水平，对提升全域旅游示范区综合竞争力有很大的现实意义（石培华，2016）。本节以江苏省南京市为例，从游客体验视角出发，针对全域旅游创建标准中与游客体验有关的要素，设计游客满意度调查问卷，通过数理统计法对问卷进行数据统计与分析，了解游客对南京市全域旅游发展现状的满意度，据此提出提高全域旅游目的地游客体验满意度的对策与建议。

10.3.2.1 全域旅游目的地——南京概况

1）区位交通

南京位于长江下游，北纬 31°14′～32°37′，东经 118°22′～119°14′，面积约 6597km^2。南京是国家区域中心城市、国家综合交通枢纽、南京都市圈核心城市、长三角辐射带动中西部发展的重要门户城市、“一带一路”战略与长江经济带战略交汇的节点城市、郑和下西洋航海壮举的决策地、出发地和宝船铸造地。其交通网络具有全方位、立体化、大容量的运输能力。铁路、公路、水运、空运、管道五种运输方式齐全。

2）历史沿革

南京是一座具 35 万年人类活动史、6000 年的人类文明史、2500 年建城史、450 多年建都史的历史文化古城，是我国四大古都之一，素有“江南佳丽地、金陵帝王州”的美誉。从 35 万年前汤山猿人头盖骨到透出六朝风韵的台城柳絮，从桨声灯影里的秦淮河到世界保存最完好的古城墙；从宣誓中山革命精神的中山陵到洒满烈士鲜血的雨花台……厚重的历史文化积淀构筑了南京丰富厚实的文化特色旅游资源。

3）生态环境

“城在林中，林在城中，山水相映”的景观成就了南京独特的“山水城林”的旅游氛围。其中南京水域面积占总面积的 11%以上，森林覆盖率为 26%。人均公共绿地面积为 13.7m^2，位居中国前三甲，是中国四大园林城市、联合国人居署特别荣誉奖获得城市。

4）旅游资源及景区现状

南京旅游资源丰富，有 7 个主类，33 个亚类，146 个基本类型，涵盖了《旅游资源分类、调查与评价》（GB/T 18972—2003）类型的 90%以上。南京人文旅游资源丰富，如《人类非物质文化遗产代表作名录》已经收录了南京云锦、金陵琴派（古琴）、金陵刻经等。此外，盐水鸭、雨花茶和雨花石都是南京著名的土特产品，受到当地人及外来游客的一致喜爱。南京依托其独特的自然文化优势，每年有夫子庙灯会、江心洲葡萄节、国际梅花节、高淳慢城螃蟹节、海棠花卉节、夫子庙美食节、雨花石艺术节等众多旅游主题节庆活动。南京目前有国家 A 级景区 55 家，省级旅游度假区 3 家，省级自驾游基地 3 家，省星级乡村旅游点 25 家，全国工业旅游示范点 5 家，全国农业示范点 12 家，星级饭店 95 家。

5）科教文化

南京是中国四大古都之一。它有 6000 多年的文明史，450 余年的古都史。作为中华文明重要的发祥地，南京是首批国家历史文化名城之一。从绘画、诗歌、书法，到教育、佛教、戏剧、科技等方面都是名人辈出。

6）旅游竞争力

南京市在长三角城市群中的城市发展竞争力逊色于上海，与苏州、杭州、无锡和宁波处于相同等级，竞争力位于第二梯队；在旅游资源竞争力中不及上海、杭州与苏州，处于第二梯队；在旅游支持竞争力方面，不及上海、苏州、杭州和无锡；在城市旅游竞争力方面逊色于上海、杭州与苏州，综合评价位列长三角城市旅游竞争力的第二梯队。对比旅游热度搜索，根据百度大数据分析，从有记录开始的 2011 年至今，上海与杭州的旅游指数相对领先，南京表现平淡，但从 2016 初至今的舆情洞察曲线图可以看出，游客对南京旅游的关注热度有所提升。

从全国范围来看，由中国社会科学院财经战略研究院、中国社会科学出版社、中国社会科学院城市与竞争力研究中心等机构联合发布的 2016 年城市综合经济竞争力指数勾勒出的中国城市竞争力的总体格局和区域分化，南京综合指数排名第九，其中知识竞争力位列第四，全域城市竞争力和信息竞争力均排名第十，南京后劲强劲，亟待赶超。

10.3.2.2 问卷设计与调查

1）问卷设计

本次问卷的设计通过了解游客在全域旅游目的地——南京的旅游消费过程，调查游客在旅游前后的感知体验和游客体验到的各项目质量，来衡量游客对全域旅游目的地的满意情况。

问卷整体上分为两大部分，第一部分是游客的基本信息，第二部分是游客在全域旅游目的地（南京）的旅游期望和旅游的真实体验感受。第二部分是本次调查的主要内容，需要根据问卷调查的要求和规范合理设计问题，从而使结果能够最全面、真实、准确地反映体验视角下全域旅游目的地的游客满意度。

2）问卷内容

问卷第一部分是个人信息，包括基本个人资料、南京旅游经历次数、出游方式、本次游玩天数。第二部分是旅游期望和旅游体验感受，这部分采用封闭式答题模式，即提供若干备选答案，供游客选择。为了方便对收集到的信息进行分类、整理和分析，本研究采用五级利克特量表法，把游客满意度评价分为5级态度，相对应的是“非常满意、满意、一般满意、不满意、非常不满意”，依次赋值为“5、4、3、2、1”。

利用 SPSS 18.0 软件对问卷进行信效度分析，总量表的克龙巴赫 α 系数为0.941，问卷信度较高。KMO 测度值为0.901，巴特利特球形检验给出的相伴概率为0.000，问卷的整体效度良好。

3）数据采集

本次问卷调查通过关键事件法，让游客们回忆最近一次来南京旅游的情景，或者对正在进行的旅游游览活动思考感受，从而回答问卷内容。问卷现场发放，由于充分考虑到采集数据的时空差异性，为了使基础数据更加准确和稳定，选取了南京夫子庙景区、中山陵景区、鸡鸣寺景区、灵谷寺景区作为数据采集地。调查的时间集中在2018年3～4月，笔者先后多次前往上述景点周围随机调查，其中选取了有代表性的旅游时间段数据，如双休日、节假日。本次问卷一共发放400份，问卷总回收372份，回收率为94.00%，其中经初筛有效问卷360份，有效问卷回收率90.00%（表10-1）。后续研究分析将依据有效问卷统计得到的数据。

表 10-1 调查问卷回收

问卷总发放/份	问卷总回收/份	回收率/%	有效问卷回收/份	有效回收率/%
400	372	94.00	360	90.00

10.3.2.3 全域旅游目的地游客人口统计学特征分析

频率分析是描述统计分析的常用方法。本节通过频率分析来分析数据，从而获得对于搜集到的样本数据的概括性状态和分布情况。表10-2是南京游客人口信息统计。

从全域旅游目的地南京游客的性别问卷结果来看，女性游客占52.50%，47.50%的比例为男性游客。去除抽样调查带来的统计误差，可以看出女性游客参与问卷的积极性略高，但是在误差允许范围内被调查游客的性别差异并不大。

表 10-2　全域旅游目的地南京游客人口信息统计

项目	具体类别	频数	占比/%
性别	男	171	47.50
	女	189	52.50
年龄	25 岁以下	101	28.06
	26～35 岁	83	23.06
	36～45 岁	65	18.06
	46～60 岁	61	16.94
	60 岁以上	50	13.89
职业	学生	115	31.94
	政府机关及事业单位	54	15.00
	退休职工	46	12.78
	个体职业	47	13.06
	企业职员	96	26.67
	其他	2	0.56
月收入	0～2000 元	65	18.06
	2001～4000 元	90	25.00
	4001～6000 元	133	36.94
	6001～8000 元	43	11.94
	8000 元以上	29	8.05
南京旅游次数	1 次	218	60.56
	2～3 次	80	22.22
	3 次以上	62	17.22
出游方式	单独自由行	34	9.40
	和家人一起自由行	128	35.56
	和朋友/同学/同事一起自由行	126	35.00
	跟团游	72	20.00
本次游玩天数	1～2 天	122	33.89
	3～4 天	166	46.11
	4 天以上	72	20.00

从表 10-2 和图 10-2 所反映的游客年龄分布情况看，60 岁以上游客比例为 13.89%，所占比例最小；25 岁以下的游客数量最多，占 28.06%；其次是 26～35 岁的游客，占受访游客总数的 23.06%；再次是 36～45 岁的游客，占 18.06%；46～60 岁的游客占到 16.94%。由此可见，南京旅游客源具有较为均匀的年龄分布，60 岁以上老年游客比例较低，35 岁以下青年群体是南京旅游主要的人员。

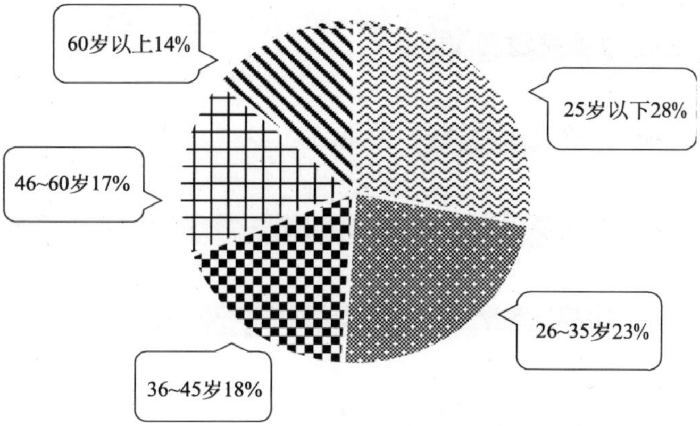

图 10-2 全域旅游目的地南京游客年龄分布情况

从表 10-2 和图 10-3 所反映的游客职业分布来看，学生与企业职工构成南京的主要客源市场，两者合计比例高达 58.61%，尤其是学生游客比例高达 31.94%；政府机关及事业单位、退休职工及个体职业分别占 15.00%、12.78%、13.06%，分布比较均匀。

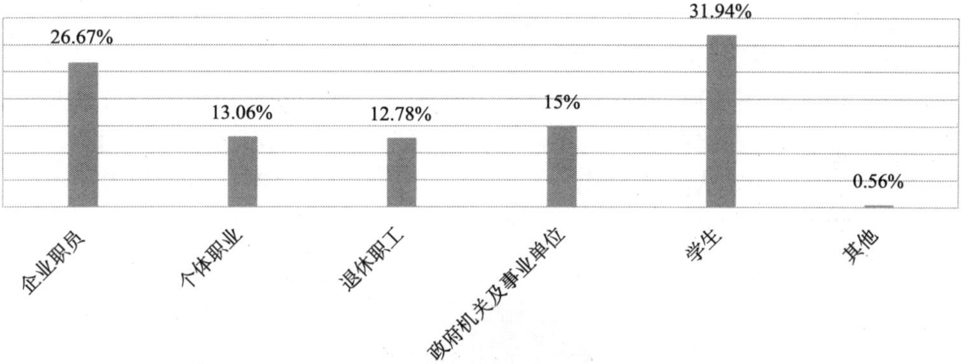

图 10-3 全域旅游目的地南京游客职业分布

从表 10-2 和图 10-4 所反映的月收入角度来说，游客分布呈现两头小中间大的类正态分布趋势，一定程度上符合预期实际情况。2000 元以下月收入的占被调查游客的 18.06%，8000 元以上月收入的占 8.05%。从调查结果可以看出，南京旅游群体中高收入和低收入人群的比例较低，总比例仅为 26.11%。中等收入游客比例较大，达到 3.89%，因此，从收入水平上来划分市场的话，南京旅游者主要集中在中高收入人群。

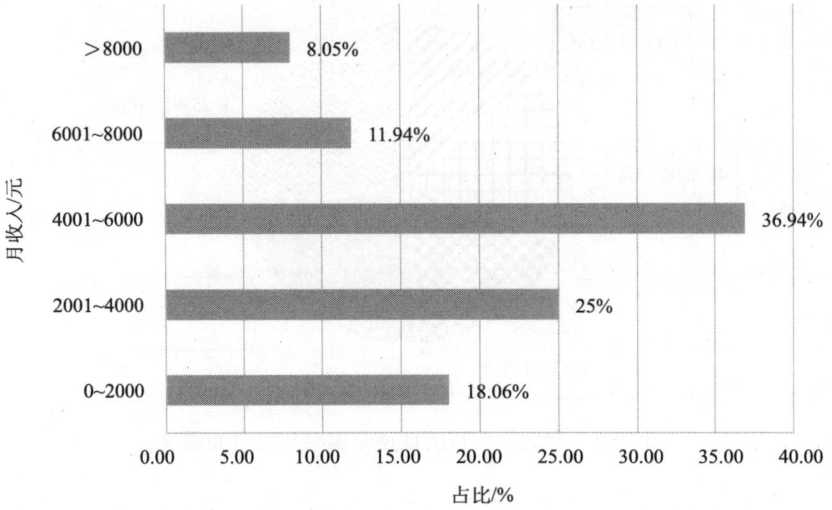

图 10-4　全域旅游目的地南京游客月收入分布

从表 10-2 和图 10-5 所反映的游客来南京旅游次数可以看出，大部分游客是第一次来南京，这部分比例为 60.56%，而 2～3 次的游客比例为 22.22%，3 次以上的游客占 17.22%。这一定程度上反映了南京作为一个在发展中的全域旅游目的地能够吸引游客再次回来旅游，具有较强游客吸引力。

从表 10-2 和图 10-6 所反映的出游方式来看，在南京旅游自由行方式是绝大部分游客的选择，占比高达 80.00%，同时仍有 20.00%的游客选择跟团游。在自由行游客当中，和家人一起自由行与和朋友/同学/同事一起自由行的占比类似，分别是 35.56%和 35.00%。此外，单独自由行占 9.40%。

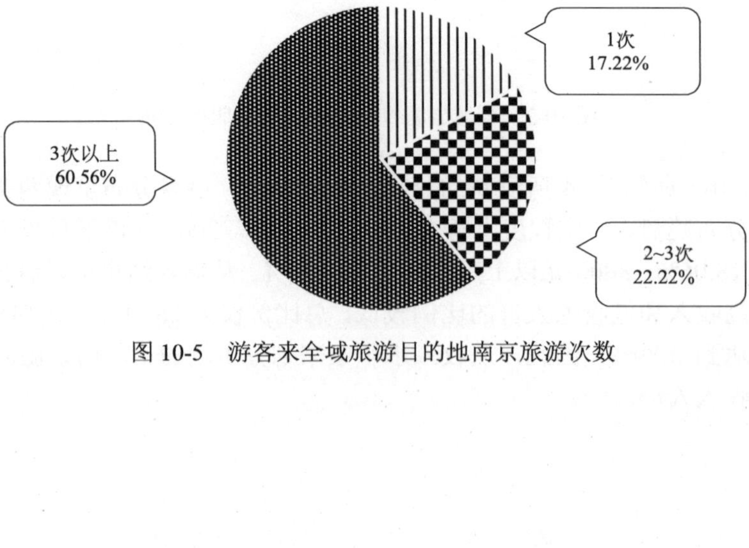

图 10-5　游客来全域旅游目的地南京旅游次数

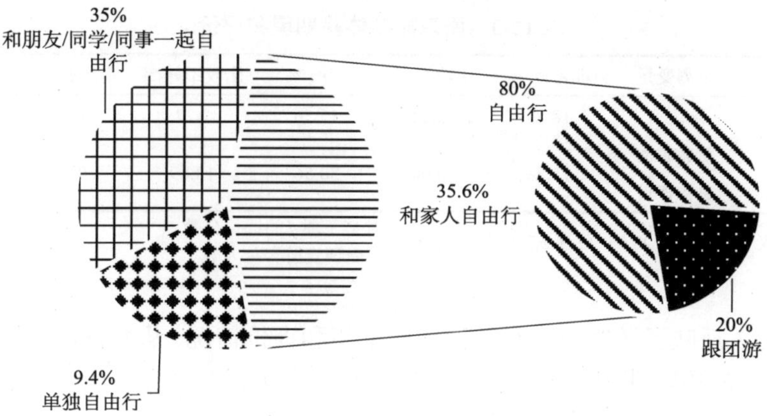

图 10-6　全域旅游目的地南京游客出游方式分布

从表 10-2 和图 10-7 所反映的游玩天数情况来看，1～2 天、3～4 天及 4 天以上分别占 33.89%、46.11%和 20.00%。4 天以内的旅游天数占 80%，可见，南京旅游作为都市旅游的一种，大多数情况下为短期旅游，旅游持续天数较短。

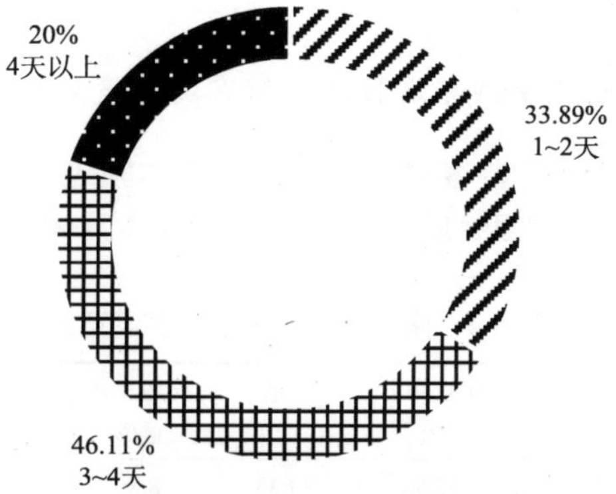

图 10-7　全域旅游目的地南京游客游玩天数分布

10.3.2.4　全域旅游目的地旅游总体体验期望及评价分析

体验期望和体验价值之间的对比可反映游客对南京旅游的总体体验期望及评价，调查结果见表 10-3。本研究中将体验期望转换为可测变量“期望值”，体验价值转换为可测变量“对旅游的总体评价”。

表 10-3　南京旅游体验期望和评价

变量	可测变量	非常好/%	比较好/%	一般/%	比较不好/%	非常不好/%	加权平均值
体验期望	期望值	18.89	62.22	15.56	2.22	1.94	3.96
体验价值	对旅游的总体评价	15.83	30.00	30.56	13.89	9.72	3.28

注：加权平均值为 $\sum X_i \times i$ （i=1,2,3,4,5），而 $X_i = \dfrac{\text{对某一项 } j \text{ 的评价分数}}{\text{受调查游客总人数}}$。

表 10-3 反映了游客对南京旅游体验期望和评价情况。从变量加权平均值的角度看，游客的体验期望均值为 3.96，这个数据表明游客是怀着比较高的期望来南京旅游的；游客总体满意度均值为 3.28，与期望值相比低了 0.68。这个 3.28 均值数值处在“比较满意”和“一般”之间，说明旅客在南京旅游的总体满意水平不高。从各变量满意程度的比例分布来看，期待“非常好”和“比较好”的比例分别是 18.89%和 62.22%，期望“比较不好”和“非常不好”的比例极低，比例和没有超过 5%；从体验价值角度看，比例最大的是“比较好”和“一般”，均约为 30%，而“比较不好”和“非常不好”的比例相比体验期望都有很大增加，分别为 13.89%和 9.72%。

10.3.2.5　体验视角下全域旅游目的地游客满意度分析

为更加详细具体地了解游客对南京全域旅游体验过程中各个项目的评价，根据问卷，得到表 10-4 所示结果，反映了游客对南京各具体项目满意度的评价情况。

表 10-4　南京旅游各项目游客满意度

可测变量	非常满意/%	比较满意/%	一般/%	比较不满意/%	非常不满意/%	加权平均值	排序
交通条件	2.22	55.56	33.33	8.89	0.00	3.51	2
主题设计	3.33	44.72	37.50	13.33	1.11	3.36	4
游览安排	5.00	45.00	30.28	18.06	1.67	3.34	6
特色文化	2.22	31.11	41.11	23.33	2.22	3.08	18
设施人性化	7.78	34.44	47.78	10.00	0.00	3.40	3
商品购物	1.39	27.78	36.67	30.00	4.17	2.92	20
旅游信息获取便利性	1.11	36.67	46.67	14.44	1.11	3.22	13
旅游安全	9.72	59.72	20.00	9.72	0.83	3.68	1
居住舒适	3.89	30.00	55.00	8.06	3.06	3.24	12
景区特色	3.89	30.28	59.72	5.00	1.11	3.31	9

续表

可测变量	非常满意/%	比较满意/%	一般/%	比较不满意/%	非常不满意/%	加权平均值	排序
景点布局	1.94	33.33	57.78	6.67	0.28	3.30	10
解说系统	1.94	25.56	53.33	15.56	3.61	3.07	19
环境卫生	6.94	35.28	45.83	8.89	3.06	3.34	5
环保状况	1.11	36.67	46.67	12.22	3.33	3.20	14
工作人员素质	2.22	21.11	63.33	13.33	0.00	3.12	16
服务项目完善	4.17	22.22	54.44	18.89	0.28	3.11	17
服务水平	0.00	32.22	50.00	17.78	0.00	3.14	15
地形特点	1.94	32.22	56.94	8.89	0.00	3.27	11
地理位置	4.44	31.11	55.56	8.89	0.00	3.31	8
餐饮环境	3.33	44.44	33.33	18.89	0.00	3.32	7

注：加权平均值为$\sum X_i \times i$（i=1,2,3,4,5），而$X_i=\dfrac{\text{对某一项 } j \text{ 的评价分数}}{\text{受调查游客总人数}}$。

由表 10-4 得出，所有项目加权平均值为 3.26。其中，游客对于各项目的评价中“非常满意”和“非常不满意”的比例都很低，游客对南京旅游过程中体验的各项目的评价主要集中在“比较满意”、“一般”和“比较不满意”这三项中。根据各项目的加权平均值，前五位的可测变量按照由高到低排列分别是旅游安全（9.72%认为非常满意，59.72%认为比较满意）、交通条件（2.22%认为非常满意，55.56%认为比较满意）、设施人性化（7.78%认为非常满意，34.44%认为比较满意）、主题设计（3.33%认为非常满意，44.72%认为比较满意）及环境卫生（6.94%认为非常满意，35.28%认为比较满意）；排名倒数的可测变量按照由高到低排列分别是工作人员素质（2.22%认为非常满意，21.11%认为比较满意）、服务项目完善（4.17%认为非常满意，22.22%认为比较满意）、特色文化（2.22%认为非常满意，31.11%认为比较满意）、解说系统（1.94%认为非常满意，25.56%认为比较满意）及商品购物（1.39%认为非常满意，27.78%认为比较满意）。除了“商品购物”这一项目加权平均值得分 2.92 以外，其余项目得分加权平均值都在 3 分以上。

由于旅游体验过程中项目的零散性，这里对上述 20 个体验项目进行分类，分为知行体验满意度、游览体验满意度、情感体验满意度及感觉体验满意度，如图 10-8 所示。其中，知行体验满意度包括主题设计、解说系统和游览安排三个变量；游览体验满意度包括景点布局、商品购物、工作人员素质、服务项目完善、服务水平和旅游信息获取便利性六个变量；情感体验满意度包括特色文化、旅游安全和景区特色三个变量；感觉体验满意度包括设施人性化、交通条件、餐饮环境、居住舒适、环境卫生、环保状况、地形特点和地理位置八个变量。对相关变量进行二次加权，可以得出各体验满意度衡量指标的得分，如表 10-5 所示。由表 10-5 得出，游客情感体验满意度加权得分最高，为 3.35，而游览体验满意度加权得分最低，为 3.18。

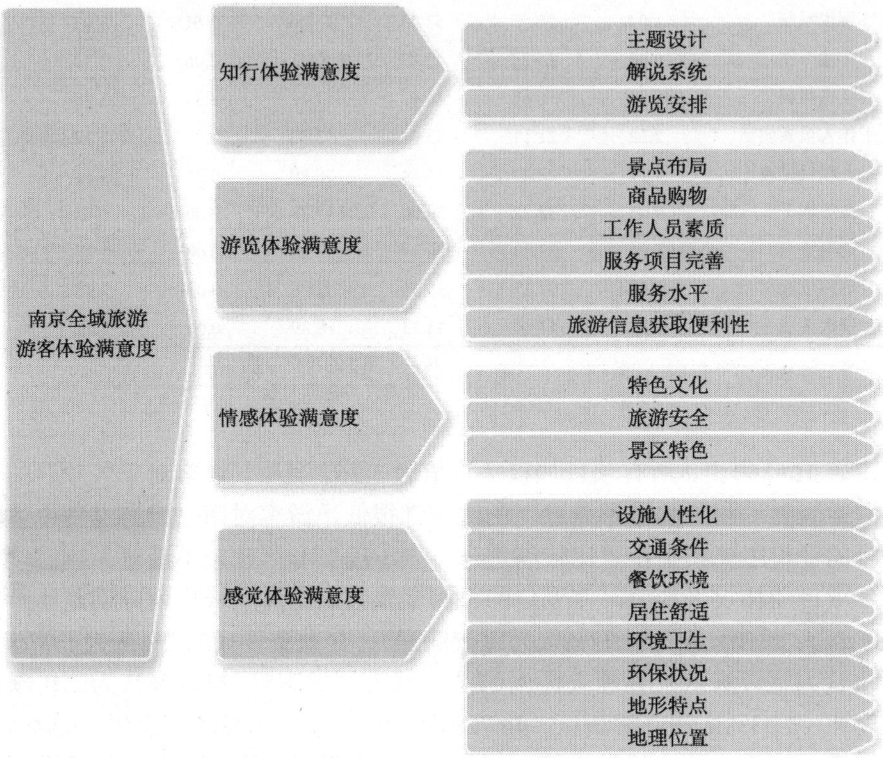

图 10-8　全域旅游目的地南京游客体验满意度

表 10-5　各体验满意度衡量指标得分

各体验满意度项目	加权得分
知行体验满意度	3.33
游览体验满意度	3.18
情感体验满意度	3.35
感觉体验满意度	3.32

10.3.2.6　体验视角下全域旅游目的地游客满意度提升策略

1）知行体验满意度提升策略

从表 10-5 可得，知行体验即思维和行为体验，满意度均值为 3.33，高于总体加权得分值。但其中包含的“解说系统”变量得分却远远落后于其他两项，加权得分值为3.07，排在20个项目中倒数第二。

全域旅游目的地旅游解说系统是目的地诸要素中十分重要的组成部分，是运用某种媒体和表达方式来传播特定信息，是目的地教育功能、服务功能等发挥的必要基础（林丹，2012）。解说系统的优化可以从两方面考虑：一方面，从游客需求角度出发，根据文化景点、景区、人流集中的公共场所等招募不同年龄层次、教育背景的志愿者。根据志愿者招募需求调配合适的人才并保障在节假日和重大节事活动时能提供足够的志愿者服务支持。同时，发展旅游自动解说系统的向导式解说的优化方案。另一方面，自导式旅游解说系统可以从放映影音资料、设置景区导游图、增设宣传资料发放点、充分利用宣传资料、优化景区牌示系统等方面着手提升和改进（赵筱，2013）。

游客知行体验中主题设计和游览安排的游客满意度尚可，但是仍有上升空间。如根据南京资源分布情况，结合周边旅游景点、交通廊道走向、旅游者对旅游产品的组合要求，融合新兴旅游产品，设计主题旅游线路，形成主题突出、特色鲜明的旅游线路产品。同时结合旅游线路产品，优化各区域的交通节点，以点串线，以线带面，提高游客对南京旅游线路的体验效能，充分满足不同游客全方位的需求（穆克瑞等，2016）。

另外，随着我国高速交通体系的形成和自驾游的逐步兴起，游客对全域旅游目的地的交通服务体系的要求也越来越高。所以，要逐步完善南京市各区域的交通基础设施，增加景区进入标识，全面、无盲点建设多语言旅游交通引导标识系统，建设多媒体、动态化、电子屏幕引导标识，在主要道路岔口安设带有风景图案的旅游引导标识（徐伯初等，2014）。

2）游览体验满意度提升策略

从表10-5可得游览体验满意度加权平均值是四种体验项目中得分最低的，为3.18，也低于总体平均值。其中“商品购物”这一项排名末位，说明游客对南京的购物服务评价不高。因此，南京应充分发掘民间工艺品资源，鼓励引导相关企业结合南京市全域旅游形象设计开发极具南京特色的旅游商品和旅游纪念品（陈凤君和周毅，2016），同时对旅游购物市场秩序进行规范化管理。

游览体验满意度中的“工作人员素质”的加权平均值也较低，排在16位。一个热情友好的南京才能成为各地游客向往的旅游城市。因此，需要提升南京城市的人文环境，塑造宾至如归的感觉，并有效调节主客需求，优化南京城市的旅游氛围。要加强南京市旅游工作人员的旅游专业知识、旅游安全常识、旅游服务意识的培训，设立专门的游客服务网点。

同时招募志愿者，在人流集中的商业街、马路、车站、地铁等场所为游客提供指路、交通信息等服务，以便及时有效地服务游客，提高游客对全域旅游目的地整体服务水平的体验评价（张骏和陆明华，2016）。

为综合提高游客的游览体验，南京市要改变目前单一景区景点供给模式，整合南京“景区-城市-乡村-风景道”资源，实现全域资源旅游化，打造南京泛景区旅游目的地，扩大南京旅游产品的供给广度和深度，满足多元化旅游消费需求，均衡全市旅游产品分布，让南京全域处处有风景，处处可游玩。

3）情感体验满意度提升策略

从表 10-5 可得，情感体验满意度平均加权得分为 3.35，是四种体验项目中得分最高的。这说明游客对南京旅游情感体验基本满意，高于其他体验维度的满意水平。从内部来看，“旅游安全”这一项得分最高，游客最为满意，评价最高，得分为 3.68；而“特色文化”得分只有 3.08。

安全感是游客旅游最基本的需要，是其他旅游活动开展的基础。作为全域旅游目的地，南京要建立权责明确、执法有力、行为规范、保障有效的旅游市场综合监管机制和旅游综合执法体制，维护和规范旅游市场秩序（王萍丽，2017）。同时，构建分类结构合理、上下序列完整、功能体系完善、面向范围广泛的旅游应急救援体系及旅游安全保障机制，做到让来南京的游客人人都放心。

特色文化的低分提示南京市政府要在发展旅游的基础上，充分发掘南京市各个区域的特色旅游资源，对各个区域内的旅游资源进行整体规划，以实现区域资源的有机整合，形成融合当地文脉、地脉和商脉的特色文化，以文化内涵作为切入点，形成差异性的文化主题，塑造良好的全域旅游形象，形成良好的口碑，提高游客的情感体验（韦悦妮，2013）。

同时，在掌握游客的情感需求信息后，要了解和跟踪游客的心理世界，区分游客情感需求的不同，提供差异性的体验（肖恩·史密斯等，2004）。此外，还要多培养具有高素质水平和高业务能力的员工来了解和传递游客的情感体验品牌。众所周知的是，游客情感需求的持续变化及不稳定性，使大众对于某个特定品牌的好感及热度不会持续很久。因而南京市全域旅游建设需发挥“互联网+”的作用，充分利用“互联网+营销”，通过大数据了解游客年龄、性别、客源地、兴趣偏好等信息，实现旅游目的地的精准营销；另外，通过新媒体网络社交手段了解游客最新的喜好信息，从而更好地不断完善南京的情感体验产品。

4）感觉体验满意度提升策略

从表 10-5 可得，感觉体验满意度平均加权得分为 3.32，高于总体平均值。游客感觉体验满意度的提升需要从完善旅游基础设施和公共服务体系入手，营造良好的体验环境和氛围。

旅游基础设施建设直接影响游客的感觉体验，影响对南京的满意度。基础设施的建设对全域旅游目的地来说一般包括住宿设施、旅游厕所改革、交通服务设施、旅游游憩设施、市政服务设施、互联网硬件设施等（马国亮，2015）。南京目前的基础设施建设需要从亟待解决的问题和游客抱怨最多的问题入手，如游客如厕难、旅游交通卡口拥堵进入不畅等，紧抓项目建设，促进全面升级，给游客舒心、舒畅、舒服的感觉体验。

厕所建设、管理是南京全面提升旅游文明水平的重点和突破口。在建设中要以游客为中心，通过有效供给、提高对游客如厕需求变化的适应性和灵活性，解决“景区如厕难、城市寻厕难”等问题，更好地满足游客的需求。如在一些旅游线路沿线、交通集散点、旅游餐馆、旅游娱乐场所、休闲步行区等与游客紧密联系的场所对厕所建设管理全域化。在建设中注重设施完备、注重功能实用、注重通风良好，同时兼顾外观，要与周边环境及景区整体设计相协调。

交通服务设施的提升可以从区域交通的联通和市域交通的联动两方面着手。前者主要强化南京与周边城市、国内主要旅游城市及主要客源国的快速交通联系；后者主要构建陆港、空港、河港及高速铁路、城际铁路、路面公交等一体化、高效率、高品质的南京旅游交通便捷服务体系，实现全域旅游交通无缝对接（徐建斌，2016）。

10.3.3 淮安全域旅游发展分析

10.3.3.1 发展现状

1）资源现状

（1）淮安历史人文积淀深厚，红色旅游独树一帜。淮安是国家历史文化名城，境内有著名的“下草湾文化”和“青莲岗文化”遗址，历史上曾是漕运枢纽、盐运要冲，明清鼎盛时与苏州、杭州、扬州并称为运河沿线的四大都市，有“运河之都”之称。历史上在淮安诞生过大军事家韩信、汉赋大家枚乘、巾帼英雄梁红玉、《西游记》作者吴承恩、民族英雄关天培、《老残游记》作者刘鹗等名人。此外，还有以大云山为代表的楚汉文化、以明祖陵为代表的明文化等历史遗存。

淮安还是一代伟人周恩来的故乡，刘少奇、陈毅等许多老一辈革命家也曾在淮安留下光辉的足迹。国家 5A 级景区周恩来故里、黄花塘新四军军部纪念馆、新四军刘老庄连纪念园、苏皖边区政府旧址纪念馆等红色旅游景区构成了淮安旅游靓丽的风景。

（2）淮安自然生态得天独厚，休闲度假资源充沛。淮安是一座漂浮在水上的城市，辖区内拥有的水系四通八达、纵横交错，京杭大运河、淮沭河、盐河、古黄河四水穿城，洪泽湖、白马湖、天泉湖等淡水湖泊镶嵌其间，铁山寺国家森林公园、古淮河文化生态景区等以生态为特色的旅游产品众多。金湖县城市绿化覆盖率达 42.9%，森林覆盖率为 20.5%，连续三年生态环境状况在全省排名第一。天泉湖老子山温泉旅游度假区、金湖水上森林度假区、白马湖生态旅游度假区等度假产品各具特色，是淮安旅游转型发展的重要支撑。

（3）淮安淮扬美食影响深远，乡村旅游基础良好。淮安是四大菜系之一淮扬菜的发源地，曾连续多年在北京、南京等地举办淮扬美食展示活动，并在台湾开展苏台美食交流活动，还形成了涟水“八大碗”、金湖“水八鲜”、“荷藕宴”、白马湖“渔家宴”等系列主题美食产品。淮安是传统的农业大市，全境平原广袤，土地肥沃，盛产水产、蔬菜、林果、各类禽畜及农副土特产品，形成了蔬菜、禽畜、生猪、水产、林木五大主导产业，拥有发展乡村旅游的良好基础。

2）产业现状

（1）旅游基础日益雄厚。截至 2016 年底，淮安全市共有国家级景区 41 家（5A 级景区 1 家、4A 级景区 12 家），省星级乡村旅游区 52 家（四星级 8 家、三星级 18 家），省级旅游度假区 2 家，省级生态旅游示范区 2 家，省级自驾游基地 3 家。还有星级旅游饭店 48 家（五星级 1 家、四星级 7 家），旅行社 106 家（四星级旅行社 2 家、出境社 2 家），持证导游 4513 人。

（2）旅游经济稳步增长。2016 年淮安全市接待游客 2612.4 万人次，实现旅游总收入 308.57 亿元，同比分别增长 12.3%、15.6%。接待入境过夜游客 1.82 万人次，增长 24.2%。其中外国人 10078 人次，增长 27.5%；港澳台同胞 8145 人次，增长 20.3%；旅游外汇收入 1704.53 万美元，增长 9.4%。

（3）旅游产业渐成规模。随着社会经济的发展，旅游业与其他产业深度融合，既有以白酒为主的今世缘工业旅游，也有以盱眙龙虾、金湖荷藕等为主的衍生产业，全市有 20 万余人直接或间接从事与旅游相关的产业。2016 年，盱眙龙虾产业对 GDP 的贡献超 70 亿元，金湖荷产业对 GDP 的贡献超 10 亿元，形成了特色旅游产业链。

10.3.3.2 发展战略

1）产业旅游化

“旅游+”和“+旅游”是旅游产业发展模式的创新，是基于产业发展理念的重塑。通过“旅游+产业”和“产业+旅游”，从产业发展战略高度，全面整合优势资源，创造淮安旅游产业新业态，优化淮安旅游产业新模式，设计淮安旅游产业新路径，使所有产业考虑旅游业发展需要，实现从旅游产业化到产业旅游化的转变。

2）城乡旅游化

以旅游业统领淮安全社会经济发展、城乡村镇建设，打造景观一体化的城乡发展空间，以重大旅游项目为引擎，提升城乡旅游公共服务功能，通过地方文化传承与创新，塑造具有地域特色的淮安旅游个性，构建以旅游为引导的城乡发展空间格局。

3）系统旅游化

整个淮安市作为一个全域旅游品牌共建共创共享，全域旅游要素全覆盖，包括旅游资源全覆盖、旅游产品全覆盖、旅游公共服务全覆盖、旅游体系全覆盖、旅游参与者全覆盖、旅游政策保障全覆盖、旅游营销宣传全覆盖、旅游信息化全覆盖等。

10.3.3.3　发展模式

以整合淮安全域旅游资源为基础，优化扩容旅游发展空间，实现全域资源旅游化应用；以提升淮安全域旅游产业整体吸引力和集成力为主线，创新多种新兴旅游业态，深入推进淮安全域旅游对产业融合发展的统筹、渗透、融合作用；以完善淮安全域旅游要素供给为保障，实施淮安全域旅游三大支撑体系建设工程；以全市旅游体制改革作为推进全域旅游的第一抓手，动员淮安各部门、各企业、全民众广泛参与，系统构筑淮安旅游从景点景区旅游模式走向全域旅游模式的八大转变。

一是从部门行为向党政统筹推进转变，形成综合产业综合抓的局面。

二是从单一景点景区建设管理到综合目的地统筹发展转变，破除景点景区内外的体制壁垒和管理围墙，实现多规合一，推进公共服务一体化，旅游监管全覆盖，实现产品营销与目的地推广的有效结合。

三是旅游基础设施和公共服务建设从满足景点景区需求向满足全域需求的转变，游客可以自如地在城乡旅游、体验或休闲等。

四是从粗放低效旅游向精细高效旅游转变，加大供给侧结构性改革，增加有效供给，引导旅游需求，积极平衡旅游供求关系。

五是从封闭的旅游自循环向开放的“旅游+”及“+旅游”融合发展方式转变，加大旅游与农业、林业、工业、商贸、金融、文化、体育、医药等产业的融合力度，形成综合新产能。

六是从旅游企业单打独享到社会共建共享转变，充分调动各方发展旅游的积极性，以旅游为导向整合资源，强化企业社会责任，推动建立旅游发展共建共享机制。

七是从社会管理向全域旅游依法治理转变，旅游、公安、工商、物价、交通等部门各司其职，要多头并举发展旅游。

八是从小旅游格局向大旅游格局转变，这是区域发展走向成熟的标志，是旅游业提质增效和可持续发展的客观要求，代表着现代旅游的发展方向。

10.3.3.4　全域旅游营销与产品体系

1）全域旅游市场拓展

与“一带一路”沿线国家和地区的旅游合作，提升淮安旅游业国际影响力。

境外旅游推广以江苏省境外旅游推广中心的支撑作用为主，在东北亚、俄罗斯等与苏北经贸往来密切的区域加大营销力度。境内推广方面，淮安要积极举办和参与在港澳台地区举办的各类旅游展会和旅游交流活动，扩大苏北地区在港澳台地区的知名度和美誉度，吸引港澳台同胞到淮安旅游观光、投资兴业。邀请长三角、京沪高铁沿线、陇海高铁沿线等地旅行商到淮安考察体验旅游产品，开发高铁旅游新线路，支持旺季开行旅游专列。

2）全季节产品体系

淮安市要积极利用现有的文化资源和自然资源，构建相关主体的四季旅游产品，如修学研学、赛事节庆等。整合民俗文化博物馆与专业类特色博物馆、西游文化基地等非季节性特色文化基地项目，打造“全年皆旺季、动静两相宜、昼夜有精彩”的全季节、全天候旅游产品。

第一，根据不同月份的接待对象不同，5、6 月份商务游客较多，7、8 月份暑期学生游客较多，9、10 月份老人出行较多，开发具有游客群体针对性的旅游产品。

第二，创新宣传推介方式，与国内外重点旅游城市合作，与国内外友好城市互相创造客源，使淮安历史文化名城的品牌更响亮。

第三，实施淮安淡季旅游优惠政策，对淮安本地及周边地市居民采取门票减免或门票冲抵消费等方式，拉动淮安旅游淡季游客量的增长。

第四，建立江淮生态经济区城市旅游联合发展机制，加强区域合作，共同举办文化旅游节、旅游研讨会、推介会与交易会等。

10.3.3.5 加强产业融合，促进全域发展

1）“旅游+”

（1）旅游+新型农业。主要以特色田园乡村和田园综合体为引领，打造特色鲜明的各类新型农业旅游项目，促进高科技农业与旅游的融合发展。可以开发一些重点项目，如以大田种植、特色养殖、经济林果为特色的新型农业旅游产品体系。除此之外，打造一批农业特色小镇，如和平镇可以打造生态文旅小镇，以原生态文化的挖掘与开发为主；黄码乡红椒小镇，以红椒主体景观建设为发展重点；西顺河渔家风情小镇，以洪泽湖水产养殖为发展重点。

（2）旅游+特色工业。对接淮安的二产发展，打造一批省级工业旅游示范点，挖掘工业文明文化内涵，提高科技工业的开发水平。今世缘酒文化旅游区、施河体育健康特色小镇可以作为重点项目进行打造。

（3）旅游+康体养生。可以以省级旅游度假区建设为抓手，改善城乡环境，营造淮安特色康体养生度假休闲旅游产品体系。如以休闲度假、健康养生、有氧运动为主题的天泉湖旅游度假区、铁山寺国家森林公园、水上森林休闲旅游度假

等。金湖县塔集镇高桥村黄庄、盱眙县旧铺镇茶场一队则可以作为特色田园乡村来进行打造。

（4）旅游+水利设施。淮安市湖泊众多、河流纵横，被誉为漂浮在水上的城市，全境就是一个天然的水利“博物馆”，是“水韵江苏”的典型代表。重点项目有以水资源、水设施为水利主题的天泉湖旅游度假区、白马湖生态旅游度假区、金湖荷花荡景区等；有以水文化、水资源、水遗产、水设施为水利主题的洪泽湖古堰景区、里运河文化长廊景区、古淮河文化生态景区、五岛湖旅游区等。

2）“+旅游”

（1）健康服务+旅游。医疗健康旅游是旅游与康复、健身、养生等项目的有机结合，是健康服务业与旅游业融合发展的新模式、新业态。淮安可大力推动旅游性医疗和康复性医疗业发展，重点开发健康检查、慢病治疗康复、中医养生保健、整形美容、先进医疗技术研发和孵化等健康旅游业态，形成健康服务+旅游完整产品体系。

（2）养老服务+旅游。淮安发展“医养游”类旅游产品具有得天独厚的基础条件，天泉湖、白马湖、温泉、森林公园、运河等自然生态资源丰富、品质佳，此外，感恩文化、革命历史等资源对老年人群体具有更高的文化吸引力，进一步增添了淮安养老服务的体验价值。

（3）体育服务+旅游。淮安发展体育健康旅游的基础良好，有较大面积的空地，可发展各种类型的户内外时尚体育健康旅游活动。根据体育产业市场成熟度和当地体育偏好，建立职业运动俱乐部，作为淮安体育+旅游的市场推广名片，顺应未来体育赛事+旅游的市场发展趋势，吸引体育爱好者到淮安旅游。

（4）文化服务+旅游。淮安市文化底蕴基础深厚，可在原有的文化资源基础上进行创意化的融合，并最终在推动旅游业的发展上有所作用，包括特色旅游商品的开发和建设、文化创意街区的规划建设、文化创意活动的举办等。此外，淮安非遗民俗文化类旅游资源较多，包括戏曲、舞蹈、手工、画作、庙会、刺绣等，都可以成为旅游开发中的重要元素。

（5）教育培训服务+旅游。淮安市历史悠久，文化教育旅游资源点较多，包括红色文化、名人文化、历史建设主题文化及各类博物馆等，全域旅游发展要求淮安积极打造苏北全域研学旅游示范基地、素质教育示范基地。以弘扬社会主义核心价值观为主线，大力发展红色旅游，开发爱国主义和革命传统教育、国情教育、夏（冬）令营等研学旅游产品。

10.3.4　句容全域旅游发展分析

10.3.4.1　发展现状

1）资源现状

（1）句容自然资源类型多样，山清水秀，景观秀丽。句容有青山、绿水、湿地、田园。句容拥有茅山、宝华山、九龙山等山地景观。山体绵延起伏，森林植被保护良好，奇峰叠翠，珍稀动植物品种多样；茅山自然风光清新秀美，枝繁叶茂，山形独特，自古有九峰、十九泉、二十六洞、二十八池的美景。句容拥有河流、水库、湖潭、泉水等水域风光，水资源十分丰富，水质良好，水域面积 30 万亩。赤山湖、李塔湖、葛仙湖、玉清河、苍龙溪、喜客泉、葛红池等可供游客观光游憩。赤山湖国家湿地公园风景秀丽独特，璧山赤水，山与水各具特色又交相辉映，赤山湖总面积 1300hm^2，是江苏省较大的国家湿地公园，拥有湖泊、河流、草本沼泽、鱼塘、水稻田等丰富的湿地类型。句容市土地面积 1100 万亩，耕地面积 72.2 万亩，其中水田 52.2 万亩，旱地 20 万亩。句容利用土地资源打造农博园、茶博园、花博园、果博园等，展现其优美的田园风光。

（2）句容拥有深厚的宗教文化。句容有道教圣地——茅山，佛教律宗第一名山——宝华山，问道祈福、受戒活动、正坛法事、度亡法事、全真醮仪、金箓道场、黄箓道场等宗教活动，展现了句容深厚的宗教文化。

（3）句容拥有红色文化资源。抗日战争时期，句容是以茅山为中心的苏南抗日根据地的重要组成部分，是新四军东进、北上、南下的重要通道和战略要地。1938 年 6 月，陈毅司令员率领新四军第一支队在句容创建敌后抗日根据地，并成立中共句容县委员会和句容县抗日民主政府。句容拥有丰富的革命战争时期的历史遗存和独特的文化内涵，红色文化资源极其丰富，有茅山新四军纪念馆、苏南抗战胜利纪念碑，有“碑下放鞭炮，空中响军号”的旅游特色等。

（4）句容乡村旅游资源丰富，特色田园类型多样。句容有独特而珍贵的乡土氛围，优厚的自然条件，拥有江苏农博园、江苏茶博园、白兔镇万山红遍农业观光园、丁庄葡萄园等农业旅游资源优势，利用句容乡村的历史文化、民俗风情、田园风光和良好的生态环境开展乡村旅游，以九龙山庄、怡景湾度假村等为代表的乡村休闲度假旅游资源，对游客有巨大吸引力。

2）产业现状

句容特色产业丰富多彩，在句容旅游的逐步发展和产业深化过程中，应充分利用句容丰富的产业资源，与旅游业充分融合发展，形成多样化的产业旅游，发挥产业联动效应，扩大旅游产业的影响力和带动性。

（1）现代农业。句容依据国家技术产业体系，以新天地现代农业产业园区为窗口和载体，立足自身优势，优化产业布局，积极发展高效农业，着力打造特色农业品牌。大力推进农业规模化、产业化建设，形成以农产品加工、特色种植、生物科技等为主导，产业聚集、特色鲜明的现代农业产业园区。

（2）科技服务业。句容与华北电力大学合作，打造华大天益电力科技园；江苏华阳金属管件有限公司与南京航空航天大学、上海核工程设计研究院共同建设江苏国核管道系统工程技术研究院有限公司；与 IBM 公司牵手，在宝华建设总投资达 60 亿元的主题技术园。科技服务业是句容经济的又一增长点，句容将积极推进科技服务业的发展。

（3）文化产业。创壹出版传媒产业园、欧洲影视城、中国魔幻城、可一文化产业园等文化产业项目在句容落实。充分发挥宝华、郭庄和茅山风景区的区位交通、历史文化优势，大力发展出版传媒、信息服务、广告会展等有关产业，打造文化科技产业高地，大力发展创意设计、新兴媒体、动漫游戏等新兴产业，积极运用高新技术改造提升传统文化产业，提升文化产业发展活力。

（4）商贸物流业。句容商贸物流业发展迅速，全球知名的物流仓储设施开发商——普洛斯签约落户句容经济开发区商贸物流产业园；形成了正阳汽配、五洲国际工业品博览城、句容经济开发区商贸物流产业园等商贸企业。

10.3.4.2 发展思路

1）空间上打破“景区景点式”传统旅游架构体系，构筑“景城、特色镇、美丽乡村”三位一体新格局

（1）以城市交通、人流集聚点为中心，植入城市整体品牌，展示区域旅游形象，同时提供全方位、人性化公共服务。城区作为交通集聚点，是句容全域旅游面向游客的第一站。打造一个城市地标，使游客一下车便开始旅程，真正做到句容全域旅游从到达这个城市开始。

（2）打造全时准时化集散体系，在句容城区内建立立体交通网络架构，成为轨道交通、自驾游道路体系、水上游线的交通集散点，全覆盖句容市全境内城镇、乡村和景点。同步优化停车设施管理、出租车运营管理，强化城区公共交通系统，完善自行车租赁平台建设，打造准时、安全、舒适、高性价比的公共交通系统。

（3）在观光景点、各个交通站点等人流集中区设立旅游咨询服务中心、旅游安全中心等，构建句容旅游服务网站、智能终端服务，使游客对信息获取多渠道、动态化、位置性、无缝隙。

2）整合资源，做好大项目示范引领与“旅游+”双轮驱动，推进产业深度融合，推进句容旅游产品供给侧改革，提升老百姓的幸福感与获得感

（1）以茅山、宝华山两大国家级景区为龙头吸引集聚游客，为乡村旅游厚积薄发凝聚力量。同时，做好老牌景区供给侧时尚改革，为句容旅游植入新业态。

（2）茅山景区要注入新兴时尚业态，激活景区活力。针对“银发市场”，引入养生养老的高端产品，如养生民宿、国际疗养中心等；针对亲子市场（研学市场）开发道教文化体验活动。

（3）充分挖掘道家的养生理念与文化，传扬道家贵生、乐生、重生、追求长生的传统，开发养生医疗旅游产品，满足人们强身健体、修身养性、追求健康长寿的需求。主要运用道医技法，包括药膳、药浴、针灸、按摩、理疗、冥想、太极等，全方位地调节人体健康生态系统，促进心理与生理平衡而达到治疗和保健作用。

3）强化基础建设，构建起旅游与艺术、旅游与居民生活、旅游与城镇化发展、旅游与城市功能的公共服务体系，推动旅游要素域由旅游资源开发向主客共享型旅游环境建设转型

（1）开展主干道沿线、重点旅游镇、特色旅游村的城乡环境整治，推进绿化、彩化、美化和景观小品建设，用旅游元素、艺术化手法改造农田、村舍等乡村资源，推动乡村面貌重构、乡村气质重塑，力求从城市到乡村处处见景、处处可游。

（2）强化景区、特色镇交通干线、绿道系统和城乡公交网络建设，提高旅游的通达性、便捷性和舒适性，以旅游路径的“串联”实现全域的“快进慢游”。

（3）结合赤山湖片区防洪蓄洪滞洪规划，打造富有特色的水文化、水景观、水生态。

（4）大力弘扬以游客为中心的服务理念，完善旅游数字化、旅游标准化、旅游诚信经营、旅游执法监督和旅游安全保障五大体系，不断提升旅游软环境。

参 考 文 献

阿鲁·萨丹拉彻. 2014. 分享经济的爆发[M]. 周恂, 译. 上海: 文汇出版社.

包战雄, 袁书琪, 陈光水. 2012. 不同游客吸引半径景区国内旅游交通碳排放特征比较[J]. 地理科学, 32(10): 1168-1175.

毕德全. 2011. 乡村旅游资源开发与规划初探——以句容市为例[J]. 江苏商论, (7): 110-112.

蔡萌, 汪宇明. 2010. 低碳旅游: 一种新的旅游发展方式[J]. 旅游学刊, 25(1): 13-17.

柴文斌. 2014. 旅游干扰下太行山猕猴的种群生态和社会生态研究[D]. 郑州: 郑州大学.

常嘉佳, 陶维. 2017. 精准扶贫背景下旅游扶贫研究综述[J]. 消费经济, 6: 37-38.

陈飞, 诸大建, 许琨. 2009. 城市低碳交通发展模型、现状问题及目标策略[J]. 城市规划学刊, 6: 39-46.

陈凤君, 周毅. 2016. 全域旅游背景下的乡村旅游发展与对策研究[J]. 旅游纵览, (3): 69-70.

陈岗, 黄震方. 2010. 旅游景观形成与演变机制的符号学解释——兼议符号学视角下的旅游城市化与旅游商业化现象[J]. 人文地理, 5: 124-127.

陈玲玲, 曹杨. 2016. 城市旅游地景观时空演变及优化的比较研究[M]. 北京: 科学出版社.

陈玲玲, 冯年华, 潘鸿雷. 2016a. 我国旅游产业绿色发展的问题及路径分析[J]. 金陵科技学院学报(社会科学版), 30(4): 26-29.

陈玲玲, 林振山, 郭杰, 等. 2009. 基于 EMD 的中国粮食安全保障研究[J]. 中国农业科学, 42(1): 180-188.

陈玲玲, 邱琳, 冯年华. 2016b. 新型城镇化背景下旅游导向型生态乡村的特征和发展模式[J] . 江苏农业科学, 44(10): 520-523.

陈玲玲, 严伟, 陆鑫. 2011. 基于生态足迹模型的南京市旅游可持续发展评估及对策研究[J]. 生态经济, 12: 157-161, 174.

陈玲玲, 严伟, 潘鸿雷. 2012. 生态旅游——理论与实践[M]. 上海: 复旦大学出版社.

陈晓琴, 苗圃. 2016. 互联网思维下常州市旅游供给侧改革的探索[J]. 经济研究导刊, (21): 168-169.

陈彤. 2016. 回眸十二五, 绘旅游发展新美景. 新华日报[N], [2016-2-3].

陈彦. 2015. 构建以服务游客为核心的“智慧旅游”发展思路探析——以江苏省淮安市为例[J]. 黑河学刊, 213(3): 1-3, 7.

成英文, 张辉. 2016. 供给侧改革中的旅游业和旅游业中的供给改革[N]. 中国旅游报, [2016-3-30].

戴伦·J. 蒂莫西, 斯蒂芬·W. 博伊德. 2007. 遗产旅游[M]. 程尽能, 译. 北京: 旅游教育出版社.

戴欣佚. 2015a. 学习经历对民俗旅游态度影响实证研究[J]. 兰州教育学院学报, (11): 39-41.

戴欣佚. 2015b. 基于旅游经济区划的江苏“丝绸之路”旅游带研究[J]. 高教学刊, (23): 262-263.

戴欣佚. 2016. 基于网络文本内容分析的江苏“丝绸之路”旅游发展研究[J]. 湖北函授大学学报, (22): 60-62.

戴欣佚. 2018. 江苏“一带一路”文化旅游带的构建刍议[J]. 中国商论, (28): 129-132.
邓小艳, 邓毅. 2016. 大众旅游背景下旅游供给侧改革策略研究[J]. 行政事业资产与财务, (6): 1-4.
丁娟. 2004. 山岳型旅游地旅游城镇化初步研究——以九华山为例[D]. 芜湖: 安徽师范大学.
丁亚鹏. 2017. 探索可复制能推广精准扶贫[N]. 新华日报, [2017-7-18].
董传伟. 2014. 旅游城镇化模式与动力机制研究[D]. 长春: 东北师范大学.
董雪旺, 张捷, 章锦河, 等. 2016. 区域旅游业碳排放和旅游消费碳足迹研究述评[J]. 生态学报, 36(2): 554-568.
董亚娟, 田蓓. 2015. 基于智慧旅游的城市旅游供给系统优化研究[J]. 资源开发与市场, (11): 1391-1394.
杜强, 陈乔, 杨锐. 2013. 基于 Logistic 模型的中国各省碳排放预测[J]. 长江流域资源与环境, 22(2): 143-151.
范梦丹, 陈贵松, 林碧虾, 等. 2017. 基于内容分析法的旅游扶贫国内研究综述[J]. 湖北文理学院学报, 38(2): 68-74.
分享经济发展报告课题组. 2016. 中国分享经济发展报告: 现状、问题与挑战、发展趋势[J]. 电子政务, (4): 11-27.
冯丽萍. 2012. 论旅游业的发展对我国城镇化的促进作用[J]. 改革与战略, 28(8): 109-111.
冯凌. 2012. 旅游业节能减排的推进机制与工作体系[J]. 环境保护与循环经济, 8: 30-32.
冯庆, 孙根年. 2016. 我国八大区人均 GDP 及城市化对居民国内旅游的影响[J]. 地域研究与开发, (4): 92-98.
冯维波. 2009. 城市游憩空间分析与整合[M]. 北京: 科学出版社.
葛成唯. 2014. 基于智慧旅游的目的地旅游管理体系研究[J]. 中国西部科技, (12): 35-37.
巩劼, 陆林. 2007. 旅游环境影响研究进展与启示[J]. 自然资源学报, 22(4): 545-556.
顾婷婷. 2018a. 江苏旅游产业供给侧改革研究[J]. 江南论坛, (4): 13-15.
顾婷婷. 2018b. 中国旅游产业供给侧改革现状研究[J]. 中国发展, (10): 76-82
国家信息中心分享经济研究中心. 2018. 中国共享住宿发展报告 2018[EB/OL]. http: //www. sic. gov. cn/News/568/9241. htm, [2018-5-18].
国家信息中心分享经济研究中心. 2019. 中国共享经济发展年度报告 2019[EB/OL]. http: //www. sic. gov. cn/News/568/9906. htm, [2019-3-1].
韩元军, 吴普. 2016. 京津冀地区旅游业的碳排放测算与比较研究[J]. 人文地理, 31(4): 127-134.
贺娟. 2015. 基于关联分析的民族地区旅游与城镇化互动发展研究[D]. 桂林: 广西师范大学.
贺希娟. 2014. 旅游驱动的新型城镇化模式选择——以山西吕梁交口镇为例[D]. 成都: 电子科技大学.
贺云翱, 苏宇红. 2017. 南京与海上丝绸之路[J]. 长江文化论丛, (00): 79-82.
侯雨梅. 2017. 旅游目的地与全域旅游的思辩关系——从旅游品牌角度[J]. 现代经济信息, (8): 350.
胡鞍钢. 2012. 中国创新绿色发展[M]. 北京: 中国人民大学出版社.
胡格源, 张成刚. 2018. 共享经济平台双边用户评价与权益保护机制研究——以滴滴出行为例[J]. 中国人力资源开发, (2): 109-117.
胡欢, 章锦河, 杨嫚, 等. 2016. 区域旅游业碳排放测算及其动态变化研究——以江苏省为例[J].

生态经济, 6: 57-62.
胡建华, 赖越. 2018. 习近平精准扶贫思想的发展渊源、基本内涵和重大意义研究[J]. 广东行政学院学报, 30(3): 49-55.
黄思思. 2014. 国内智慧旅游研究综述[J]. 地理与地理信息科学, 30(2): 97-101.
黄松, 李燕林, 戴平娟. 2017. 智慧旅游城市旅游竞争力评价[J]. 地理学报, (2): 242-255.
江积海, 李琴. 2016. 平台型商业模式创新中连接属性影响价值共创的内在机理——Airbnb 的案例研究[J]. 管理评论, 28(7): 252-260.
江苏省旅游局. 2017a. 江苏省特色民宿发展情况报告(2016)[EB/OL]. http: //www. jstour. gov. cn/art/ 2017/4/22/art_118_99187. html, [2017-4-22].
江苏省旅游局. 2017b. 2016 年江苏旅游业年度报告[EB/OL]. http: //xxgk. jstour. gov. cn/art/ 2017/7/21/art_1204_11616. html, [2017-7-21].
江苏省人民政府办公厅. 2015. 省政府办公厅关于印发江苏省村旅游发展三年行动计划的通知[Z]. 苏政办发〔2015〕104 号, [2015-10-26].
江苏统计局, 国家统计局江苏调查总队. 2019. 2018 年江苏省国民经济社会发展统计公报[EB/OL]. http: //tj. jiangsu. gov. cn/art/2019/3/8/art_4031_8257205. html, [2019-3-8].
杰里米·里夫金. 2014. 零边际成本社会: 一个物联网、合作共赢的新经济时代[M]. 赛迪研究院专家组, 译. 北京: 中信出版社.
金卫东. 2012. 智慧旅游与旅游公共服务体系建设[J]. 旅游学刊, 27(2): 5-6.
景雯雯. 2017. 南京市旅游委大走访中创新思路精准扶贫[N], 南京日报, [2017-6-12].
康传德. 2016. 互联网+时代的旅游产业融合研究[J]. 中国林业产业, (12).
康沛竹, 段蕾. 2016. 论习近平的绿色发展观[J]. 新疆师范大学学报(哲学社会科学版), 37(4): 18-23.
李柏文. 2012. 中国旅游城镇化模式与发展战略研究[J]. 小城镇建设, (1): 16-21.
李彩云, 陈兴鹏, 张子龙, 等. 2016. 敦煌市旅游业碳排放与经济增长的耦合关系分析[J]. 生态科学, 35(1): 109-116.
李程骅. 2012. 科学发展观指导下的新型城镇化战略[J]. 求是, (14): 35-37.
李道莹. 2007. 整合资源 加强协作 携手打造新丝绸之路旅游“黄金带”[J]. 大陆桥视野, (12): 80-81.
李丁, 贾志洋, 汪际和, 等. 2013. 智慧旅游管理与智能推荐技术[J]. 中国管理信息化, (7): 80-81.
李锋. 2017. 旅游精准扶贫: 逻辑内涵、适宜性判断与系统结构[J]. 扬州大学学报(人文社会科学版), 21(4): 52-63.
李金早. 2015. 精准实施旅游扶贫助力全面小康[N]. 中国网, [2015-11-6].
李金早. 2016. 从景点旅游模式走向全域旅游模式[J]. 党政视野, (11): 28-28.
李鹏, 黄继华, 莫延芬, 等. 2010. 昆明市四星级酒店住宿产品碳足迹计算与分析[J]. 旅游学刊, 25(3): 27-34.
李强. 2013. 旅游城镇化发展模式与机制研究[D]. 长春: 东北师范大学.
李庆雷, 娄阳. 2016. 旅游共享经济的十个特征[J]. 党政视野, (7): 34-35.
李子晨. 2018. 江苏泗洪精准扶贫综合体露真容[EB/OL]. http: //www. sohu. com/a/225427522_275039, [2018-3-13].

丽莎 · 甘斯基. 2012. 聚联网: 商业的未来[M]. 马睿, 译. 上海: 中信出版社.
厉新建. 2015. 加大“一带一路”旅游投资 助推旅游企业“走出去”[N]. 中国旅游报, (004), [2015-9-25].
梁雪松. 2007. 遗产廊道区域旅游合作开发战略研究[D]. 西安: 陕西师范大学.
林丹. 2012. 旅游解说系统游客满意度实证研究[J]. 闽江学院学报, 33(6): 91-96.
林玲. 2011. 伦理视角下旅游企业诚信机制构建研究——以江苏省旅游企业为例[D]. 重庆: 重庆师范大学.
凌申. 1990. 论我国乡村旅游资源的开发[J]. 农业现代化研究, 5: 14-17.
刘国华, 吴博. 2015. 共享经济 2. 0 [M]. 北京: 企业管理出版社.
刘加凤. 2012. 常州智慧旅游公共服务平台建设研究[J]. 中南林业科技大学学报(社会科学版), (5): 22-24.
刘军林, 范云峰. 2011. 智慧旅游的构成、价值与发展趋势[J]. 重庆社会科学, (10): 121-124.
刘蕾, 鄢章华. 2017. 共享经济——从“去中介化”到“再中介化”的被动创新[J]. 科技进步与对策, 34(7): 14-20.
刘民坤. 2016. 全域旅游的理论基础与广西模式[N]. 中国旅游报, [2016-10-18].
刘伟. 2017. 供给侧结构性改革: 历史客观性、突出特点及制度创新要求[J]. 河北经贸大学学报, (1): 1-4.
刘增涛, 赵鸣. 2016. 江苏“一带一路”旅游产业发展对策研究[J]. 城市, (1): 9-15.
陆林, 葛敬炳. 2006. 旅游城市化研究进展及启示[J]. 地理研究, 25(4): 741-750.
陆林. 2005. 旅游城市化: 旅游研究的重要课题[J]. 旅游学刊, 20(4): 10.
罗成奎. 2013. 大数据技术在智慧旅游中的应用[J]. 旅游纵览(下半月), (8): 59-60.
罗芬, 钟永德. 2011. 武陵源世界自然遗产地生态旅游者细分研究——基于环境态度与环境行为视角[J]. 经济地理, 31(2): 333-338.
罗文斌. 2016. 全域旅游的发展背景、本质特征和价值目标解读[N]. 中国旅游报, [2016-9-13].
马国亮. 2015. 我国旅游“厕所革命”的市场化道路建设——基于中德旅游景区厕所管理之比较[J]. 社会科学家, (10): 91-95.
马惠娣. 2005. 西方城市游憩空间规划与设计探析[J]. 齐鲁学刊, (6): 147-153.
马勇, 刘军林. 2011. 智慧旅游应用前景巨大[N]. 中国旅游报, 2011-08-24(13).
孟宇宸. 2017. “一带一路”战略背景下天津港建设发展研究[D]. 大连: 大连海事大学.
明庆忠, 陈英, 李庆雷. 2010. 低碳旅游: 旅游产业生态化的战略选择[J]. 人文地理, 5: 22-26, 127.
缪露. 2019. 智慧零售赋能: 苏宁易购打造江苏农村电商发展生态圈[EB/OL]. www.njgb.com, [2019-3-28].
穆克瑞, 范贤权, 王维, 等. 2016. 坚持点线面结合, 推进全域景区化——琼海全域旅游建设的经验及做法[J]. 今日海南, (3): 23-25.
潘鸿雷, 陈玲玲, 王琴. 2015. 中国乡村旅游产业价值链探析[J]. 南京晓庄学院学报, 8(3): 96-99.
秦书生, 杨硕. 2015. 习近平的绿色发展思想探析[J]. 理论学刊, 6: 4-11.
瑞秋 · 布茨曼, 路 · 罗杰斯. 2017. 共享经济时代[M]. 唐朝文, 译. 上海: 上海交通大学出版社.
单卓然, 黄亚平. 2013. “新型城镇化”概念内涵、目标内容、规划策略及认知误区解析[J]. 城市规划学刊, (2): 16-22.

沈坤荣. 2016. 供给侧结构性改革是经济治理思路的重大调整[J]. 南京社会科学, (2): 1-3.
石培华. 2016. 如何认识与理解“全域旅游”[J]. 西部大开发, (11): 102-104.
石培华, 吴普. 2011. 中国旅游业能源消耗与 CO_2 排放量的初步估算[J]. 地理学报, 66(2): 235-243.
石长毅. 2015. 江苏: 扶贫标准 6000 元 涉及人口 300 万[N]. 新华日报, [2015-12-16].
世界旅游及旅行理事会. 2018. WTTC: 2018 旅行和旅游全球经济影响报告[EB/OL]. http: //www.199it. com/archives/709367. html, [2018-4-10].
孙吉信. 2008. 试论生态旅游“大众化”与大众旅游“生态化”[J]. 东南亚纵横, 6: 82-85.
孙晋坤, 章锦河, 刘泽华, 等. 2015. 区域旅游交通碳排放测度模型及实证分析[J]. 生态学报, 35(21): 7161-7171.
孙壮志. 2018. “一带一路”合作空间拓展的着力点探究[J]. 新疆师范大学学报(哲学社会科学版), 39(1): 25-35, 2.
汤姿. 2015. 旅游业碳排放测算及其与经济增长的脱钩分析[J]. 统计与决策, 2: 117-120.
汤澍, 张维亚, 徐子琳. 2017. 旅游城镇化与新型城镇化的互动与协同[J]. 金陵科技学院学报(社会科学版), 4: 57-60.
唐洁. 2012. 民族地区旅游发展与城镇化建设的互动研究[D]. 武汉: 中南民族大学.
陶汉军, 陶晓红. 2010. 旅游经济学原理与应用[M]. 上海: 上海人民出版社: 1-2.
陶玉国, 黄震方, 吴丽敏, 等. 2014. 江苏省区域旅游业碳排放测度及其因素分解[J]. 地理学报, 69(10): 1438-1448.
滕春惠, 马晓冬, 沈正平. 2006. 江苏省旅游资源的文化构成及其开发[J]. 人文地理, 21(6): 71-75.
田纪鹏. 2012. 国际大都市旅游产业结构多目标优化模型构建与实证研究—— 基于优化上海旅游产业结构的视角[J]. 上海经济研究, (11): 100-111.
万艳霞. 2014. 桂林市旅游安全信息公共服务体系构建研究[D]. 桂林: 广西师范大学.
王冬萍, 阎顺. 2003. 旅游城市化现象初探——以新疆吐鲁番市为例[J]. 干旱区资源与环境, 17(5): 118-122.
王辉, 金涛, 周斌. 2012. 智慧旅游[M]. 北京: 清华大学出版社.
王静. 2012. 产业集聚区与新型城镇化互动发展的思考[J]. 信阳农业高等专科学校学报, 22(4): 49-50.
王凯, 李娟, 席建超. 2014. 中国旅游经济增长与碳排放的耦合关系研究[J]. 旅游学刊, 29(6): 24-33.
王凯, 肖燕, 李志苗, 等. 2016. 中国旅游业 CO_2 排放因素分解: 基于 LMDI 分解技术[J]. 旅游科学, 30(3): 13-27.
王萍丽. 2017. 全域旅游背景下宁夏旅游法治环境的构建研究[J]. 法制与社会, (30): 146-147.
王琼英, 冯学钢. 2006. 乡村旅游研究综述[J]. 北京第二外国语学院学报, 1: 115-120.
王群, 杨兴柱. 2012. 境外旅游业碳排放研究综述[J]. 旅游学刊, 27(1): 73-82.
王素洁, 刘海英. 2007. 国外乡村旅游研究综述[J]. 旅游科学, 2: 61-68.
王晓映. 2018. 这种江苏特有的扶贫模式, 持续 23 年摘“穷帽”[N]. 新华日报, [2018-7-13].
王新歌, 虞虎, 李萍, 等. 2017. 燕山-太行山片区旅游精准扶贫识别案例实证——以河北涞水县为例[J]. 生态经济, 33(7): 151-155, 231.

王耀斌，孙传玲. 2016. 因地、因时、因人制宜是实现旅游精准扶贫的核心[N]，中国旅游报，[2016-2-17].
王莹莹. 2015. 基于智慧旅游时代旅游者消费行为的旅行社发展应对策略研究[D]. 开封：河南大学.
王昭. 2013. 经济全球化视域下的SNS商业信息传播——美国Airbnb租房网的深度研究[J]. 广告大观(理论版), (5): 69-78.
韦悦妮. 2013. 游客在南宁市乡村大世界休闲农业旅游中的体验满意度研究[D]. 南宁：广西大学.
魏艳旭，孙根年，马丽君，等. 2012. 中国旅游交通碳排放及地区差异的初步估算[J]. 陕西师范大学学报：自然科学版, 40(2): 76-84.
魏振达. 2017. 全域旅游与旅游目的地的关系思辨[J]. 旅游管理研究, (5): 65.
翁钢民，李维锦. 2014. 基于智慧旅游的城市旅游创新发展研究[J]. 商业研究, (9): 175-180.
吴国清，高国相，胡文辉，等. 2016. 城市生态旅游产业发展创新[M]. 上海：上海人民出版社.
吴杰. 2017. 论我国旅游行业管理中的政府行为与旅游管理体制[J]. 中国管理信息化, (7): 56-58.
吴仁成，陈春晴，严帅. 2016. “四变”引领江宁美丽乡村“百花齐放”[N]. 南京日报，[2016-5-6].
吴平. 2017. 全域旅游：建设世界一流旅游目的地的理念创新——以青岛为例[J]. 中外交流，(27): 52.
吴普. 2013. 中国旅游业节能减排的若干关键问题研究[J]. 北京第二外国语学院学报, 3: 28-34.
吴俣. 2017. 旅游产业与新型城镇化发展质量耦合协调关系研究[D]. 大连：东北财经大学.
伍琴琴，刘连银. 2009. 进入新世纪以来新加坡旅游业发展战略研究[J]. 东南亚纵横, (7): 16-20.
习近平. 2001. 福建省产业结构调整优化研究[J]. 管理世界, (5): 5-12.
习近平. 2004. 树立和落实科学发展观，加快建设旅游经济强省[N]，中国旅游报, 2004-10-13.
夏心愉. 2008. “非常新加坡”——从新加坡旅游符号机制看国家整体认同的建构[D]. 上海：复旦大学.
项宗东. 2012. 乡村旅游人力资源开发问题研究[J]. 中国商界: 327-328.
肖恩・史密斯，乔・惠勒. 2004. 顾客体验品牌化[M]. 韩顺平，吴爱胤，译. 北京：机械工业出版社.
谢坚. 2012. “智慧旅游”建设浅析[J]. 信息系统工程, (6): 96-98.
谢彦君. 1998. 论旅游的本质与特征[J]. 旅游学刊, 13(4): 41-44.
谢园方，赵媛. 2012. 长三角地区旅游业能源消耗的 CO_2 排放测度研究[J]. 地理研究，31(3): 429-437.
辛安娜. 2017. 提升乡村旅游扶贫的精准度[N]. 山西日报, (010), [2017-3-28].
徐波林，李东和，钱亚林，等. 2013. 智慧旅游：一种新的旅游发展趋势——基于现有研究成果的综述[J]. 资源开发与市场, (7): 781-784.
徐伯初，王超，向泽锐. 2014. 考虑地域文化的城市公共交通系统形象研究[J]. 美术观察，(8): 130-131.
徐建斌. 2016. 交通网络变化与区域经济关系演化的规律研究[D]. 烟台：鲁东大学.
徐琴，陈光裕. 2016. 关于全省出入境旅游情况的调研报告[EB/OL]. http: //www. jsrd. gov. cn/cwhzt/1227/hywj/201611/t20161128_438477. shtml, [2016-11-28].

许沁乔, 薛美珏. 2017. 江苏省乡村旅游市场细分研究[J]. 中国商论, (4): 38-39.
许稍稍. 2015. 颠覆传统商业, 为什么是 Airbnb?[J]. 中外管理, (11): 62-63.
亚历克斯·斯特凡尼. 2016. 共享经济商业模式: 重新定义商业的未来[M]. 郝娟娟, 杨源, 张敏, 译. 北京: 中国人民大学出版社.
严伟. 2009. 尤努斯小额贷款思想在 PPT 旅游开发战略中的应用[J]. 社会科学家, 148 (8): 84-87.
杨曼晗. 2017. 江苏“乡村旅游+”: 推 17 家省五星级乡村旅游区[EB/OL]. http: //ly. qq. com/a/20170426/018849. htm, [2017-4-26].
杨娜. 2016. 旅游精准扶贫的相关概念及关系[J]. 农村经济与科技, 27(16): 71-73.
杨莎莎, 邱雪晨, 张晓君. 2014. 桂林旅游业碳排放的初步估算及脱钩关系分析[J]. 桂林理工大学学报, 4: 797-803.
姚兰. 2017. 政府主导企业帮扶旅游精准扶贫让农民富起来[N]. 中国旅游报, [2017-1-13].
姚士谋, 李青, 陈振光, 等. 2010. 上海与香港国际化大都市发展前景研究[J]. 地域研究与开发, 29(2): 44-48.
佚名. 2015. 昆山获福布斯中国大陆最佳县级城市“七连冠”[EB/OL]. 昆山日报, http: //www. js. xinhuanet. com/2015-12/07/c_1117374542. htm, [2015-12-7].
佚名. 2016a. 中国旅游小镇建设面临的机遇与挑战[EB/OL]. 中国投资咨询网, http: //www. ocn. com. cn/chanjing/201612/ryrtr02152211. shtml. [2016-12-2].
佚名. 2016b. 江苏迎来首批 20 家五星级乡村旅游区[N]. 凤凰江苏, [2016-5-17].
佚名. 2017b. 南京苏家文创小镇: 产城融合打造生态秣陵名片[N]. 新华日报, [2017-6-30].
佚名. 2017a. 软件工程学院孙耀博士喜获教育部青年基金项目[EB/OL]. 金陵科技学院校园网, [2017-9-28].
于沐仔, 王庆生. 2017. 基于田园综合体视角的旅游精准扶贫对策研究——以山东省沂南县朱家林为例[J]. 中国商论, (34): 45-48.
余斌. 2012. 旅游公共服务体系建设中的政府职能研究——以广东省旅游局为例[D]. 广州: 广南理工大学.
袁伟华. 2017. 旅游扶贫贵在精准[N]. 河北日报, [2017-4-18].
查爱欢. 2015. 乡村旅游推进新型城镇化发展模式及影响机制研究[D]. 苏州: 苏州大学.
曾本祥. 2006. 中国旅游扶贫研究综述[J]. 旅游学刊, 21(2): 89-94.
张补宏, 董彩娟. 2015. 关于健全我国旅游行政执法体系的若干思考[J]. 华南理工大学学报(社会科学版), (2): 54-61.
张诚. 2017. 解读新田园主义[J]. 中国房地产, (26): 18-20.
张栋. 2016. 旅游消费升级倒逼供给侧创新[N]. 中国旅游报, [2016-1-8].
张广海, 高俊. 2016. 供给侧改革背景下旅游经济动力系统构建研究[J]. 青岛职业技术学院学报, (11): 74-79.
张骏, 陆明华. 2016. 苏南地区全域旅游建设策略研究——以南京市江宁区为例[J]. 经贸实践, (15): 103-104.
张坤民. 2008. 低碳世界中的中国: 地位、挑战与战略[J]. 中国人口·资源与环境, 10(3): 1-7.
张凌云. 2012. 智慧旅游: 个性化定制和智能化公共服务时代的来临[J]. 旅游学刊, (2): 3-4.
张凌云, 黎巎, 刘敏. 2012. 智慧旅游的基本概念与理论体系[J]. 旅游学刊, 27(5): 66-73.

张宁宁. 2015. 南京"中国明清城墙"及"海上丝绸之路"双线申遗项目的对比性研究与展望[J]. 改革与开放, (23): 52-54.
张瑞英, 席建超, 葛全胜. 2015. 基于生命周期理论的旅游者碳足迹分析: 一种"低碳旅游"测度框架及其实证研究[J]. 干旱区资源与环境, 29(6): 169-175.
张珊, 吴晓. 2016. 南京最美民宿谷里公塘头住的就是家[EB/OL]. www. longhoo. net, [2016-5-18].
张文超. 2017. 江苏开辟精准扶贫新路径 建"阳光扶贫"监管系统[EB/OL]. www. sina. com. cn, [2017-8-7].
张宇. 2017. 客群逐渐年轻化[N]. 中国旅游报, [2017-8-22].
章立东, 单瑶. 2013. 全球化视域下景德镇当代陶瓷艺术的创新和继承[J]. 陶瓷学报, (4): 533-536.
赵春芳. 2016. Airbnb 运营模式分析及对中国在线短租行业的启示[J]. 江苏商论, (8): 20-22.
赵怀琼. 2017. 基于全过程控制的旅游安全管理研究[J]. 绿色科技, (4): 127-129.
赵磊, 陈田. 2012. 入境旅游客源市场结构实证分析[J]. 经济地理, (1): 146-156.
赵先超, 朱翔. 2013. 湖南省旅游业碳排放的初步估算及脱钩效应分析[J]. 世界地理研究, (1): 166-175.
赵筱. 2013. 青海湖二郎剑景区旅游解说系统效度与优化策略[J]. 青藏高原论坛, (2): 105-109.
中共江苏省委江苏省人民政府. 2012. 中共江苏省委江苏省人民政府关于印发《江苏省农村扶贫开发"十二五"规划纲要》的通知[Z]. 江苏省人民政府公报, [2012-4-30].
中国旅游研究院, 岭南控股广之旅. 2018. 2018 中国家庭旅游市场需求报告[EB/OL]. http: //www. 199it. com/archives/755466. html, [2018-8-1].
中国旅游研究院. 2017. 中国旅游经济蓝皮书 2018[EB/OL]. http: //www. 199it. com/archives/669266. html, [2017-12-29].
中银国际证券旷实团队. 2015. 共享经济深度报告(上): 下一个万亿级市场, 缘起+动力+未来[EB/OL]. https: //wenku. baidu. com/view/d0567f6683d049649a66582f.html, [2015-10-21].
钟洁, 杨桂华. 2005. 中国大学生生态旅游者的生态意识调查分析研究——以云南大学为例[J]. 旅游学刊, 20(1): 53-57.
钟永德, 石晟屹, 李世宏, 等. 2015. 我国旅游业碳排放测算方法构建与实证研究——基于投入产出视角[J]. 中南林业科技大学学报, 35(1): 132-139, 144.
周广立, 陈晓春. 2018. 江苏省乡村振兴崛起"东罗模式"[EB/OL]. www. xhby. net, [2018-9-25].
周露, 孙根年. 2014. 20 年来中日韩三国出入境旅游互动关系分析[J]. 干旱区资源与环境, 28(1): 175-182.
周婷婷. 2014. 新旅游消费时代自驾游的发展研究[J]. 旅游纵览(下半月), (7): 76-80.
周霄, 单初. 2014. 乡村地区旅游城镇化发展模式研究——以湖北省为例[J]. 武汉轻工大学学报, (4): 98-101.
周应恒. 2018. 全面实施乡村振兴战略 推进江苏农业农村现代化[EB/OL]. http: //www. qunzh. com/jdfc/qzgzyjjd/jdcg/201808/t20180827_40859 html, [2018-8-27].
朱梅, 魏向东. 2011. 国际旅游城市评价指标体系的构建及应用研究[J]. 经济地理, 21(1): 170-176.

朱梦笛，苏彩萱. 2016. 江苏探索减少相对贫困新路径[N]. 中国财经报, [2016-3-29].

庄贵阳. 2008. 低碳经济引领世界经济发展方向[J]. 世界环境, (2): 34-36.

邹建丰. 2015. 扶贫标准 6000 元 涉及人口 300 万[N]. 新华日报, [2015-12-16].

左文君，明庆忠，李圆圆. 2016. 全域旅游特征、发展动力和实现路径研究[J]. 乐山师范学院学报, 31(11): 91-96.

199IT 原创编译. 2017. YouGov: 2017 年千禧一代旅行者报告[EB/OL]. http: //www. 199it. com/archives/607501. html, [2017-08-24].

Becken S, Simmons D G. 2002. Understanding energy consumption patterns of tourist attractions and activities in New Zealand [J]. Tourism Management, 23: 343-354.

Becken S, Simmons D G, Frampton C. 2003. Energy use associated with different travel choices[J]. Tourism Management, 24(3): 267-277.

Botsman R, Rogers R. 2010. What's Mine Is Yours: How Collaborative Consumption Is Changing The Way We Live[J]. London: Harper Collins Publishers.

Brauer M, Freedman G, Frostad J, et al. 2016. Ambient air pollution exposure estimation for the global burden of disease[J]. Environmental Science and Technology, 50: 79-88.

Chen L, Thapa B, Yan W. 2018. The relationship between tourism, carbon dioxide emissions, and economic growth in the Yangtze River Delta, China[J]. Sustainability, 10: 2118-2137.

Denzin N K, Lincoln Y S. 2011. Introduction: The discipline and practice of qualitative research[A]// Handbook of Qualitative Research[C]. London: SAGE Publications Ltd: 1-20.

Donohoe H M, Lu X. 2009. Universal tenets or diametrical differences? An analysis of ecotourism definitions from China and abroad[J]. International Journal of Tourism Research, 11(4): 357-372.

Dubois G, Ceron J P. 2006. Tourism/leisure greenhouse gas emissions forecasts for 2050: Factors for change in France[J]. Journal of Sustainable Tourism, 14: 172-191.

Felson M, Spaeth J L. 1978. Community structure and collaborative consumption: A routine activity approach[J]. American Behavioral Scientist, 21(4): 23.

Field B C. 1993. Governing the commons: The evolution of institutions for collective action, by Elinor Ostrom[J]. American Political Science Review, 86(1): 279.

Ge J, Lu L, Ling S J. 2009. Characteristics and mechanism of tourism urbanization of Lijiang City[J]. Scientia Geographica Sinica, 29(1): 134-140.

Gössling S. 2002. Global environmental consequences of tourism[J]. Global Environmental Change, 12(4): 283-302.

Gössling S, Peeters P, Ceron J P, et al. 2005. The eco-efficiency of tourism[J]. Ecological Economics, 54: 417-434.

Greenstein S, Khanna T. 2014. What does industry convergence mean?[C]//Yoffie D. Competing in the Age of Digital Convergence. Boston: 201-226.

Hardin G. 2009. The tragedy of the commons[J]. Science, 162(5364): 1243-1248.

Hunter C. 2010. Sustainable tourism and the touristic ecological footprint analysis of road transport related to tourism activity: The case for Lanzarote Island[J]. Tourism Management, 31(1): 98-103.

IPCC. 2007. Summary for Policymakers of Climate Change 2007: The Physical Science Basis. Contribution of Working Group to the Fourth Assessment Report of the Intergovernmental Panel on Climate Change[R]. Cambridge: Cambridge University Press.

Katircioglu S T. 2014. International tourism, energy consumption, and environmental pollution: The case of Turkey[J]. Renewable and Sustainable Energy Reviews, 36: 180-187.

Kuo N W, Chen P H. 2007. Quantifying energy use, carbon dioxide emission, and other environmental loads from island tourism based on a life assessment approach[J]. Journal of Cleaner Production, 17(15): 1324-1330.

Loker-Murphy L, Pearce L P. 1995. Young budget travelers: Backpackers in Australia[J]. Annals of Tourism Research, 22 : 819-843.

Nielsen S P, Sesartic A, Stucki M. 2010. The greenhouse gas intensity of the tourism sector: The case of Switzerland[J]. Environmental Science and Policy, 13(2): 131-140.

Paravantis J, Georgakellos D. 2007. Trends in energy consumption and carbon dioxide emissions of passenger cars and buses[J]. Technological Forecasting and Social Change, 74(5): 682-707.

Peeters P, Dubois D. 2010. Tourism travel under climate change mitigation constrains[J]. Journal of Transport Geography, 18(3): 447-457.

Piccolino M, Strettoi E, Laurenzi E. 1994. Class relations and tourism urbanization: The regeneration of the petite bourgeoisie and the emergence of a new urban form[J]. International Journal of Urban and Regional Research, 18(4): 591-608.

Schafer A, Victor D G. 1999. Global passenger travel: Implications for carbon dioxide emissions[J]. Energy, 24. 657-679.

Stephany A. 2015. The Business of Sharing[M]. Basingstroke: Palgrave Macmillan UK.

UNWTO. 2009. Towards a low carbon travel and tourism sector[R]. Report in World Economic Forum.

UNWTO, UNEP. 2008. Climate change and tourism——Responding to global challenges[R]. Madrid, Spain: World Tourism Organization.

Weaver D. 2011. Can sustainable tourism survive climate change? [J]. Journal of Sustainable Tourism, 19(1): 5-15.